Burkard Porzelt, Ralph Güth (Hrsg.)

Empirische Religionspädagogik

D1672337

Empirische Theologie

herausgegeben von

Prof. Dr. Dr. h. c. Johannes A. van der Ven
(Katholische Universität Nijmegen)

Prof. Dr. Dr. Hans-Georg Ziebertz
(Universität Würzburg)

Prof. Dr. Anton A. Bucher
(Universität Salzburg)

Band 7

LIT

Burkard Porzelt, Ralph Güth (Hrsg.)

Empirische Religionspädagogik

Grundlagen – Zugänge – Aktuelle Projekte

Herausgegeben im Auftrag der
Ständigen Sektion "Empirische Religionspädagogik"
der Arbeitsgemeinschaft Katholischer Katechetikdozent/innen

LIT

Gedruckt mit Unterstützung des Bundesministeriums für Bildung, Wissenschaft und Kultur in Wien/Austria

Die Deutsche Bibliothek – CIP-Einheitsaufnahme

Empirische Religionspädagogik : Grundlagen – Zugänge – Aktuelle Projekte ;
Herausgegeben im Auftrag der Ständigen Sektion "Empirische
Religionspädagogik" der Arbeitsgemeinschaft Katholischer
Katechetikdozent/innen / Burkard Porzelt, Ralph Güth (Hrsg.). –
Münster : LIT, 2000
   (Empirische Theologie ; 7.)
   ISBN 3-8258-4953-8

NE: GT

© LIT VERLAG Münster – Hamburg – London
Grevener Str. 179   48159 Münster   Tel. 0251–23 50 91   Fax 0251–23 19 72

Inhaltsverzeichnis

Ralph Güth / Burkard Porzelt

Vorwort

Empirische Methoden und Arbeitsweisen, Kenntnisse und Konzepte sind aus der Religionspädagogik kaum mehr wegzudenken. Was aber kennzeichnet, vermag und beabsichtigt eine Religionspädagogik, die religiös relevante Aspekte und Phänomene heutigen Lebens und Lernens empirisch zu erkunden sucht?
Der vorliegende Band versteht sich als einführende Gesamtschau empirischer Religionspädagogik. Er will verständlich und präzise über Standpunkte, Methoden und Themenfelder empirischen Forschens in der Religionspädagogik informieren. Dabei konzentriert er sich auf den deutschen Sprachraum.
Unsere Publikation wurzelt in der Arbeit der AKK-Sektion 'Empirische Religionspädagogik', die sich 1997 neu konstituierte und darauf abzielt, die zersplitterten Aktivitäten empirisch-religionspädagogischer Forschung produktiv zu vernetzen. Die Mitglieder der Sektion treffen sich jährlich, wobei die Präsentation und Diskussion aktueller Forschungsprojekte im Mittelpunkt steht.
Die Entscheidung, einen Sektionsband zu Grundlagen, Methoden und Projekten empirischer Religionspädagogik zu veröffentlichen, fiel spontan. Auf dem Weg zum Sektionstreffen 1999 von einer vagen Idee zu einem ersten Konzept gediehen und noch am Spätabend desselben Tages bei einigen Schoppen Frankenwein einhellig befürwortet, wurde der Plan, empirisch-religionspädagogisches Forschen gebündelt darzustellen, bereits zu Ausklang besagter Tagung zum offiziellen Sektionsprojekt erkoren und mit konkreten Arbeitsaufträgen verknüpft. Als Autoren wurden jene Sektionsmitglieder angefragt, die zuvor mit eigenen Beiträgen zum Gelingen der gemeinsamen Tagungen beigetragen hatten. Zu jenem Zeitpunkt waren dies ausschließlich Männer, ein Umstand, der sich erfreulicherweise in der Folgezeit gewandelt hat (beim diesjährigen Treffen referierten drei Kolleginnen).
Unser Sektionsband richtet sich vorrangig an zwei Zielgruppen. Studierende will er ermutigen, religionspädagogische Problemstellungen empirisch anzugehen (insb. im Rahmen von Abschlussarbeiten). Die fachliche Öffentlichkeit will er einladen, den Ansatz und die Erträge empirischer Religionspädagogik konstruktiv aufzunehmen.
Das Anliegen, die eigene Logik und ausgewählte Ergebnisse empirisch-religionspädagogischen Forschens über den Zirkel der 'Insider' hinaus anschaulich zu machen, spiegelt sich in der Form der Darstellung wie im strukturellen Aufbau des Buches.
Stilistisch legen die vorgelegten Beiträge höchsten Wert auf Verständlichkeit. Nicht nur Fachbegriffe empirischer Sozialforschung werden erläutert, ausdrücklich offengelegt werden auch Vorannahmen und Methoden, die in empirischen Studien zumeist als bekannt vorausgesetzt sind und folglich implizit bleiben.

Der strukturelle Aufbau des Bandes verbindet Grundlegendes mit Konkretem. Die 'Basisartikel', die unter den Stichworten 'Grundlagen' (Teil I) und 'Zugänge' (Teil II) firmieren, wollen in komprimierter und fundierter Weise an die empirische Religionspädagogik heranführen. Nach einem Überblick über Vorgeschichte und aktuelle Schwerpunkte der Subdisziplin und einer praktisch-theologischen Verortung werden quantitativ- und qualitativ-empirische Forschungsstrategien einführend charakterisiert.

Der umfänglichste Part des Buches widmet sich der Präsentation aktueller Untersuchungen (Teil III). Die 'Projektartikel' spiegeln die aktuelle Vielfalt empirisch-religionspädagogischer Forschung in inhaltlicher wie methodischer Hinsicht. Sie sind als Werkstattberichte angelegt, die einen Einblick in konkretes empirisches Forschen ermöglichen sollen. Statt den Gesamtbefund der jeweils zugrunde liegenden Einzelstudie lediglich zu resümieren, konzentrieren sich die Projektartikel auf einen anschaulichen und aussagekräftigen Ausschnitt der Untersuchungsdaten. An diesem Ausschnitt soll exemplarisch deutlich werden, (1) welche religionspädagogische Fragestellung (2) aus welchem Handlungsfeld durch die jeweils vorgestellte Untersuchung (3) in welcher (empirisch-method(olog)ischen) Art und Weise (4) mit welchem religionspädagogischen Ertrag bearbeitet werden konnte. Indem unterschiedlichste Einzelprojekte durch diese vierfache Kernfrage in vergleichbarer Weise erschlossen werden, können die komprimierten Darlegungen der einführenden 'Basisartikel' vermittels der 'Projektartikel' an Farbe und Kontur gewinnen.

Blicken wir auf die gut einjährige Zeit unserer Tätigkeit des Redigierens zurück, so dürfen wir dankbar feststellen, dass die Zusammenarbeit mit den Autoren, die am vorliegenden Band mitgewirkt haben, beinahe ausnahmslos durch ebenjenes kollegiale, herzliche und zutiefst kon-zentrierte Arbeitsklima geprägt war, das auch die jährlichen Treffen der Sektion 'Empirische Religionspädagogik' bestimmt.

Unser herzlicher Dank an die Autoren verbindet sich mit dem doppelten Wunsch, religionspädagogisch motivierte und reflektierte Forschung empirischer Prägung möge innertheologisch als legitime Subdisziplin akzeptiert und sozial- wie humanwissenschaftlich als gleichgewichtiger Dialogpartner rezipiert werden.

Essen / Mainz im Juli 2000

Ralph Güth / Burkard Porzelt

Grundlagen

Anton A. Bucher

Geschichte der empirischen Religionspädagogik

Als *Augustinus* (1950) seine Confessiones niederschrieb, reflektierte er auch über die Kindheit, die für ihn unerträglichste Phase des Lebens. Dafür berief er sich nicht nur auf die Erinnerungen an seine eigenen Kinderjahre, die voll von Prügeln und Qualen waren, sondern auch auf die „Beobachtung anderer Kinder" (ebd. 39). Damit argumentierte der Kirchenvater mit der Empirie, auch wenn er diesen Begriff nicht verwendete. Eine Geschichte der *impliziten* empirischen Religionspädagogik im Christentum müsste denn auch mit der Zeitenwende beginnen.

Explizit eingefordert wurde empirische Religionspädagogik von *Wegenast* (1968). In seinem Aufsatz „Die empirische Wendung in der Religionspädagogik", der, unzählige Male zitiert, als Initialzündung empirischer Religionspädagogik gilt, vertrat er das verdienstvolle Anliegen, „den Widerspruch zwischen Ideal und Wirklichkeit zu enthüllen, die Illusion unserer [religions-]pädagogischen Schönfärberei aufzudecken" (Heinrich Roth nach ebd. 111). So sind beispielsweise über den Religionsunterricht besonders schöne, ja erbauliche Sätze geschrieben worden – „Wie in keinem anderen Fach ist es gerade im konfessionellen Religionsunterricht möglich, Perspektivenübernahme einzuüben, zu lernen in einer pluralistischen Situation human zu leben, andere zu tolerieren" (*Siller* 1995, 70f.) – ohne dass geprüft wurde, wie Religionsunterricht faktisch verläuft, mitunter auch so, wie ihn ein fünfzehnjähriger Schüler in Bayern erlebt:

> „Meistens langweilig, ganz selten gibt es interessante Themen. Eine Religionsstunde ist nicht unbedingt wichtig, um Religion zu lernen, sondern um die Schulkollegen besser kennen zu lernen. Religion soll ein Fach bleiben zum Relaxen, zum Wurstbrotessen, zum Walkman hören."[1]

Solche Diskrepanzen reduziert für *Wegenast* (1968) einzig und allein empirische Forschung. Von Roths Forderung nach mehr Realitätsnähe in der Pädagogik inspiriert, stellte er einen Katalog von religionspädagogisch relevanten Fragen zusammen, die sich mit subjektiven Reminiszenzen ebenso wenig beantworten lassen wie mit Schreibtischtäterschaft. Wer erfahren will, „welche Unterrichtsmethoden den RU in einem repräsentativen Feld [bestimmen]" (ebd. 124), kommt um empirische Forschung nicht herum.

Warum empirische Religionspädagogik? *Wegenast* (1968) forderte sie nicht nur, um den Anschluss an die Erziehungswissenschaft nicht zu verlieren, die sich zusehends auf das empirisch-analytische Paradigma festlegte. Ausschlaggebend waren genuin religionspädagogische Motive, insbesondere die Überwindung der Krise des Religionsunterrichts. Vorschläge und Forderungen, die nicht „mit

---

[1] Aus einer 1999 durchgeführten Umfrage zur Akzeptanz des Religionsunterrichts des Instituts für Religionspädagogik der Universität Salzburg.

Beobachtungen aus der Praxis begründet werden" (ebd. 111), könnten die Krise nicht beheben, sondern verschärfen, wenn sie von der Realisierbarkeit noch weiter wegführen.

Empirische Religionspädagogik existiert nicht erst seit 1968. Zwar ist seither empirische Forschung in der Religionspädagogik im besonderen, der Praktischen Theologie im allgemeinen (*Spiegel* 1974) intensiviert worden. Aber wenn der Empiriebegriff weit gefasst wird, war Religionspädagogik schon immer (implizit) empirisch, sofern sie sich um Realitätsbezug bemühte und auf die 'Zeichen der Zeit' achtete.

Den Beginn empirischer Religionspädagogik verorte ich am Anfang des 20. Jahrhunderts. Damals kam nicht nur die Fachbezeichnung „Religionspädagogik" auf, die sich gegenüber der „Katechetik" zusehends absetzte (*Niebergall* 1911), sondern etablierten sich – vielfach von Praktischen Theologen betrieben – die Disziplinen Religionspsychologie und Religions- bzw. Pastoralsoziologie. Zeitgleich konzeptualisierte *Macintosh* (1919) in Chicago „Theology as an Empirical Science".

Der folgende Abriss orientiert sich an der Metaphorik des Jahreskreises. In Abschnitt 1 skizziere ich die erste Phase empirischer Religionspädagogik als hoffnungsvollen Frühling. Ein trockener Zeitraum liegt zwischen den dreißiger und fünfziger Jahren (Abschnitt 2). Das empirische Engagement ging zurück; es setzte eine an den normativen Vorgaben der Theologie orientierte Gegenbewegung ein, die bis heute auf die Grundspannung empirischer Religionspädagogik verweist: Faktisches IST versus ideales SOLL. Abschnitt 3 präsentiert wesentliche Themen empirischer Religionspädagogik im Zeitraum 1968 bis 1990, der für die jetzige ForscherInnengeneration als ertragreicher Herbst gelten kann, für Nachgeborene vielleicht als Frühling.

1. Der Frühling der empirischen Religionspädagogik

Empirische Forschung zu Beginn des 20. Jahrhunderts beabsichtigte, die religionspädagogische Praxis, speziell den Religionsunterricht, zu optimieren. Dieser Effekt wurde erwartet durch die Hinwendung zur Realität, wie sie nachdrücklich *Niebergall* (1913, 113) forderte: „Unerbittlich realistisch wollen wir sein!" *Voß* (1926, 8) bestimmte das Ziel seiner Untersuchungen über religiöse Vorstellungen bei Kindern darin, „dem Lehrenden eine Grundlage zu schaffen, auf der er seinen Unterricht aufbauen könnte". Für *Pfliegler* (1935 B, 222) dürfen Katecheten „vom Studium der psychischen Einblicke in das junge Seelenleben nicht befreit werden".

Die meisten empirischen Studien wurden *mit Kindern und Jugendlichen* durchgeführt (*Bohne* 1922; *Eichele* 1928) und fokussierten sich auf deren religiösen Vorstellungen, sei es von Gott (*Nobiling* 1929), vom Himmel (*Barth* 1911), aber auch – zumal bei Jugendlichen – auf ihre Glaubenszweifel (*Wunderle* 1932) sowie die Konversion (*Leitner* 1930).

Als *Methode* herrschte die Befragung vor, bald mündlich – so *Voß* (1926, 16): „Wie geht das Auferstehen? Wer kann (wird) auferstehen?" – bald schriftlich, so von *Wunderle* (1932, 17), der Aufsätze zu Themen wie „Welche Glaubenswahrheit übt den größten Einfluss auf Ihr Leben aus?" sammelte. Wieder andere protokol-lierten, wie sich SchülerInnen im Unterricht zu Themen wie Himmel und Engeln äußerten (*Barth* 1911). Authentische Einblicke in die religiösen Grübeleien und Zweifel Jugendlicher erhielten *Frisch / Hetzer* (1928), indem sie Tagebücher analysierten.

Die Publikationen gaben die Äußerungen von Kindern und Jugendlichen zumeist im Originalton wieder: „Gott habe ich mir vorgestellt, er habe an allen Seiten Augen, weil es immer heißt, er würde alles sehen" (*Barth* 1911, 337); „Eine der schwersten Glaubenslehren ist die Unfehlbarkeit des Papstes. ... Errare humanum est" (*Wunderle* 1932, 89). Üblicherweise wurde das Material anschließend katego-risiert und quantifiziert, zumeist in Prozenten. An weitergehenden statistischen Berechnungen herrschen Altersvergleiche vor. So zeigte *Voß* (1926, 40), dass der Anteil an „höherstehenden und vergeistigten Antworten" zur Gottesfrage bei den Fünfjährigen 0% ausmachte, bei den Vierzehnjährigen 60%. Multivariate Designs – solche berücksichtigen gleichzeitig mehrere Variablen wie Alter, Geschlecht, Schulart – wie ohnehin erst im 20. Jahrhundert entwickelt, begegnen nicht.

Die Studien orientierten sich mehrheitlich an einem substanziellen Religionsbegriff sowie an traditioneller christlicher Semantik. Die Frage nach funktionalen Äquiva-lenten von Religiosität stellte sich noch nicht. Auch sind etliche insofern orthodox, als die Äußerungen der Kinder und Jugendlichen an der Dogmatik gemessen wurden: „Diese falschen Vorstellungen [der Kinder über Gott, A.B.] – denn als falsch müssen wir sie bezeichnen, weil sie der reinen christlichen Auffassung nicht entsprechen – haften bei dem Kinde" (*Voß* 1926, 76). Empirische Forschung stellte Defizite im Glaubenswissen fest, die dann ihrerseits mit empirisch abgesicherten Strategien behoben werden sollten.

Nebst der Entwicklung religiöser Konzepte wurde auch der Religionsunterricht häufig untersucht. *Pfliegler* (1935 A, 259) berichtet von „vielen Untersuchungen über seine Beliebtheit beziehungsweise Unbeliebtheit". Wo immer sie durchgeführt wurden: das Fach schnitt schlecht ab, sei es bei 'proletarischen' Jugendlichen in Berlin (*Dehn* [2]1933, 109), sei es in Bremen, wo von 360 befragten SchülerInnen nur 26 (7.2%) angaben, an Gott zu glauben (*Pfliegler* 1935 A, 259), sei es in Kiel, wo *Lobsien* (1903) 500 SchülerInnen nach ihrem Lieblingsfach fragte und fand, dass Religionslehre bloß zwölfmal (2.4%) genannt wurde, für den Autor ein „zahlenmäßiger Beweis, dass in dem Unterrichtsbetriebe etwas faul ist" (ebd. 333). Von einer freundlicheren Einstellung gegenüber dem Religionsunterricht berichtet *Weigl* (1914, 57f.). Dennoch sah *Pflieger* (1935 A, 260) „wenig Grund zum Optimismus", nicht nur hinsichtlich der Akzeptanz des Faches, sondern auch, weil im Jugendalter der Glaube trotz religiöser Unterweisung schwinde. Ein Grund dafür sei, dass in dieser „kein Lustgefühl" aufkomme.

Vom heutigen Problembewusstsein aus betrachtet, mangelt es diesen Untersuchun-gen an Theorie. Gottesvorstellungen von Kindern werden illuster beschrieben, kaum aber erklärt, etwa mittels einer allgemeinen Theorie der kognitiven oder religiösen Entwicklung. Wenn überhaupt, wurden die religiösen Denkmuster auf die Rekapitulationstheorie bezogen, wonach die Ontogenese (die religiöse Entwicklung des Individuums) die Phylogenese (religiöse Entwicklung der Menschheit: Animismus, Magie → Polytheismus → Monotheismus) gerafft wiederholt (*Stern* 1924, 21; kritisch: *Kabisch / Tögel* 1931, 147).

2. Der trockene Sommer der empirischen Religionspädagogik

Nach 1930 erlahmte der Schwung der empirischen Religionspädagogik, nicht nur wegen der politischen Ereignisse, sondern auch aufgrund binnentheologischer Entwicklungen. Die Dialektische Theologie, bestrebt, das kritische Potential des Evangeliums gegenüber der bestehenden (Un-)Kultur zur Geltung zu bringen, hielt auch in die Religionspädagogik Einzug. Symptomatisch ist die wissenschaftliche Entwicklung von Bohne. 1922 legte er eine empirische Studie zur 'religiösen Entwicklung in der Reifezeit' vor. In späteren Schriften relativierte er die Religionspsychologie, eine empirische Disziplin par excellence, drastisch, ohne sie aber gänzlich zu bestreiten. „Religion als menschliche Tatsache" (*Bohne* 1929, 75), die empirischer Forschung zugänglich ist, stehe in einer bleibenden Spannung zum übergeordneten Wort Gottes, das sich, weil unverfügbar, der Empirie entzieht. Aufgabe des Religionsunterrichtes sei es weniger, die bei Kindern vorfindbaren Gottesvorstellungen zu bestärken, sondern insbesondere den Jugendlichen zu helfen, sich für das Evangelium zu entscheiden.

Intensive Beschäftigung mit der Empirie religiöser Erziehung birgt die Gefahr in sich, dass die Normativität, ohne die Religionspädagogik letztlich nicht auskommt, vernachlässigt wird. Dann kann das Pendel zurückschlagen, was in der Phase der Evangelischen Unterweisung tatsächlich geschah, bei *Bohne* (1929) zwar weniger als bei *Hammelsbeck* (1950), der empirische Disziplinen wie Psychologie und Pädagogik der Theologie eindeutig unterordnete und davor warnte, dass diese zu „mythischen Totalformen" werden (ebd. 88). Als solche gelten ihm auch reformpädagogische Schlüsselbegriffe wie „Kindertümlichkeit, Selbsttätigkeit" (ebd. 117). Vielmehr müsse „der Vorrang des Sachanspruchs" gesichert werden, der das Wort Gottes ist, sowie der „Katechismus [...] als Bekenntnis des gewisslich Wahren" (ebd.).

Diese theologische Atmosphäre müsste eigentlich zu empirischer Forschung reizen: Wie assimilieren denn Kinder dieses 'gewisslich Wahre'? Faktisch aber demotivierte sie, weil empirischer Forschung das Wesentliche ohnehin entzogen bleibe. Tatsächlich haben ReligionspädagogInnen in der Phase der Evangelischen Unterweisung bzw. der katholischen Materialkerygmatik kaum mehr empirisch gearbeitet. Doch dies setzte die Empirie nicht außer Kraft. Selbst *Bohne* (1930, 8), als er die wesentlichste Aufgabe des Religionsunterrichts in der Entscheidungshilfe für Gottes Anspruch bestimmte, schrieb: „Ich habe bisher immer die Erfahrung gemacht, dass die Jugend spürt: das trifft tatsächlich die Lage, die Sache." Auch wenn empirische Forschung für sekundär gehalten und abgelehnt wird, ist Empirie unhintergehbar und konstitutiv.

Dennoch wurden in den fünfziger Jahren etliche Untersuchungen durchgeführt, die sich dem Paradigma empirischer Religionspädagogik zuordnen lassen, beispielsweise *Hunger* (1960), der 10 000 Fragebögen von SchülerInnen zu ihrer religiös-kirchlichen Einstellung auswertete, sowie *Wölber* (1959), der auf der Basis von Interviews ein Volkschristentum ohne – die von der Evangelischen Unterweisung gewünschte – Entscheidung beschrieb.

3. Der ertragreiche Herbst der empirische Religionspädagogik

Im Zeitraum 1968 bis 1990 intensivierte und profilierte sich empirisch-religions-pädagogische Forschung. 1976 erschien sogar eine Einführung in die Methoden sozialwissenschaftlicher Forschung für Praktische TheologInnen (*Bäumler* u.a. 1976). Religionspädagogisch relevant sind Studien zu den klassischen Themen:

1. Religionsunterricht,
2. Person des/der Religionslehrers/in
3. religiöse Sozialisation und Entwicklung.

3.1. Befragungen zum Religionsunterricht

Ende der sechziger Jahre steckte der Religionsunterricht in einer bisher nicht da gewesenen Krise. Diese inspirierte nicht nur zu neuen religionsdidaktischen Konzepten (Problemorientierung), sondern motivierte auch zur „nüchternen Bestandsaufnahme der gegenwärtigen Realität" (*Battke* 1974, 684). In rascher Folge erschienen Ergebnisse von SchülerInnenbefragungen. *Preyer* (1972) stellte bei 990 HauptschülerInnen fest, Religionsunterricht sei unbeliebt und sollte vermehrt die Probleme Jugendlicher, Sexualität und andere Religionen aufgreifen. Im gleichen Jahr erschien *Havers* (1972) „Analyse eines unbeliebten Faches", ein Jahr später die bei 1236 Neuntklässlern durchgeführte Erhebung von *Prawdzik* (1973). Die beiden letzten Studien setzten methodologische Meilensteine, indem erstmals multivariate Verfahren (Faktoren-, Korrelations- und Regressionsanalysen) angewandt wurden. Als erklärungskräftiger Faktor stellte sich nicht nur die Persönlichkeit des Unterrichtenden heraus, sondern auch die methodisch-didaktische Gestaltung. Eine weitere Befragung führte *Birk* (1974) bei BerufsschülerInnen durch, die von der empirischen Religionspädagogik eher vernachlässigt werden. Sodann *Feige* (1982) bei 1765 jugendlichen TeilnehmerInnen des Kirchentags, die dem Religionsunterricht ein positiveres Zeugnis ausstellten. Das Demoskopische Institut in Allensbach (*Köcher* 1989) entfachte Ende der achtziger Jahre eine heftige Kontroverse, weniger wegen der Ergebnisse – Religionsunterricht sei mittelmäßig beliebt –, sondern wegen der am Säkularisierungstheorem orientierten pessimistischen Deutung (dazu RpB 25). Untersuchungen über die Einstellung der SchülerInnen zu diesem Fach erhellen dessen faktisches Binnengeschehen nicht. Dieses stand im Mittelpunkt der Forschergruppe um *Stachel* (1976), die 1972 insgesamt 94 Religionsstunden auf Datenträgern festhielt, das Gesprochene transkribierte und speziell hinsichtlich der Inhalte (*Simon* 1983) sowie der Interaktionen (*Schuh* 1978) analysierte. Im Umfeld dieser qualitativen Dokumentation entwickelte – an der klassischen Testtheorie orientiert – *Schmidt* (1982) ein Testverfahren, um die religiöse Ansprechbarkeit von SchülerInnen zu messen.

Qualitative Analysen von Religionsunterricht sind zeitaufwendig und infolgedessen rar. Erst gegen Ende der achtziger Jahre ging in Tübingen ein Team um *Schweitzer* (1995) ein solches Forschungsprojekt wieder an, zeichnete 24 Lektionen auf (*Faust-Siehl* u.a. 1995) und analysierte diese unter entwicklungspsychologischen Fragestellungen: Entsprechen die Schüleräußerungen moralisch-religiösen Stufentheorien?

3.2. Untersuchungen zur Persönlichkeit des/der Religionslehrers/in

Schon in den dreißiger Jahren behauptete *Pfliegler* (1935 A, 122), „die Persönlichkeit, die dem jungen Menschen den Glauben verkörpert, ist auf lange Jahre, vielleicht entscheidend für das ganze Leben, der Religionslehrer". Auch dieses Fach steht und fällt mit den Unterrichtenden. Verständlicherweise ziehen sie nicht nur das Interesse der Kirche auf sich, sondern auch das der empirischen Religionspädagogik. Diese verzichtet aber darauf, ihnen Tugendkataloge aufzuerlegen, sondern bemüht sich, ihre berufliche Situation, zumal ihre Rollenkonflikte zu verstehen. In der Tat orientieren sich die meisten Untersuchungen (Überblick: *Ziebertz* 1995) an der Rollentheorie. So die pionierhafte Studie von *Schach* (1980): Sie konstatierte im subjektiven Selbstverständnis der 257 befragten ReligionslehrerInnen ein steigendes Ausmaß an Professionalisierung und Autonomie, zumal gegenüber der Kirche. Dass Rollenkonflikte – sei es bezüglich der SchülerInnen, des Lehrerkollegiums, der Kirche etc. – doch nicht so belasten wie theoretisch vermutet, belegte für evangelische ReligionslehrerInnen in Bayern *Grethlein* (1984), für Niedersachsen *Kürten* (1987).

Aufsehen erregte Ende der achtziger Jahre eine Studie, die *Langer* (1989) mit ReligionslehrerInnen in Hamburg durchführte. Der „Spiegel" (1989, Nr. 30, S. 46) veröffentlichte brisante Ergebnisse, zumal zur angeblich fehlenden Kirchlichkeit der LehrerInnen. Faktisch aber fühlt sich eine Mehrheit der Befragten mit der Kirche verbunden. Auch Ergebnisse empirischer Religionspädagogik sind demnach nicht davor gefeit, undifferenziert in eine breitere Öffentlichkeit zu gelangen, zumal wenn sie Katastrophensemantik enthalten, die ihre journalistische Attraktivität erhöht.

3.3. Religiöse Sozialisation und Entwicklung

Auch in den letzten Jahrzehnten wurde die religiöse Entwicklung, die im Zentrum der empirischen Religionspädagogik zu Beginn des 20. Jahrhunderts stand, vielfältig und in aller Regel theoriegeleitet untersucht (Überblick: *Bucher* 1995). Initiierend wirkte die von *Loch* (1964) konstatierte „Verleugnung des Kindes in der evangelischen Pädagogik" – ein Vorwurf, der aber nur relativ zutrifft (*Schweitzer* 1992, 341 f.). Ebenfalls 1964 erschien die epochale Studie „Religious Thinking from Childhood to Adolescence" von *Goldman* (1964), in der die von Piaget beschriebenen Stufen der kognitiven Entwicklung in den Bereich religiös-biblischer Konzepte übertragen wurden.

Studien um 1970 favorisierten eine *sozialisationstheoretische* Sicht, so *Vaskovics* (1970) und *Morgenthaler* (1976). Um 1980 erfolgte eine Hinwendung zu strukturgenetischen Konzepten, wozu nicht nur *Fowlers* (1991) Theorie der Glaubensentwicklung beitrug, sondern insbesondere *Oser / Gmünder* ([4]1996), die eine fünf Stufen umfassende Entwicklungstheorie des religiösen Urteils vorlegten. Diese wurde mittlerweile auch longitudinal überprüft, indem die gleichen Personen in Abständen von drei Jahren zu religiösen Dilemmas interviewt wurden, was in der empirischen Religionspädagogik Seltenheitswert hat (*Di Loreto / Oser* 1996). Diese Theorie bewährte sich als unabhängige Variable bei weiteren Fragestellungen, etwa der Rezeption neutestamentlicher Parabeln, die jeweils in struktualer Homologie zu den religiösen Urteilsstrukturen geschieht (*Bucher* 1990). Wer von Gott annimmt, er belohne die Menschen gemäß ihrer Verdienste, wird Mt 20,1-16 (Arbeiter im Weinberg) nicht als Gleichnis seiner Gerechtigkeit und Güte auslegen, sondern als zutiefst ungerecht ablehnen. Auch inspirierte diese Stufentheorie zu einer der wenigen quasi-experimentellen Studien innerhalb der empirischen Religionspädagogik: Mit dem gezielten Einsatz religiöser Dilemmas gelang es, die religiöse Urteilsstufe in den Experimentalgruppen signifikant zu erhöhen (*Oser* 1988). Obschon der Forschungsstand mittlerweile beachtlich ist, kann er sich mit der religiösen Entwicklungspsychologie im angelsächsischen Raum nicht messen (Überblick: *Hyde* 1990).

4. Zusammenfassender Ausblick

'Empirische Religionspädagogik', auch wenn sie explizit erst seit 1968 besteht, kann auf eine längere Geschichte zurückblicken. Ohnehin verfuhren ReligionspädagogInnen stets empirisch, dies selbst dann, wenn sie entsprechende Methoden zurückdrängten und sich dabei auf ihre Erfahrungen beriefen.
Empirische Religionspädagogik mit wissenschaftlichem Anspruch begann an der Schwelle dieses Jahrhunderts und intendierte, Verkündigung und Religionsunterricht zu optimieren, indem diese den Verstehensbedingungen der Kinder und Jugendlichen angepasst werden sollten. In einem regen Sammeleifer wurden vielfältige Materialien zusammengetragen und einfacher deskriptiver Statistik unterzogen, theoretisch jedoch nur selten durchreflektiert. Es wäre lohnenswert, dieses Material mit heutigen Theorien zu durchdringen sowie Replikationsstudien vorzunehmen, um epochalgeschichtliche Unterschiede zu überprüfen.
In den dreißiger Jahren erlahmte der empirische Flügel in der Religionspädagogik und übernahm der theologisch-normative Strang die Oberhand. Dies verweist auf die bleibende Spannung zwischen empirischem IST – das zugegebenermaßen nie vorurteilsfrei erhoben werden kann – und normativem SOLL.
Ende der sechziger Jahre proklamierte *Wegenast* (1968) eine empirische Wendung. Seither sind vielfältige Studien durchgeführt worden, zunächst überwiegend quantitativer Art, aber auch qualitative. Ein Schlusspunkt und neuer Startpunkt zugleich ist der von *van der Ven* (1990) vorgelegte „Entwurf einer empirischen Theologie" als ganzer, der wohl nicht möglich gewesen wäre ohne die unverzichtbaren Vorarbeiten der empirischen Religionspädagogik.

18

Zitierte Literatur

Augustinus, Aurelius (1950), Bekenntnisse, Zürich

Bäumler, Christoph u.a. (1976), Methoden der empirischen Sozialforschung in der Praktischen Theologie. Eine Einführung, München - Mainz

Barth, Christian (1911), Der Himmel in der Gedankenwelt 10- und 11jähriger Kinder, in: Monatsblätter für den evangelischen Religionsunterricht 4 (1911), 336-338

Battke, Achim (1974), Zwischen Kirche und Pädagogik. Eine empirische Untersuchung zur Berufsproblematik der Religionslehrer in der Diözese Rottenburg, in: KatBl 99 (11/1974), 684-691

Birk, Gerd (1974), Grundlagen für den Religionsunterricht an der Berufsschule. Eine empirische Untersuchung an Münchener Berufsschulen, Düsseldorf

Bohne, Gerhard (1922), Die religiöse Entwicklung der Jugend in der Reifezeit, Leipzig

Bohne, Gerhard (1929), Das Wort Gottes und der Unterricht. Zur Grundlegung einer evangelischen Pädagogik, Berlin

Bohne, Gerhard (1930), Religionsunterricht und religiöse Entscheidung, in: Zeitschrift für den Evangelischen Religionsunterricht 41 (1930), 4-11

Bucher, Anton (1990), Gleichnisse verstehen lernen. Strukturgenetische Untersuchungen zur Rezeption synoptischer Parabeln, Fribourg

Bucher, Anton (1995), Religionspädagogik und empirische Entwicklungspsychologie, in: Ziebertz, Hans-Georg / Simon, Werner (Hg.), Bilanz der Religionspädagogik, Düsseldorf, 28-46

Dehn, Günther (^{2}1933), Proletarische Jugend. Lebensgestaltung und Gedankenwelt der großstädtischen Proletarierjugend, Berlin

Di Loreto, Ornella / *Oser*, Fritz (1996), Entwicklung des religiösen Urteils und religiöse Selbstwirksamkeitsüberzeugungen: eine Längsschnittstudie, in: Oser, Fritz / Reich, K. Helmut (Hg.), Eingebettet ins Menschsein: Beispiel Religion. Aktuelle psychologische Studien zur Entwicklung von Religiosität, Lengerich, 69-87

Eichele, Erich (1928), Die religiöse Entwicklung im Jugendalter, Gütersloh

Faust-Siehl, Gabriele u.a. (Hg.) (1995), 24 Stunden Religionsunterricht. Eine Tübinger Dokumentation für Forschung und Praxis, Münster

Feige, Andreas (1982), Erfahrungen mit Kirche. Daten und Analysen einer empirischen Untersuchung über Beziehungen und Einstellungen junger Erwachsener zur Kirche, Braunschweig

Fowler, James W. (1991), Stufen des Glaubens. Die Psychologie der menschlichen Entwicklung und die Suche nach Sinn, Gütersloh

Frisch, Fritz / *Hetzer*, Hildegard (1928), Die religiöse Entwicklung der Jugendlichen auf Grund von Tagebüchern, in: Archiv für die Gesamte Psychologie 62 (3-4/1928), 409-442

Goldman, Ronald (1964), Religious Thinking from Childhood to Adolescence, London

Grethlein, Christian (1984), Religionsunterricht an Gymnasien – eine Chance für volkskirchliche Pfarrer. Eine empirische Untersuchung, Frankfurt/M.

Hammelsbeck, Oskar (1950), Evangelische Lehre von der Erziehung, München

Havers, Norbert (1972), Der Religionsunterricht. Analyse eines unbeliebten Faches, München

Hunger, Heinz (1960), Evangelische Jugend und evangelische Kirche. Eine empirische Studie, Gütersloh

Hyde, Kenneth E. (1990), Religion in Childhood and Adolescence. A Comprehensive Review of the Research, Birmingham

Kabisch, Richard / *Tögel*, Hermann (1931), Wie lehren wir Religion? Göttingen

Köcher, Renate (1989), Religionsunterricht – zwei Perspektiven, in: Sekretariat der Deutschen Bischofskonferenz (Hg.), Religionsunterricht. Aktuelle Situation und Entwicklungsperspektiven, Bonn, 22-59

Kürten, Karin (1987), Der evangelische Religionslehrer im Spannungsfeld von Schule und Religion. Eine empirische Untersuchung, Neukirchen-Vluyn

Langer, Klaus (1989), Warum noch Religionsunterricht? Religiosität und Perspektiven von Religionspädagogen heute, Gütersloh

Leitner, Hans (1930), Psychologie jugendlicher Religiosität innerhalb des deutschen Methodismus, München

Lobsien, Marx (1903), Kinderideale. Einige experimentelle Beobachtungen, in: Zeitschrift für Pädagogische Psychologie, Pathologie und Hygiene 5 (1903), 323-344

Loch, Werner (1964), Die Verleugnung des Kindes in der evangelischen Pädagogik, Essen

Macintosh, Douglas Clyde (1919), Theology as an Empirical Science, New York

Morgenthaler, Christoph (1976), Sozialisation und Religion. Sozialwissenschaftliche Materialien zur religionspädagogischen Theoriebildung, Gütersloh

Niebergall, Friedrich (1911), Die Entwicklung der Katechetik zur Religionspädagogik, in: Monatsblätter für den evangelischen Religionsunterricht 4 (1911), 1-10

Niebergall, Friedrich (1913), Ein Beitrag zur Jugendpsychologie, in: Evangelische Freiheit (1913), 111-124

Nobiling, Ernst (1929), Der Gottesgedanke bei Kindern und Jugendlichen, in: Archiv für Religionspsychologie 4 (1929), 43-210

Oser, Fritz (1988), Wieviel Religion braucht der Mensch? Erziehung und Entwicklung zur religiösen Autonomie, Gütersloh

Oser, Fritz / *Gmünder*, Paul ([4]1996), Der Mensch – Stufen seiner religiösen Entwicklung. Ein strukturgenetischer Ansatz, Gütersloh

Pfliegler, Michael (1935 A), Der Religionsunterricht I: Die Teleologie der religiösen Bildung, Innsbruck u.a.

Pfliegler, Michael (1935 B), Der Religionsunterricht II: Die Psychologie der religiösen Bildung, Innsbruck u.a.

Prawdzik, Werner (1973), Der Religionsunterricht im Urteil der Hauptschüler, Zürich u.a.

Preyer, Klaus (1972), Der Religionsunterricht in der Einschätzung der Hauptschüler, Donauwörth

RpB 25, Religionspädagogische Beiträge 25/1990, Religionsunterricht

Schach, Bernhard (1980), Der Religionslehrer im Rollenkonflikt. Eine religionssoziologische Untersuchung, München

Schmidt, Jürgen (1982), Desinteresse am Religionsunterricht? Ein Test zur Messung der religiösen Ansprechbarkeit von Schülern, Zürich

Schuh, Hans (1978), Interaktionsanalyse. Eine empirische Untersuchung zur Praxis des Religionsunterrichts, Zürich u.a.

Schweitzer, Friedrich (1992), Die Religion des Kindes. Zur Problemgeschichte einer religionspädagogischen Grundfrage, Gütersloh

Schweitzer, Friedrich u.a. (1995), Religionsunterricht und Entwicklungspsychologie. Elementarisierung in der Praxis, Gütersloh

Siller, Hermann Pius (1995), Der Beitrag des Religionsunterrichts zur Bildung der nachwachsenden Generation, in: Göllner, Reinhard / Trocholepczy, Bernd (Hg.), Religion in der Schule. Projekte – Programme – Perspektiven, Freiburg/Br. u.a., 57-73

Simon, Werner (1983), Inhaltsstrukturen des Religionsunterrichts. Eine Untersuchung zum Problem der Inhalte religiösen Lehrens und Lernens, Zürich u.a.

Spiegel, Yorick (1974), Praktische Theologie als empirische Theologie, in: Klostermann, Ferdinand / Zerfaß, Rolf (Hg.), Praktische Theologie heute, München - Mainz, 178-194

Stachel, Günter (Hg.) (1976), Die Religionsstunde – beobachtet und analysiert, Zürich u.a.

Stern, Hermann (1924), Die Psychologie des Religionsunterrichts mit besonderer Berücksichtigung des jüdischen, Berlin

Vaskovics, Laszlo (1970), Familie und religiöse Sozialisation, Wien

Ven, Johannes A. van der (1990), Entwurf einer empirischen Theologie, Weinheim - Kampen

Voß, Theodor (1926), Die Entwicklung der religiösen Vorstellungen, in: Archiv für die Gesamte Psychologie 57 (1926), 1-86

Wegenast, Klaus (1968), Die empirische Wendung in der Religionspädagogik, in: EvErz 20 (3/1968), 111-125

Weigl, F. (1914), Kind und Religion, Paderborn

Wölber, Hans Otto (1959), Religion ohne Entscheidung. Volkskirche am Beispiel der jungen Generation, Göttingen

Wunderle, Georg (1932), Glaube und Glaubenszweifel moderner Jugend. Das Ja und Nein katholischer Schüler und Schülerinnen zur Glaubensdarbietung, Düsseldorf

Ziebertz, Hans-Georg (1995), Lehrerforschung in der empirischen Religionspädagogik, in: ders. / Simon, Werner (Hg.), Bilanz der Religionspädagogik, Düsseldorf, 47-78

Anton A. Bucher

Literaturbericht zur aktuellen empirischen Religionspädagogik

Der Literaturbericht, eingeschränkt auf den deutschen Sprachraum, bezieht sich auf den Zeitraum ab 1990. Seither haben beträchtliche Anstrengungen die empirische Religionspädagogik weiter profiliert. Erfreulich ist, dass sich die Sektionstreffen der empirischen ReligionspädagogInnen, die Mitte der neunziger Jahre eingeschlafen waren, auf Initiative von Burkard Porzelt, der sie professionell organisiert, nicht nur institutionalisiert haben, sondern sich eines wachsenden Zulaufs junger, vielversprechender Nachwuchskräfte erfreuen können. Entsprechend vielgestaltig ist die geleistete Arbeit, nicht nur inhaltlich – von Taufmotiven bis zu 'religiösen' Chats im Internet (*Vogel* 1999) –, sondern auch methodologisch – von objektiver Hermeneutik bis zu multifaktoriellen Varianzanalysen. Auch das theoretische Problembewusstsein hat sich, im Vergleich zur empirischen Religionspädagogik am Beginn des 20. Jahrhunderts, geschärft, was sich auch daran zeigt, dass wissenschaftstheoretische Grundlagentexte empirischer Theologie (*Van der Ven* 1990) bzw. Religionspädagogik (*Ziebertz* 1994) vorliegen.

Der Literaturbericht versucht dieser Vielfalt gerecht zu werden und präsentiert zunächst Literatur zu Grundlagen und Methoden, sodann zu speziellen Forschungsgebieten.

1. Grundlagentexte und Methodenfragen

An erster Stelle zu nennen ist die Monographie von *Ziebertz* (1994), insbesondere ihr erstes Kapitel. Nach der Bestimmung des Gegenstandsbereichs empirischer Religionspädagogik – als „Praxis religiöser Kommunikation im Kontext religiöser Lernprozesse" (ebd. 7) – plädiert er nicht nur für die Intensivierung empirischer Forschung, um „über bloße Intuition hinauszugelangen" (Rolf Zerfaß nach ebd. 16), sondern auch dafür, die Spannung zwischen dem materialen Objekt der Religionspädagogik – die vorfindbare Praxis – und dem formalen Objekt – wie diese Praxis theologisch sein sollte – auszuhalten (ebd. 21). Zu Recht votiert er für einen Methodenpluralismus, insbesondere für die Triangulation zwischen quantitativer Methodologie (*Bortz* 1995) und qualitativen Verfahren (*Friebertshäuser / Prengel* 1997), die beide sowohl Vorzüge als auch Nachteile aufweisen (Ziebertz 1994, 27).

Auch das Methodenbuch von *Bucher* (1994 A) votiert für eine Verschränkung quantitativer und qualitativer Methoden, ebenfalls *van der Ven* (1994 A; B), der an ein und demselben Gesprächsprotokoll demonstriert, was eine quantitative und was eine qualitative Inhaltsanalyse zu leisten vermag. Für die Methodenwahl ausschlaggebend ist stets die Theorie sowie die Fragestellung. Wünschenswert ist Kompetenz auf beiden Schienen, weil es sinnvoll ist, auch innerhalb eines Forschungsprojekts qualitative Einblicke und Quantifizierungen zu verschränken. Anachronistisch ist der Aufbau von Fronten, verwerflich Methodenmonismus.

Vielfach gilt die Sympathie empirisch arbeitender ReligionspädagogInnen jedoch den qualitativen Methoden. *Mette* (1993) benennt dafür einen soziologischen und ethischen Grund: Einmal sei Religion in der Postmoderne hochgradig individualisiert, was methodologisch für case-studies spreche (dazu *Fischer* / *Schöll* 1994); zum anderen sei es ethisch fragwürdig, bei einem so sensiblen und persönlichen Bereich wie der Religiosität vom Individuum abzusehen. Um die Einlösung dieser Postulate bemühte sich eine Forschergruppe am *Comenius-Institut* (1993), die ein ausführliches biographisches Interview von verschiedenen theoretischen Vorverständnissen aus interpretativ zu verstehen versuchte, wobei auch die von Oevermann begründete 'objektive Hermeneutik' (dazu *Garz* 1994) angewandt wurde, die zuvor schon *Schöll* (1992) für die Rekonstruktion von unterschiedlichen Entwicklungsverläufen in der Adoleszenz fruchtbar gemacht hat.

Zum Methodenrepertoire empirischer Religionspädagogik gehören mittlerweile auch phänomenologische Verfahren (*Heimbrock* 1998), die insbesondere auf die „Lebenswelt" (*Failing* / *Heimbrock* 1998) bezogen werden.

2. Spezielle Forschungsgebiete

Auch im letzten Jahrzehnt wurden die traditionellen Themen Religionsunterricht, ReligionslehrerInnen, religiöse Entwicklung etc. weiter bearbeitet; es kamen jedoch, kontextuell bedingt, neue Themenfelder hinzu, etwa interreligiöses und multikulturelles Lernen. Einen neuen Akzent innerhalb der meisten Themenfelder brachte die Berücksichtigung der lange vernachlässigten Geschlechtsvariable (*Schweitzer* 1993) bzw. das Paradigma der theologischen Gender-Forschung (*Bem* 1993; *RpB 43*/1999).

2.1. Religionsunterricht

Ein klassischer Untersuchungsgegenstand war und ist der Religionsunterricht, der nach der Wiedervereinigung und dem Sonderweg des Bundeslandes Brandenburg (LER) erneut in die Krise geraten ist. Gegner des konfessionellen Religionsunterrichts argumentieren oft damit, wie katastrophal es um ihn bestellt sei, dass er Kindern Angst und Schuldkomplexe einflöße (*Sertl* 1999, 48). BefürworterInnen hingegen verweisen, zumeist unter Berufung auf empirische Studien, auf seine hohe Akzeptanz, so der deutsche Schulbischof *Müller* (1998), der unterstrich, 95% der SchülerInnen machten von ihrem Abmeldungsrecht keinen Gebrauch. Dass der Religionsunterricht möglicherweise doch nicht so desolat ist, wie oft behauptet wird, zeigen jüngere Studien von:

· *Ritter* (1993): 56% der 664 in Oberfranken befragten SchülerInnen gaben dem Religionsunterricht die Noten 1 und 2.
· *Stolz* (1994): Religionsunterricht ist für mehr als die Hälfte der 2200 in München befragten SchülerInnen 'interessant' und kann auch bei religiös kaum sozialisierten SchülerInnen auf Interesse und Akzeptanz stoßen.

· *Bucher* (1996): 2700 in Österreich befragte SchülerInnen stuften ihn als viert-
liebstes Fach ein; multiple Regressionsanalysen zeigten, dass die Effizienzzu-
schreibung an ihn in erster Linie von einer handlungsorientierten Methodik und
einer lebensweltlich orientierten Didaktik abhängt.

· *Hanisch / Pollack* (1997) stellten auch in den neuen Bundesländern eine hohe
Akzeptanz des dort noch jungen Faches fest, obschon die religionspädagogische
Infrastruktur (Medienstellen) bescheiden ist, zumindest für den katholischen
Religionsunterricht (*Svoboda / Röhrkohl* 1997).

2.2. ReligionslehrerInnen

Dieser Berufstand blieb ein bevorzugter Adressat empirischer Religionspädagogik.
Koller (1993) fokussierte sich auf die Spiritualität und Berufszufriedenheit von
ReligionslehrerInnen an Gymnasien; *Bucher* (1996, Kap. 4, gemeinsam mit Roth-
bucher) prüfte das Ausmaß an Burnout und existenzieller Gefestigtheit bei 400 Un-
terrichtenden in Salzburg und stellte eine hohe Zufriedenheit bzw. nur eine geringe
Quote von 'Ausgebrannten' fest. Eine differenzierte Studie erarbeiteten *Englert /
Güth* (1999) mit 530 ReligionslehrerInnen an Grundschulen, deren Berufszufriedenheit ebenfalls beachtlich ist, obschon sie die heutigen Kinder als schwieriger
und unkonzentrierter erleben; umso wichtiger ist ihnen, den SchülerInnen das
Gefühl von menschlichem Angenommensein zu geben. Zu pessimistischeren
Ergebnissen gelangte *Geschwentner-Blachnik* (1996), die ausschließlich Religionslehrerinnen befragte, von denen nur 29% angaben, in der Pfarre gut integriert zu
sein, aber 54% zumindest manchmal unter Burnout leiden würden. Dieses Ergebnis
weicht von bisherigen Studien ab und verweist mit Nachdruck auf die schwierige
Situation theologisch engagierter Frauen in einer patriarchalen Mutter Kirche,
methodologisch auf die Notwendigkeit differentialpsychologischer Betrachtung. In
Anbetracht dessen, dass gut ein Drittel der im Studium befindlichen ReligionslehrerInnen religiös kaum mehr sozialisiert ist, dürfte die Kirchenbindung in der
ReligionslehrerInnenschaft zurückgehen (*Bucher / Arzt* 1999, 34f.).

2.3. Interkulturelle, multireligiöse Erziehung

Die sozioreligiöse Landschaft ist nicht nur durch Individualisierung gekennzeichnet, sondern auch durch Pluralisierung und die Koexistenz verschiedener Denomi-
nationen und Kulturen; empirische Religionspädagogik hat darauf reagiert. Insbesondere *Ziebertz* (1994, 105-194) analysierte die entsprechenden Einstellungen bei
ReligionslehrerInnen und stellte fest, dass das Konzept der Wesensgleichheit der
Religionen die stärkste Zustimmung fand. Auch SchülerInnen sind für multireligiö-
ses Lernen mehrheitlich offen und stimmen einem konfessionell-monoreligiösen
Modell nur wenig zu (*Van der Ven / Ziebertz* 1995). Diesbezüglich unterscheiden
sich die Heranwachsenden in Deutschland und in den Niederlanden signifikant:
Letztere sind multireligiöser eingestellt (*Ziebertz* 1999, 151).

2.4. Religiöse Entwicklung

Diese ist und bleibt ein Dauerbrenner empirischer Religionspädagogik (vgl. den Reader von *Büttner / Dieterich* 2000). Anschauliche Einblicke in die sich verändernde religiöse Vorstellungswelt von Kindern (Gottes-, Jesus-, Kirchenbild etc.) eröffnen *Arnold* u.a. (1997) sowie *Orth / Hanisch* (1998). Fortgeführt wurde auch die empirische Forschungsarbeit im Umfeld von *Oser* (dazu ders. / *Reich* 1996), insbesondere in Richtung kritischer Validierung der religiösen Urteilsstufen (*Zondag / van Belzen* 1993), spiritueller Entwicklung (*Reich* 1999), der Entwicklung religiöser Emotionen (*Beile* 1998) sowie entwicklungsfeindlicher Mechanismen innerhalb der Kirche (*Bucher* 1997). Auch Studien zu Gottesbildern bei Kindern wurden wiederholt durchgeführt (*Bucher* 1994 B; *Hanisch* 1996; *Schreiner* 1998). Durchgehend zeigen sie, wie konkret anthropomorph die Zeichnungsschemas zu 'Gott' zumal bei jüngeren Kindern beschaffen sind, der überwiegend männlich, bei Mädchen mitunter auch weiblich repräsentiert wird. Anthropomorphe Schemas können noch im Stadium der formalen Operationen (Piaget) begegnen. Vermehrt Beachtung gefunden hat auch die religiöse Entwicklung im Erwachsenenalter (*Böhnke* 1992).

2.5. Jugend und Religion

Das Verhältnis der Jugendlichen zu Religion und Kirche wird als krisenhaft wahrgenommen und zieht entsprechend starkes Interesse auf sich (Gesamtdarstellungen: *Nembach* 1996; *Schweitzer* 1996, 19-139; *Tscheetzsch / Ziebertz* 1996). Ohnehin hat in der Religionspädagogik keine Studie so viele Emotionen entfacht wie die von *Barz* (1992/1993) zur religiösen Einstellung Jugendlicher. Auf der Basis von 86 als qualitativ behaupteten Interviews konstatierte er ein „unspektakuläres Verdunsten" des Christentums (Bd II, 255) und die Heraufkunft einer häretischen Religiosität, die, durch New-Age und Fernöstliches geprägt, vom Christentum entkoppelt ist. *Feige* (1992) hat dagegen erhebliche methodische Einwände vorgetragen und Grenzen qualitativer Forschung markiert. Methodologisch sorgfältiger ist die pionierhafte Studie zur Religiosität Jugendlicher, die *Schmid* (1989) auf der Basis von Gruppengesprächen vorlegte, sodann *Leyh* (1994), und nicht zuletzt *Sandt* (1996), der – was Seltenheitswert hat – auch muslimische und atheistische Heranwachsende einbezog. Einen religionspädagogischen Topos, der kaum empirisch überprüft wurde, stellte *Porzelt* (1999) gründlich in Frage: Jugendliche, wenn sie Intensiverfahrungen machen, etikettieren diese – anders als ReligionspädagogInnen, die hier deren eigentliche Religiosität 'wahrnehmen' – nicht als 'religiös'.

Ob die Religiosität Jugendlicher in der Tat als postchristentümlich deklariert werden kann, prüften *Feige* (1994) und *Bucher* (1996, 95f.), beide mit dem Ergebnis, dass die religiöse Selbsteinschätzung der Jugendlichen signifikant mit tradierter Religion korreliert, so dass die Entkoppelungsthese zumindest fraglich ist.

Um 1990 hatte Forschung zum Jugendokkultismus Konjunktur (*Helsper* 1992). Mehrere Erhebungen (Überblick: *Streib* 1996) zeigten ein geringeres Ausmaß an spiritistischer Praxis als in Schlagzeilen behauptet. Mittlerweile ist die Brisanz des Themas verblasst.

2.6. Biographieforschung

Biographieforschung ist eine Domäne qualitativer Forschung und wurde in der empirischen Religionspädagogik auch aus theologischen Gründen intensiviert, weil „die Lebensgeschichte des einzelnen Menschen vor Ort [...] der erste und unmittelbarste Schauplatz der Reflexion, Aktualisierung, Modifizierung und Vertiefung des gemeinsamen und tradierten Glaubens ist" (*Klein* 1994, 33). In den letzten Jahren erschienen Sammelbände (*Dormeyer* u.a. 2000; *Wohlrab-Sahr* 1995), aber auch die programmatische Monographie von *Klein* (1994), in der die 'Einzelfallstudie Anna' objektiv-hermeneutisch rekonstruiert wurde. Anhand von vier qualitativen Fallstudien zeigte *Sommer* (1998), wie sehr die Religiosität von Frauen von individuellen biographischen Erfahrungen abhängt.

2.7. Rezeptionsstudien

Dass sich die Bedeutung von Texten durch die Interaktion zwischen ihnen und RezipientInnen ergibt, ist ein common-place in der Psychologie der Textverarbeitung (*Strohner* 1990) und in der empirischen Religionspädagogik. Dies gilt für Wundergeschichten (*Blum* 1997; *Bee-Schroedter* 1998), Gen 22 (Opferung Isaaks) (*Mendl* 1997) ebenso wie für Bilder (*Kalloch* 1997; *Bucher* 1999). Wie entscheidend die Variable Geschlecht bei der Rezeption biblischer Texte ist, demonstrierte am Beispiel von Est 1 überzeugend *Arzt* (1999): „Bibellesen hat ein Geschlecht"; auch Jesusbilder und christologische Konzepte weisen geschlechtstypische Akzente auf (*Arzt* 2000).

3. Zusammenfassender Ausblick

Es wären noch viele weitere Studien zu nennen – etwa zur Familienreligiosität (*Schwab* 1995, *Klein* 1999), zur empirischen Analyse von Religionsbüchern in geschlechtsspezifischer Sicht (*Pithan* 1993), zu den 'Heiligtümern Jugendlicher' (*Hilger / Rothgangel* 1999), zur Rezeption religiöser Printmedien bei Jugendlichen (*Schnider* 1996) etc. etc. – die berichtete Literatur belegt eine rege Aktivität innerhalb der empirischen Religionspädagogik. Ohne Zweifel trägt dies zur wissenschaftlichen Profilierung der Religionspädagogik als ganzer bei und führt zu mehr Gewissheit, wo ansonsten – oft auf der Basis von N=1-Stichproben – Vermutung herrschte.

Zitierte Literatur

Arnold, Ursula / *Hanisch*, Helmut / *Orth*, Gottfried (Hg.) (1997), Was Kinder glauben. 24 Gespräche über Gott und die Welt, Stuttgart

Arzt, Silvia (1999), Frauenwiderstand macht Mädchen Mut. Die geschlechtsspezifische Rezeption einer biblischen Erzählung, Innsbruck

Arzt, Silvia (2000), „Du findest ihn nicht in Büchern und Formeln": Christologie als Lernprozess, in: Angel, Hans-Ferdinand (Hg.), Tragfähigkeit der Religionspädagogik, Graz u.a., 171-187

Barz, Heiner (1992/1993), Jugend und Religion [3 Bände], Opladen

Bee-Schroedter, Heike (1998), Neutestamentliche Wundergeschichten im Spiegel vergangener und gegenwärtiger Rezeptionen. Historisch-exegetische und empirisch-entwicklungspsychologische Studien, Stuttgart

Beile, Hartmut (1998), Religiöse Emotionen und religiöses Urteil. Eine empirische Studie über Religiosität bei Jugendlichen, Ostfildern

Bem, Sandra L. (1993), The lenses of gender. Transforming the debate on sexual inequality, New Haven

Blum, Hans-Joachim (1997), Biblische Wunder – heute. Eine Anfrage an die Religionspädagogik, Stuttgart

Böhnke, Michael (Hg.) (1992), Erwachsen im Glauben. Beiträge zum Verhältnis von Entwicklungspsychologie und religiöser Erwachsenenbildung, Stuttgart

Bortz, Jürgen (1995), Forschungsmethoden und Evaluation. Für Sozialwissenschaftler, Berlin

Bucher, Anton (1994 A), Einführung in die empirische Sozialwissenschaft. Ein Arbeitsbuch für TheologInnen, Stuttgart u.a.

Bucher, Anton (1994 B), Alter Gott zu neuen Kindern? Neuer Gott von alten Kindern? Was sich 343 Kinder unter Gott vorstellen, in: Merz, Vreni (Hg.), Alter Gott für neue Kinder. Das traditionelle Gottesbild und die nachwachsende Generation, Fribourg, 79-100

Bucher, Anton (1996), Religionsunterricht: Besser als sein Ruf? Empirische Einblicke in ein umstrittenes Fach, Innsbruck

Bucher, Anton (1997), Braucht Mutter Kirche brave Kinder? Religiöse Reifung kontra kirchliche Infantilisierung, München.

Bucher, Anton (1999), Kind und Bibelbild. Entwicklungspsychologische Aspekte, in: Körtner, Ulrich / Schelander, Robert (Hg.), Gottes Vorstellungen. Die Frage nach Gott in religiösen Bildungsprozessen, Wien, 77-92

Bucher, Anton / *Arzt*, Silvia (1999), Vom Katecheten zur Religionspädagogin. Eine empirische Untersuchung über die Studienmotive, die religiöse Sozialisation und die Studienerwartungen von jungen TheologInnen, in: RpB 42/1999, 19-47

Büttner, Gerhard / *Dieterich*, Veit-Jakobus (Hg.) (2000), Die religiöse Entwicklung des Menschen. Ein Grundkurs, Stuttgart

Comenius-Institut (Hg.) (1993), Religion in der Lebensgeschichte. Interpretative Zugänge am Beispiel der Margret E., Gütersloh

Dormeyer, Detlev / *Mölle*, Herbert / *Ruster*, Thomas (Hg.) (2000), Lebensgeschichte und Religion, Münster u.a.

Englert, Rudolf / *Güth*, Ralph (Hg.) (1999), „Kinder zum Nachdenken bringen". Eine empirische Untersuchung zu Situation und Profil katholischen Religionsunterrichts an Grundschulen, Stuttgart u.a.

Failing, Wolf-Eckart / *Heimbrock*, Hans-Günter (1998), Gelebte Religion wahrnehmen. Lebenswelt – Alltagskultur – Religionspraxis, Stuttgart u.a.

Feige, Andreas (1992), Was kann eine qualitative Studie leisten?, in: Studientexte. Zeitschrift für Konzeption und Geschichte Evangelischer Jugendarbeit 2/92, 63-75

Feige, Andreas (1994), Zwischen großkirchlich angesonnener Religionspflicht und autonom-individuellem Religiositätsgefühl: Auf dem Weg zur „postmodernen" Religion, in: Gabriel, Karl / Hobelsberger, Hans (Hg.), Jugend, Religion und Modernisierung, Opladen, 75-90

Fischer, Dietlind / *Schöll*, Albrecht (1994), Lebenspraxis und Religion. Fallanalysen zur subjektiven Religiosität von Jugendlichen, Gütersloh

Friebertshäuser, Barbara / *Prengel*, Annedore (Hg.) (1997), Handbuch Qualitative Forschungsmethoden in der Erziehungswissenschaft, Weinheim-München

Garz, Detlef (1994), Die Welt als Text. Theorie, Kritik und Praxis der objektiven Hermeneutik, Frankfurt/M.

Geschwentner-Blachnik, Ingrid (1996), Frauen als Lehrerinnen im katholischen Religionsunterricht. Eine Pilotstudie, Frankfurt/M.

Hanisch, Helmut (1996), Die zeichnerische Entwicklung des Gottesbildes bei Kindern und Jugendlichen, Stuttgart

Hanisch, Helmut / *Pollack*, Detlef (1997), Religion – ein neues Schulfach. Eine empirische Untersuchung, Stuttgart

Heimbrock, Hans-Günter (Hg.) (1998), Religionspädagogik und Phänomenologie. Von der empirischen Wendung zur Lebenswelt, Weinheim

Helsper, Werner (1992), Okkultismus – die neue Jugendreligion. Die Symbolik des Todes und des Bösen in der Jugendkultur, Opladen

Hilger, Georg / *Rothgangel*, Martin (1999), Wahrnehmungskompetenz für religiös-relevante Äußerungen als hochschuldidaktische Herausforderung, in: RpB 42/1999, 49-66

Kalloch, Christina (1997), Bilddidaktische Perspektiven für den Religionsunterricht der Grundschule, Hildesheim

Klein, Stefanie (1994), Theologie und empirische Biographieforschung, Stuttgart u.a.

Klein, Stefanie (1999), Religiöse Tradierungsprozesse in Familien und Religiosität von Männern und Frauen, in: RpB 43/1999, 25-40

Koller, Franz (1993), Spiritualität, Berufsarbeit und Berufszufriedenheit der Religionslehrer an AHS und BHS in Österreich, in: CPB 106 (3/1993), 113-126

Leyh, Günther (1994), Mit der Jugend von Gott sprechen. Gottesbilder kirchlich orientierter Jugendlicher im Horizont korrelativer Theologie, Stuttgart u.a.

Mendl, Hans (1997), Vom Gott, der ins Dunkle führt. Eine exemplarische empirische Untersuchung zu Gen 22, in: RpB 39/1997, 65-92

Mette, Norbert (1993), Empirie, Theorie und Praxis. Vergleichende Durchsicht und Perspektiven, in: Comenius-Institut (Hg.), Religion in der Lebensgeschichte, Münster, 176-185

Müller, Manfred (1998), Religion in der Schule, in: Langer, Michael / Laschet, Armin (Hg.), Wertorientierung im Wandel. Religionsunterricht und LER in der Diskussion, Kevelaer, 11-20

Nembach, Ulrich (Hg.) (1996), Jugend – 2000 Jahre nach Jesus. Jugend und Religion in Europa II, Frankfurt/M.

Orth, Gottfried / *Hanisch*, Helmut (1998), Glauben entdecken – Religion lernen. Was Kinder glauben. Teil 2, Stuttgart

Oser, Fritz / *Reich*, Karl Helmut (Hg.) (1996), Eingebettet ins Menschsein. Beispiel Religion: Aktuelle psychologische Studien zur religiösen Entwicklung, Lengerich

Pithan, Annebelle (1993), Religionsbücher geschlechtsspezifisch betrachtet. Ein Beitrag zur Religionsbuchforschung, in: EvErz 45 (4/1993), 421-435

Porzelt, Burkard (1999), Jugendliche Intensiverfahrungen. Qualitativ-empirischer Zugang und religionspädagogische Relevanz, Graz

Reich, Karl Helmut / Oser, Fritz K. / Scarlett, W. George (Hg.) (1999), Psychological Studies on Spiritual and Religious Development. Being Human: The Case of Religion. Vol. 2, Lengerich

Ritter, Werner H. (1993), Doch Bock auf Reli. Ergebnisse einer empirischen Erhebung, in: Nachrichten der Evangelischen Landeskirche in Bayern 49 (1/1993), 8-11

RpB 43, Religionspädagogische Beiträge 43/1999, Religionspädagogik feministisch

Sandt, Fred-Ole (1996), Religiosität von Jugendlichen in der multikulturellen Gesellschaft. Eine qualitative Untersuchung zu atheistischen, christlichen, spiritualistischen und muslimischen Orientierungen, Münster

Schmid, Hans (1989), Religiosität der Schüler und Religionsunterricht. Empirischer Zugang und religionspädagogische Konsequenzen für die Berufsschule, Bad Heilbrunn

28

Schnider, Andreas (1996), Punktuell am Ort der Öffentlichkeit. Religionspädagogik im Polylog, Graz 1996

Schöll, Albrecht (1992), Zwischen religiöser Revolte und frommer Anpassung. Die Rolle der Religion in der Adoleszenzkrise, Gütersloh

Schreiner, Martin (1998), Gottesbilder im Vorschulalter. Eine empirische Studie, in: Ritter, Werner H. / Rothgangel, Martin (Hg.), Religionspädagogik und Theologie. Enzyklopädische Aspekte, Stuttgart u.a., 264-279

Schwab, Ulrich (1995), Familienreligiosität. Religiöse Traditionen im Prozess der Generationen, Stuttgart u.a.

Schweitzer, Friedrich (1993), Religiöse Entwicklung und Sozialisation von Mädchen und Frauen. Auf der Suche nach empirischen Befunden und Erklärungsmodellen, in: EvErz 45 (4/1993), 411-420

Schweitzer, Friedrich (1996), Die Suche nach eigenem Glauben. Einführung in die Religionspädagogik des Jugendalters, München

Sertl, Franz (1999), Abseits von Himmel und Hölle, Wien

Sommer, Regina (1998), Lebensgeschichte und gelebte Religion von Frauen. Eine qualitativ-empirische Studie über den Zusammenhang von biographischer Struktur und religiöser Orientierung, Stuttgart

Stolz, Gerd E. (1994), Einstellungen von Schülerinnen und Schülern zum evangelischen Religionsunterricht, in: ders. / Schwarz, Bernd (Hg.), Schule und Unterricht. Gegenwärtige Herausforderungen und Entwicklungsperspektiven, Frankfurt/M. u.a., 119-141

Streib, Heinz (1996), Entzauberung der Okkultfaszination. Magisches Denken und Handeln in der Adoleszenz als Herausforderung an die praktische Theologie, Kampen

Strohner, Hans (1990), Textverstehen. Kognitive und kommunikative Grundlagen der Sprachverarbeitung, Opladen

Svoboda, Gregor / *Röhrkohl*, Nicolas (1997), Katholischer Religionsunterricht im Freistaat Sachsen. Einschätzung durch katholische Religionslehrkräfte, in: RpB 39/1997, 107-140

Tscheetzsch, Werner / *Ziebertz*, Hans-Georg (Hg.) (1996), Religionsstile Jugendlicher und moderne Lebenswelt, München

Ven, Johannes A. van der (1990), Entwurf einer empirischen Theologie, Weinheim - Kampen

Ven, Johannes A. van der (1994 A), Die quantitative Inhaltsanalyse, in: ders. / Ziebertz, Hans-Georg (Hg.), Paradigmenentwicklung in der Praktischen Theologie, Weinheim - Kampen, 69-111

Ven, Johannes A. van der (1994 B), Die qualitative Inhaltsanalyse, in: ders. / Ziebertz, Hans-Georg (Hg.), Paradigmenentwicklung in der Praktischen Theologie, Weinheim - Kampen, 113-164

Ven, Johannes A. van der / *Ziebertz*, Hans-Georg (1995), Religionspädagogische Perspektiven zur interreligiösen Bildung, in: ders. / Simon, Werner (Hg.), Bilanz der Religionspädagogik, Düsseldorf, 259-273

Vogel, Walter (1999), Religiöse Kommunikation im Chatroom, in: Schnider, Andreas (Hg.), Erfahrungen mit Puzzle- und Glasperlenspielen im Cyberspace, Graz, 119-147

Wohlrab-Sahr, Monika (Hg.) (1995), Biographie und Religion. Zwischen Ritual und Selbstsuche, Frankfurt/M.

Ziebertz, Hans-Georg (1994), Religionspädagogik als empirische Wissenschaft, Weinheim

Ziebertz, Hans-Georg (1999), Multikulturelle Gesellschaft und religiöse Bildung. Kulturpolitische und religionspädagogische Überlegungen, in: RpB 41/1999, 143-162

Zondag, Hessel J. / *van Belzen*, Jacob (1993), Das religiöse Urteil. Zwischen Unsicherheitsreduzierung und Reflexion. Eine empirisch-kritische Validierung von Osers Theorie des religiösen Urteils, in: RpB 32/1993, 166-184

Hans-Georg Ziebertz

Methodologische Multiperspektivität angesichts religiöser Umbrüche
Herausforderungen für die empirische Forschung in der Praktischen Theologie

Die praktisch-theologischen Disziplinen sind ein Produkt der Ausdifferenzierung der modernen Welt. Sie sollen die Theorie-Praxis-Vermittlung zwischen der christlichen Überlieferung und der pluralen Welt leisten. Neben der 'Hermeneutik des Christentums', an der die praktisch-*theologischen* Fächer als *theologische* Disziplinen genuin beteiligt sind, müssen sie als *praktisch*-theologische Fächer zudem eine 'Hermeneutik der Lebenswelt' entwickeln. Letzteres schließt Empirie zwangsläufig ein (1). Hermeneutische und empirische Erkenntnisprozesse sind vielfältig miteinander verwoben. Man trifft auf die Auffassung, die Empirie liefere die objektiven Daten für theologische Verstehensprozesse. Anderen erscheint das Verhältnis von Hermeneutik und Empirie komplexer, wenn etwa der Empirie selbst ein konstruktiver Charakter zugeschrieben wird (2). Diese Einsicht erlaubt es, zu einem multiperspektivischen Verständnis von Untersuchungsformen und – verfahren zu finden, das die herkömmlichen Demarkationslinien unterläuft (3).

1. Empirisch-theologische Forschung in der Praktischen Theologie

1.1. Praktische Theologie als 'Krisenwissenschaft'

Ihre Einführung in den Fächerkanon der Theologie verdankt die Praktische Theologie bekanntlich der Kirchen- und Studienreform, die von Kaiserin Maria Theresia (1740-1780) durchgeführt wurde. Rautenstrauch, der die Grundlagen für das neue Fach (damals 'Pastoraltheologie') entwickelte, diagnostizierte eine Kluft zwischen der herkömmlichen Theologie und der pastoralen Praxis. Die Pfarrer, so sein Urteil, seien ungenügend ausgebildet und stünden der Praxis oft hilflos gegenüber (vgl. Müller 1974; Mette 1978). Zum zweiten registriert er im Ausgang des 18. Jahrhunderts 'religiösen Wildwuchs' in erheblichem Umfang. Um diesen zu bändigen, sei das neue Fach mit seiner expliziten Ausrichtung auf die Praxis nötig. Die Pastoraltheologie Rautenstrauchs umfasste zunächst noch die mit der direkten Seelsorge verbundenen Fächer, bis 1831 Johann Baptist Hirscher eine grundlegende Abhandlung zur Katechetik vorlegt. Auch die katechetische Bildung in der Schule funktionierte nicht mehr reibungslos. Das monotone Katechismuslernen war in eine Krise geraten. Hirscher rezipierte damals zugängliche didaktische und lernpsychologische Kenntnisse, um die Katechese zu reformieren. Er wird auch als Begründer der wissenschaftlichen Katechetik (später: 'Religionspädagogik') bezeichnet.

An Rautenstrauch und Hirscher wird erinnert, weil sie als Pioniere der Disziplin gesehen werden können, die heute als 'Praktische Theologie' bezeichnet wird und als Überbegriff fungiert für eine Reihe von Subdisziplinen wie Kerygmatik, Homiletik, Poimenik, Diakonik, Koinonik (zusammen vielfach als 'Pastoraltheologie' bezeichnet) sowie Katechetik rspt. Religionspädagogik und Gemeindepädagogik.

Mit der Geschichte der Praktischen Theologie ist die Wahrnehmung einer Krise zwischen Religion und Gesellschaftskultur eng verbunden, als deren entscheidender Auslöser die Aufklärung gelten kann, die einen gewaltigen gesellschaftlichen Pluralisierungs- und Differenzierungsschub auslöste. Diese Krisenerfahrung ist es letztendlich, die zur Geburt der Praktischen Theologie als wissenschaftlicher Disziplin im Fächerkanon der Theologie geführt hat (vgl. Drehsen 1988). Die neue Disziplin wird mit der Aufgabe betraut, die Situation zu entproblematisieren, der sie ihre Entstehung verdankt.

Es kann an dieser Stelle nicht um eine ausführliche Darstellung der Zusammenhänge und der weiteren Geschichte gehen. Vielmehr soll auf den Umstand aufmerksam gemacht werden, dass der Praktischen Theologie mit der 'Geburt' der Auftrag mitgegeben war, den ins Bewusstsein tretenden Graben zwischen christlicher Tradition und der sich pluralisierenden und ausdifferenzierenden Kultur zu überbrücken. Unter Verwendung eines Schemas von Luhmann (1977, 59f.) lässt sich die entstandene Identitätskrise auf drei Ebenen lokalisieren, die eine dreifache Reflexionsleistung hervorbringt (vgl. Ziebertz 1999, 16-54). Auf der *Sachebene* zeigt sich, dass religiöse Absichten, Pläne und Programme in der Praxis scheitern. Diese Krisenerfahrung erzeugt eine normative Reflexion über die Wünschbarkeit und Haltbarkeit der Pläne sowie die Legitimität der Praxis. Auf der *Sozialebene* wird der eigene christliche Universalitätsanspruch von anderen religiösen Deutungsmustern unterlaufen. Neben dem tradierten kirchlichen Christentum etablieren sich nicht-kirchlich gebundene Mystik, Sekten oder religiös-organisierte Alternativen (bzw. man wird ihrer bewusst), die dieselbe Funktion zu erfüllen versuchen. Die dadurch aktivierte Reflexionsleistung erstreckt sich auf die Abgrenzung vom Eigenem und Fremdem, auf die Kontrolle jener Zonen, in denen es Überlappungen von religiösen Systemen oder ihren Segmenten gibt. Auf der *Zeitebene* geht es schließlich um die Erfahrung des Zeitverlaufs, der als ungünstig oder gefährlich für die Tradierung der eigenen christlichen Religion erfahren wird. Als Reflexionsleistung wird die geschichtliche Vergewisserung herangezogen, mit deren Hilfe die religiöse Präsenz in der Zeit als Kontinuität oder Diskontinuität gedeutet werden kann.

Seit der Nachkriegszeit im 20. Jahrhundert wird offensichtlich, dass die Zeit kirchlich geprägter Lebensmilieus vorbei ist. Die Plattform für die gegenwärtige Religionspraxis ist 'Pluralität'. Kaufmann (1989) und Gabriel (1993) diagnostizieren kulturelle Pluralisierung auf dem Makro-Niveau, De-Institutionalisierung religiöser Institutionen auf dem Meso-Niveau und religiöse Individualisierung auf dem Mikro-Niveau. Mit der *kulturell-religiösen Pluralisierung* auf dem Makro-Niveau wird auf die gleichzeitige Präsenz heterogener Kräfte im Bereich der Religionen und Weltanschauungen aufmerksam gemacht, die sich der Integration durch hierarchische Einheitsprinzipien entziehen. Ihre Beziehung ist gekennzeichnet von einem Neben- oder Miteinander in Konkurrenz. Die christliche Religion kann 'ihre Wahrheit' nicht mehr exklusiv gegenüber anderen behaupten, sondern ist gezwungen, sie im Prozess des Dialogs zu vermitteln. *Religiöse De-Institutionalisierung* der christlichen Religion bedeutet, dass es ihr nicht (mehr) gelingt, religiöse Orientierungen, Empfindungen usw. monopolartig zu binden. Sie zeigt sich vor allem als Entmonopolisierung der Institution Kirche im Hinblick auf die Zusammenfassung religiöser Lebenäußerungen in einem umfassenden Modell. *Religiöse Individualisierung* erscheint schließlich als Freisetzung aus religiösen Bindungen (vor allem den Sozialbeziehungen), die für die Kirche seit dem 19. Jahrhundert (religiöse) Bedeutung hatten. Gesellschaftlich notwendige, persönliche gewünschte Autonomie und Freiheit werden auch auf das Gebiet der Religion ausgedehnt (Gabriel 1993, 141ff.).

Vor diesem Hintergrund ist die Aufgabe der Praktischen Theologie, christliche Tradition und moderne Lebenswelt zu vermitteln, keine einfache Angelegenheit. Weder kann es erfolgreich sein, der Praxis mit Theorie (Theologie) gegenüberzutreten, noch führt eine Analyse der Praxis geradewegs zur Theologie. Dichotomien und lineare Modelle sind selbst in eine Krise geraten.

1.2. Vergewisserung über Vermittlungsprozesse von Tradition und Situation

Heute definiert sich die Praktische Theologie nicht mehr als Applikationswissenschaft, die im Gegenüber zur Praxis eben dieser Praxis ihre Theorien als Modelle konkreten Handelns anbietet. Sie kann auch nicht mehr hinreichend als 'Weisheitslehre' definiert werden, die der Praxis Sinn-Normen liefert. Die Praktische Theologie will vielmehr im Kontakt mit der Praxis eine 'Theorie der Praxis' entwickeln. Die gegenwärtige gesellschaftliche Situation, in der die religiöse Praxis zum einen unabweisbar von Säkularisierungstrends geprägt ist, die auf der anderen Seite aber auch eine Vielgestaltigkeit religionshaltiger Semantiken kennt, ist mit einer einfachen Kirche-Welt-Dichotomie nicht mehr zu erklären. Die Praktische Theologie muss sich bei ihrem Anliegen einer Vermittlung von kirchlich überlieferter christlicher Tradition und moderner Lebenswelt neu orientieren.

Es ist einerseits verständlich, dass die Praktische Theologie lange Zeit dem Rücklauf kirchlich-religiöser Partizipation einen zentralen Platz auf ihrer Tagesordnung eingeräumt hat. Eingebettet in die Perspektive der Säkularisierung beinhaltete diese Wahrnehmung der religiösen Wirklichkeit jedoch schon definitorisch eine Blickverengung. Zu wenig kam in den Blick, *dass* und *welche* 'Religion' auch in der modernen Gesellschaften präsent ist und vor allem, was ihre modernitätstypischen Kennzeichen sind. Eine Ausdehnung des Objektbereichs auf die Erforschung solcher Religionsstile wird notwendig. Das praktisch-theologische Interesse liegt dabei nicht vornehmlich in der Messung des Abstands zwischen 'modernen Religionsstilen' und der kirchlich-institutionell vertretenen Religion, sondern im Verschaffen von Einsicht, ob und wie Religion *in* und *mit* der Moderne präsent und möglich ist. Anders formuliert: Neben dem 'Messen' des Rücklaufs kirchlicher Partizipation ist die *Präsenz von Religion* die noch größere Herausforderung für die Theologie im allgemeinen und die Praktische Theologie im besonderen, wobei zwei Fragen besondere Bedeutung zukommt. *Erstens*: Was sind die Umstände und Motive, dass und warum Religion in den modernen, als säkularisiert bezeichneten Gesellschaften zur Sprache kommt? Gibt es neben aller Diskontinuität auch Kontinuität in den individuellen religiösen Bezügen, eine Kontinuität, die sich durch die Kompatibilität individueller Religionsstile *mit* der Moderne auszeichnet, wie dies durch das Individualisierungskonzept theoretisch unterstellt wird? Solche Kontinuitätsmerkmale wären von einer Art, dass sie nicht einfach verändert oder weggewünscht werden könnten. Sie enthielten vielmehr prinzipielle Anfragen an die Pastoral der Kirche, die schon allein aus 'instrumentellen' Gründen nicht vernachlässigt werden dürfen. Kirchliches Sprechen kann nicht davon absehen, dass es Adressaten erreichen und dort abholen will, wo sie stehen, und dass nur solche Brücken beschritten werden können, die beide Ufer verbinden und dort ihre Fundamente haben. *Zweitens*: Wie sind diese Religionsstile beschaffen? Drückt sich in ihnen etwas aus, was *auch* als Teil der christlichen Überlieferung gelten kann? Geben sie wirklich nur Diskontinuität oder auch Kontinuität mit der Tradition zu erkennen? Um Kontinuität zu erkennen, ist es freilich unumgänglich, auf einen *geschichtlichen* Begriff von Tradition zurückzugreifen, der die vielfältigen Wandlungsprozesse berücksichtigt, die die christliche Tradition erlebt hat (vgl. Schillebeeckx 1990, 237-285). Ein geschichtlicher Begriff von Tradition lässt es weder zu, eine bestimmte historische Präsenz der Kirche, noch eine bestimmte Theologietradition zum alleinigen Maßstab zu nehmen. Die hermeneutische Vermittlung darf davon ausgehen, dass es der Tradierung des Glaubens inhärent ist, zwischen der Buchtradition einerseits und dem Glaubenssinn und der Praxis des Volkes andererseits ein dialogisches Verhältnis anzunehmen, wobei dem Volk nicht allein die Rolle des Empfängers fertiger Botschaften zufällt. Ein geschichtlich-dialogisches Verständnis von Tradition behandelt im übrigen auch die Zukunft als einen offenen Prozess.

Die Religion der Gegenwart in ihrer strukturell-individualisierten Verbindung zur Moderne stellt für die praktisch-theologische Forschung eine zentrale Herausforderung dar. Lebensweltlich und biographisch verankerte religiöse Suchbewegungen, synkretistische oder religiös-diffuse Überzeugungsmuster erschweren den Weg, diese Religion mit Hilfe einfacher Kausalverbindungen zu erklären. Dem muss sich das forschungsmethodische Instrumentarium anpassen, indem es Induktion und Deduktion kontinuierlich aufeinander zu beziehen sucht (vgl. Van der Ven/Ziebertz 1993; Ziebertz 1998; Prokopf/Ziebertz 2000). Die Bedeutung der Induktion ist dabei weder auf die Generierung von Hypothesen reduziert, noch ist damit ein auf die Spitze getriebener Induktivismus gemeint, der letztendlich in ein Interpretationsvakuum führt, wenn der 'reine Sachverhalt aus sich heraus', ohne seine Vermittlung durch Tradition und Kontext, verstanden werden soll. Also weder Deduktion noch Induktion allein sind hinreichend, um zu verstehen, sondern gerade ihr wechselseitiger Bezug, wie er unter anderem in der Abduktion Gestalt annehmen kann. Damit verliert auch die Deduktion ihren monolithischen Charakter. Um zu verstehen und Zusammenhänge aufzuspüren, ist heute keine einzelne Theorie in der Lage, den alleinigen Referenzrahmen bereitzustellen. Theorien sind alle Konstruktionen einer komplexen Wirklichkeit, das heißt, sie konkurrieren miteinander in der Aufhellung eines Problems. Für eine empirisch orientierte Praktische Theologie ist dies nicht unerheblich. Ihre Wahrnehmungsweise wird vielleicht stärker 'diskursiv' und weniger 'dinghaft' orientiert sein müssen, stärker fokussiert auf die dialogisch-narrative Erhellung des Fremden und des nicht-direkt-Erklärbaren und weniger auf deren Festlegung im Rahmen eines apologetischen Systems (vgl. Matthes 1992).

1.3. Praktisch-theologische Forschung: Verstehen, Erklären, Verändern

Vor diesem Hintergrund ist eine Abgrenzung zwischen hermeneutischen, empirischen und ideologiekritischen Erkenntnisprozessen fragwürdig. Habermas hatte in seiner klassischen Schrift „Erkenntnis und Interesse" (1968) diese Unterscheidung herausgestellt und gezeigt, dass es keinen naiven Gebrauch von Methoden geben kann, weil Methoden einen bestimmten Zugang auf die Wirklichkeit implizieren und weil Erkenntniswege und Erkenntnisinteressen in wechselseitiger Abhängigkeit zueinander stehen. Er ordnet dem empirisch-analytischen Wissenschaftstyp ein technisches, dem hermeneutischen ein praktisches und dem kritisch-orientierten ein emanzipatorisches Erkenntnisinteresse zu. Demzufolge ist *empirisch-analytische* Forschung an der Produktion von erfahrungswissenschaftlichen Aussagen interessiert. Sie will Regeln für den Aufbau von Theorien erkennen und beschreiben sowie deren Überprüfung leisten. Aus deduktiv-hypothetischen Zusammenhängen werden empirisch überprüfbare Prognosen abgeleitet, die zustande kommen durch die ihnen vorausgehende Perspektive (leitendes Interesse), nämlich einen Beitrag zur Sicherung und Erweiterung erfolgskontrollierten Handelns leisten zu wollen. Demgegenüber geht es in der *hermeneutischen* Arbeitsweise um Auslegung und Sinnerfassung. Was sie als Theorie hervorbringt, basiert auf einem Beziehungsgeflecht zwischen dem die Ausgangssituation bestimmenden Vorverständnis eines Interpreten und dem hermeneutisch produzierten Wissen, das im Rahmen des Vorverständnisses auf Situationen bezogen wird. Hermeneutische Forschung ist interessiert an der Erhaltung und Erweiterung der Intersubjektivität. Sinnverstehen richtet sich auf den möglichen Konsens von Handelnden im Rahmen eines tradierten Selbstverständnisses (Habermas 1968, 158). Schließlich greift Habermas einen *kritischen* Typus von Wissenschaft auf, der mit den Mitteln der Ideologiekritik einen Prozess in Gang bringen will, durch Selbstreflexion unreflektiertes Bewusstsein in kritisches Bewusstsein zu überführen und damit Subjekte aus der Abhängigkeit von hypostasierten Gewalten zu befreien. In der Selbstreflexion kann es gelingen, die Macht der Ideologie zu brechen und zu einem dialektischen Denken zu gelangen, das die Ursachen erhellt, die Verständigung verhindern oder zerstören. Diese analytische Differenzierung macht deutlich, dass mit dem Forschungsprozess drei erkenntnisleitende Interessen verbunden sein können: erstens die Produktion von *Erfahrungswissen*, zweitens einen Beitrag zum *Sinnverstehen* zu leisten und drittens *Emanzipation* zu fördern.

Methodologisches Paradigma	Erkenntnisziel	Erkenntnisinteresse
hermeneutisch	Sinn verstehen	praktisch
empirisch-analytisch	Tatsachenwissen erheben und Gesetzmäßigkeiten erklären	technisch
ideologiekritisch	Praxis verändern	emanzipatorisch

Schema: *'Erkenntnis und Interesse' (Habermas)*

Diese drei Perspektiven schließen sich nicht aus (Schweitzer 1993), sondern können als eine wechselseitige Ergänzung verstanden werden, denn: Hermeneutik ohne Ideologiekritik läuft Gefahr, Ideologie zu produzieren; Hermeneutik ohne Empirie läuft Gefahr, die Wirklichkeit aus dem Blick zu verlieren. Empirie ohne Hermeneutik läuft Gefahr, positivistisch verstanden zu werden, und Empirie ohne Ideologiekritik kann dazu führen, Faktenwissen unkritisch zu übernehmen oder als Herrschaftswissen einzusetzen. Ideologiekritik bleibt sowohl auf Hermeneutik als auch auf Empirie bezogen.

Es geht also darum, mittels Forschung die Vielgestaltigkeit der religiösen Praxis zu verstehen, sie soweit möglich zu erklären und sowohl die Praxis als auch die theoretische Reflexion ideologiekritisch zu begleiten, um Veränderung möglich zu machen. Nipkow (1984, 185) folgend ist empirische Forschung für Erkenntnisse über die Sachgemäßheit religionspädagogischer Arbeit unentbehrlich, sie ist kriteriologisch notwendig, nicht aber hinreichend. Hermeneutische und ideologiekritische Arbeitsweisen sind in gegenseitiger Ergänzung notwendig, um über den Weg der Auslegung der christlichen Überlieferung, der gegenwärtigen Christentumsgeschichte und der aktuellen pädagogisch-politischen Geschichte Kriterien für eine theologische Theoriebildung zu gewinnen. Die Komplementarität der Erkenntnisweisen herauszustellen ist bedeutsam, weil sie hilft, auf der Ebene der Methode den Gegensatz zu entschärfen, der zwischen qualitativen (hermeneutischen) und quantitativen (empirisch-analytischen) Verfahren behauptet wird.

2. Vier Versuche empirischer Methodologie in der Religionspädagogik

Die nachfolgend beschriebenen Versuche, eine methodologische Plattform für empirische Forschung in der Praktischen Theologie rspt. Religionspädagogik zu begründen, sind keine Phasen in historischem Sinn, wenngleich nicht von der Hand zu weisen ist, das der vierte jüngeren Datums ist und der dritte Versuch auf den zweiten folgte.

Versuch 1: Brute facts: Empirische Forschung im Kontext des Positivismus

Empirische Forschung und Positivismus werden nicht selten als 'zusammengehörig' betrachtet. Der klassische Positivismus baute auf der induktiven Methode auf: man wollte von Einzelaussagen und Einzelbeobachtungen zu generalisierenden Aussagen kommen. Die strenge Erfahrungsbezogenheit war der Grund, auf Hypothesen im Prozess der Erkenntnisgewinnung zu verzichten. Hypothesen galten als theoretisch begründete Vermutungen über eine empirische Wirklichkeit – also als Spekulation. Stattdessen wurde eine Tatsachenerfassung in strengem Sinne angestrebt, als Erfassung der 'nackten Fakten'. Man ging von der Möglichkeit theoriefreier Beobachtung und objektiver Erkenntnis aus. Diese Form des klassischen Induktivismus ist wissenschaftstheoretisch hinlänglich der Kritik unterzogen worden, sei es das Objektivitätsideal, der Anspruch theoriefreier Beobachtung, das Problem der Zirkelschlüsse usw. Die Frage aber ist, ob und wie die Kritik am Positivismus die empirische Forschung in der Religionspädagogik trifft. Zum einen kann festgestellt werden, dass der Positivismus in der überwiegenden Zahl der empirischen Studien nicht als methodologisches Gerüst erkennbar ist. Wir treffen vielmehr auf empirische Forschung, die sich an Poppers kritischem Rationalismus oder an neueren Modellen der Wissenschaftstheorie orientiert, die nach Kuhns Paradigmendiskussion entstanden sind. Das heißt aber nicht, dass es nicht auch quantitativ-empirische Studien gibt, die ihrerseits den 'brute facts'-Anspruch strapazieren oder dass von Seiten der Rezipienten Ergebnisse 'theoriefrei' (positivistisch) übernommen werden. In der qualitativ-empirischen Forschung treffen wir auf Studien, die sich der Induktion verschreiben, als habe es die Diskussion über den klassischen Induktivismus nie gegeben. In beiden Fällen geht es um den Anspruch, die Wirklichkeit so darstellen zu können, wie sie ist. Neben den methodologischen Aspekten sei wenigstens angemerkt, dass das Überleben eines grundlegenden Zweifels an der Zulässigkeit empirischer Forschung in der Theologie mit der Unvermittelbarkeit von Theologie und Positivismus zusammenhängt, wie dies Peukert (1978) und Pannenberg (1987) ausführlich dargestellt haben.

Versuch 2: Konkurrenz zwischen quantitativ- und qualitativ-empirischer Forschung

Der zweite Versuch koppelt die Möglichkeit der Erkenntnis der Wirklichkeit an den Gebrauch der richtigen Methode. In den siebziger Jahren des letzten Jahrhunderts etabliert sich neben der traditionellen Form der quantitativ-sozialwissenschaftlichen Forschung ein Interesse an hermeneutisch-lebensgeschichtlichen Fragestellungen. Die Methode der Fragebogenforschung, ein genuines Kennzeichen des quantitativen Verfahrens, sieht sich im Grundsatz der Kritik ausgesetzt. Mit ihr, so die Kritik, werde die Wirklichkeit in Teilaspekte zerstückelt und die zergliederte Wahrnehmung unter Hypothesen gestellt, die der Wahrnehmung vorausgingen und sie lenkten. Das Ergebnis seien generalisierende Aussagen, an denen bezweifelt wird, ob sie überhaupt noch die Wirklichkeit, die die Wirklichkeit der befragten Personen ist, treffen. Es entsteht ein Interesse, über Fallstudien, Beobachtungen und Studien von Biographien einzelne Prozesse und einzelne Fälle bis ins Detail zu erfassen. Mehr noch: An die neuen Verfahren knüpfte sich die Hoffnung, die stringente Erklärung eines biographischen Einzelfalles könne mehr Beweiskraft bieten als das, was die 'repräsentative Stichprobe' im allgemeinen an Ergebnissen zur Verfügung stelle. Zudem werde dem Objektbereich nicht eine Erklärung von außen übergestülpt, sondern die 'Erforschten' hätten die Möglichkeit, selbst strukturierend in den Forschungsprozess einzuwirken. Sie würden zu 'Partizipanden' einer 'rollenden Forschungspraxis', in der die erarbeiteten Interpretationen gemeinsam mit den Interviewten reinterpretiert würden, um eine 'kommunikative Validität' zwischen Forschern und Erforschten zu erreichen (vgl. Lamnek 1988). Von Seiten quantitativ orientierter Forscher heißt es, die qualitative Forschung müsse sich aufgrund ihrer Forschungsmethoden (z.B. Interviews) auf kleine Stichproben beschränken und ihre Aussagekraft sei dementsprechend gering. Mit diesem Aspekt hinge zusammen, dass die Stichproben nur schwerlich nach dem Zufallsprinzip gebildet werden könnten. Hoag (1986) titulierte in diesem Zusammenhang die biographische Basis der Shell-Studie 1985 nicht ohne Zynismus: „Der Bekanntenkreis als Universum".

Weiter wird an qualitativen Verfahren kritisiert, dass ihre Untersuchungsergebnisse nicht zu quantitativen (metrischen) Variablen führen und sich nicht in statistischen Analysen verwenden lassen. Die Validität der erhobenen empirischen Daten, so die Kritiker, blieben unter denen, die quantitativ gewonnen würden. Ein holistischer Interpretationsanssatz und die Betroffenheit der Forscher führten zu einer Wahrnehmung, in der die Gefahr bestünde, dass Interpretation und Wirklichkeit verschmölzen.

Der Methodenstreit – über die 'Exaktheit' der 'Quantitativen' auf der einen und die 'Beliebigkeit' im Sinne einer mangelnden intersubjektiven Überprüfbarkeit der Interpretationen der 'Qualitativen' auf der anderen Seite – dokumentiert zum einen die Verteidigungsbemühungen der je eigenen Richtung. Zum anderen ist offensichtlich, dass beide Methoden Vorzüge und Nachteile aufweisen, die es bei der Erstellung eines Forschungsprogramms abzuwägen gilt. In der Religionspädagogik haben sich jedenfalls quantitative und qualitative Forschungstraditionen etabliert – und hier und da entzündet sich das Flämmlein wechselseitiger Existenzbestreitung. Daneben hat die Frage an Gewicht gewonnen, ob und wie beide Methoden verbunden werden können.

Versuch 3: Verknüpfung von Methoden – Wunsch und Wirklichkeit der Triangulation

Die Suche nach Möglichkeiten der Verknüpfung reicht bis zu einem Entwurf von Campbell und Fiske im Jahre 1959 zurück, zusätzliche entscheidende Klärungen stammen von Smith (1975) und Denzin (1978), die den Begriff der *Triangulation* gebrauchen. Triangulation deutet in Anlehnung an die Navigationslehre auf ein Verfahren hin, von verschiedenen Bezugspunkten aus eine Position zu bestimmen. Fromm nennt drei triangulative Verfahren, um quantitative und qualitative Methoden zu verbinden: *Addition*, *Mehrfacherfassung* und *Transformation* (Fromm 1990, 470). Die Modelle seien im Folgenden wegen ihrer Bedeutung etwas detaillierter skizziert (vgl. Ziebertz 1994, 27ff.).

Unter *Addition* wird ein Verfahren verstanden, innerhalb einer größeren Untersuchung beide Methoden zur Anwendung zu bringen. So kann in einer repräsentativ angelegten Untersuchung zunächst die quantitative Methode gebraucht werden, um bestimmte Merkmale, Einstellungen usw. einer näher umzeichneten Stichprobe zu erheben. In einem zweiten Schritt kann auf qualitative Methoden zurückgegriffen werden, um diese Stichprobe nach qualitativen Merkmalen zu analysieren. Umgekehrt kann nach einer Interview-Erhebung ein Fragebogen konstruiert und auf diese Weise die Untersuchung auf eine (vielleicht) repräsentative Stichprobe ausgedehnt werden. Additiven Verfahren geht die Frage voraus, ob es innerhalb eines Forschungsbereiches bestimmte Frageeinheiten gibt, für die *eine* Methode besser geeignet sein könnte als die *andere*. Es wird versucht, den Fragebereich so zu strukturieren, dass jeder Frageeinheit die jeweils 'beste' Methode zugeordnet wird.

Bei der *Mehrfachmessung* wird ein- und dasselbe Phänomen nicht nur mit einer, sondern mit allen ausgewählten Methoden des quantitativen und qualitativen Bereichs untersucht. Durch das Herangehen an dasselbe Phänomen von unterschiedlichen Bezugspunkten aus soll ein verlässlicheres Ergebnis gewonnen werden, als dies mit einer einzigen Methode möglich ist. Man vermutet, die Mehrfachmessung wäre geeignet, die Mängel *eines* Konzepts zu überwinden. Allerdings besteht die Gefahr, Methoden zu kombinieren, die sich in ihren Mängeln ergänzen, denn sowohl die quantitativ als auch die qualitativ orientierte Sozialforschung verfügt jeweils über eine Vielzahl von Methoden, die nicht alle gleich geeignet sind, ein Phänomen zu messen. Um diesen Fehler zu vermeiden, muss eine Verständigung über die Gütekriterien der jeweiligen Verfahren herbeigeführt werden. Dies wirft wiederum die Schwierigkeit auf, dass etwas, was von der quantitativen Methodologie als Gütekriterium gilt, von der qualitativen aus als Mangel beurteilt werden kann und umgekehrt. Eine globale Ergänzung beider Methodologien reicht also nicht aus, vielmehr bedarf es eines übergreifenden methodologischen Rahmens, der eine identische Messung sicherstellt. Bereits die unterschiedliche Vorgehensweise beider Methodologien in Bezug auf den Operationalisierungsprozess zeigt, dass dies keine leicht zu lösende Aufgabe darstellt. Gelingt die Verknüpfung der beiden unterschiedlichen Methodologien, brächte dieses Verfahren in der Tat verlässlichere Forschungsergebnisse; gelingt sie nicht, könnte ein Konzept-, Begriffs- und Datenchaos eintreten.

Der dritte Ansatz strebt eine *Transformation* von quantitativ zu qualitativ und umgekehrt an. In der quantitativen Forschung kann Transformation bedeuten, nach der Analyse von Fragebogendaten bestimmte Probleme herauszugreifen und sie mit Hilfe von Interviews oder Beobachtungen vertiefend zu klären. Transformation in der qualitativ angelegten Forschung könnte zum Beispiel bedeuten, erhobene verbale Daten zu kodieren, um mit ihnen anschließend quantitativ zu rechnen. Textsegmente ließen sich auf diese Weise nach bestimmten Häufigkeiten und Zusammenhängen untersuchen. Denkbar ist auch, bestimmte qualitativ gewonnene Einsichten zu konzeptualisieren und sie in einen Fragebogen zu überführen. Bei dieser Form der Transformation bleiben die jeweiligen methodologischen Voraussetzungen und Gütekriterien weitgehend unvermischt.

Die genannten Verknüpfungsmöglichkeiten von quantitativen und qualitativen Verfahren machen deutlich, dass alle drei Verfahren ein hohes Maß an methodologischer Explikation verlangen. Ihr 'Gewinn' ist aber nicht einfach evident, vielmehr sind mit den Verknüpfungsverfahren eine Reihe von Problemen verbunden, die in den Methodologien selbst verfasst liegen, also nichts mit der Unzureichendheit der Forscher zu tun haben.

Der Versuch der *Transformation* wirft die wenigsten Probleme auf, weil in diesem Fall die jeweiligen Gütekriterien (Kategoriensystem) des quantitativen oder qualitativen Ansatzes erhalten bleiben und in ein übergreifendes Forschungsinteresse integriert werden. Aus diesem Grund könnten viele Vertreter der jeweils anderen Methodologie unzufrieden bleiben, weil die Datengewinnung und Datenreduktion jeweils nur nach den Kriterien einer der beiden methodologischen Konzepte erfolgt und das Sekundärkonzept in den Rang einer 'Hilfsmethode' gestellt wird. Die Kritik lautet, dass zum Beispiel bei der Qualifizierung vorab quantifizierter Daten ein theoretisches Kategoriensystem zugrunde liegt, deren *Entdeckung* von qualitativen Verfahren als eine in methodologischer Hinsicht entscheidende Differenz zu quantitativen Verfahren verstanden wird. Das Erkenntnisinteresse, so die qualitative Sozialforschung, bilde sich erst im Prozess der Forschung heraus, während es quantitativen Verfahren durch die Hypothesenbildung vorausgehe. Im umgekehrten Fall könnte bemängelt werden, dass beispielsweise die induktiv gewonnenen Daten, auf denen ein Fragebogen aufgebaut werden soll, weit unterhalb der Komplexität bleiben, die etwa in der Literatur angetroffen werden kann bzw. der Einsicht auch ohne Literatur zugänglich ist.

Der Ansatz der *Mehrfachmessung* setzt eine hohe Kompetenz der Forscher in methodologischen Fragen voraus. Neben dieser Kompetenz besteht das erkenntnistheoretische Problem, wie ein Ergebnis bewertet werden kann. Lamnek weist darauf hin, dass zum Beispiel die Konstatierung einer 'Übereinstimmung' beider Ergebnisse nicht ausschließt, dass beide falsch sind. Vielleicht ist ein solches Ergebnis aus Gründen der *Wahrscheinlichkeit* zutreffend, aber nicht *eo ipso*. Eine zweite Ergebnismöglichkeit ist die der 'Komplementarität'. Erwartet werden keine kongruenten Befunde, wohl aber solche, die sich wie Puzzleteile ineinander fügen lassen. In diesem Fall bleiben die zusammengefügten Erkenntnisteile methodenindiziert, d.h. sie werden durch jeweils eine quantitative oder qualitative Methode gewonnen. Im Prozess der Interpretation und bei der Feststellung von Kongruenz kommt man aber an dem Punkt nicht vorbei, ein gemeinsames Interpretationssystem finden zu müssen. Wenn sich, in einem dritten Fall, die Ergebnisse widersprechen, kann immerhin noch mit der Notwendigkeit eines neuen Forschungsverfahrens geantwortet werden. Es besteht aber die Gefahr, denselben Problemen noch ein weiteres Mal zu erliegen. Für alle drei Fälle der Mehrfachmessung gilt, dass neben der persönlichen Fähigkeit der Forscher in struktureller Hinsicht ein Klärungsbedarf zu der Frage besteht, ob ein übergreifendes methodologisches Konzept erstellt werden kann, das in sich konsistent, intersubjektiv nachvollziehbar und kontrollierbar ist. Davon hängt es letztlich ab, ob dieses Verfahren in der Forschungspraxis einen Fortschritt bringen.

Dieselben letztgenannten Anforderungen bestehen zwar auch bei der Verwendung *additiver* Verfahren, allerdings stärker in Bezug auf die Interpretation der Ergebnisse, als in methodologischer Hinsicht. Während man bei der Mehrfachmessung nicht an methodologischen Klärungen vorbei kommt, erhoffen sich Untersucher bei additiven Verfahren eine ergänzende Wirkung der quantitativ und qualitativ erhobenen Daten, wobei alle Erhebungen mit jeweils nur einem Verfahren stattfinden. Somit kann nicht der Konflikt entstehen, über dasselbe Phänomen unterschiedliche Ergebnisse interpretieren zu müssen.

Die Triangulation ist anspruchsvoll und nicht ohne Probleme – was aber nicht prinzipiell gegen sie spricht. Zugleich kann festgestellt werden, dass sich insgesamt und in der Religionspädagogik im Besonderen kaum Studien nennen lassen, die sich an der Triangulation versucht haben. Dieser Versuch der 'methodischen Versöhnung' scheint ideellen Wert zu haben, ob er forschungspraktischen Wert erlangt, bleibt abzuwarten.

Versuch 4: Empirie als Konstruktion der Wirklichkeit?

Der vierte Versuch setzt 'vor' der Methode an und verweist auf den konstruktiven Charakter von Erkenntnis. Die Möglichkeit eines direkten Objektbezugs wird abgewiesen und die Methodenwahl gilt als untergeordnetes Problem, weil 'Konstruktion' den Methoden vorausgeht und sie begleitet (vgl. Ziebertz 1998).

Dieser Annahme liegt zugrunde, dass jeder empirische Bezug auf Beobachtungen beruht. Wer beobachtet, aktiviert zwei grundlegende Fähigkeiten: erstens die Fähigkeit, Unterschiede festzustellen, und zweitens, aus den festgestellten Unterschieden Bedeutungen abzuleiten (vgl. dazu Willke 1994, 12ff.). Die in der Wirklichkeit vorhandenen Unterschiede reichen für eine Beobachtung nicht hin, man muss diese Unterschiede auch erkennen können. Die Bedeutung des Materials ergibt sich nicht aus sich selbst, auch nicht aus der Methode, mit der das Material gewonnen wurde, sondern durch Bezüge, die vor und während der Beobachtung relevant *waren* und bei der späteren Betrachtung relevant *sind*. Beobachtung und Selbstreferenz sind nicht voneinander zu trennen und der Eigenanteil des erkennenden Subjekts an Erkenntnisprozessen ist nicht zu unterschätzen. Es hieße aber, diese Überlegungen auf die Spitze zu treiben, wollte man alle methodisch durchgeführten Beobachtungen als 'subjektiven Konstruktivismus' etikettieren, hinter die das eigentliche Objekt verschwommen zurücktritt. Natürlich zielen Erkenntnisprozesse, die sich des methodischen Beobachtens bedienen, zuallererst darauf, für das zu Erklärende eine passende Erklärung zu finden. Gleichwohl kann keine Erklärung mit dem Anspruch präsentiert werden, die *einzige* bzw. die *einzig wirkliche* Erklärung zu sein. Der Prozess der Wahrheitsfindung ist in die Zukunft hinein offen. Das gilt für alle Erkenntnisprozesse, ganz gleich, ob es sich um qualitative oder quantitative Untersuchungen handelt. Objektivität ist in diesem Zusammenhang keine Eigenschaft, die in adjektivischem Sinn ein Untersuchungsverfahren oder einen Untersucher auszeichnet, sondern sie ist das Ziel der Forschung. Sie drückt sich prozessual in Intersubjektivität aus (vgl. Meinefeld 1995, 271).

Fazit

Zwischen der Position des Objektivismus, nach dem das Objekt direkt wahrnehmbar ist, dem Streit um die 'richtige' Methode und der Position des radikalen Konstruktivismus, der Objektivität für unerreichbar hält, rückt die Frage nach Erkenntnisbrücken in den Mittelpunkt. Solche Brücken werden zum einen durch die Triangulation gebaut. Zum anderen werden Brücken sichtbar, wenn das Wechselspiel zwischen Erkenntnisgegenstand und Erkenntnissystem, zwischen Objekt (Feldpraxis) und Wissenschaftspraxis untersucht wird, weil diese Reflexion zeigt, dass die Frage der Verfahren (quantitativ und/oder qualitativ) ein nachgeordnetes Problem ist. Die konkrete Methode ist ein Mittel, das aus mehreren zur Verfügung stehenden Mitteln ausgewählt wird, weil es verspricht, aus diesem Wechselspiel ein Maximum an Informationen und Erkenntnissen zu gewinnen. Auf die Pluriformität der Methoden soll abschließend wenigstens kurz eingegangen werden.

3. Pluriformität der Methoden

3.1. Untersuchungsverfahren

In der Diskussion über quantitative und qualitative Methoden werden Probleme nicht selten auf Fragebogenstatistik einerseits und Interviewinterpretation andererseits reduziert. In der nachfolgenden Übersicht wird eine differenzierte Betrachtung versucht, die zwischen Erhebungsverfahren, der Qualität der Daten, Formen der Datenaufbereitung und den eigentlichen Analyseverfahren unterscheidet. Die Unterscheidung soll deutlich machen, wie vielfältig die Entscheidungen sind, die getroffen werden müssen, und wie zahlreich die Kombinationsmöglichkeiten sind, die für ein Forschungsprojekt zur Verfügung stehen.

Untersuchungsmethoden

Erhebungsverfahren	Daten	Aufbereitung	Analyseverfahren
1. Beobachtung - (nicht-) teilnehmend - offen oder verdeckt	**1. Verbal**	**1. Transkription** **verbaler Daten** - wörtlich - kommentierend	**1. hermeneutisch–** **interpretativ** - Grounded Theory - Narratologie
	2. Numerisch	- zusammenfassend - protokollierend	- Objektive Hermeneutik
2. Interview - offen (narrativ) - halbstrukturiert - strukturiert 'Spezialformen': o fokussiert, problemorientiert o Tiefeninterview	**3. Audio-visuell**	**2. Numerische** **Datenmatrix** - 'Notizblock' - Software	- Symbolischer Interaktionismus - Ethnomethodologie - Phänomenologie - Semiotik
3. Schriftliche **Befragung** - offen - halbstrukturiert - strukturiert		**3. Andere deskriptive** **Systeme**	**2. empirisch-** **analytisch** - univariate Statistik - bivariate Statistik - multivariate Statistik
4. (Quasi-) **Experiment**			
5. Dokumenten- bzw. **(Inhalts-) analyse**			
6. Gruppendiskussion			
7. Aktionsforschung			
8. Soziometrie			

Die linke vertikale Spalte listet zunächst acht gebräuchliche Erhebungsverfahren auf. Keines der Verfahren ist darauf festgelegt, entweder zur 'quantitativen' oder zur 'qualitativen' Seite zu gehören. Zum Beispiel die Interviewerhebung: Sie kann narrativ in großer Offenheit gestaltet oder unter Verwendung eines weniger oder mehr strukturierten Fragebogens durchgeführt werden. Eine schriftliche Befragung kann ausschließlich mit offenen Fragen erfolgen, sie kann aus einem durchstrukturierten Fragebogen mit geschlossenen Fragen bestehen oder beide Fragetypen enthalten. Dokumente können qualitativ oder quantitativ ausgewertet werden. Aktionsforschungsdesigns kennen darüber hinaus noch die direkte Intervention und die direkte Verständigung über Verfahren, Daten und Bedeutungen. Das heißt, dass die Erhebungsverfahren in der Regel eine Variationsbreite hinsichtlich der Daten enthalten, die sie hervorbringen sollen.

In der zweiten Spalte werden drei Qualitätsformen von Daten genannt: verbale, numerische oder audio-visuelle Daten. Je nach Erhebungsverfahren erbringt eine Untersuchung nicht nur einen Datentyp, sondern mehrere. Ein Fragebogen mit offenen und geschlossenen Fragen liefert zum Beispiel immer numerische und verbale Daten. Audio-visuelle Daten liefern Hör- und Sehereignisse und implizit Texte. Jedes Erhebungsverfahren kann so gestaltet werden, dass es eine oder mehrere Datenformen erbringt. Bei einer Erhebung mit mehreren Datenformen stellt sich die Aufgabe der komplementären Analyse, wie sie weiter oben unter dem Stichwort der Triangulation angesprochen wurde.

Die nächste Spalte listet Aufbereitungsformen auf. Die 'rohen' Daten müssen in eine bestimmte Form überführt werden, damit sie analysiert werden können. Bei audio-visuellen Daten stellt sich die Aufgabe, Mitschnitte entsprechend des Analyseinteresses aufzubereiten. Verbale Daten werden transkribiert, wobei die Transkription wiederum wörtlich, kommentierend oder protokollarisch-zusammenfassend erfolgen kann. Man kann diese Daten anschließend auch kodieren, wenn Häufigkeiten, Zusammenhänge etc. berechnet werden sollen. Numerische Daten werden, besonders wenn es sich um große Datenmengen handelt, in einen Computer eingegeben und mit Hilfe einer entsprechenden Software bearbeitet. Wenn Untersuchungen nicht nur ein demoskopisches Interesse verfolgen (im Sinne einer 'Umfrage' auf der Basis von Einzelaussagen; Bsp.: Politbarometer), sondern das Niveau komplexerer sozialwissenschaftlicher Theoriebildung anstreben und damit notwendig der Weg von Einzelitems zu Skalenbildungen beschritten wird, kommt die Statistik wiederum nicht ohne einen Rückgriff auf verbale Daten aus. Ein Beispiel ist die Faktorenanalyse, mit der eine größere Gruppe von Items gebündelt werden kann, deren Bedeutung auf 'einer' Dimension liegt. In der Regel gibt es aus der Sicht der Statistik mehrere Faktorlösungen. Forscher können sich nicht allein auf der Basis statistischer Werte entscheiden, welche Lösung sie wählen, denn die 'neuen' Faktoren müssen sich auch interpretieren lassen. Dazu ist eine bedeutungslogische Rekonstruktion des Wortlauts der Items notwendig (vgl. als Beispiel die Analyse von Unterrichtsformen in Ziebertz 1994, 136).

Schließlich sind viertens die eigentlichen Analyseverfahren zu nennen. Hierzu gibt es unterschiedliche Einteilungsvorschläge. In der rechten Spalte werden hermeneutisch-interpretative und empirisch-analytische Verfahren unterschieden. Die derzeit verfügbare Bandbreite hermeneutisch-interpretativer Verfahren ist unter Umständen noch variationsreicher, als in dem Schema angegeben. Oftmals bedienen sich Forscherinnen und Forscher nicht nur eines Verfahrens, sondern sie verbinden zwei oder mehrere oder entwickeln ihr 'eigenes' Verfahren. Die einzelnen Verfahren haben selbst oftmals eine Entwicklungsgeschichte und implizieren eine gewisse interne Pluralität. Als Beispiel kann auf die Grounded Theorie verwiesen werden. Ihre erste Version (Glaser/Strauss 1967) war streng induktiv(istisch) konzipiert (die erkenntnistheoretische Problematik des Induktionismus ist oben zur Sprache gekommen), während eine neuere Version (Strauss/Corbin 1996) 'theoriegeleitetes Erkennen' akzeptiert und den Wechsel von Induktion und Deduktion konzeptuell verarbeitet. Empirisch-analytische Verfahren bedienen sich in aller Regel der Statistik, um numerische Daten zu analysieren (vgl. a. Bucher 1994). Statistik kann einfache Häufigkeitsberechnungen beinhalten (z.B. Items mit Prozentangaben) oder komplexe multivariate Kausalmodelle (z.B. Pfadmodelle, in denen - als Beispiel - Einflussfaktoren auf das Glücksempfinden des Menschen unter Berücksichtigung seiner Gott-Gläubigkeit bestimmt werden).

3.2. Bedeutung und Relativität der Methoden

Zweifellos verlangt die Frage der Methode in der empirisch-religionspädagogischen Forschung zentrale Aufmerksamkeit. Sie schließt eine Verantwortung der Verfahren, der Datengewinnung, der Aufbereitung und des Analysetyps ein. Die Auswahl ist abhängig vom konkreten Untersuchungsinteresse, d.h. wofür die Forschung steht bzw. welchem Ziel sie dienen soll und welche Art von Erkenntnissen dazu gebraucht werden (Ziebertz 1999A). Anton Bucher gibt in diesem Band einen guten Überblick über entsprechende Projekte. Um an den Beginn der Überlegungen anzuknüpfen: Wir nehmen Teil an einer Entwicklung, in der sich Inhalte und Formen von Religion, das kirchlich repräsentierte Christentum eingeschlossen, verändern. Wir müssen diese Veränderungen wahrnehmen und verstehen lernen. Daher ist jeder Beitrag der empirischen Religionspädagogik zuallererst ein Beitrag, in einem Diskurs-Universum Wahrnehmungen und Interpretationen intersubjektiv zugänglich zu machen. Wir können davon ausgehen, dass diese Wahrnehmungen und Interpretationen zum einen aufklären und dass sie zum anderen aber auch wieder neue Fragen hervorbringen. Daher ist es im besten Sinn relativ, ob es sich um quantitativ oder qualitativ erhobene und begründete Befunde handelt. Das Diskursuniversum ist 'offen', ja es lebt sogar von der Multiperspektivität. Es lebt davon, dass interpretative und statistische Verfahren ideologiekritisch sind gegenüber den Befunden und gegenüber sich selbst, dass interpretative Verfahren Wahrnehmungen und Interpretationen empirisch-analytischer Forschung als Stimulus für eigene Forschungsprojekte schätzen lernen und umgekehrt.

Die Religionspädagogik will aber nicht nur wahrnehmen und interpretieren, sondern sie will Praxis begleiten und verändern. Sie will, dass die religiöse Kommunikation nicht verstummt und dass nachwachsende Generationen eine religiöse Sicht der Wirklichkeit nicht für 'überflüssig' halten. Auch in diesem Sinn ist eine gewisse Relativierung der Methoden notwendig – nicht im Sinne einer unprofessionellen Anwendung, sondern weil es der empirischen Forschung darum gehen muss, die religiöse Praxis über sich selbst aufzuklären und Veränderung möglich zu machen. Dieses Ziel umgreift die Frage der Methode – die Methode wird eingesetzt in Funktion zu einem Ziel. Auf einer solchen Plattform ist jede empirisch seriös gearbeitete Untersuchung, die eine relevante Fragestellung verfolgt, ein willkommener Beitrag in dem Diskursuniversum, das die religiöse Wirklichkeit verstehen, erklären und gestalten will.

Literatur:

Bucher, Anton A. (1994), Einführung in die empirische Sozialwissenschaft. Ein Arbeitsbuch für TheologInnen, Stuttgart u.a.

Campbell, Donald T. / Fiske, Donald. W. (1959), Convergent and discriminant validation by multitrait-multimethod matrix, in: Psychological Bulletin 56 (1959), 81-105

Denzin, Norman K. (1978), The Research Act. A Theoretical Introduction to Sociological Methods, McGraw Hill

Drehsen, Volker (1988), Neuzeitliche Konstitutionsbedingungen der Praktischen Theologie. Aspekte der theologischen Wende zur sozialkulturellen Lebenswelt christlicher Religion, Gütersloh

Fromm, Martin (1990), Zur Verbindung quantitativer und qualitativer Methoden, in: Päd. Rundschau 44 (1990), 469-481

Gabriel, Karl (1993), Christentum zwischen Tradition und Postmoderne, Freiburg/Br.

Glaser, Barney G. / Strauss, Anselm L. (1967), The discovery of grounded theory. Strategies for Qualitative Research, Chicago

Habermas, Jürgen (1968), Erkenntnis und Interesse, Frankfurt/M.

Hirscher, Johann Baptist (1831), Katechetik, Tübingen

Hoag, Wendy J. (1986), Der Bekanntenkreis als Universum: Das Quotenverfahren der Shell-Studie, in: KZfSS 38 (1/1986), 123-132

Kaufmann, Franz-Xaver (1989), Religion und Modernität. Sozialwissenschaftliche Perspektiven, Tübingen

Lamnek, Siegfried (1988), Qualitative Sozialforschung. Bd. 1. Methodologie, München - Weinheim

Luhmann, Niklas (1977), Funktion der Religion, Frankfurt/M.

Matthes, Joachim (1992), Auf der Suche nach dem 'Religiösen', in: Sociologica Internationalis 30 (1992), 129-142

Meinefeld, Werner (1995), Realität und Konstruktion. Erkenntnistheoretische Grundlagen einer Methodologie der empirischen Sozialforschung, Opladen

Mette, Norbert (1978), Theorie der Praxis. Wissenschaftsgeschichtliche und methodologische Untersuchungen zur Theorie-Praxis-Problematik innerhalb der praktischen Theologie, Düsseldorf

Müller, Josef (1974), Die Pastoraltheologie innerhalb des theologischen Gesamtkonzepts von Stephan Rautenstrauch, in: Klostermann, Ferdinand / Zerfaß, Rolf (Hg.), Praktische Theologie heute, München - Mainz, 42-51

Nipkow, Karl-Ernst (1984), Grundfragen der Religionspädagogik. Bd. 1. Gesellschaftliche Herausforderungen und theoretische Ausgangspunkte, Gütersloh

Pannenberg, Wolfhart (1987), Wissenschaftstheorie und Theologie, Frankfurt/M.

Peukert, Helmut (1978), Wissenschaftstheorie, Handlungstheorie, Fundamentale Theologie. Analysen zu Ansatz und Status theologischer Theoriebildung, Frankfurt/M.

Prokopf, Andreas / Ziebertz, Hans-Georg (2000), Abduktive Korrelation – Eine Neuorientierung für die Korrelationsdidaktik?, in: RpB 44/2000, 19-50

Schillebeeckx, Edward (1990), Menschen. Die Geschichte von Gott, Freiburg/Br.

Schweitzer, Friedrich (1993), Praktische Theologie und Hermeneutik, in: Ven, Johannes A. van der / Ziebertz, Hans-Georg (Hg.), Paradigmenentwicklung in der Praktischen Theologie, Weinheim - Kampen, 19-47

Smith, Hyrum W. (1975), Strategies of Social Research. The methodological Imagination, Englewood Cliffs

Strauss, Anselm L. / Corbin, Juliet M. (1996), Grounded Theory. Grundlagen qualitativer Sozialforschung, Weinheim

Ven, Johannes A. van der / Ziebertz, Hans-Georg (Hg.) (1993), Paradigmenentwicklung in der Praktischen Theologie, Weinheim- Kampen

Willke, Helmut (1994), Systemtheorie. Bd. 2. Interventionstheorie, Stuttgart

Ziebertz, Hans-Georg (1994), Religionspädagogik als empirische Wissenschaft. Beiträge zu Theorie und Forschungspraxis, Weinheim

Ziebertz, Hans-Georg (1996), Objektivität und Handlungsnormativität. Ein Dilemma der empirisch orientierten Praktischen Theologie?, in: ThPQ 144 (4/1996), 412-428

Ziebertz, Hans-Georg (1998), Objekt, Methode, Relevanz. Empirie und Praktische Theologie, in: PThI 18/1998, 305-321

Ziebertz, Hans-Georg (1999), Religion, Christentum und Moderne. Veränderte Religionspräsenz als Herausforderung, Stuttgart u.a.

Ziebertz, Hans-Georg (1999 A), Was sollte in der Religionspädagogik besonders erforscht werden?, in: RpB 42/1999, 115-130

ZUGÄNGE

Andreas Schnider

Kurzeinführung in quantitative Methoden der empirischen Sozialforschung[1]

1. Empirische Wende

Welche Forschungsmethoden müssen wir als ReligionspädagogInnen anwenden, wenn wir konkret und zeitbezogen werden wollen? Gerade in einer Zeit, in der in Wirtschaft, Medien und Bildung eine immer größere Präzision in der Analyse und Evaluation von Tatbeständen gefordert wird, kann man sich in der Religionspädagogik nicht mit unstrukturierter und zufälliger Beobachtung von Alltagssituationen zufrieden geben. Sofern Praktische Theologie wissenschaftlichen Gütekriterien wie Objektivität und intersubjektiver Überprüfbarkeit genügen will, darf sie sich nicht auf Spekulationen beschränken oder singuläre Erfahrungen verallgemeinern. Wir bedürfen immer mehr empirisch-analytischer Ansätze, um bestimmte Sachverhalte zu beschreiben, theoretisch zu erklären und schließlich praktisch-theologisch zu interpretieren.

Die empirische Sozialforschung hat innerhalb der Praktischen Theologie und auch der Religionspädagogik eine gewisse Tradition. Intensiviert wurde sie schon vor mehr als dreißig Jahren, als *Wegenast* (1968) eine „empirische Wendung in der Religionspädagogik" forderte. Auf katholischer Seite zog *Feifel* (1970) mit seinem Postulat nach religionspädagogischer „Realitätskontrolle" nach. Ausschlaggebend war insbesondere die Krise des Religionsunterrichts, der man damit begegnen zu können glaubte, dass der faktische Ist-Zustand des Faches erhoben und zugleich geprüft wird, ob die vorgeschlagenen Alternativen die Akzeptanz des Faches zu steigern vermögen. Man erhoffte sich auch, den Anschluss an die Erziehungswissenschaft nicht zu verlieren, die sich vom geistesgeschichtlichen Paradigma abgewandt und das empirisch-analytische Paradigma in den Vordergrund gestellt hatte. In dieser Zeit arbeiteten auch *Bäumler/Birk* u.a. (1976), die ein respektables, bis heute verwendbares Methodenbuch vorlegten. Auch entstanden gründliche Untersuchungen zum Religionsunterricht.

Gleichzeitig gewann innerhalb der Theologie, speziell der Praktischen, der Begriff der 'Erfahrung' an Renommee. Empirisches Forschen steht in engem Zusammenhang mit der Erfahrungsbezogenheit in der heutigen religionspädagogischen 'Landschaft'. Christlicher Glaube ist eine Erfahrung, die man mit der Erfahrung macht und machen muss. Das heißt, dass es sich beim christlichen Glauben nicht bloß um Metaphysik oder Moral handelt, sondern um 'Welt-Anschauung aus dem Glauben' bzw. 'Welterfahrung aus Glaubenserfahrung'. *Ritter* (1998, 155) meint, die Kategorie 'Erfahrung' bedeute, den Glauben sowohl „'bei sich' (Identität)" zu belassen, aber auch, dass er „'bei uns' (Relevanz)" bleibt.

---

[1] Anton Bucher danke ich herzlich für seine Mitarbeit an diesem Artikel.

Das Christentum ist weniger eine Idee als vielmehr ein Ereignis, das erlebbar und, insofern es reflektiert und gedeutet wird, auch erfahrbar wird. Gott ist Mensch geworden, er hat Gestalt angenommen, er wurde für uns erfahrbar: „Was wir gesehen und gehört haben, das verkündigen wir auch euch", schreibt der Verfasser des 1. Johannesbriefes (1 Joh 1,3). 'Sehen' und 'Hören' sind elementare empirische Vollzüge und auch theologisch höchst relevant. Damit ist Empirie auch theologisch legitim und geboten, obschon die Theologie lange Zeit ein weithin unreflektiertes Verhältnis zur Erfahrung hatte, weil sie diese nicht vom intuitiven oder unreflektierten Erlebnis abgrenzte (vgl. *Ritter* 1998, 151).

In den letzten Jahrzehnten betrieben vergleichsweise wenige deutschsprachige Vertreter der Religionspädagogik empirische Forschung, so *Bucher* (1994), *Oser* (1988), *van der Ven* (1994), *Ziebertz* (1994). Neuerdings ist jedoch eine deutliche Intensivierung empirischer Religionspädagogik zu verzeichnen, wovon auch dieser Band Zeugnis ablegt. Es würde den Rahmen dieses Beitrages sprengen, wollte man alle wesentlichen Arbeiten aufzählen (vgl. den Literaturbericht von Bucher in diesem Band; *Bucher* 1990).

Dennoch wäre es wünschenswert, die Anstrengungen in empirischer Religionspädagogik zu steigern. Nach wie vor führen zu wenige ReligionspädagogInnen selber empirische Studien durch. Dafür erforderlich sind Kenntnisse des sozialwissenschaftlichen Methodenrepertoires (*Bortz* 1984; *Bortz/Döring* 1995), das von einem einzelnen freilich kaum mehr überschaut werden kann, aber für konkrete Forschungsprojekte auch nicht vollumfänglich beherrscht werden muss. Wünschenswert sind grundlegende Kenntnisse und elementare handwerkliche Fähigkeiten im qualitativen *und* quantitativen Bereich. Dieser Beitrag beschränkt sich auf die quantitativen Methoden (zum qualitativen Forschungsparadigma vgl. Porzelt in diesem Band).

2. Einwände gegen die quantitativen Methoden

Diese wurden und werden – gerade von TheologInnen – oft kritisiert, beispielsweise von *Mette* (1993). Angesichts der Tatsache, dass Religiosität hochgradig individualisiert ist, seien qualitative Einzelfallstudien sachlich und auch ethisch angemessener als quantitative Studien, in denen einmalige Individuen in nüchternen Prozent- oder Mittelwerten förmlich untergehen. Auch begreife die Religionspädagogik Kinder, Jugendliche und Erwachsene als Subjekte; in quantitativen Studien jedoch würden sie zu Objekten, an denen im Voraus feststehende Theorien bzw. die daraus deduzierten Hypothesen überprüft würden. Eindrücklich schilderte eine Psychologiestudentin diese Problematik in einem fiktiven Brief an ihren Professor:

> „Mein Name ist Vp (Versuchsperson). Sie kennen mich nicht. Ich habe einen anderen Namen, mit dem mich meine Freunde anreden, aber den lege ich ab und werde Vp Nr. 27, wenn ich Gegenstand Ihrer Forschung werde. [...] Ich belüge Sie auch oft, sogar in anonymen Fragebogen. Wenn ich nicht lüge, antworte ich manchmal nur nach Zufall, um irgendwie die Stunde 'rumzukriegen' [...] Außerdem kann ich oft herausfinden, um was es Ihnen geht, was Sie gern von mir hören oder sehen wollen; dann gehe ich manchmal

auf Ihre Wünsche ein, wenn Sie mir sympathisch sind, oder ich nehme Sie auf den Arm, wenn Sie's nicht sind." (*Bortz* 1984, 46f.)

Damit spricht die Psychologiestudentin schwerwiegende Probleme quantitativer Forschung an:

- die Reduktion von Menschen mit ihren je einmaligen Biographien auf einen Fall neben anderen;
- das Problem der Wahrhaftigkeit beim Ausfüllen von Fragebögen bzw. die Unmöglichkeit, präzise zu rekonstruieren, was beispielsweise bei der Frage: 'Ich besuche den Gottesdienst' eine Ankreuzung bei 'eher selten' für einen Menschen wirklich bedeutet (einmal im Monat, einmal im Jahr?);
- das Problem der sozialen Erwünschtheit.

Trotz dieser Bedenken ist quantitative Forschung für viele religionspädagogische Fragen unumgänglich. Welches sind die thematischen Fortbildungswünsche von ReligionslehrerInnen? Trifft es in der Tat zu, dass beispielsweise biblisch-theologische Inhalte überhaupt nicht gefragt sind, wie gelegentlich behauptet? Welche Dienstleistungen religionspädagogischer Fortbildungsinstitute stufen die LehrerInnen als besonders hilfreich ein? Um Fragen wie diese zu klären, sind qualitative Interviews mit wenigen Personen nicht die geeignetste Methode. Vielmehr wäre mit einem geschlossenen Fragebogen, wenn möglich, die gesamte Population (alle in einer bestimmten Region tätigen ReligionslehrerInnen), d.h. nicht nur eine Stichprobe zu erfassen.

3. Zwischen Quantität und Qualität

Quantitative und qualitative Methoden sind „nicht gegeneinander auszuspielen. Eher ist in ihnen eine Familie zu sehen, deren unterschiedliche Mitglieder sich in die Hände arbeiten müssen, damit das System als ganzes lebendig sich entfalten kann." (*Bucher* 1994, 24) Auch der bekannte Lehrbuchverfasser Jürgen Bortz räumt in der Neuauflage seines Lehrbuches für SozialwissenschaftlerInnen der qualitativen Forschung einen großen Stellenwert ein, indem er dieser ein neues und eigenes Kapitel widmet (ders./*Döring* 1995). Ein distinktes Unterscheidungsmerkmal ist die „Art des verwendeten *Datenmaterials*: während in der qualitativen Forschung Erfahrungsrealität zunächst verbalisiert wird (qualitative, verbale Daten), wird sie im quantitativen Ansatz quantifiziert" (ebd. 271).

Ob in einem Forschungsprojekt primär quantitativ oder qualitativ gearbeitet wird, hängt einzig und allein von den Erkenntnisinteressen bzw. der Fragestellung ab. Quantitative Methoden sind dann angezeigt, wenn:

- ein bestimmtes Merkmal hinsichtlich seiner Häufigkeit – im besten Fall repräsentativ – gemessen werden soll, beispielsweise.: Wie viele ÖsterreicherInnen stimmen der Aussage zu: 'Es gibt einen Gott' – gemäß einer Umfrage des Magazins 'Profil' vom Dezember 1999 übrigens 48%;[2]

---

[2] Profil, Nr. 51/52 vom 20. Dezember 1999, 30. Jg, S. 24. Nahezu gleichzeitig wurden in den Medien auch die Ergebnisse der neuen europäischen Wertestudie präsentiert, gemäß der gut

· eine im Voraus theoretisch entwickelte (deduzierte) Hypothese überprüft werden soll, beispielsweise: Angehörige von Tiroler Schützenkompanien glauben häufiger an Gott als die Mitglieder eines FKK-Vereins.

Freilich, wer solche Hypothesen aufstellt, muss sie auch theoretisch begründen können. Bei diesem Beispiel könnte darauf verwiesen werden, dass sich primär solche jungen Männer den Schützen anschließen, die über einen traditionellen Wertekosmos verfügen und entsprechend kirchlich sozialisiert wurden (was freilich zu prüfen wäre). Entgegen der mitunter vertretenen Meinung, quantitative Empirie lasse sich von der Theorie trennen, kann nicht genug unterstrichen werden, *dass auch bei quantitativen Studien die Anstrengung an der Theorie der entscheidendste Prozess ist*. Das Erheben und Berechnen von Daten bzw. Zahlen ist den theoretischen Reflexionen nicht nur zeitlich, sondern auch sachlich nachgeordnet. Kein Fragebogen kann besser sein als die dahinter stehende Theorie.

Bei komplexeren empirischen Studien werden qualitative und quantitative Methoden üblicherweise aufeinander bezogen bzw. 'trianguliert'. Typischerweise in der Form, dass im Rahmen sogenannter 'explorativer' (erkundender) Studien zunächst qualitative Interviews oder Gruppendiskussionen über das interessierende Merkmal geführt werden. Wer sich dafür interessiert, wie die Tiroler Jugend dem Schützenwesen gegenüber eingestellt ist, wird im idealsten Falle eine Gruppe von Jungen und Mädchen in einen Gesprächskreis bringen, einen Stimulus (beispielsweise einen Schützenrock mit Orden) präsentieren und dem Gespräch freien Lauf lassen. Erst nach dessen Analyse wäre es angemessen, geschlossene Items für einen Fragebogen zu formulieren.

4. Der idealtypische Ablauf einer quantitativen Studie

1. Am Anfang jeder quantitativen Studie steht die Forschungsidee bzw. die *Problemformulierung* und *Fragestellung*, beispielsweise: Welche Dienstleistungen erwarten sich ReligionslehrerInnen von einem Religionspädagogischen Fortbildungsinstitut? Oder: Wie viel Religion ist im Internet?

2. Daran schließt sich die *Anstrengung an der Theorie*, insbesondere in der Form des Literaturstudiums. Während es bei Fortbildungswünschen von ReligionslehrerInnen relativ einfach ist, den erfragten Gegenstandsbereich nicht nur zu präzisieren, sondern auch vollumfänglich zu erfassen, ist dies bei der Fragestellung nach Religion im Internet schwieriger. Denn: Können auch Satanismus-Pages als Erscheinungsform von Religiosität gelten? Was ist denn 'Religion'?

3. Das theoriegeleitete *Formulieren von Hypothesen* ist die nächste Phase (zu den verschiedenen Formen von Hypothesen, Abschnitt 5.1). Erst dann lässt sich planen, wie umfangreich die Stichprobe sein muss, welches Skalenniveau die Messinstrumente aufweisen müssen (Abschnitt 5.4).

80% der ÖsterreicherInnen an Gott glauben würden (mündliche Mitteilung von Hermann Denz, Institut für Soziologie, Universität Innsbruck).

4. Sodann sind die *Instrumente* zu erstellen bzw., wenn eine schriftliche Befragung vorgenommen wird, die Items zu formulieren. Im Falle der Fortbildungswünsche, die ReligionslehrerInnen hegen, beispielsweise in der Form: 'Vom Religionspädagogischen Institut erwarte ich mir Angebote zu alttestamentlichen Themen: sehr ❑, gelegentlich ❑, so einmal im Jahr ❑, gar nicht ❑'. Selbstverständlich sind Fragebögen einem Probelauf zu unterziehen. Items, die auffällig häufig nicht bearbeitet oder als unverständlich gekennzeichnet werden, sind zu eliminieren oder zu reformulieren.

5. Die *Datenerhebung* ist die nächste Phase. Sie kann unterschiedlich vonstatten gehen, sei es in der Form telefonischer Interviews, wobei der Interviewer einen entsprechenden Fragebogen ausfüllt, als Sammeln von Dokumenten (alle Seiten im Internet, die durch das Suchwort 'Religion' aufgerufen werden), als Bearbeitung eines Fragebogens in einer Schulklasse oder als systematische Beobachtung (beispielsweise Häufigkeit von Gewalt auf einem Pausenhof, wobei Gewalt vorgängig zu definieren bzw. zu operationalisieren ist) etc.

6. Die *statistische Auswertung* gliedert sich üblicherweise in zwei Phasen: die deskriptive und inferenzstatistische. *Deskriptive Statistik* listet die bei den interessierenden Variablen gefundenen Häufigkeiten auf. So zeigte eine Befragung österreichischer ReligionslehrerInnen zu ihren Fortbildungswünschen, vom Verfasser durchgeführt, dass nur 13 % der ReligionslehrerInnen Schulentwicklung – ein eminent aktueller und für den Religionsunterricht möglicherweise konsequenzenreicher Prozess – für 'sehr wichtig' einstuften, konkrete handwerkliche Anregungen für die Praxis jedoch zu 65%. Nach der Beschreibung der Ergebnisse, in der insbesondere auf Reduktion zu achten ist, erfolgt die *inferenzstatistische Überprüfung* der Hypothesen. In der eben genannten Studie vermutete ich, dass die jüngeren LehrerInnen Schulentwicklung für ein wichtigeres Fortbildungsthema einstuften, was sich aber nicht bestätigte; vielmehr bestand der stärkste altersmäßige Unterschied in der Bereitschaft, für Fortbildung zu bezahlen, die bei den 50-60jährigen zu 78% gegeben ist, bei den noch nicht 30jährigen hingegen bloß zu 8%.

7. Abgeschlossen wird eine quantitative Studie mit der *Diskussion der Ergebnisse*, die sich an der zugrundegelegten Theorie bzw. den daraus deduzierten Hypothesen zu orientieren hat. Typische Formulierungen lauten denn auch: 'Wie von Piagets Theorie der kognitiven Entwicklung vorausgesagt, assimilieren Kinder in der konkret - operatorischen Phase der Denkentwicklung biblische Geschichten *wortwörtlich.*' Für die Redlichkeit einer zusammenfassenden Diskussion spricht, wenn die während dem Forschungsprozess manifest gewordenen Grenzen des theoretischen Konzeptes bzw. der gewählten Methoden offengelegt werden, bspw. von *Englert / Güth* (1999, 165), wenn sie kritisch anfragen, ob es in ihrer gründlichen Studie zum Profil des Religionsunterrichts an Grundschulen „wirklich gelungen ist, eine hochkomplexe und facettenreiche Realität angemessen abzubilden." Ein seriöser

Abschlussbericht verschweigt auch nicht, dass im Rahmen des Forschungsprozesses neue und weiterführende Fragen aufgetaucht sind.

5. Schlüsselbegriffe quantitativer Sozialforschung

5.1. Nicht Alltagsvermutungen, sondern Hypothesen

Im Unterschied zur qualitativen Forschung, die aufgrund des – soweit möglich –
unvoreingenommen erhobenen Datenmaterials Hypothesen generiert, geht im
quantitativen Paradigma die Hypothesenformulierung der Datenerhebung voraus.
Im Alltag wird der Begriff '*Hypothese*' vielfach synonym für Vermutung bzw.
Unterstellung verwendet. Im wissenschaftlich-empirischen Umfeld hat sie folgenden Kriterien standzuhalten:
- Sie muss allgemeingültig *über Einzelfälle hinausgehen*.
- Sie muss, wenn es sich um eine Zusammenhangshypothese handelt, einen
  sinnvollen Konditionalsatz ergeben: 'Wenn' Mitgliedschaft bei den Schützen, 'dann' stärkere Identifikation mit der Kirche. Oder: 'Je' mehr Pulver in
  den Stutzen gefüllt wird, 'desto' lauter der Schuss – letzteres ist theoretisch
  (physikalisch) leichter zu erklären als ersteres.

Üblicherweise werden drei Arten von Hypothesen unterschieden:
- *Unterschiedshypothesen*: Zwei (oder mehrere) Populationen unterscheiden
  sich bezüglich der Ausprägungen bei einem oder mehreren Merkmalen, beispielsweise: Mädchen sind religiöser als Jungen, letztere hingegen ge-
  schickter im Fußball (was zu prüfen wäre).
- *Zusammenhangshypothesen*: Zwischen zwei oder mehr Merkmalen besteht
  ein Zusammenhang, beispielsweise zwischen der Dauer des Kneipenbesuchs
  und dem morgendlichen Fehlen am Arbeitsplatz.
- *Veränderungshypothesen*: Die Ausprägung eines bestimmten Merkmals verändert sich im Laufe der Zeit, beispielsweise: Eine längere Mitgliedschaft im
  Opus Dei verändert die Einstellung gegenüber dem Heiligen Vater und dessen Unfehlbarkeit.

Eine weitere wichtige Unterscheidung ist die zwischen *Nullhypothesen* und *Alter-
nativhypothesen*. Erstere gehen davon aus, dass zwischen zwei Populationen keine
Differenz besteht - beispielsweise dass Mädchen ebenso geschickt Fußball spielen -
oder dass zwischen zwei Merkmalen doch kein Zusammenhang besteht. Ein
Beispiel für eine Alternativhypothese lautet: 'Jugendliche, die der Legio Mariae
beigetreten sind, beten häufiger den Rosenkranz als jene, die ihr nicht angehören.'

5.2. Unabhängige und abhängige Variablen

'*Variable*' definiert sich als ein Merkmal, das – im Gegensatz zu einer Konstanten
– in mindestens zwei Abstufungen vorkommen kann. In die Formulierung von
Hypothesen gehen zwei unterschiedliche Arten von Variablen ein. Wenn-dann-
Sätze verweisen auf *Bedingungen* und bestimmte *Konsequenzen*: Wenn die Gen-
darmerie häufiger Kontrollen macht, überschreiten die AutofahrerInnen seltener das
Tempolimit. In diesem Beispiel ist die Laserpistole die unabhängige Variable, die

auch als 'bewirkende' bezeichnet wird. Der Umgang mit dem Tempolimit hingegen ist die abhängige bzw. bewirkte Variable.

Die Festlegung von abhängigen und unabhängigen Variablen steht im Kern jedes quantitativen Forschungsprojekts und geht der Formulierung von Hypothesen voraus. Mitunter ist es schwierig, zu entscheiden, ob eine Variable abhängig oder unabhängig ist. Während bei einer Studie, ob Jungen oder Mädchen religiöser sind, das Geschlecht zwangsläufig als unabhängige Variable fungiert, ist es bei der Frage, ob mehr Sport zu mehr Wohlbefinden führt, nicht so eindeutig. Einerseits kann Joggen das Wohlbefinden fördern; andererseits kann es der Fall sein, dass die Turnschuhe angezogen werden, weil das Wohlbefinden schon gegeben ist. Wohlbefinden und Sport wären dann interdependent.

5.3. Verifikation - Falsifikation, Signifikanz und Wahrscheinlichkeit

Hypothesen können entweder verifiziert oder falsifiziert werden. Erfolgt eine Verifikation, ist niemals ausgeschlossen, dass bei einer anderen Stichprobe ein negatives Ergebnis zustande kommt. Insofern sind Bestätigungen einer Hypothese immer nur vorläufig, was *Popper* (1989) veranlasste, dem Falsifikationsprinzip den Vorzug zu geben. Infolgedessen muss in jeder empirischen Arbeit die prinzipielle Sicht auf mögliche Falsifikation offen bleiben.

Ohnehin basiert quantitative empirische Sozialforschung auf dem nicht sonderlich festen 'Fundament' der Wahrscheinlichkeit. Bei der Überprüfung von Hypothesen wird jeweils errechnet, wie hoch die Wahrscheinlichkeit ist, dass ein zufallsbedingtes Zustandekommen von Unterschieden oder Zusammenhängen ausgeschlossen werden kann. Solche Ergebnisse gelten als signifikant. Gängigerweise wird das Signifikanzniveau (üblicherweise '*Probabilität*' bezeichnet) bei einer Hürde von 5% angesetzt. Das Kürzel lautet: $p < .05$, was bedeutet: Die Wahrscheinlichkeit, dass sich Jungen und Mädchen hinsichtlich ihres Interesses an Religionsunterricht zufällig unterscheiden, liegt unter 5%, so dass die entsprechende Unterschiedshypothese akzeptiert wird. Irrtumswahrscheinlichkeit bleibt jedoch bestehen.

In quantitativen Studien sind jedoch zwingend *Signifikanztests* durchzuführen (vgl. *Bortz/Döring* 1995; *Sachs* 1993). Denn es kann nicht um Entscheidungen nach subjektivem Empfinden gehen, sondern um Entscheidungen auf der Basis der Ergebnisse von Signifikanztests. Diese sind von Beginn an einzuplanen; insbesondere ist das Signifikanzniveau festzulegen. Je größer die Stichprobe, desto höher sollte das Signifikanzniveau gewählt werden. Es besteht weitgehend Konsens, dass $p < .05$ als signifikantes Ergebnis gilt, $p < .01$ als sehr signifikant, $p < .001$ als sehr stark signifikant.

5.4. Messen und Skalenniveaus

In quantitativen Forschungsprojekten wird in der statistischen Analyse ausschließlich mit numerischen Werten, d.h. mit Zahlen gerechnet. Dies selbst dann, wenn es sich um so komplexe Phänomene wie 'Religiosität' oder 'moralische Sensibilität' handelt. Während beispielsweise die Körpergröße oder die Anzahl Tore bei einer

Europameisterschaft problemlos in Zahlen überführt werden kann, ist es bei sozialen Phänomenen wie Moralität wesentlich schwieriger – und problematischer. Grundsätzlich besteht im quantitativen Paradigma der Messvorgang darin, einem empirischen Relativ ein numerisches Relativ zuzuordnen. Bei der Kirchgangfrequenz ist dies einfach, kann doch gezählt werden, wie oft eine Person im Monat (oder in einem Jahr) in die Kirche geht. Wie aber beim Ausmaß an Gläubigkeit? Der Ausprägung der Intelligenz? Als Abstrakta lassen sich diese Phänomene nicht direkt in ein numerisches Relativ überführen. Vielmehr müssen sie in einer Weise konkretisiert bzw. operationalisiert werden, dass sich zumindest eine relative Messbarkeit einstellt. Dies geschieht, indem der komplexe Objektbereich in Dimensionen aufgeteilt und diese ihrerseits in noch konkretere Merkmale ausdifferenziert werden:

Komplexer Objektbereich	Dimensionen	Konkrete Merkmale
	Spiritistische Praktiken	Gläserrücken / Pendeln
Okkultismus		
	Schwarzer Kult	Schwarze Messen / Gebete zu Satan

Okkultismus als solcher lässt sich nicht unvermittelt in ein empirisches Relativ überführen, hingegen sehr wohl, ob Personen spiritistische Praktiken betreiben und – noch konkreter –, ob sie beispielsweise Gläser rücken und zum Pendel greifen. Solche Dimensionalisierungen und Operationalisierungen sind streng theoriegeleitet vorzunehmen; auch empfiehlt sich, eine Expertenvalidierung vorzunehmen.

In diesem Zusammenhang sind auch die vier unterschiedlichen Mess- bzw. Skalenniveaus zu nennen. Unterschieden werden:

1. *Nominaldaten* geben an, ob ein bestimmtes Merkmal bei einer befragten Person oder einem untersuchten Objekt jeweils vorhanden ist oder nicht. Ein einprägsames Beispiel ist die Nationalitätszugehörigkeit. Entweder besitzt eine Person einen österreichischen Pass oder keinen. Würde man die Staatsangehörigkeiten so codieren, dass 1 = Österreich und 2 = Deutschland ist, würde es sich verbieten, die beiden Werte zu addieren. Es sei denn, jemandem gelingt der Nachweis, dass ein deutscher Pass doppelt so viel wert ist wie ein österreichischer, was dann aber nicht mehr Nominal-, sondern Intervalldaten wären. Mit Nominaldaten lassen sich nur ganz wenige statistische Berechnungen vornehmen.

2. *Ordinaldaten* repräsentieren Relationen wie 'kleiner – größer', 'seltener – häufiger'. Wird beispielsweise in einem Fragebogen als Antwortmöglichkeit vorgegeben 'stimme sehr zu (4) – stimme zu (3) – stimme eher nicht zu (2) – stimme gar nicht zu (1)', liegen Ordinaldaten vor, die, streng genommen, nicht miteinander addiert werden dürften, weil es nicht zwingend ist, dass 'stimme eher nicht zu' nur die Hälfte von 'stimme sehr zu' ist. In der Praxis werden Ordinaldaten gleichwohl häufig aufaddiert, auch bei den Schulnoten; Notenmittelwerte dürften an sich gar nicht errechnet werden.

3. *Intervalldaten* sind metrisch strukturiert, d.h. die Abstände zwischen den einzelnen Ausprägungen sind konstant. Das gängigste Beispiel sind die Werte von Intelligenztests. Solche Daten können problemlos den gängigen arithmetischen Operationen unterzogen werden.

4. *Verhältnis-* bzw. *absolute Skalen* weisen zusätzlich den Vorzug auf, einen absoluten Nullpunkt bestimmen zu können. Dies ist bei den meisten physikalischen Skalen der Fall, etwa der Länge oder dem Gewicht.

Das Datenniveau ist alles andere als nebensächlich, denn davon hängt ab, welche statistischen Prüfverfahren zulässig sind und welche nicht.

5.5. Population und Stichprobe

Mit der *Stichprobe* steht und fällt eine Untersuchung. In den meisten Fällen ist es unmöglich, die betroffene Zielgruppe als Gesamtes (=*Population*) zu befragen. Infolgedessen ist eine Auswahl zu treffen bzw. eine Stichprobe zu ziehen, von der zu erwarten ist, die Grundgesamtheit repräsentativ abzubilden.

Es gibt verschiedene Arten von Stichproben:

· „Eine *Quotenstichprobe* liegt dann vor, wenn im Voraus Merkmale wie soziale Herkunft, Familiensituation, Konfession, Alter festgelegt werden, und wenn die Stichprobe so zusammengestellt wird, dass die Proportionen der Quoten mit denen in der Population übereinstimmen." (*Bucher* 1994, 33)

· Wählt man eine *Zufallsstichprobe,* werden nach Zufallsprinzip z.B. 500 Adressen aus der Grundgesamtheit gezogen. In Österreich, 8 Millionen Einwohner, reichen 1000 zufällig – beispielsweise aus der CD-Rom mit den Telefonnummern - gezogene RespondentInnen, um den Ausgang einer Wahl auf 2 Prozentpunkte genau vorauszusagen.

· Bei der *Klumpenstichprobe* hingegen wird aus einer Fülle von einzelnen Gruppen eine gesamte Gruppe ausgewählt, beispielsweise eine Schulklasse, die HörerInnen einer Vorlesung.

Auch die Differenzierung von abhängigen und unabhängigen Stichproben ist wichtig:

· *Abhängige Stichprobe*: Man befragt eine bestimmte Gruppe zweimal oder häufiger, beispielsweise TeilnehmerInnen vor einem Kurs und danach.

· *Unabhängige Stichprobe*: Man befragt eine Anzahl, die an einem Kurs teilgenommen hat, und eine Gruppe, die nicht am Kurs teilgenommen hat.

Bei vielen Befragungen entsprechen die faktischen Stichproben den *Rücklaufquoten*. Diese fallen aber oft weniger hoch aus als erwartet bzw. gewünscht. Rücklaufquoten von über 40% sind allemal hoch. Wenn im Begleitschreiben eines Fragebogens hervorgehoben wird, dass die Forschergruppe auf die Kompetenz der Befragten dringend angewiesen ist, wenn ein kostenloser Auswertungsbericht in Aussicht gestellt und wenn die Angeschriebenen nach zwei/drei Wochen freundlich an das Ausfüllen des Fragebogens erinnert werden, erhöhen sich die Rücklaufquoten.

Empirische Religionspädagogik sollte ein breites Spektrum an Populationen berücksichtigen. Denn unser (sozial-)psychologisches Wissen, sofern es empirischexperimentell überprüft wurde, basiert mehrheitlich (in den USA bis zu 80%) auf Untersuchungen mit Studierenden, überwiegend freiwilligen (*Bortz* 1984, 49). Diese verfügen zumeist über eine höhere Intelligenz und höhere Sozialkompetenz, so dass es fragwürdig ist, die bei ihnen gefundenen Ergebnisse auf *die* StudentInnenschaft zu übertragen, von *der* Bevölkerung gar nicht erst zu reden. „Die Auswahl der zu untersuchenden Personen (ist) mit höchster Sorgfalt vorzunehmen" (ebd., 51).

5.6. (Quasi-)Experimentelle Studien

Paradebeispiele quantitativer Studien sind quasi-experimentelle Designs. Solche sind in der empirischen Religionspädagogik bisher kaum durchgeführt worden. Ein mögliches Beispiel: Ein Religionsdidaktiker interessiert sich dafür, welche symboldidaktischen Ansätze hinsichtlich der Symbolkompetenz der SchülerInnen besonders effizient sind. Um dies zu überprüfen, muss er Symbolkompetenz (=Abhängige Variable) zunächst in der Weise operationalisieren, dass sie gemessen werden kann. Anschließend ist in mehreren Experimentalgruppen mit unterschiedlichen Treatments (=Unabhängige Variablen) zu arbeiten (bspw. Symboldidaktik nach Halbfas, Biehl, Baudler). Nach der Interventionsphase ist die Symbolkompetenz der SchülerInnen wieder zu messen und nicht nur zu prüfen, ob sich im Vergleich zum ersten Messzeitpunkt signifikante Veränderung ergeben haben, sondern auch, ob die einzelnen Treatments unterschiedliche Effekte bewirkten. Unverzichtbar ist der Vergleich dieser Experimentalklassen mit einer Kontrollgruppe:

	t1	Interventionsphase (UV)	t2
EG 1	AV	Symboldidaktik Halbfas	AV
EG 2	AV	Symboldidaktik Biehl	AV
EG 3	AV	Symboldidaktik Baudler	AV
KG	AV	Kein Treatment	AV

Dabei bedeuten
t1: Zeitpunkt 1
t2: Zeitpunkt 2
EG: Experimentalgruppe
KG: Kontrollgruppe
AV: Abhängige Variable
UV: Unabhängige Variable

'*Quasi-experimentell*' heißen solche Designs deswegen, weil es in sozialen Settings – anders als in Labors – unmöglich ist, sämtliche Einflüsse (Störvariablen) zu kontrollieren.

6. Zur statistischen Auswertung

Es würde den Rahmen dieses Beitrages sprengen, auch die Rechenarbeit – die nie präziser sein kann als die theoretischen Konstrukte bzw. daraus operationalisierten Fragebögen – zu beschreiben. Mittlerweile gibt es bedienungsfreundliche und hoch leistungsfähige Statistikprogramme in den Netzen aller Universitäten, insbesondere SPSS, momentan in der Windows Fassung 0.9. Das ausgezeichnete Handbuch von *Bühl / Zöfel* (2000) beschreibt nicht nur, wie die Daten einzugeben sind, sondern auch, wie mit ihnen zu rechnen ist und welche Grafiken angefertigt werden können. Die häufigsten Prozeduren im Rahmen der deskriptiven Statistik sind Häufigkeitsauszählungen, in absoluten Zahlen wie in Prozent. Folgendes Beispiel bezieht sich darauf, für wie wichtig Supervision in der religionspädagogischen Fortbildung eingestuft wird:

		Frequency	Percent	Valid Percent	Cumulative Percent
Valid	nicht wichtig	636	37,0	37,5	37,5
	wichtig	719	41,8	42,4	79,8
	sehr wichtig	342	19,9	20,2	100,0
	Total	1697	98,7	100,0	
Missing	System	22	1,3		
Total		1719	100,0		

Ebenfalls häufig sind deskriptive Maße, speziell Mittelwerte und Standardabweichungen:

Descriptive Statistics

	N	Minimum	Maximum	Mean	Std. Deviation
SCHULENTWICKLUNG	1701	1,00	3,00	1,7119	,6743
SUPERVISION	1697	1,00	3,00	1,8268	,7393
GESELLSCHAFTSTHEMEN	1708	1,00	3,00	2,1329	,6516
SPIRITUALITÄT	1705	1,00	3,00	2,2223	,7016
THEOLOGISCHE THEMEN	1698	1,00	3,00	2,2303	,6500
PERSÖNLICHKEITSENTWICKLUNG	1703	1,00	3,00	2,2537	,6993
KREATIVITAT	1700	1,00	3,00	2,3235	,6635
RELIGIONSPÄDAGOGISCHES	1310	1,00	3,00	2,3443	,6129
DIDAKTISCHE THEMEN	1709	1,00	3,00	2,3487	,6574
ERFAHRUNGSBERICHTE	1711	1,00	3,00	2,4383	,6358
AUS DER PRAXIS FÜR DIE PRAXIS	1710	1,00	3,00	2,5936	,5967
Valid N (listwise)	1287				

Wie die Tabelle zeigt, sind die Themen 'Schulentwicklung' und 'Supervision' deutlich weniger wichtig als Erfahrungsberichte und Praxisbeiträge.

Sorgfältig anzufertigen sind auch Grafiken. Gerade mit ihnen lässt sich statistisch leicht „lügen" (*Krämer* 1997). So zeigte sich in der Evaluation der Religionspädagogischen Institute, dass Religionslehrer theologische Fortbildungsinhalte für geringfügig wichtiger einstufen als ihre Kolleginnen. Dies lässt sich grafisch unterschiedlich visualisieren:

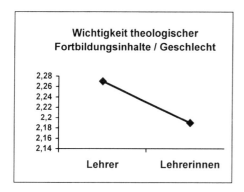

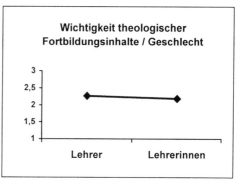

7. Konkretisierung an Projektmanagement und Marketingkonzept

Empirische Forschung unterscheidet sich von alltäglichem Erkenntnisgewinn dadurch, dass sie theoriegeleitet, systematisch, wiederholbar und intersubjektiv überprüfbar (= objektiv) geleistet wird. Denn den Alltag nimmt man unsystematisch wahr. Oft weiß man gar nicht, welche Erlebnisse und Beobachtungen einen zu dieser oder jener Behauptung geführt haben. Empirische Forschung legt auf systematische und fortlaufende Festschreibung und ein genau abgestecktes und vereinbartes Reglement Wert.

Um systematisch forschen zu können, muss man sich ein bestimmtes Projektmanagement zurechtlegen. Systematisches Arbeiten muss organisiert sein, um zum Erfolg zu führen. Für empirische Arbeiten kann viel aus der Wirtschaft gelernt werden. Man denke nur an die unterschiedlichen Ansätze des Managements und an den Begriff des 'Marketing' (*Schnider* 1998), der mehr beinhaltet als nur das 'Wie' des Warenverkaufs. Einerseits geht es um die systematische Analyse bestimmter Bereiche und Zielgruppen und deren gesamtes Umfeld, andererseits um das Zusammenstellen eines Instrumentariums, diese Bereiche oder Zielgruppen sich für ein bestimmtes Anliegen zu erschließen. Wie kann so eine systematische Schrittfolge aussehen, die auch für eine systematische empirische Studie von Bedeutung sein könnte? (vgl. *Kapfer / Putzer / Schnider* 1997)

7.1. Analyse von Umfeld und Zielgruppe

Im Zuge der Analyse des Umfeldes und der Zielgruppen ist alles näher zu betrachten, was die konkreten Inhalte und Grundlagen eines Forschungsanliegens betrifft: Wünsche, Vorstellungen, persönliche Erfahrungen, Behauptungen und Feststellungen zu einer bestimmten Materie in einem konkreten Umfeld und im Zusammenhang mit bestimmten Personengruppen, den sogenannten Zielgruppen. Vieles wird hier zuerst unsystematisch nebeneinander gestellt, anschließend ein Stück weit systematisiert und auf einen genauen Bereich eingeschränkt. Hier sollen noch nicht die konkreten Methoden gewählt werden. Vielmehr geht es um die verbale und systematische Vorauswahl des Untersuchungsgegenstandes, Themensuche, Ideensammlungen, Ausschauhalten nach bereits durchgeführten Untersuchungen zu ähnlichen Ideen. Auch einem Literaturstudium ist hier Zeit zu widmen. Überlegungen zu den benötigten MitarbeiterInnen und ProbandInnen können bereits anklingen.

7.2. Zielsetzung: Schlüsselangebote und -qualitäten

Sodann ist herauszufiltern, was man sich als Untersuchender bzw. Forscherteam zutraut, untersuchen zu können. Vieles, was sich bei der ersten Analyse anbot, wird entweder zu weitläufig sein oder die Möglichkeiten des Teams und seines Instrumentariums übersteigen. Ein empirisches Projekt darf nicht überfordern, sonst droht es ergebnislos zu bleiben. Nun gilt es, die genaue Zielsetzung vorzunehmen. Man muss sich seiner Qualitäten bewusst sein, um einen ersten Schlüssel zum Erfolg einer Untersuchung in der Hand zu haben. Wer kann einem Forschungsanliegen welche seiner Fähigkeiten und Qualitäten anbieten? Das hat viel mit Know-how, persönlicher Ausbildung und Interesse zu tun. Dabei ist nicht nur die wissenschaftliche und erkenntnistheoretische Kompetenz zu bedenken, sondern auch die kommunikative sowie die EDV-Qualitäten. Denn in der Durchführung einer Studie sind bodenständige Fähigkeiten wie der Umgang mit einem computergestützten Statistikprogramm notwendig. Aber auch die Aufgabe, Einzel- oder Gruppengespräche zu führen, erfordert Qualitäten, die erst durch persönliche Erfahrungen erlernt werden. Auch ist das Anliegen zu präzisieren. Klare Begriffe sind dafür unverzichtbar.

Schließlich ist hier auch die wissenschaftliche Tragweite des Untersuchungsvorhabens anzusprechen und zu entscheiden, ob die Fragestellung nicht schon so intensiv erforscht wurde, dass die eigene Untersuchung nur seit langem bekannte Ergebnisse bestätigen würde. Dies sind Schlüsselqualitäten für eine systematische Studie. Die Qualitäten des Forschers bzw. des Forscherteams spiegeln sich im Erfolg bzw. Misserfolg eines Untersuchungsvorhabens wider.

7.3. Erscheinungsbild und Design

Sind die ersten zwei Schritte abgeklärt, kann über das konkrete Verfahren reflektiert werden. Soll quantitativ und/oder qualitativ geforscht werden? Entscheidet man sich für einen quantitativen Weg, sind die einzelnen Methoden abzuklären, die Hypothesen zu formulieren und die Variablen festzulegen. Für die quantitative Datenerhebung kommen die unterschiedlichsten Tätigkeiten in Betracht: 'Zählen', 'Urteilen', 'Testen', 'Befragen', 'Beobachten' und 'Messen'.

In dieser Phase des Projektmanagements ist auch abzuklären, wie das Design des Fragebogens auszusehen hat. Welche Items sind zu verwenden? Welche Fragestellungen können mit welchen Items geklärt werden? So stehen Items mit offener (I) und geschlossener (II) Beantwortungsmöglichkeit zur Auswahl:

I. Items mit offener Beantwortung:
Was halten Sie vom Religionsunterricht? Begründen Sie Ihre Ansicht!

II. Geschlossene Items:
Die Religionspädagogik ist eine theologische Disziplin   Richtig ❏

Falsch ❏

Falls man die Methode der mündlichen Befragung wählt, ist der Variantenreichtum ebenfalls enorm. Variationsmöglichkeiten ergeben sich hinsichtlich der Standardisierung (strukturiert - halb strukturiert - unstrukturiert), des Autoritätsanspruchs des Interviewers (weich - neutral - hart), der Art des Kontaktes (direkt - telefonisch), der Anzahl der befragten Personen (Einzelinterview - Gruppeninterview - Survey), der Anzahl der Interviewer (ein Interviewer - Tandem - Hearing) oder der Funktion (z.B. ermittelnd - vermittelnd) (*Bortz/Döring* 1995, 217).

Sodann ist festzulegen, in welcher Gliederung Items vorgelegt werden: Größe und Umfang des Fragebogens, Layout (Schriftart und - größe) und Präsentationsart. In welche Teile gliedert sich der Fragebogen oder die mündliche Befragung? Bei einer Befragung sind sowohl die Makroplanung (Abfolge der einzelnen thematischen

Teilbereiche) als auch Mikroplanung (Spezifizierung der Inhalte der einzelnen Teilbereiche) zu bedenken und festzuschreiben.

Auch die Stichprobe bzw. Anzahl der ProbandInnen bzw. der untersuchten Objekte ist zu ziehen. Falls mehrere InterviewerInnen disponibel sind, sind diese genau auszuwählen und zu instruieren. Dabei ist auf eine gute Qualität von Gesprächsführung, Motivation, Allgemeinbildung, äußeres Erscheinungsbild u.ä. zu achten.

7.4. Aktivitäten und Programme

Nun erfolgt die Durchführung aller geplanten Aktivitäten und Programme. Alle Materialien, ob Fragebögen in der nötigen Stückzahl oder Bilder, Schreibvorlagen, Stifte, Frageliste für Interviews usw., müssen vorliegen und jederzeit verfügbar sein. Zu bedenken ist, dass man jedes Messinstrument einem Probelauf aussetzt, und zwar vor der endgültigen Durchführung. Denn Kontrolle (*Phase 5* in diesem Konzept) sollte zu einer stetigen Begleiterin empirischer Forschungsprojekte werden..

Auf dem Programm steht nun die Erhebung der Daten, ihre Aufbereitung sowie Auswertung mittels statistischer Programmpakete. Wer ist dafür eingeteilt, gibt die Daten ein und macht eine erste Grobauswertung?

7.5. Kontrolle und Evaluation

Jede Phase muss auf ihre Effizienz geprüft werden. Eine Auswertung kann nur dann in eine Interpretation überführt werden, wenn alle vorhergegangenen Schritte überprüft wurden und von anderen einsichtig nachvollzogen werden können. Jede Phase ist genau zu dokumentieren, wodurch Eigenkontrolle und Evaluation des Gesamtprojektes ermöglicht wird.

Die letzte Phase im Projektmanagement besteht in der Interpretation der Ergebnisse und in der Reflexion möglicher Konsequenzen. Eventuell sind – im Sinne der Handlungsforschung –bestimmte Veränderungen herbeizuführen. Handlungsforschung intendiert, auf der Basis empirischer Befunde beim Untersuchungsgegenstand Veränderungen herbeizuführen, die als wünschenswert gelten. Diese wären dann abermals mit sozialempirischen Methoden zu evaluieren. Ergebnisse sind auf ihre Verwertbarkeit zu überprüfen.

Dieser Evaluationskreislauf ist gerade in der Praktischen Theologie noch mehr zu erlernen und einzuüben, um den Menschen, der der Weg der Kirche ist, ernster zu nehmen. Dem traditionsreichen kirchlichen Prinzip 'Sehen – Urteilen – Handeln' kann so Rechnung getragen werden. Vielleicht kann dieses dreistufige Modell zu einem achtstufigen Modell kirchlicher Empirie erweitert werden: 'Anteilnehmen - Sehen - Beobachten - Messen - Auswerten - Urteilen - Handeln – Verändern'. Denn es geht nicht nur um wissenschaftliche Reflexion, sondern stets um das konkrete Mitleben und Anteilnehmen an zu untersuchenden Situationen und Gegebenheiten.

8. Drei Vorzüge quantitativ-empirischer Forschung

Abschließend sind drei 'Vorsprünge' zu resümieren, die empirische Methoden in der Religionspädagogik gegenüber anderen Verfahren auszeichnen.

1. Vorzug: Von der subjektiven Einschätzung zur validierten Bewertung
Quantitativ-empirische Methoden ermöglichen einen analytischen Prozess, der bei der Einschätzung einer Alltagssituation beginnt und über systematische Beobachtung und/oder Befragung zu einer strukturierten, intersubjektiv überprüfbaren Bewertung führt.

2. Vorzug: Vermittlung intelligenten Wissens
Ergebnisse empirischer Vorgehensweisen sind nicht isolierte Zahlen und Fakten, sondern ein organisiertes, eng vernetztes System von erhobenen und bewerteten Informationen, die zu einem flexibel nutzbaren Erfahrungsschatz, kurz zu 'Wissenspaketen' werden können. Insofern handelt es sich um 'intelligentes Wissen'.

3. Vorzug: Erwerb von Handlungskompetenzen
Dieses systematisch abgesicherte Erfahrungswissen ermöglicht den Erwerb von Handlungskompetenzen. Handeln muss sich ständig neuem Sehen, Beobachten, Werten und Bewerten aussetzen, damit entsprechende Kompetenzen in Kirche und Gesellschaft reifen können. Lernprozesse sind erforderlich, die unter lebensnahen Bedingungen stattfinden und zugleich empirischer Evaluation unterzogen werden. Denn empirisches Wissen darf letztlich nicht um seiner selbst willen in reinen Zahlen, Fakten, Prozenten und Tabellen existieren, sondern sollte Handlungskompetenzen optimieren und als Know how wieder in konkrete Situationen einfließen, um eventuell verstärkend oder verändernd zu wirken.

Auch empirische Forschungskompetenz entsteht primär durch das Tun: „Empirische Forschung kann man nicht allein durch die Lektüre von Büchern erlernen. Praktische Erfahrungen im Umgang mit den Instrumenten der empirischen Sozialforschung sind durch kein auch noch so vollständig und detailliert abgefasstes Lehrbuch ersetzbar." (*Bortz/Döring* 1995, VII) Ohnehin sollten empirische Verfahren das gesamte Studium der Theologie begleiten. Sie vermögen diesem eine neue, bisher unbekannte Lebensnähe und Aktualität vermitteln

Literatur:

Bäumler, Christoph / *Birk*, Gerd u.a. (1976), Methoden der empirischen Sozialforschung in der Praktischen Theologie, München – Mainz
Bortz, Jürgen (1984), Lehrbuch der empirischen Forschung. Für Sozialwissenschaftler, Berlin u.a.
Bortz, Jürgen / *Döring*, Nicola ([2]1995), Forschungsmethoden und Evaluation, Berlin u.a.
Bucher, Anton A. (1990), Literaturbericht zur empirischen Religionspädagogik, in: KatBl 115 (3/1990), 218-222
Bucher, Anton A. (1994), Einführung in die empirische Sozialwissenschaft. Ein Arbeitsbuch für TheologInnen, Stuttgart u.a.
Bühl, Achim / *Zöfel*, Peter (2000), SPSS, Version 9. Einführung in die moderne Datenanalyse unter Windows, München

Englert, Rudolf / *Güth*, Ralph (Hg.), „Kinder zum Nachdenken bringen". Eine empirische Untersuchung zu Situation und Profil katholischen Religionsunterrichts an Grundschulen, Stuttgart u.a.

Feifel, Erich (1970), Empirische Realitätskontrolle, in: KatBl 95 (6/1970), 321-342

Kapfer, Ludwig / *Putzer*, Hans / *Schnider*, Andreas (1997), Die Jesusmanager. Kirche und Marketing, Innsbruck-Wien

Krämer, Walter ([7]1997), So lügt man mit Statistik, Frankfurt/M. – New York

Mette, Norbert (1993), Empirie, Theorie und Praxis, in: Comenius Institut (Hg.), Religion in der Lebensgeschichte, Gütersloh, 176-185

Oser, Fritz (1988), Wieviel Religion braucht der Mensch? Erziehung und Entwicklung zur religiösen Autonomie, Gütersloh

Popper, Karl R. ([9]1989), Logik der Forschung, Tübingen

Ritter, Werner H. (1989), Glaube und Erfahrung im religionspädagogischen Kontext. . Die Bedeutung von Erfahrung für den christlichen Glauben im religionspädagogischen Verwendungszusammenhang. Eine grundlegende Studie, Göttingen

Ritter, Werner (1998), Der 'Erfahrungsbegriff' - Konsequenzen für die enzyklopädische Frage der Theologie, in: ders. / Rothgangel, Martin (Hg.), Religionspädagogik und Theologie. Enzyklopädische Aspekte, Stuttgart u.a., 149-166

Sachs, Lothar ([7]1993), Statistische Methoden. Planung und Auswertung, Berlin u.a.

Schnider, Andreas (1998), Marketing, in: LThK[3], Bd. 6, 1390f.

Ven, Johannes A. van der (1988), Pratical Theology: From Applied to Empirical Theology, in: Journal of Empirical Theology 1 (1/1988), 7–28

Ven, Johannes A. van der / *Ziebertz*, Hans-Georg. (Hg.) (1993), Paradigmenentwicklung in der Praktischen Theologie, Kampen - Weinheim

Ven, Johannes A. van der ([2]1994), Entwurf einer empirischen Theologie, Kampen-Weinheim

Wegenast, Klaus (1968), Die empirische Wendung in der Religionspädagogik, in: EvErz 20 (3/1968), 111-125

Ziebertz, Hans-Georg (1994), Religionspädagogik als empirische Wissenschaft. Beiträge zu Theorie und Forschungspraxis, Weinheim

Burkard Porzelt

Qualitativ-empirische Methoden in der Religionspädagogik

1. Qualitativ-empirische Forschung: 'Nicht einzig, aber eigenwertig ...'

Unter dem Stichwort 'qualitativ-empirisch' verbirgt sich eine besondere *'Sicht'* auf Wirklichkeit ebenso wie eine bestimmte *'Kunst'* (Girtler 1995, 208) des Forschens. Wer menschliches Tun und Erleiden in verantworteter Weise qualitativ-empirisch erkunden will, muss die grundsätzlichen Eigenarten, Vorzüge und 'blinden Flecken' dieser Wirklichkeits-Sicht *kennen* und mit den konkreten Techniken und Werkzeugen dieser Forschungs-Kunst umgehen *können*.

Historisch erfolgte die Profilierung des qualitativen Ansatzes als eines eigenwertigen und anerkannten Forschungsweges in *negativer Abgrenzung* zum quantitativen Ansatz. Besonders in den 50er bis 70er Jahren hatte letzterer das empirische Forschen in den Human- und Sozialwissenschaften nahezu monopolisiert.

Inzwischen sind exklusive Geltungsansprüche eines Forschungsansatzes auf Kosten des jeweils anderen weithin einer differenzierteren Betrachtung gewichen. Sie sucht, die *unterschiedlichen* Stärken (und Schwächen!) *beider* Zugänge zu erkennen und sinnvoll aufeinander zu beziehen (vgl. Ziebertz in diesem Band).

Dem Anliegen, quantitatives und qualitatives Forschen wechselseitig fruchtbar werden zu lassen, wäre aber nicht gedient, wenn deren erkenntnislogische und forschungspraktische Eigenart verschleiert würde. Nur wenn sie *je für sich handwerklich solide praktiziert* werden, *um ihren je besonderen Qualitätsmaßstäben zu genügen*, können quantitatives und qualitatives Forschen sinnvoll vernetzt werden.

Das erstrebenswerte (wenn auch in der Praxis äußerst aufwändige und deshalb spärlich eingelöste) Ziel einer Verknüpfung beider Forschungswege (*'Triangulation'*) ist kein Freibrief für method(olog)ische Nachlässigkeit, sondern ein Ansporn, beide Grundformen empirischen Forschens mit ihren jeweiligen Vorzügen zu kultivieren.

2. Grundmerkmale qualitativ-empirischen Forschens

Qualitativ-empirische Forschung gestaltet sich als *kreativer Prozess*, der sich auf bestimmte und bestimmbare *Prämissen* stützt. Sie zu kennen, bildet die notwendige, nicht aber hinreichende Voraussetzung für fundiertes und sachgerechtes Forschen im qualitativen Kontext.

Die Grundsätze und Regeln des qualitativen Ansatzes verstehen sich nicht als starre Vorgabe, sondern als *flexibles Rüstzeug* für konkretes Forschungshandeln. In der Tuchfühlung mit der zu erkundenden Wirklichkeit stehen sie auf dem Prüfstand. Hier müssen sie sich je neu als plausibel und praktikabel bewähren (vgl. Bohnsack 1993, 8).

2.1. 'Subjektiv erlebter und gedeuteter Wirklichkeit auf der Spur'

Im qualitativen Ansatz gilt menschliche Wirklichkeit prinzipiell als *subjektiv erlebte und gedeutete Wirklichkeit*. Diese kann nur gültig ('valide') untersucht werden, sofern es glückt, *Erlebnisse und Deutungen konkreter Subjekte verstehend nachzuvollziehen*. Objektivität entsteht somit „nicht durch Ausblendung der Subjektivität, sondern durch deren Berücksichtigung." (Lamnek 1995, 229)

„Die durch den Menschen interpretierte Welt kann nur der 'verstehen', der sie ebenso interpretiert." (Girtler 1992, 20) Um diese Maxime einzulösen, sucht qualitative Forschung, sich so weit als möglich auf die Perspektive der befragten Personen einzulassen. Als „Forschung vom Standort der Handelnden aus" (Nießen 1977, 45 et pass.) ist sie bestrebt, die Wirklichkeits*konstruktionen* alltagsweltlich Handelnder achtsam und gewissenhaft zu *rekonstruieren*.

Im Fadenkreuz qualitativer Forschung stehen 'prinzipiell orientierungs-, deutungs- und theoriemächtige Subjekte' (Schütze 1978, 118). Forschung vom Standpunkt dieser Subjekte aus erfordert kommunikative Strukturen, mittels derer sie ihren Standpunkt authentisch zur Geltung bringen können.

Unerlässliche Voraussetzung qualitativer Forschungskommunikation ist, dass sich die Untersuchten in ihrer Sprache äußern können, sie müssen „mit ihren eigenen Worten zu Wort" (Lamnek 1995, 240) kommen: „Sprache und Handeln stehen in einem direkten Zusammenhang. Erst über das Kennenlernen der spezifischen, für die betreffende Gruppe wichtigen sprachlichen Symbole lässt sich auch ein Zugang zu ihrem Denken bzw. ihrer Kultur finden." (Girtler 1992, 34)

2.2. Theorieentwicklung: 'Forschung als beständiger Lernprozess'

Qualitative Forschung verläuft *durchgängig theorieentwickelnd*. In der Begegnung mit empirischer Wirklichkeit müssen theoretische Entwürfe fortlaufend korrigiert, modifiziert, vervollständigt und verfeinert werden. Streng *quantitative* Forschungs-designs hingegen *trennen* die Bildung theoretischer Hypothesen von deren Über-prüfung. Mit Beginn der Datenerhebung kann nur mehr entdeckt und erfasst werden, was vorab theoretisch durchdacht wurde (Lamnek 1995, 234).

Um Wirklichkeit sinnvoll und praktikabel empirisch erkunden zu können, ist qualitative Forschung zwar auf ein theoretisch begründetes *Vorverständnis* ihres Gegenstands angewiesen. Dieses Vorverständnis ist jedoch *weit gefasst, vorläufig und wandelbar*. So ist es möglich, „sich 'offen' der Wirklichkeit zu nähern, um erst im Kontakt mit dieser und den in dieser handelnden Menschen die betreffenden Theorien zu erstellen" (Girtler 1992, 31).

'Theorieentwicklung' schließt ein, dass auch die gewählte *Vorgehensweise* verän-derbar ist: „Je nach Entwicklung und Ablauf [des Forschungsprozesses] sind andere Methoden, andere Zielvorstellungen und/oder andere Populationen von Interesse" (Lamnek 1995, 237). Wachsende Erkenntnis vom Gegenstand geht Hand in Hand mit der Entwicklung und Verfeinerung von Wegen, die diesen Gegenstand ange-messen(er) in den Blick nehmen können.

Qualitatives Forschen gestaltet sich somit inhaltlich wie methodisch als beständiger Lernprozess.

2.3. 'Mikroskopische Tiefenschärfe' ohne statistische Repräsentativität

Qualitative Forschung richtet sich *nicht* auf *Repräsentativität*. Sie sucht nicht, durch die standardisierte und numerisch erfassbare Untersuchung hoher Fallzahlen „Aussagen allgemeiner Gültigkeit herzuleiten" (Hofer 1972, 11). Stattdessen richtet sie ihr Augenmerk darauf, *wenige Einzelfälle in ihrer individuellen Komplexität möglichst differenziert und detailliert zu ergründen.*

Bildlich gesprochen: Qualitative Forschung liefert *'mikroskopische Nahaufnahmen'* subjektiv erlebter und gedeuteter Wirklichkeit. Die Fertigung großflächiger, aber auch vergleichsweise grobkörniger 'Satellitenaufnahmen' obliegt quantitativen Messverfahren.

Qualitative Studien konzentrieren sich auf einen begrenzten Fundus von *Einzelfällen*. Deren *Auswahl* ermisst sich am theoretischen Erkundungsinteresse, das einem konkreten Forschungsprojekt zugrunde liegt ('theoretical sampling').

Die untersuchten *Einzelfälle* sind als solche individuell und situativ geprägt. Ihre Durchleuchtung bildet jedoch keinen Selbstzweck. Qualitative Forschung zielt letztlich auch auf *fallübergreifende* Strukturaussagen zum Erleben, Deuten und Handeln bestimmter Personengruppen und Subkulturen.

Aus wenigen je für sich untersuchten und miteinander verglichenen Einzelfällen heraus sind solche Strukturaussagen zwar nicht als allgemeingültig beweisbar. Sofern sie jedoch mit methodischer Sorgfalt und inhaltlicher Stimmigkeit belegt und bedacht werden, können sie bei all ihrer Vorläufigkeit und Begrenztheit *gegenstandsbezogene Anknüpfungspunkte für eine allgemeine(re) Theorie* darstellen. Bevor eine solche Theorie als bewährt gelten kann, muss sie sich durch weitere empirische Befunde korrigieren, modifizieren und vervollständigen lassen.

2.4. Angemessenheit: 'Maßgeschneiderte Methoden als Norm'

Qualitative Forschung erkundet subjektiv erlebte und gedeutete Wirklichkeit, indem sie eine begrenzte Zahl gezielt ausgewählter Einzelfälle in ihrer Eigenart und inneren Komplexität äußerst gründlich in den Blick nimmt. Soll dies gelingen, bedarf es *'maßgeschneiderter'* Vorgehensweisen, die dem erforschten Gegenstand *angemessen* sind. Dies ist der Fall, wenn sie die „Eigenstrukturiertheit" (Bohnsack 1993, 173) der untersuchten Personen und Situationen im Lichte des Forschungsinteresses herauszuarbeiten vermögen. Im Forschungsprozess gilt somit „die übergeordnete Maxime, dass Entscheidungen immer nur in Abhängigkeit von dem Gegenstand und den Erkenntniszielen getroffen werden können" (Lamnek 1989, 147).

Dabei kommt es „nicht auf den Respekt vor aus dem Jenseits empirischer Forschungserfahrung stammenden Regeln" (Fuchs 1988, 198) an. Die Begründung des Einsatzes und der Ausgestaltung eines Forschungsverfahrens bleibt „dem jeweiligen Anwender der Methode vorbehalten" (Lamnek 1989, 142). Nur dieser vermag, „vom aktuellen Gegenstand einer [...] Fragestellung" ausgehend ein „adäquates Verhältnis zwischen Fragestellung, Untersuchungsgegenstand und Methode" (Krüger 1983, 97) herzustellen.

Forschungspraktische Entscheidungen müssen „gegenstandsbezogen und erkennt-
nisabhängig erfolgen" (Lamnek 1989, 144). Dabei ermisst sich die Übernahme
method(olog)ischer Vorgaben letztlich immer daran, ob sie für eine „adäquate
Erforschung der tatsächlichen Gegebenheiten" (ebd. 161) nützlich sind.

2.5. Alltagsähnlichkeit gewährleistet Authentizität

Subjektiv erlebte und gedeutete Wirklichkeit entzieht sich dem direkten Zugriff.
Zugänglich ist sie nur *vermittelt* durch menschliche Kommunikation. Sprachliche
oder nonverbale Zeugnisse kommunikativen Handelns müssen jedoch nicht
unbedingt ein *transparentes* Bild menschlichen Erlebens und Deutens zeichnen.
Ebenso gut können sie dieses oberflächlich, verzerrt oder falsch darstellen.
Nur wenn kommunikative Daten tatsächlich „im Erfahrungswissen und Erleben"
(Bohnsack 1993, 172) der beteiligten Subjekte „verankert" (ebd. 168) sind, können
sie als *authentisch* gelten.
Falls begründet angenommen werden kann, dass Forschungsdaten diesem Anspruch genügen, können sie im qualitativen Ansatz als *valide* gelten: Sie verbürgen
mit hoher Wahrscheinlichkeit, dass der interessierende Ausschnitt subjektiv erlebter
und gedeuteter Wirklichkeit wahrhaftig erfasst wird.[1]
Um die 'Authentizität' oder „Erfahrungsgebundenheit" (Bohnsack 1993, 167) von
Untersuchungsdaten abschätzen zu können, bedarf es *begründeter Indikatoren*, die
praktikabel an die verschriftete Forschungskommunikation angelegt werden
können (vgl. Porzelt 1999, 108).
Als entscheidender Indikator gilt im qualitativen Paradigma die *Alltagsähnlichkeit*
('Naturalistizität') *einer Forschungskommunikation*. Die Gültigkeit der Ergebnisse
ist „von der Möglichkeit der Erforschten abhängig, sich in der Forschungssituation
ebenso zu verhalten wie in der Realität." (Volmerg 1984, 402)
Konkrete Voraussetzung für realitätshaltige Befunde ist eine „strukturelle Überein-
stimmung der Erhebungssituation mit natürlichen Situationen" (ebd.). Diese
Übereinstimmung ist in die einzelnen Facetten eines Forschungsprojekts hineinzu-
buchstabieren, sie ist Richtschnur für die Wahl und Ausgestaltung der Methoden,
des Erhebungsortes, des Kommunikationsstils oder der inhaltlichen Impulse für die
Befragten.
Die Informanten dürfen nicht zu Untersuchungszwecken künstlich aus ihrer
Alltagswelt gerissen werden. Qualitative Forschung, die die alltägliche Welt zum
Gegenstand hat, ist zwingend angewiesen auf alltagsähnliche Vorgehensweisen.

2.6. Explikation ermöglicht Nachvollziehbarkeit

Qualitative Forschung beansprucht Objektivität in dem Sinne, dass ihre Ergebnisse
und Vorgehensweisen „intersubjektiv nachvollziehbar und kritisierbar sein sollen."
(Lamnek 1989, 181)

---

[1] Am Kriterium der 'Authentizität' sind im qualitativen Ansatz nicht nur die Erhebungsdaten zu
messen. Es ist vielmehr gleichermaßen an die „Interviewäußerungen", die „Interpretation
dieser Äußerungen" und die „Schlussfolgerungen bzw. Verallgemeinerungen auf andere
Gegenstandsbereiche" (Legewie 1987, 144) anzulegen.

Um dies zu ermöglichen, muss der Forschungsprozess gerade im qualitativen Ansatz „*weitestgehend dokumentiert und offengelegt werden*" (ebd. 160).

Indem sich qualitative Studien der 'Eigenstruktur' der je erkundeten Wirklichkeit in alltagsähnlicher und angemessener Weise 'anzuschmiegen' suchen, gestalten sie sich per se als 'Sonderanfertigungen'. Zu ihrer Bewertung und Überprüfung lassen sich kaum genormte Standards heranziehen. Statt dessen ist es unerlässlich, den je *besonderen* Forschungsweg einer Untersuchung zu *explizieren* und argumentativ abzusichern.

Die Überprüfbarkeit qualitativer Studien erfordert „eine genaue und möglichst vollständige Dokumentation des Forschungskontakts" (Volmerg 1984, 403). „Die Veröffentlichung der Ergebnisse zusammen mit der Darstellung des Forschungsprozesses, in dem sie entstanden sind", zielt darauf, die „'Glaubwürdigkeit' ('credibility') [...] der Vorgehensweise zu vermitteln an jene, die nicht am Forschungsprozess teilgenommen haben." (Bohnsack 1993, 172 mit Bezug auf Barney G. Glaser / Anselm L. Strauss).

3. Qualitative Forschung in religionspädagogischem Entdeckungszusammenhang

Der qualitativ-empirische Blick auf Wirklichkeit erfolgt nicht im theorie-freien Raum.

Er gründet auf „einem (selbst nicht wieder empirisch ausweisbaren) Vorverständnis" seines Gegenstandes und bedarf „einer (nicht nur empirisch abstützbaren) Auslegung" der erzielten Befunde (Zdarzil 1982, 177). Qualitatives Forschen gestaltet sich somit als *empirisches Erkundungsgeschehen*, das in einen *theoretischen Entdeckungszusammenhang* verwurzelt und eingebettet ist.

Das Grundprofil qualitativer Forschung als einer konzeptionell und methodisch flexiblen Tiefenanalyse subjektiv erlebter und gedeuteter Wirklichkeit entstammt den Sozial- und Humanwissenschaften. Qualitative Studien, die in der *Religionspädagogik* angesiedelt sind, *übernehmen* dieses Grundprofil, um religiös relevante Situationen und Erfahrungen der Gegenwart aufzuspüren und zu ergründen. Das sozialwissenschaftlich geprägte Regelwerk qualitativer Erkundung wird somit in einen Entdeckungszusammenhang *übertragen*, der sich als religionspädagogischer von dem einer Sozialwissenschaft *unterscheidet*.

Übernimmt die Religionspädagogik die grundsätzliche Ausrichtung des qualitativen Zugangs, dann bedeutet dies angesichts ihres besonderen Entdeckungszusammenhangs keineswegs, dass es möglich wäre, die Instrumente sozialwissenschaftlicher Forschung unbedacht zu kopieren. Es ist unabdingbar, die Werkzeuge konkreten Forschens auf den besonderen religionspädagogischen Fragehorizont abzustimmen. Das durchdachte und erprobte Repertoire sozialwissenschaftlicher Forschungsmethoden dient als Ausgangs- und Anknüpfungspunkt für eine solche empirisch-religionspädagogische Methodenkonstruktion.

4. Typen qualitativer Datenerhebung

Der Erfolg qualitativer Wirklichkeitserkundung steht und fällt mit der gelingenden *Erhebung* und sachgerechten *Auswertung* subjektiv authentischer und thematisch relevanter Daten. Wer qualitativ forscht, verwendet größte Mühe auf die Ausgestaltung und Durchführung einer Datenerhebung und -auswertung, die das eigene Untersuchungsinteresse wirksam 'auf die Problemsicht der Subjekte zu zentrieren' (Witzel 1985, 228) vermag.

Der qualitative Zugang kennt mit der *teilnehmenden Beobachtung* (vgl. Girtler 1992, 49-149) dem *qualitativen Einzelinterview*, unterschiedlichen *Gruppenverfahren* sowie der Recherche bzw. Generierung von *Dokumenten* (z.B. Zeichnungen oder Tagebücher) vier grundlegende Typen der Datengewinnung.

Die qualitativen Spielarten des *Einzelinterviews* und der *Gruppenerhebung* zielen darauf, eine alltagsähnliche, wahrhaftige und für die Forschungsfrage ergiebige *mündliche* Kommunikation in Gang zu setzen. Um nachvollziehbare Gestalt anzunehmen und analysiert werden zu können, wird diese mündliche Erhebungskommunikation aufgezeichnet und nachträglich *verschriftet* ('transkribiert').

Indem ich aus der Bandbreite qualitativer Interview- und Gruppenverfahren einige *markante Varianten* herausgreife, will ich einen exemplarischen Eindruck vermitteln, wie sich die zuvor umrissenen erkenntnislogischen Vorgaben des qualitativen Ansatzes im Erhebungsgeschehen konkret einlösen lassen.

4.1. Grundformen des qualitativen Einzelinterviews

Aufgrund seiner ausgearbeiteten theoretischen Begründung und seiner unmissverständlichen Ausgestaltung gilt das *narrative Interview* vielfach als Prototyp des qualitativen Einzelinterviews. Die ausführlichere Beschreibung dieser profilierten Erhebungsmethode bildet eine hervorragende Ausgangsbasis, um *alternative Formen* des qualitativen Einzelinterviews knapp zu konturieren.

a) Narratives Interview

Die Methodologie des narrativen Interviews, die maßgeblich durch Fritz Schütze (1983) und Harry Hermanns (1984; 1995) geprägt wurde, wertet die Mitteilungsform des *Erzählens* für die empirische Forschung als konkurrenzlosen Zugang zu subjektiv erlebter und gedeuteter Wirklichkeit.

Das Interviewkonzept setzt voraus, dass sich menschliche Kommunikation dreier grundlegender Wege bedienen kann, um Sachverhalte darzustellen (vgl. Lamnek 1989, 70.352): Während Argumentationen (1) der Erklärung (alltags)*theoretischer* Zusammenhänge dienen und sich Beschreibungen (2) der Darstellung (situations)*typischer* Zustände und Verhaltensweisen widmen, referieren Erzählungen (3) eine *zeitliche Abfolge konkreter Ereignisse.*

Narrative Interviews zielen nun auf eine besondere Form des Erzählens, nämlich auf 'autobiographische Stegreiferzählungen' (Schütze 1983, 285): „Gegenstand des Interviews können nur Ereignisse sein, die der Informant erstens selbst erlebt hat und die zweitens in der Form einer Geschichte erzählbar sind." (Hermanns

1984, 422) Formal sind solche Narrationen gekennzeichnet durch Spontaneität ('Stegreif') und innere Kontinuität ('Erzählung', nicht Anekdote!).

Im narrativen Interview evozierte Texte können zwar auch beschreibende und argumentierende Teilstücke einschließen. Zu ihrem Ziel gelangt die Methode jedoch erst, wenn die Mitteilungsform des Erzählens dominant hervortritt (ders. 1995, 184).

Spontanes Erzählen selbst erlebter Ereignisse ist den Informanten 'alltagsweltlich vertraut' (ders. 1984, 422), das qualitative Authentizitätskriterium der Alltagsähnlichkeit (s.o.) wird mustergültig eingelöst. Der besondere Erkenntniswert autobiographischer Stegreiferzählungen beruht auf deren Vermögen, subjektives Erleben und Deuten in seiner *zeitlichen* Entwicklung zu erfassen (ders. 1995, 184) und dabei gleichermaßen den *äußeren* Ereignisablauf wie die *inneren* Reaktionen der Beteiligten zu beleuchten (Schütze 1983, 285f.). Dank der Intuitivität des Erzählvorgangs gelangen schließlich sogar *vorreflexive* Erfahrungsaspekte ans Tageslicht, die der bewussten Darstellungsabsicht der Sprechenden entzogen blieben (vgl. ebd. 286).

Der Ablauf eines narrativen Interviews ist geprägt durch eine klare Phasenfolge. Auf eine vertrauensbildenden Vorphase (1) folgt die Einstiegsphase (2) mit (in jeglicher Hinsicht unzweideutigem!) autobiographisch orientiertem Erzählimpuls. Die Phase der Haupterzählung (3) bildet das Herzstück des Gesamtinterviews. Sie steht und fällt mit dem Zustandekommen einer ausführlichen und zusammenhängenden Narration, die spontan erfolgen muss und unter (fast) keinen Umständen vom Interviewer beeinflusst werden darf ('aktives Zuhören'). An das vom Informanten gesetzte Ende der Stegreifgeschichte schließt eine narrativ orientierte Nachfragephase (4) an, bevor das Interview mit einer beschreibend und argumentativ ausgerichteten Bilanzierungsphase (5) ausklingt. Ein Gesprächsleitfaden wird im narrativen Interview rundweg abgelehnt.

b) Ero-episches Gespräch

Der Ausdruck 'ero-episch' bezeichnet nach Roland Girtler (1995, 219) ein Gespräch, innerhalb dessen *Frage* (griech. 'Erotema') und *Erzählung* (griech. 'Epos') „kunstvoll miteinander [...] verwoben werden."

Als Erhebungsmethode (unter anderem Titel bereits in Girtler 1992, 149-169 umrissen) zielt das ero-epische Gespräch ebenso wie das narrative Interview auf *Erzählungen* selbst erlebter Ereignisse. Während aber im narrativen Interview die Phasenfolge und das Verhalten des Interviewers streng normiert sind, wird das ero-epische Gespräch entscheidend vom *situativen Angemessenheitsurteil* des Forschenden bestimmt.

Die strenge Zurückhaltung des Forschers, die das narrative Interview während seiner Kernphase fordert, widerspricht aus Girtlers Sicht dem Grundsatz, dass nur eine möglichst *alltagsnahe* und *gleichberechtigte* Kommunikation authentische Aussagen erwarten lässt. Wenn sich der Interviewer einem starren Rollenkonzept unterwirft, ist er für den Informanten kaum mehr als Person erkennbar, zu der dieser persönliches Zutrauen fassen kann. Ohne solches Zutrauen ist aber kaum damit zu rechnen, dass der Informant offen über sich und seine Welt berichtet.

Inhaltliche Interventionen des Interviewers sind im ero-epischen Gespräch ausdrücklich erwünscht, wenn sie den Befragten zum Darlegen thematisch relevanter Erfahrungen ermuntern und dazu beitragen, eine Erzählung im Fluss zu halten. Ein Leitfaden hingegen wird wie im narrativen Interview als alltagsfremd und interaktionshemmend abgelehnt.

c) Problemzentriertes Interview

Die Konzeption des problemzentrierten Interviews nach Andreas Witzel (1985) birgt einige instruktive Hinweise zur Ausgestaltung 'passgenauer' Erhebungen, im Forschungsalltag vermochte sie sich auf Grund allzu vager Vorgaben jedoch kaum durchzusetzen.

Wie das ero-epische Gespräch kennt das problemzentrierte Interview keine strenge Zurückhaltung des Interviewers. Gefordert und erwünscht sind Interventionen, die den Erzählstoff im Sinne des Forschungsinteresses „problemzentriert zu präzisieren" (ebd. 243) vermögen. Dabei ist der Erzählfluss zu wahren, die Befragten sollen vor Suggestionen gefeit bleiben.

Dem Interviewer obliegt die Aufgabe, narratives Prinzip und Problemzentrierung *auszubalancieren*. Einerseits hat er den Erzählstrang samt seiner innewohnenden ('*immanenten*') Nachfragemöglichkeiten zu beachten, andererseits muss er entscheiden, wann das Forschungsinteresse mittels von außen herangetragener ('*exmanenter*') Fragen ins Spiel kommen soll.

Vom Erzählimpuls abgesehen kennt das problemzentrierte Interview keine gesonderten Einzelphasen. Im Gesprächsverlauf verschiebt sich das Schwergewicht allerdings von erzählungs- zu verständnisgenerierenden Eingriffen.

Als „Hintergrundfolie" (ebd. 236) zum Gesprächsfaden des Probanden steht dem Forscher ein thematischer Leitfaden zur Verfügung.

d) Episodisches Interview

Das episodische Interview nach Uwe Flick (1995, 124-130) beruht auf der Prämisse, dass der besondere Erkenntniswert des Erzählens nicht nur - wie im narrativen Interview vorausgesetzt - in der ausführlichen Darlegung eines zusammenhängenden Geschehens, sondern ebenso in *überschaubaren, episodischen Narrationen* zum Tragen kommen kann.

Als Darstellungsmodus wird solches episodisches Erzählen alltäglich praktiziert (z.B. in Cliquen und Familien). Je nach Erkenntnisziel und Adressatenkreis kann es dem kontinuierlichen Erzählideal des narrativen Interviews überlegen sein, da es eine *ausgewogenere* Interaktionsstruktur ermöglicht und eine *zielgerichtete* Erkundung fremder Lebenswelten begünstigt.

Im Mittelpunkt des episodischen Interviews stehen *erzählte Situationen*, in denen untersuchungsrelevante Erfahrungen hervortraten ('narratives Wissen'). Ergänzend folgen Fragen nach Phantasien sowie nach subjektiven Definitionen und Theorien ('semantisches Wissen').

Ein Leitfaden dient als Orientierungshilfe über Themenfelder, zu denen erzählt, und Begriffe, die erfragt werden sollen.

e) ExpertInneninterview

Beim ExpertInneninterview nach Michael Meuser und Ulrike Nagel (1994; 1997) handelt es sich dem Ablauf nach um ein „offenes Leitfadeninterview" (dies. 1994, 183). Der Leitfaden gibt Themen vor (keine ausformulierten Fragen) und ist flexibel zu handhaben, damit die Probanden eigene und unerwartete Schwerpunkte setzen können. Narrative Passagen sind dabei ausdrücklich erwünscht. Sie können der Interpretation als „Schlüsselstellen" (ebd. 184) dienen.

4.2. Grundformen qualitativer Gruppenverfahren

Qualitative Gruppenverfahren erfolgen nach heutigem methodologischem Standard in *Realgruppen* (Nießen 1977, 64.166), die auch unabhängig von der Datenerhebung existieren. Ist dies gewährleistet, dann bürgen Gruppenverfahren für ein kaum zu übertreffendes Maß an *Alltagsähnlichkeit* - die Informanten werden schließlich unmittelbar an einem Ort aufgesucht, in dem sie sozial und sprachlich 'beheimatet' sind.

Im Setting der Realgruppe kommen nicht lediglich Individuen zu Wort. Unweigerlich treten auch Themen, Sprech- und Verhaltensweisen zu Tage, die für den *gemeinschaftlichen* Alltag der kommunizierenden Gruppe kennzeichnend sind. Qualitative Gruppenverfahren vermögen somit in hervorragender Weise, *gemeinschaftliche* Formen des Erlebens, Sprechens und Deutens offenzulegen, die im Einzelinterview allenfalls auf Umwegen erschlossen werden können.

Als Prototyp eines qualitativen Gruppenverfahrens kann die *Gruppendiskussion* gelten, zu der reichlich Forschungserfahrungen und eingehende methodologische Überlegungen vorliegen (vgl. etwa Lamnek 1989, 121-166; Bohnsack 1997). Ausgehend von dieser profilierten Erhebungsmethode können einige alternative Gruppenverfahren ins Auge gefasst werden.

a) Gruppendiskussion

Wie das qualitative Interview zielt die Gruppendiskussion auf eine Erhebungskommunikation, die weitestgehend durch die Befragten bestimmt wird und neben ausdrücklich Bedachtem und Gewusstem gerade auch *vorreflexive und vorbewusste* Aspekte alltäglichen 'Wissens' zum Vorschein bringt. Um an solches 'Wissen' zu gelangen, das nicht in Form abrufbarer Theorien verfügbar ist, setzen Gruppendiskussion und Einzelinterview auf eine je besondere *Eigendynamik* des Kommunikationsgeschehens.

Während das qualitative Interview vorrangig auf die Dynamik des Erzählens baut, vertraut die Gruppendiskussion in erster Linie auf die *Dynamik der Gruppe*. Indem sich die Beteiligten im Verlauf der Diskussion auf einen „Prozess der interaktiven und interpretativen Bezugnahme" (Bohnsack 1989, 349) einlassen, geben sie auch Einstellungen und Gewissheiten preis, die intuitiv als fraglos erlebt werden.

Bei der Gruppendiskussion handelt es sich per definitionem „um ein Gespräch der Teilnehmer untereinander", nicht aber „um Gespräche der Teilnehmer mit dem Diskussionsleiter" (Lamnek 1989, 136) wie beim selten eingesetzten Gruppen*inter-view* (Fontana / Frey 1994, 361-376). Hat der Forscher das eigene Erkundungsinteresse durch einen (sorgsam auszuarbeitenden!) Diskussionsimpuls wirksam ins Gespräch gebracht, sucht er nach Kräften, die 'selbstläufige' Interaktion der Realgruppe unterstützend zu respektieren. Dabei können gelegentliche Interventionen durchaus hilfreich und angebracht sein, die ihn selbst als vertrauenswürdigen Zuhörer ausweisen oder das Gespräch auf das Forschungsthema lenken.

Entgegen dem qualitativen Interview, das narrative Daten anzielt, bringt die Gruppendiskussion als wechselseitiger Diskurs der Betroffenen *argumentativ* dominierte Mischtexte hervor (Bohnsack 1989, 383), innerhalb derer sich je nach Gesprächsverlauf erzählende, beschreibende oder eben theoretisierende Sequenzen ablösen und überlagern.

b) Gemeinsames Erzählen

Die Erhebungsmethode des gemeinsamen Erzählens nach Bruno Hildenbrand und Walther Jahn (1988) setzt eine Realgruppe voraus, die gemeinschaftlich erlebte Geschehnisse zu erzählen weiß. Nicht die argumentativ geprägte Diskussion eines verbindenden Themas, sondern die *narrative Entfaltung einer gemeinsamen Geschichte* steht im Mittelpunkt der Erhebung.

Gleichermaßen 'verwickelt' ins rückblickende Erzählen wie in die aktuelle Interaktion, ergänzen, widersprechen und korrigieren sich die Mitglieder eines Kollektivs (z.B. einer Familie) bei der Rekonstruktion ihrer gemeinsamen Erlebnisse und Deutungen.

c) Erzählrunde

Das Verfahren der Erzählrunde (Porzelt 1999) verortet das *episodische Erzählen individuell erlebter Geschehnisse* im gemeinschaftlichen Raum einer Realgruppe. Diese sollte sich im Alltag bereits als *Erzählgemeinschaft* bewährt haben, in der ähnliche Themen mitteilbar waren, wie sie auch empirisch erkundet werden sollen. Gelingt es, persönliche Erfahrungsdaten in solch einer 'erprobten' Erzählgemeinschaft zu gewinnen, so können diese mit hoher Gewähr als authentisch gelten, da sich im Erhebungsgeschehen sowohl der interaktive Kontext (vertraute Gruppe) als auch die Darstellungsweise (episodisches Erzählen) alltäglicher Selbstmitteilungen wiederfindet.

Ist es nach einer Phase gemeinsamen Erzählens und einem gezielten Erzählimpuls geglückt, die Probanden zur selbstbestimmten Preisgabe individueller Erlebnisse zu bewegen, obliegt dem Forscher eine doppelte Aufgabe. Während er sich einerseits (mit den anderen Zuhörern) auf Person und Ausführungen der jeweiligen *Einzelerzähler* zu konzentrieren sucht, überlässt er die 'interaktive Regie' des Erhebungsgeschehens (Sprecherwechsel, Kommentierungen, ...) so weit als möglich der *Gesamtgruppe*.

Bei der Auswertung von Erzählrunden ist die *gemeinschaftliche Einbindung* der Narrationen stets zu berücksichtigen. Erkennbar wird, wie die Sprecher *in* der Gruppe und *als* Gruppe selbst Erlebtes kommunizieren.

5. Problematik und Typen qualitativer Auswertung

Die adäquate Auswertung der erhobenen Daten ist mit Abstand die *aufwändigste* Komponente im qualitativen Forschungsprozess. Nicht umsonst besteht eine klassische Gefahr konkreten Forschens darin, nach gelungener Konstruktion eines tauglichen Erhebungsdesigns ganze 'Berge' an Daten anzuhäufen, um dann ernüchtert festzustellen, dass sich die gesammelte Datenflut bei bestem Willen interpretatorisch nicht bewältigen lässt.

Auch *methodologisch* wirft die Auswertung im qualitativen Ansatz nach wie vor erhebliche Probleme auf (vgl. Schulze 1997, 323). Obwohl inzwischen eine ganze Palette konkreter Verfahren vorliegt, erscheint gerade die Schlüsselfrage ungelöst, ob und wie sich *umfassendere* Datenbestände *hermeneutisch*[2] *verantwortet* untersuchen lassen. Auf der Suche nach 'maßgeschneiderten' Vorgehensweisen bleibt den Forschenden einstweilen nur die Wahl zwischen der Skylla *reduktiver* und der Charyptis *explikativer* Auswertungsmethoden.

Beide Spielarten der qualitativen Analyse suchen zunächst (1) einzelne Fälle zu ergründen, bevor diese (2) miteinander verglichen und schließlich (3) vorläufige Strukturaussagen formuliert werden. Der *Kern* der Analyse vollzieht sich jedoch nach *völlig unterschiedlichem* 'Strickmuster'.

5.1. Reduktive Analyseverfahren

Die Grundstrategie qualitativ-reduktiver Auswertung findet sich in einer Reihe konkreter Ausprägungen. Neben der Inhaltsanalyse nach Philipp Mayring (1990) sei exemplarisch auf die 'Grounded Theory' (vgl. Strauss / Corbin 1996) verwiesen, die religionspädagogisch recht häufig rezipiert wird (vgl. etwa Nipkow 1987 und van der Ven 1993).

Die 'Logik' reduktiver Auswertung richtet sich darauf, umfangreiche und unübersichtliche Datenbestände *strukturierend zusammenzufassen*. Ziel ist eine „*Datenreduktion zum Zwecke des Informationsgewinns*" (Lamnek 1995, 242). Um die Eigenstruktur von Zeugnissen subjektiv erlebter und gedeuteter Wirklichkeit in angemessener und gehaltvoller Weise theoretisch zu bündeln, gehen reduktive Verfahren *gliedernd* und *kategorisierend* vor. In mehreren Durchgängen, die immer wieder auf die Originaldaten Bezug nehmen, vollzieht sich deren *schrittweise Selektierung und Abstrahierung*.

Ohne die Besonderheit einzelner Varianten genauer zu beleuchten, lässt sich die *verbindende* Vorgehensweise reduktiver Auswertungsmethoden wie folgt schematisieren:

---

[2] „Hermeneutik ist die Kunst [...] des Verkündens, Dolmetschens, Erklärens und Auslegens. [...] Die Leistung der H. besteht grundsätzlich immer darin, einen Sinnzusammenhang aus einer anderen 'Welt' in die eigene zu übertragen." (Gadamer 1974, 1061)

(1) Im vielfachen Durchstudieren werden umfassende Datenbestände (z.B. vollständige Transkripte) mit Blick auf die (abwandelbare) Forschungsfrage in (mehr oder weniger differenzierte) Abschnitte *untergliedert*. (2) Untersuchungsrelevanten Teilstücken werden aussagekräftige *Stichworte* zugewiesen. (3) Vergleichbare Schlagworte werden schrittweise und in mehrfacher Rücküberprüfung zu *Kategorien* verdichtet. (4) Bewährte Kategorien werden schließlich in Form *theoretischer Modelle* zueinander in Beziehung gesetzt.

Der wesentliche Vorteil reduktiver Methoden liegt in deren Eignung, große Datenbestände theoretisch in den Griff zu bekommen. Allerdings wird die reduktive Erarbeitung von Theorien in konkreten Studien nur selten überzeugend nachvollziehbar.

Die entscheidende Schwäche reduktiver Verfahren besteht darin, dass sie *sich recht unkritisch von der sprachlichen und inhaltlichen Eigenlogik der Daten dispensieren*. Ohne gezielte Vorkehrungen, das Andersartige in seiner Eigenart zu erkennen und sich damit von den eigenen Selbstverständlichkeiten zu lösen (Beckmann / Mangold 1989, 8), wird die Spannung zwischen alltäglichem und wissenschaftlichem Sprachgebrauch zugunsten der Begrifflichkeit der Forschenden aufgelöst. Dabei fällt besonders ins Gewicht, dass reduktive Methoden frühzeitig *einzelne* Elemente aus dem ursprünglichen Textzusammenhang *herauslösen*, um sie nach Kategorien neu zu sortieren. So entsteht die Gefahr, planmäßig den Kontext auszublenden, der für adäquates Textverstehen unerlässlich ist (vgl. Feige 1992, 67; Hitzler / Honer 1997 A, 23).

Im reduktiven Auswertungsprozess kommt es entscheidend darauf an, große Datenkomplexe aufzugliedern und eine Vielzahl an Textsegmenten lesend, vergleichend und kategorisierend im Blick zu behalten. Um diese Aufgaben zu erleichtern, die bei etlichen explikativen Verfahren im Umkreis der Hauptanalyse anfallen, steht erprobte Computersoftware zur Verfügung (vgl. Kuckartz 1997). Hingewiesen sei insbesondere auf winMAX (www.winmax.de/) und Kwalitan (www.kun.nl/methoden/kwalitan/).

5.2. Grundformen explikativer Auswertung

Die explikative Auswertungslogik vermutet prinzipiell *Widerständiges* im scheinbar Vertrauten. Der Möglichkeit, Äußerungen anderer Menschen intuitiv verstehen zu können, begegnet sie mit äußerstem Misstrauen. Forschende sind zwar bei der Erschließung fremder Sinngehalte darauf angewiesen, ihre alltägliche Verständniskompetenz ins Spiel zu bringen. Sie dürfen sich bei der Auswertung qualitativer Daten aber *keinesfalls unkontrolliert und unbedacht* auf den eigenen Verstehenshorizont verlassen.

Um die Sprache und Welt der Probanden aus sich selbst heraus begreifen zu können und eben nicht vorschnell und unsachgemäß unter das eigene Vorverständnis zu subsumieren, bauen explikative Verfahren gezielt Hindernisse in den Prozess des Verstehens ein. Damit der „Eigen-Sinn" (Hitzler / Honer 1997 A, 24) der Daten die Interpretation zu bestimmen vermag, wird die *sukzessive Darstellungslogik*, die von den befragten Subjekten hervorgebracht wurde, zur Richtschnur der Auswertung. Entlang der inneren Verlaufslogik der Daten soll *möglichst detailliert* nachvollzogen werden, welche Inhalte in welcher Form zur Sprache kommen.

Die Logik explikativer Methoden richtet sich darauf, *zusammenhängende und überschaubare Ausschnitte* aus dem Datenmaterial in ihrer vorgegebenen Dramaturgie 'verlangsamt' in den Blick zu nehmen. Zumeist sind dies geschlossene Textpassagen. Das Erleben und Deuten, das in diesen Passagen hervortritt, wird sorgfältig nachgezeichnet und in wissenschaftliche Begriffe übersetzt. Explikative Verfahren *erweitern* somit den untersuchten Datenbestand um „zusätzliche Informationen als dessen Explikation und Interpretation" (Lamnek 1995, 201). Ihre besondere Qualität liegt darin, fremde Erfahrungszeugnisse in ihrem vorgegebenen Kontext und ihrer widerständigen Eigenstruktur auf methodisch kontrollierte und intersubjektiv nachvollziehbare Weise verstehen zu lernen. Dies geschieht um den Preis, nur geringe Datenmengen bewältigen zu können.

Um die Auswertungslogik explikativer Verfahren zu veranschaulichen, werde ich im Folgenden mit der objektiv hermeneutischen, dokumentarischen und syntaktisch-semantischen Sequenzanalyse aus der Vielzahl an Varianten, die inzwischen entwickelt wurden (Überblick: Hitzler / Honer 1997), drei markante Methoden herausgreifen und genauer beleuchten.

a) Objektive Hermeneutik

Der Ausdruck 'objektive Hermeneutik', der die subjektive Mitteilungsabsicht als Forschungsgegenstand ausgrenzt, bezeichnet eine Auswertungstheorie, die maßgeblich auf Ulrich Oevermann zurückgeht. Ihre konsequenteste forschungspraktische Verwirklichung ist die *Sequenzanalyse*, die nachfolgend erörtert wird (vgl. Schöll 1992; Bohnsack 1993, 71-78; Reichertz 1997).

Die objektive Hermeneutik versteht alltägliches Handeln und Sprechen als fortwährende Kette aufeinanderfolgender ('*sequentieller*') *Entscheidungen*. Damit die beständige Wahl und Verwerfung möglicher Alternativen im Alltag bewältigbar bleibt, vollzieht sie sich zumeist nicht auf Basis bewusster Abwägungen, sondern intuitiv und routinisiert. Obschon kaum reflexiv begründet, erfolgen alltägliche Entscheidungen doch keineswegs chaotisch und zufällig. Sie lassen geordnete *Strukturen* erkennen, die individuell, kollektiv oder universell geprägt sein können.

Das sequenzanalytische Verfahren der objektiven Hermeneutik zielt darauf, die vielfachen *Einzelentscheidungen*, die in den erhobenen Verbaldaten verborgen sind, sichtbar zu machen und deren *verbindende Grundstruktur* herauszuarbeiten. Um dies zu bewerkstelligen, folgt die Sequenzanalyse äußerst rigide der sukzessiven Logik des Textes. Äußerung für Äußerung wird als intuitive Wahl zu entziffern versucht, die eine Vielfalt neuer Anschlussmöglichkeiten ('*Lesarten*') freisetzt, welche gedankenexperimentell durchgespielt werden. Ziel ist es, in den rekonstruierten Auswahlentscheidungen ein einheitliches Muster aufzuspüren, das sich für den untersuchten Fall als Ganzen zu bewähren vermag.

Aus der Prämisse, menschliches Handeln als *strenges Nacheinander* kleinteiliger Entscheidungen zu fassen, ergibt sich ein Auswertungsverfahren, das strikt darauf achtet, keinesfalls über den aktuell analysierten Gesprächsschritt ('*Turn*') hinauszublicken. Text*externe* Informationen hingegen werden überraschend sorglos in die Interpretation einbezogen.

Äußerungen lassen sich im vorgestellten Konzept nur angemessen verstehen und interpretieren, wenn sie im Horizont denkbarer Alternativen betrachtet werden. Der mühsamste Teil des sequenzanalytischen Verfahrens besteht somit darin, für jeden untersuchten Gesprächsschritt eine möglichst reichhaltige Liste realistischer Anschlussmöglichkeiten zu bedenken. Wenn deren Vielfalt auch mit jedem nachvollzogenen Turn abnimmt, bringt es die *enorme Aufwändigkeit* der Konstruktion von Lesarten doch mit sich, dass sich die objektiv hermeneutische Analyse selbst im Vergleich mit anderen explikativen Verfahren nur auf *minimale* Textbestände anwenden lässt.

Der Optimismus der objektiven Hermeneutik, in den *unterschiedlichsten* Facetten eines Falles ein *durchgängiges* Strukturprinzip ausmachen zu können, lässt es relativ gleichgültig erscheinen, welcher Ausschnitt der Falldaten konkret untersucht werden soll. In der Regel bleibt es bei der Analyse einer Anfangssequenz, in der das aufzuspürende Grundmuster ursprünglich in Erscheinung tritt.

b) Dokumentarische Methode

Die Auswertungstheorie der 'dokumentarischen Methode' wurde von Ralf Bohnsack (1989; 1993) im Rekurs auf Karl Mannheim entwickelt und durch Hans Schmid (1989) in überzeugender Weise religionspädagogisch aufgenommen. Als genuin soziologische Methode verfolgt sie das Ziel, Zeugnisse des Lebens und Erlebens auf *kollektive Prägungen* hin zu durchleuchten. Nicht was die Betroffenen zu sagen beabsichtigen oder faktisch mitteilen, steht im Mittelpunkt des Interesses. Die Verbaldaten dienen vielmehr als Folie, um Hintergründe zu erschließen, in denen die Probanden alters-, generations-, milieu- oder geschlechtsspezifisch verwurzelt sind.

Forschungspraktisch bedient sich die dokumentarische Methode einer vierstufigen Auswertungsstrategie. Sie gründet im *sequenzanalytischen* Nachvollzug fallbezogener Textpassagen und mündet in der Erstellung fallübergreifender *Typiken*. Ursprünglich auf Transkripte von Gruppendiskussionen zugeschnitten, wurde dieses Verfahren inzwischen auch auf andere Textsorten hin modifiziert.

Im Gegensatz zur objektiven Hermeneutik kennt die dokumentarische Analyse eine *kriterienbezogene Auswahl* auswertungsrelevanter Textstücke. Der detaillierten Einzelanalyse geht eine gründliche Sichtung der Gesamttranskripte voraus, um 'Schlüsselpassagen' zu ermitteln, in denen forschungsthematisch relevante Sachverhalte „interaktiv und metaphorisch verdichtet und somit besonders prägnant" (Bohnsack 1989, 349) zur Sprache kommen. Betrachten wir die Phasen, eine solche Schlüsselpassage interpretativ zu erschließen, im einzelnen:

Die eröffnende *formulierende Interpretation* (1) verbleibt „möglichst nahe an den Worten und Begriffen" (Schmid 1989, 33) der Informanten. Ziel ist es, die *thematische Struktur* der Schlüsselpassage herauszuarbeiten, ohne den Verständnisrahmen der Betroffenen zu überschreiten.

Der diffizile Auswertungsschritt der *reflektierenden Interpretation* (2) nimmt nun ergänzend die *formale Textstruktur* in den Blick. Der Text gilt nicht lediglich als Summe isolierter Aussagen, sondern als Zeugnis dynamischer Kommunikation. Daher ist sukzessive nachzuvollziehen, wie sich einzelne Äußerungen ineinander verschränken und zu einer übergreifenden 'Dramaturgie' ergänzen. Diese schließt interaktive und metaphorische Höhepunkte ein, denen besonderer Aussagewert zukommt.

Die Erträge der formulierenden und reflektierenden Interpretation werden im Medium der *Fallbeschreibung* (3) gebündelt. Ihre Funktion besteht darin, die erzielten Befunde „in einer Gesamtcharakteristik des Falles verschmelzen zu lassen." (Bohnsack 1989, 370). Gemünzt ist sie auf ein Publikum, welches das bisherige Vorgehen nicht verfolgt hat und mit den Transkripten nicht vertraut ist (ebd. 369). In der Regel folgt sie der sukzessiven Dramaturgie, die zuvor rekonstruiert wurde.

Der abschließende und zugleich theoretisch anspruchsvollste Schritt der Auswertung überschreitet weitgehend die Perspektive der Informanten. Im *fallübergreifenden Vergleich* sollen Unterschiede im Erleben und Deuten aufgedeckt werden, die auf den *kollektiven* Hintergrund zurückgeführt werden können, in dem die Beteiligten (z.B. hinsichtlich ihres Alters, Milieus oder Geschlechts) verankert sind. '*Erstellung von Typiken*' (4) bedeutet, solch kollektive Prägungen empirisch zu entschlüsseln. Dabei gilt als Faustregel: „Die Unterscheidbarkeit zweier Typiken lässt sich am deutlichsten an (mindestens) zwei Fällen herausarbeiten, die in bezug auf die eine Typik Gemeinsamkeiten aufweisen, in bezug auf die andere Typik aber kontrastieren." (Bohnsack 1989, 374)

c) Syntaktisch-semantische Intensivanalyse

Das Verfahren der syntaktisch-semantischen Intensivanalyse entstand im Kontext empirisch-religionspädagogischer Forschung (Porzelt 1999). Wie die dokumentarische Methode legt es den Schwerpunkt auf die *sequentielle Analyse von Schlüsselpassagen*. Grundlegende Unterschiede bestehen jedoch in doppelter Hinsicht.

Die Intensivanalyse ist zwar prinzipiell offen für eine Entschlüsselung kollektiver 'Typen' nach dem Muster der dokumentarischen Methode. Sie interessiert sich aber primär für den existenziellen Kern fremder Selbstmitteilungen, nicht für deren soziale Verankerung. Im Mittelpunkt steht die Frage nach *subjektiven Relevanzen* des Erlebens und Deutens, wie sie sich im Text manifestieren.

Im Gegensatz zur dokumentarischen Methode, die in der Regel ein problemloses Sprachverstehen voraussetzt, rekurriert die Intensivanalyse durchgängig auf die *Sprachgestalt (Syntax)* der Verbaldaten, um deren *Bedeutung (Semantik)* zu erschließen. Dieses Prinzip gründet in der erkenntnislogischen Hochschätzung des Mediums 'Sprache' und im Misstrauen, fremdes Sprechen intuitiv erfassen zu können. Da Erfahrungen (als zumindest vage gedeutete Erlebnisse) unablösbar *sprachlich geprägt* und kaum anders denn *sprachlich mitteilbar* sind, ist eine angemessene Interpretation darauf verwiesen, der *Versprachlichung* von Erfahrungen höchsten Wert zuzumessen: „Das 'Wie' [des Sprechens; B.P.] ist nicht ein

Problem der Gefälligkeit, sondern der einzige Weg des Verstehens." (Halbfas 1968, 76) Die Dringlichkeit, aufmerksam die Form zu studieren, um zum Inhalt vorzudringen, gilt für qualitative Forschung verschärft. Schließlich unterstellt sie prinzipiell, dass die Informanten - trotz vermeintlicher historischer und sozialer Nähe - *anders* empfinden, denken und sprechen als wissenschaftliche Interpreten. Die Achtsamkeit für die Eigensprache der Informanten zwingt Interpreten (und Leser), sich auf die Eigenart fremden Erlebens und Deutens einzulassen und das eigene Vorverständnis zu relativieren.

Die syntaktisch-semantische Intensivanalyse ist eingebunden in ein vierstufiges Auswertungskonzept (Porzelt 1999, 105-116): Der einleitenden *Grobanalyse* (1) des Gesamttranskripts obliegt die Aufgabe, die Struktur des Textes zu erschließen und prägnante Themen, Interaktionsmuster und Sprachformen herauszuarbeiten. Auf dieser Basis werden *Schlüsselpassagen ausgewählt* (2), die den (genauer präzisierten) Kriterien der thematischen Relevanz und der kommunikativen wie sprachlichen Authentizität genügen müssen. Die Schlüsselpassagen werden nun im schrittweisen Vorgehen der *syntaktisch-semantischen Intensivanalyse* (3) sorgfältig nachvollzogen und vorsichtig aus sich heraus interpretiert (vgl. Porzelt in diesem Band). Die sukzessiven Ergebnisse der Intensivanalyse werden zunächst tabellarisch geordnet, bevor sie in Gestalt *fallbezogener Profile* (4) nach systematisch-theoretischen Gesichtspunkten gebündelt werden. Die Profile verstehen sich als empirisch fundierte 'Gesamtcharakteristik' des jeweils untersuchten Einzelfalles im Horizont wissenschaftlicher Bezugstheorien.

6. Qualitativ-empirisches Forschen in der Religionspädagogik - ein Ausblick

Religionspädagogik reflektiert auf die Bedingungen, Möglichkeiten, Schwierigkeiten und Wege einer subjekt- und sachgerechten Aneignung der jüdisch-christlichen Sprach- und Erfahrungstradition. Eine solche Aneignung ist gar nicht denkbar ohne die aktive, konstruktive und kreative Eigenleistung derer, die hier und heute in religiöses Lernen und Lehren verwickelt sind. *Wie sie ihr Leben und Handeln erleben und deuten*, entscheidet maßgeblich darüber, ob, wie und in welcher Gestalt sich der überlieferte Glaube über den 'garstigen Graben' hinweg, der uns von seinen Ursprüngen trennt, je neu als einleuchtend und tragfähig erweisen kann.

Um ausloten zu können, unter welchen Bedingungen eine zeitgerechte Aneignung des christlichen Glaubens hier und heute konkret möglich wird, ist ein *solides Wissen um Modi und Themen zeitgenössischen Erlebens und Deutens* unentbehrlich. Im 'Gesamtkonzert' einer Theologie, welche die Begegnung zwischen tradierten Glaubens- und aktuellen Lebenserfahrungen unter sich ergänzenden Blickwinkeln zu ergründen sucht (vgl. Ebeling 1975, 26), gehört die *Erkundung heutiger Erfahrungswelten* zur ureigenen und unverzichtbaren Aufgabe der Religionspädagogik.

Das religionspädagogische Interesse an heutigen Erfahrungen *konvergiert* mit der Zielsetzung qualitativ-empirischer Forschung, subjektiv erlebte und gedeutete Wirklichkeit nachvollziehend zu begreifen. Im Widerspruch zur vielfach postulierten Einsicht, dass religionspädagogische Theoriearbeit zwingend „einer soliden

Analyse der empirischen Realität" (Englert 1995, 158) bedarf, sind qualitative Untersuchungen in der Religionspädagogik aber faktisch Mangelware (vgl. ebd. 164). Besonders rar gesät sind Studien, welche die *vorgeprägten Methoden* qualitativer Sozialforschung unter Wahrung empirisch-wissenschaftlicher Standards auf spezifisch *religionspädagogische* Fragestellungen hin *umzuwandeln* vermögen. Eine qualitativ orientierte Religionspädagogik, die ihr empirisches Vorgehen fachspezifisch zu fundieren weiß und ihre empirischen Forschungsergebnisse eigenständig zu reflektieren vermag, steht nach wie vor in den Anfängen.

Handbücher:

Flick, Uwe / Kardorff, Ernst von / Keupp, Heiner / Rosenstiel, Lutz von / Wolff, Stephan (Hg.) (^{2}1995), Handbuch Qualitative Sozialforschung. Grundlagen, Konzepte, Methoden und Anwendungen, Weinheim [abgekürzt als HQS^2]

Friebertshäuser, Barbara / Prengel, Annedore (Hg.) (1997), Handbuch Qualitative Forschungsmethoden in der Erziehungswissenschaft, Weinheim - München [abgekürzt als HQFE]

Literatur:

Beckmann, Hans-Karl / Mangold, Werner (1989), Vorwort, in: Schmid, Hans, Religiosität der Schüler und Religionsunterricht. Empirischer Zugang und religionspädagogische Konsequenzen für die Berufsschule, Bad Heilbrunn/Obb., 7-12

Bohnsack, Ralf (1989), Generation, Milieu und Geschlecht. Ergebnisse aus Gruppendiskussionen mit Jugendlichen, Opladen

Bohnsack, Ralf (^{2}1993), Rekonstruktive Sozialforschung. Einführung in Methodologie und Praxis qualitativer Forschung, Opladen

Bohnsack, Ralf (1997), Gruppendiskussionsverfahren und Milieuforschung, in: HQFE, 492-502

Ebeling, Gerhard (1975), Die Klage über das Erfahrungsdefizit in der Theologie als Frage nach ihrer Sache, in: ders., Wort und Glaube. Dritter Band. Beiträge zur Fundamentaltheologie, Soteriologie und Ekklesiologie, Tübingen, 3-28

Englert, Rudolf (1995), Wissenschaftstheorie der Religionspädagogik, in: Ziebertz, Hans-Georg / Simon, Werner (Hg.), Bilanz der Religionspädagogik, Düsseldorf, 147-174

Feige, Andreas (1992), Was kann eine qualitative Studie leisten? Religionssoziologische Überlegungen zum Forschungsansatz der Studie 'Jugend und Religion', in: Arbeitsgemeinschaft der evangelischen Jugend in der Bundesrepublik Deutschland e.V. (Hg.), Studientexte 2/1992, 63-75

Flick, Uwe (1995), Qualitative Forschung. Theorien, Methoden, Anwendung in Psychologie und Sozialwissenschaften, Reinbek

Fontana, Andrea / Frey, James H. (1994), Interviewing. The Art of Science, in: Denzin, Norman K. / Lincoln, Yvonna S. (Hg.), Handbook of Qualitative Research, Thousand Oaks u.a., 361-376

Fuchs, Werner (1988), Methoden und Ergebnisse der qualitativ orientierten Jugendforschung, in: Krüger, Heinz-Herrmann (Hg.), Handbuch der Jugendforschung, Opladen, 181-204

Gadamer, Hans-Georg (1974), Hermeneutik, in: Ritter, Joachim (Hg.), Historisches Wörterbuch der Philosophie. Bd. 3, Basel - Stuttgart, 1061-1073

Girtler, Roland (^{3}1992), Methoden der qualitativen Sozialforschung. Anleitung zur Feldarbeit, Wien u.a.

Girtler, Roland (1995), Randkulturen. Theorie der Unanständigkeit, Wien u.a.

Halbfas, Hubertus (1968), Fundamentalkatechetik. Sprache und Erfahrung im Religionsunterricht, Düsseldorf

Hermanns, Harry (1984), Interview, narratives, in: Haft, Henning / Kordes, Hagen (Hg.), Methoden der Erziehungs- und Bildungsforschung (Enzyklopädie Erziehungswissenschaft; Bd. 2), Stuttgart, 421-426

Hermanns, Harry ([2]1995), Narratives Interview, in: HQS[2], 421-426

Hildenbrand, Bruno / Jahn, Walther (1988), 'Gemeinsames Erzählen' und Prozesse der Wirklichkeitskonstruktion in familiengeschichtlichen Gesprächen, in: Zeitschrift für Soziologie 17 (3/1988), 203-217

Hitzler, Ronald / Honer, Anne (Hg.) (1997), Sozialwissenschaftliche Hermeneutik. Eine Einführung, Opladen

Hitzler, Ronald / Honer, Anne (1997 A), Einleitung: Hermeneutik in der deutschsprachigen Soziologie heute, in: dies. (Hg.), Sozialwissenschaftliche Hermeneutik. Eine Einführung, Opladen, 7-27

Hofer, Manfred (1972), Funkkolleg Pädagogische Psychologie. Studienbegleitbrief 1 (Methodischer Vorkurs), Weinheim - Basel

Krüger, Heidi (1983), Gruppendiskussionen. Überlegungen zur Rekonstruktion sozialer Wirklichkeit aus der Sicht der Betroffenen, in: Soziale Welt 34 (1/1983), 90-109

Kuckartz, Udo (1997), Qualitative Daten computergestützt auswerten: Methoden, Techniken, Software, in: HQFE, 584-595

Lamnek, Siegfried (1989), Qualitative Sozialforschung. Band 2. Methoden und Techniken, München

Lamnek, Siegfried ([3]1995), Qualitative Sozialforschung. Band 1. Methodologie, Weinheim

Legewie, Heiner (1987), Interpretation und Validierung biographischer Interviews, in: Jüttemann, Gerd / Thomae, Hans (Hg.), Biographie und Psychologie, Berlin u.a., 138-150

Mayring, Philipp ([2]1990), Qualitative Inhaltsanalyse. Grundlagen und Techniken, Weinheim

Meuser, Michael / Nagel, Ulrike (1994), Expertenwissen und Experteninterview. in: Hitzler, Ronald / Honer, Anne / Maeder, Christoph (Hg.), Expertenwissen. Die institutionalisierte Kompetenz zur Konstruktion von Wirklichkeit, Opladen, 180-192

Meuser, Michael / Nagel, Ulrike (1997), Das ExpertInneninterview - Wissenssoziologische Voraussetzungen und methodische Durchführung, in: HQFE, 481-491

Nießen, Manfred (1977), Gruppendiskussion. Interpretative Methodologie - Methodenbegründung - Anwendung, München

Nipkow, Karl Ernst (1987), Die Gottesfrage bei Jugendlichen - Auswertung einer empirischen Umfrage, in: Nembach, Ulrich (Hg.), Jugend und Religion in Europa, Frankfurt/M. u.a., 233-259

Porzelt, Burkard (1999), Jugendliche Intensiverfahrungen. Qualitativ-empirischer Zugang und religionspädagogische Relevanz, Graz

Reichertz, Jo (1997), Objektive Hermeneutik, in: Hitzler, Ronald / Honer, Anne (Hg.), Sozialwissenschaftliche Hermeneutik. Eine Einführung, Opladen, 31-55

Schmid, Hans (1989), Religiosität der Schüler und Religionsunterricht. Empirischer Zugang und religionspädagogische Konsequenzen für die Berufsschule, Bad Heilbrunn/Obb.

Schöll, Albrecht (1992), Zwischen religiöser Revolte und frommer Anpassung. Die Rolle der Religion in der Adoleszenzkrise, Gütersloh

Schütze, Fritz (1978), Was ist 'kommunikative Sozialforschung'? Thesen zur Arbeitstagung 'Regionale Sozialforschung', in: Gaertner, A. / Hering, S. (Hg.), Regionale Sozialforschung, Kassel, 117-131

Schütze, Fritz (1983), Biographieforschung und narratives Interview, in: Neue Praxis 13 (3/1983), 283-293

Schulze, Theodor (1997), Interpretation von autobiographischen Texten, in: HQFE, 323-340

Strauss, Anselm / Corbin, Juliet (1996), Grounded Theory: Grundlagen Qualitativer Sozialforschung, Weinheim

Ven, Johannes A. van der (1993), Die qualitative Inhaltsanalyse, in: ders. / Ziebertz, Hans-Georg (Hg.), Paradigmenentwicklung in der Praktischen Theologie, Kampen - Weinheim, 113-164

Volmerg, Ute (1984), Gruppendiskussion - Gruppenexperiment, in: Haft, Henning / Kordes, Hagen (Hg.), Methoden der Erziehungs- und Bildungsforschung (Enzyklopädie Erziehungswissenschaft; Bd. 2), Stuttgart, 400-403

Witzel, Andreas (1985), Das problemzentrierte Interview, in: Jüttemann, Gerd (Hg.), Qualitative Forschung in der Psychologie. Grundfragen, Verfahren, Anwendungsfelder, Weinheim, 227-255

Zdarzil, Herbert (1982), Für eine Restitution der historischen und philosophischen Pädagogik, in: Rassegna di Pedagogia / Pädagogische Umschau 40 (2-3-4/1982), 170-187

Aktuelle Projekte

Anton A. Bucher

Sehr gerne zeichnen und malen, aber gerne auch beten

Eine quantitativ-empirische Studie zum Religionsunterricht bei deutschen GrundschülerInnen

1. Der Problemhorizont: Religionsunterricht in der Krise?

Der Religionsunterricht (RU) ist seit gut einem Jahrzehnt Gegenstand heftiger Kontroversen. Ausgelöst wurden diese unter anderem durch die These von *Brechtken* (1988), er sei 'katastrophal erfolglos'. Wenig später erregten die Ergebnisse der Allensbacher Studie zum RU breite Aufmerksamkeit (RpB 25/1990). Der Beliebtheitsgrad des Faches sei „enttäuschend" (*Köcher* 1989, 35). Es könne bei den SchülerInnen am ehesten noch dann auf Resonanz stoßen, „wenn sich die Perspektive von der Vermittlung von Glaubenswissen, religiösen und kirchlichen Normen und der Behandlung biblischer Inhalte auf allgemein zwischenmenschliche Beziehungen und gesellschaftspolitische Fragen verschiebt" (ebd. 56). Zwar wird attestiert, RU an den Grundschulen sei problemloser als bei den 14- bis 20jährigen. Nichtsdestoweniger stellten insbesondere die Interpretationen von *Köcher* (1989), weil an einem inhaltlich–substanziellen Religionsbegriff orientiert, den RU unter das Verdikt von Substanz- und Plausibilitätsverlust.

Seit der Allensbacher Studie ist ein Jahrzehnt übers Land gegangen. Es brachte der Republik die Wiedervereinigung und stoppte die Entkirchlichung nicht, wenngleich die Kirchenaustritte in den letzten Jahren nicht mehr so dramatisch waren wie 1992, als ca. 190.000 KatholikInnen austraten (momentan um die 130.000 pro Jahr). Schlug dies auch auf den RU in den alten Bundesländern durch? In jüngeren Verlautbarungen – etwa der des Schulbischofes Manfred *Müller* (1998, 11) – wird auf die vergleichsweise gering gebliebenen Abmeldungszahlen (um die 5 Prozent) hingewiesen und daraus auf eine „hohe Akzeptanz des Faches" bei den SchülerInnen geschlossen.

Auch nach der Allensbacher Umfrage sind in der Bundesrepublik empirische Studien zum RU durchgeführt worden (Überblick: *Bucher* 2000). *Stolz* (1994) analysierte bei 2200 Münchener SchülerInnen den semantischen Raum des RUs. *Englert / Güth* (1999) erhoben gründlich und differenziert, wie GrundschullehrerInnen nicht nur ihre Klientel – die 'neuen' Kinder – einschätzen, sondern auch ihre Arbeit und deren Rahmenbedingungen erleben. Aus der Befragung von Grundschullehrerinnen lässt sich aber nur indirekt darauf schließen, wie die SchülerInnen selber zu einem Schulfach eingestellt sind. Dies umso mehr, als auch ReligionspädagogInnen in der Gefahr stehen, gängige Topoi über heutige Kinder fortzuschreiben, etwa dass sie weniger belastbar und weniger gemeinschaftsfähig seien als frühere, was für mehr als zwei Drittel der befragten ReligionslehrerInnen zutreffend ist (*Englert / Güth* 1999, 70).

Dies – sowie der Umstand, dass die Allensbacher Studie schon länger zurück liegt – war Anlass genug, die Frage erneut zu stellen: Wie beurteilen heutige GrundschülerInnen (eingeschränkt auf die dritten und vierten Klassen) ihren RU?

2. Theoretische Grundannahmen

Wovon hängt die Zufriedenheit mit einem Schulfach ab? Was erhöht dessen Bildungspotential und damit auch Lebensrelevanz? Die zentrale theoretische Annahme dieser Studie besagt, dass ein maßgeblicher Faktor die in dem Unterricht mögliche Tätigkeit ist. Nicht nur deswegen, weil gemäß der klassischen Bildungstheorien Bildung wesentlich Selbsttätigkeit des Subjekts ist (*Nipkow* 1990, bes. 462), wofür es aber auf Vorgaben und damit auf Tradition angewiesen ist (vgl. *Klafki* 1991, 20f.). Sondern auch, weil die Glückspsychologie nachgewiesen hat, dass Zufriedenheit primär aus (gelingender) Tätigkeit resultiert (*Csikszentmihalyi* 1998), auch bei Kindern (*Bucher* 1999). Diese aktivitätstheoretische Konzeptualisierung des Glücks birgt didaktische Implikationen in sich, wie sie bereits in der Reformpädagogik entfaltet wurden, zumal von Dewey, Montessori, Kerschensteiner (Arbeitsschule) und Freinet. Nicht nur, dass die Schule – der RU eingeschlossen – primär ein Ort von Handeln wird. Sondern auch, dass SchülerInnen weder überfordert, aber auch nicht *unterfordert* werden, beispielsweise durch einen RU, der ihnen gar nichts abverlangt und reine Gaudi wäre. In einer größer angelegten empirischen Studie zum RU in Österreich zeigte sich, dass der Faktor 'Handlungsorientierung' (dazu *Rekus* 1999) in der Tat die signifikantesten Prognosen auf Variablen wie 'Beliebtheit' und 'Effizienz' des Faches ermöglichte (*Bucher* 1996). Ob dies auch in der Bundesrepublik der Fall ist, sollte in dieser Studie ebenfalls geprüft werden.

3. Methodologische Überlegungen

Die Frage 'Wie beliebt und wie bildend ist RU in der Sicht von SchülerInnen?' lässt sich methodologisch vielfältig angehen, nicht nur qualitativ qua Unterrichtsbeobachtung oder Interviews, sondern auch quantitativ in der Form einer standardisierten schriftlichen Befragung. Dieser Weg wurde hier nicht zuletzt aus forschungspragmatischen Gründen gewählt. Qualitative Studien basieren zumeist auf schmalen Stichproben und evozieren den Einwand, den geschilderten Einzelfällen ließen sich problemlos ebenso viele entgegengesetzte Fälle gegenüberstellen. Die Fragebogenmethode ermöglicht jedoch, mit bescheidenen finanziellen und zeitlichen Ressourcen auch umfangreiche Stichproben zu erfassen, die inferenzstatistische Schlüsse[1] auf die Population erlauben.

---

[1] *Deskriptive Statistik* beschreibt empirische Daten, indem sie diese zusammenfasst (beispielsweise Mittelwerte). *Inferenzstatistik* hingegen überprüft Hypothesen, beispielsweise ob Frauen religiöser sind als Männer, oder ob an Orten, wo mehr Störche leben, auch mehr Kinder geboren werden (Korrelationen). Aus diesem Beispiel wird ersichtlich, dass Statistik nur dann sinnvoll ist, wenn die theoretischen Annahmen es auch sind.

Gegenüber der Fragebogenmethode bei (jüngeren) Schulkindern werden kritische Einwände vorgebracht:

- dass in der Auswertung nicht adäquat rekonstruiert werden kann, was ein Kind beispielsweise unter 'selten' versteht, wenn es das Item 'Der Lehrer / die Lehrerin erzählt aus der Bibel' auf einer Skala 'oft – selten – nie' zu beurteilen hat;
- dass Begriffe entweder nicht verstanden oder dann ganz anders gedeutet werden ('kirchennah' als räumliche Nähe zur Kirche);
- dass Kinder dazu tendieren, sozial erwünschte Angaben zu machen – womit freilich auch bei Interviews zu rechnen ist (zur Thematik insgesamt: *Petermann / Windmann* 1993).

Andererseits setzt sich in der Kindheitsforschung die These zusehends durch, dass Kinder, auch jüngere, 'kompetenter' sind als traditionell angenommen. Ihnen sei mehr zuzutrauen, auch die Fähigkeit, bereits in der Grundschule einen Fragebogen bearbeiten zu können, sofern er kindgemäß formuliert und gestaltet ist. Auch lassen sich die oben genannten Schwierigkeiten vermindern. Antwortvorgaben können konkretisiert und präzisiert werden (Häufigkeit des biblischen Erzählens nicht 'oft', sondern 'jede Stunde' – 'jede Woche', 'nie'). Besonders kindgerecht sind Gesichterskalen, um das Ausmaß an Akzeptanz der erfragten Gegenstände zu erheben.

4. Das Design der Studie, Fragebogen, statistische Verfahren und Stichprobe

Das Interesse der Befragung richtete sich nicht nur darauf, in Erfahrung zu bringen, wie beliebt RU im Vergleich mit anderen Fächern ist und wie er erlebt wird. Als eigene abhängige Variable in Rechnung gestellt wird auch die dem RU zugebilligte Wichtigkeit fürs Leben. Im Zentrum des Interesses steht jedoch, wie die SchülerInnen die Lerneffekte in verschiedenen Inhaltsbereichen des RUs beurteilen. Zwar kann daraus nicht objektiv auf sein Bildungspotential geschlossen werden. Andererseits gehört es zum Habitus der jüngeren Religionspädagogik, die subjektiven Sichtweisen der SchülerInnen ernst zu nehmen, auch hinsichtlich dessen, was sie im RU zu lernen angeben.

Abhängige Variablen (AV)	**Unabhängige Variablen (UV)**
• Die Beliebtheit des Faches • Die dem RU zugebilligte Wichtigkeit fürs Leben • Die dem RU zugeschriebenen Lerneffekte ◄———	Region Wohnumgebung Geschlecht und Alter Konfession Das Binnengeschehen des RUs Die Inhalte des RUs Lieblingsbeschäftigungen im RU Religiöse Sozialisation

Gliederung des Fragebogens

Der Fragebogen wurde, um in einer Unterrichtsstunde bearbeitet werden zu können, kurz gehalten und umfasst 85 Items. Auf die kurze Vorstellung der Studie, die üblichen soziodemographischen Variablen, die Zusicherung von Anonymität und

Freiwilligkeit folgten als Items insgesamt 13 *Tätigkeiten*, die im RU üblich sind, bspw. „Geschichten aus der Bibel hören", „Im Religionsbuch lesen". Die Schüler-Innen konnten diese Tätigkeiten auf einer fünfpunktigen *Gesichterskala* beurteilen:

☺ ☺ ☹ ☹ ☹

Anschließend folgten 22 Items, die ebenfalls *Tätigkeiten* im RU beinhalten. Diese waren hinsichtlich ihrer *Häufigkeit* zu beurteilen, von „sehr oft" über „ungefähr einmal pro Stunde" bis „nie".

Der nächste Abschnitt widmete sich den *Inhalten* des RUs. Die SchülerInnen wurden gebeten, die *Häufigkeit* anzugeben, in der über diese gesprochen wird.

Auch GrundschülerInnen ist die Einschätzung zuzumuten, wie viel sie im RU zu Themen wie „Gott", „Bibel" etc. *gelernt* haben.

Zu Ende geführt wurde der Fragebogen mit fünf Items zur *familiären religiösen Sozialisation*; auch waren – nebst Religionslehre – sechs *Schulfächer* darauf zu beurteilen, wie gerne sie besucht werden, bevor sechs zentrale Aussagen der christlichen *Glaubenslehre* (bspw. „Gott hat die Welt erschaffen") darauf beurteilt werden konnten, ob sie in der Sicht der Schulkinder zutreffend sind oder nicht.

Statistische Verfahren

Nebst der üblichen deskriptiven Statistik (Mittelwerte und Prozente) – bei der empirische Studien in der Religionspädagogik oft stehen bleiben – werden auch komplexere statistische Verfahren angewendet: Faktorenanalysen[2] zum Zwecke der Datenreduktion und Skalenbildung, Varianzanalysen[3], Korrelations-[4] und Cluster-analysen[5], bevor eine multiple Regressionsanalyse[6] auf die primär interessierenden subjektiv wahrgenommenen Lerneffekte erfolgt.

---

[2] *Faktorenanalysen* sind komplexe statistische Verfahren, in denen alle ausgewählten Variablen miteinander korreliert werden, wodurch ersichtlich wird, welche Variablen miteinander zusammenhängen und sogenannte Faktoren bilden. In dieser Studie: Wer beispielsweise bejahte, im Religionsunterricht passe niemand auf, hielt auch für zutreffend, dass die LehrerInnen „Ruhe" schreien, was zu dem Faktor „Gestörte Disziplin" zusammengefasst werden kann.

[3] *Varianzanalysen* überprüfen, ob die Unterschiedlichkeit von Befragten in bezug auf ein Merkmal (abhängige Variable) auf ein oder mehrere unabhängige Variablen zurückgeführt werden können. Eine typische Hypothese, die varianzanalytisch zu überprüfen ist, lautet: SchülerInnen, die in unterschiedlicher Wohnumgebung aufwachsen (Land, Dorf, Stadt), werden unterschiedlich intensiv religiös erzogen.

[4] *Korrelationsanalysen* überprüfen den Zusammenhang zwischen zwei Merkmalen, ohne dass daraus ein Kausalschluss gezogen werden kann. Sind SchülerInnen in dem Maße gläubiger, in dem sie den Religionsunterricht mehr akzeptieren? Wenn ja, kann die Gläubigkeit zu mehr Akzeptanz des Faches beitragen, mehr Akzeptanz aber auch die Gläubigkeit erhöhen. Das Ergebnis ist jeweils der *Korrelationskoeffizient r*, der Ausprägungen zwischen $+1$ (vollständig positiver Zusammenhang) und -1 (negativer Zusammenhang) annehmen kann.

[5] *Clusteranalysen* prüfen, ob sich verschiedene Objekte – bzw. Subjekte, sofern es sich um Personen handelt – hinsichtlich bestimmter Merkmale zu Gruppen (Clustern) zusammenstellen lassen, die intern möglichst homogen und im Vergleich zu anderen Gruppen möglichst gut voneinander unterscheidbar sind.

[6] Eine *Regressionsanalyse* prüft, ob sich die Ausprägung eines Merkmals (beispielsweise Körpergröße) durch die Ausprägung eines anderes Merkmals (bspw. Alter, das dann Prädiktor-

Stichprobe

Ausgewertet wurden die Fragebögen von 1454 SchülerInnen. 724 (49.8%) sind Mädchen, 730 Jungen (50.2%). Altersmäßig verteilen sie sich zwischen dem achten und dreizehnten Lebensjahr, wobei die meisten Befragten neun Jahre (47%) bzw. zehn Jahre zählen (42%). Der Altersdurchschnitt beträgt 9.5 Jahre (s = 0.7[7]).

Region	N	%
Bayern	846	58.2
Rhein-Main	205	14.2
Niedersachsen	332	22.8
Sachsen	71	4.9
Insgesamt	1454	100.0

Die meisten Befragten leben im süddeutschen Raum. Hier ist die Quote der KatholikInnen höher als im Norden bzw. im Osten, wo die KatholikInnen ca. 3% der Bevölkerung stellen (*Daiber* 1995, 101-108).

Wohnumgebung: Mehrheitlich leben die befragten GrundschülerInnen in urbanem Milieu. Mit N = 48[8] (3.3%) scheinen die Kinder von Bauernhöfen unterrepräsentiert; andererseits beträgt in den alten Bundesländern der Anteil der Erwerbstätigen in Land- und Forstwirtschaft 2.7%, in den neuen 3.6% (*Statistisches Bundesamt*). 442 Kinder (30.4%) gaben an, in einem Dorf zu leben, 278 (19.1%) in einer Kleinstadt und 686 (47.2%) in einer Stadt.

Bekenntnis	N	%
Katholisch	1312	90.2
Evangelisch	74	5.1
Ohne Bekenntnis	68	4.7

Obschon die Befragung im katholischen RU stattfand, ist die *Konfession* der SchülerInnen nicht einheitlich. 5.1% der in die Stichprobe eingegangenen SchülerInnen sind evangelisch (die meisten von ihnen in Niedersachsen), 4.7% ohne religiöses Bekenntnis (die meisten von ihnen in Sachsen: 38% der dort Befragten).

5. Die Beliebtheit von RU, die ihm zugeschriebene Wichtigkeit und Effizienz

5.1. Die Beliebtheit von RU

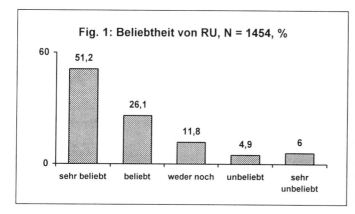

Fig. 1: Beliebtheit von RU, N = 1454, %

Erhoben wurde die Einstellung gegenüber dem RU mit einer fünfpoligen Gesichterskala. Mehr als drei von vier GrundschülerInnen assoziierten RU mit einem der zwei glücklichen Gesichter und sind demnach ihm gegenüber positiv ein-

---

variable ist) voraussagen lässt. *Multiple Regressionsanalysen* beziehen gleichzeitig mehrere Prädiktoren (Voraussagevariablen) ein.

[7] *s* ist die übliche Abkürzung für die *Standardabweichung*. Je höher diese ist, desto breiter streut ein Merkmal. In diesem Beispiel bedeutet, bei einem Mittelwert von 9.5 Jahren, eine Standardabweichung von = 0.7, dass ca. 68% der Befragten zwischen 9.5 ± 0.7 Jahren, d.h zwischen 8.8 und 10.2 Jahre alt sind.

[8] *N* (von 'number') gibt die Anzahl Fälle an.

gestellt. Jede/r neunte Schüler/in verband RU mit einem der traurigen Gesichter. Dieses Ergebnis läßt sich präziser interpretieren, wenn RU mit anderen Fächern verglichen wird. Im Fragebogen konnten sieben Fächer beurteilt werden:

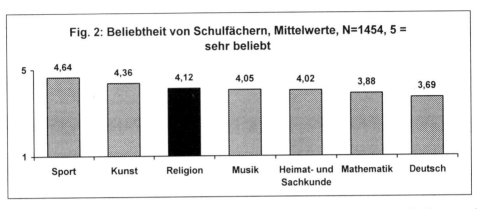

Fig. 2: Beliebtheit von Schulfächern, Mittelwerte, N=1454, 5 = sehr beliebt

Das beliebteste Fach ist – wie schon zu Beginn des Jahrhunderts und wie gemäß dutzenden Beliebtheitsstudien der Schulfächer (*Bucher* 1996, 18-31) – der Sport, gefolgt von Kunst. In beiden Fächern ist mehr körperliche Aktivität möglich und üblich als beispielsweise in Mathematik. Religion nimmt den dritten Rangplatz ein, gemeinsam mit Musik, denn die Mittelwertsdifferenz von 0.07 ist nicht signifikant (p = .13[9]). Das Fach ist jedoch signifikant beliebter als Deutsch, Mathematik sowie Heimat- und Sachkunde (p = .01).

5.2. Die dem RU zugeschriebene Wichtigkeit

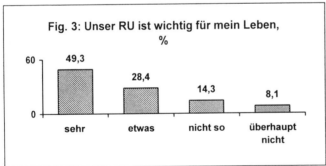

Fig. 3: Unser RU ist wichtig für mein Leben, %

Diese ist hoch. Zugegebenermaßen erlaubt es die Anlage der Studie nicht, diese Wichtigkeit näher und individuell zu konkretisieren. Dennoch schätzt eine deutliche Mehrheit der GrundschülerInnen den RU als etwas für sie Wichtiges ein, was in der Diskussion um dieses Fach ernst zu nehmen ist.

---

[9] *p* ist die Abkürzung von *Probabilität* und gibt die statistische Wahrscheinlichkeit eines Ergebnisses an. p=.13 bedeutet, dass die Wahrscheinlichkeit, dass die Differenz rein zufällig ist, immerhin 13% beträgt, was zu hoch und infolgedessen nicht signifikant ist.

5.3. Die dem RU zugeschriebenen Lerneffekte

Tab.1: Items der Skala „Subjektive Lerneffekte" ($\alpha = .78$)[10], M = Mittelwert, s = Standardabweichung, r_i = Trennschärfekoeffizient[11] (Items in der Reihenfolge der Zustimmung)

	M	s	r_i	viel	etwas	wenig	nichts
Über Jesus	3.86	0.44	.44	89 %	8 %	2 %	1 %
Über Gott	3.82	0.48	.44	85 %	12 %	2 %	1 %
Über die Bibel	3.48	0.78	.45	63 %	24 %	10 %	3 %
Über die Kirche	3.43	0.73	.48	56 %	33 %	9 %	2 %
Was ich glauben soll	3.12	0.96	.52	45 %	30 %	17 %	8 %
Wie ich richtig leben soll	2.89	0.92	.53	29 %	41 %	21 %	9 %
Wie ich glücklich werden kann	2.68	0.98	.52	23 %	36 %	26 %	15 %
Über andere Religionen	2.62	1.06	.42	25 %	29 %	27 %	19 %

Die SchülerInnen attestieren dem RU hohe Lerneffekte, und zwar primär bei den theologischen Inhalten, die auch die häufigsten Unterrichtsthemen sind (s.u.). 89% sagen, sie hätten „viel" über Jesus gelernt, 85% über „Gott". Am unteren Ende der Skala liegen die anderen Religionen. Diese sind in der subjektiven Wahrnehmung der SchülerInnen auch seltener Unterrichtsthema. Verhaltener ist die Zustimmung bei jenen Items, die das Ich-Pronomen enthalten. Dies ist auch durch die kognitive Entwicklung bedingt: Konkret-operatorisches Denken bezieht Lernen stärker auf konkrete Inhalte als auf persönlichen Kompetenzgewinn. Aber selbst bei „Wie ich glücklich werden kann" und „Wie ich richtig leben soll" schreibt mehr als die Hälfte dem RU einen Lerneffekt zu.

Zwar lassen sich diese Lerneffekte nicht objektiv überprüfen und auch nicht individuell konkretisieren. Dennoch gehört es zur Selbsteinschätzung der SchülerInnen – die zu respektieren und ernst zu nehmen ist –, dass RU gerade bei seinen Kerninhalten „Jesus" und „Gott" gewichtige Lerneffekte hat.

Die drei Merkmale – Beliebtheit, Wichtigkeit und Lerneffekte des RU - interkorrelieren signifikant positiv. Wer RU mit einem glücklichen Gesicht assoziiert, tendiert dazu, ihn als wichtig für sein Leben einzustufen und seine Lerneffekte höher anzusetzen.

Im Folgenden ist nun zu fragen, von welchen unabhängigen Variablen die Ausprägungen dieser Merkmale abhängen.

---

[10] α ist das Kürzel für *Cronbachs Alpha*, ein Maß, das die Verlässlichkeit einer Skala angibt. Je näher es bei +1 liegt, desto genauer misst die Skala.

[11] r_i ist das Kürzel für die *Trennschärfe*. Diese gibt an, wie stark ein einzelnes Item mit der ganzen Skala korreliert (vgl. Anm. 4). Je höher r_i desto präziser das Item.

6. Wovon hängt die Wertschätzung von RU ab?

6.1. Der Effekt von Region und Wohnumgebung

Tab. 2: Die drei AV in den vier unterschiedlichen Regionen, Mittelwerte

	N	Beliebtheit RU	Wichtigkeit RU	Lerneffekte des RU
Punktwertspanne		1 - 5 (sehr beliebt)	1 - 4 (sehr wichtig)	8 - 32 (sehr hoch)
Bayern	846	4.14	3.19	26.17
Rhein-Main	205	3.99	3.16	25.80
Niedersachsen	332	4.05	3.21	25.45
Sachsen	71	4.40	3.14	25.19
p		.06	.94	.05

Die Mittelwertsdifferenzen liegen bei allen drei AV im Zufallsbereich. Es ist nicht der Fall, dass RU in dem als traditionell katholisch charakterisierten Freistaat Bayern als beliebter und wichtiger eingestuft würde, im Norden hingegen als weniger wichtig, weniger beliebt und weniger effizient. Der Faktor Region zeitigt jedoch einen deutlichen Einfluss auf das Ausmaß an religiöser Sozialisation; diese ist in Sachsen am geringsten (s.u.).

Wider Erwarten zeitigt auch die Wohnumgebung keinen nennenswerten Effekt. Kinder, ob sie nun auf dem Land oder in der Stadt aufwachsen, beurteilen den Religionsunterricht und seine Lerneffekte gleich; Kinder aus der Stadt besuchen ihn sogar geringfügig lieber.

6.2. Der Effekt von Geschlecht und Alter

Die Mädchen halten RU nicht nur für wichtiger (M = 3.31) als die Buben (M = 3.07, p=.000); auch stufen sie ihn als beliebter ein (M = 4.26 versus 3.97; p = .000). Die Lerneffekte hingegen werden gleich eingeschätzt (p = .41).

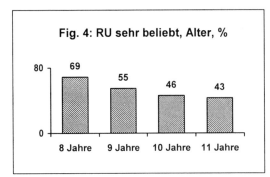

Fig. 4: RU sehr beliebt, Alter, %

Eine Varianzanalyse mit dem Faktor Alter zeigte deutliche Unterschiede. Je älter die SchülerInnen, desto niedriger der Anteil derer, die RU mit dem glücklichsten Gesicht assoziierten (Fig. 4). Umgekehrt steigt mit höherem Alter die Quote derer, für die RU überhaupt keine Wichtigkeit hat, von 6% der Achtjährigen auf 18% der Elfjährigen (p= .000). Deutlich geringer sind die altersmäßigen Unterschiede bei den Lerneffekten (p = .29).

6.3. Der Effekt der Konfession

Tab.3: Die drei AV bei den SchülerInnen mit unterschiedlicher Konfession, Mittelwerte

	N	Beliebtheit RU	Wichtigkeit RU	Lerneffekte des RU
Punktwertspanne		1 - 5 (sehr beliebt)	1 - 4 (sehr wichtig)	8 - 32 (sehr hoch)
Katholisch	1312	4.11	3.20	25.96
Evangelisch	74	4.27	3.20	25.59
Ohne rel. Bek.	68	4.07	2.92	25.07
p		.47	.07	.21

Die Konfessionszugehörigkeit hat nur einen sehr geringen Effekt; einzig bei der dem RU zugeschriebenen Wichtigkeit bestehen schwach signifikante Unterschiede dahingehend, dass SchülerInnen ohne religiöses Bekenntnis diese geringer veranschlagen. Bei den beiden anderen AV sind die Differenzen zufällig.

6.4. Der Effekt des Binnengeschehens im RU

Dieses wurde mit insgesamt 22 Items wie „Im Religionsunterricht erzählt der Lehrer/die Lehrerin aus der Bibel" erfaßt, die hinsichtlich ihrer Häufigkeit von „sehr oft" bis „nie" eingeschätzt werden konnten. Eine Faktorenanalyse brachte 4 Faktoren zu Tage, die 40% der Varianz erklären und alle einen Eigenwert > 1.5 aufweisen[12].

Tab. 4: Kurzbezeichnung der Faktoren, Eigenwert, erklärte Varianz.

Bezeichnung des Faktors	Eigenwert	Erklärte Varianz
1. Gestörte Disziplin	2.59	12.4%
2. 'Neue' Methoden im RU	2.46	11.7%
3. Traditionelle Methoden im RU	1.76	8.4%
4. Engagement, Wohlfühlen, Religionslehrer/in	1.61	7.7%

Gestörte Disziplin:

Tab. 5: Skala „Gestörte Disziplin" (α = .72), M = Mittelwert, s = Standardabweichung, r_i = Trennschärfekoeffizient (Items in der Reihenfolge der Zustimmung)

	M	s	r_i	Sehr oft	So einmal pro Stunde	So einmal pro Woche	Selten	Nie
Wir schwatzen miteinander	3.67	1.42	.30	44 %	17 %	10 %	21 %	8 %
Der Lehrer/die Lehrerin schreit: „Ruhe"	3.62	1.44	.40	43 %	17 %	8 %	23 %	9 %
Wir machen Blödsinn	3.14	1.49	.61	29 %	16 %	11 %	28 %	16 %
Wir machen mehr Lärm als in anderen Stunden	2.70	1.47	.55	21 %	11 %	11 %	32 %	25 %
Wir ärgern den Lehrer / die Lehrerin	2.49	1.52	.57	19 %	10 %	9 %	26 %	36 %

---

[12] Der *Eigenwert* eines Faktors gibt seine Stärke (Ausmaß von ihm erklärter Varianz) an. Je höher er ist, desto stärker der Faktor. Faktoren mit einem Eigenwert <1 sind unbedeutend und werden zumeist ausgeschieden.

Auch in den Grundschulen ist RU nicht davor gefeit, dass die SchülerInnen schwatzen und die Unterrichtenden „Ruhe" schreien müssen. Die SchülerInnen scheinen dies seltener deshalb zu tun, um den/die Lehrer/in zu ärgern. Auch gab mehr als die Hälfte an, im RU werde nie bzw. selten mehr Lärm erzeugt als in anderen Stunden.

'Neue' Religionsmethodik

Tab. 6: Skala „Neue Religionsmethodik" (α = .65), M = Mittelwert, s = Standardabweichung, r_i = Trennschärfekoeffizient (Items in der Reihenfolge der Zustimmung)

	M	s	r_i	Sehr oft	So einmal pro Stunde	So einmal pro Woche	Selten	Nie
Wir machen Stilleübungen	2.72	1.35	.34	17 %	12 %	17 %	36 %	18 %
Wir erzählen einander, was wir in der Freizeit erlebt haben	2.67	1.49	.39	23 %	6 %	14 %	31 %	26 %
Wir gehen hinaus, besuchen die Kirche	2.25	1.03	.34	9 %	4 %	10 %	60 %	17 %
Wir machen Phantasiereisen	2.09	1.21	.45	9 %	6 %	11 %	36 %	38 %
Wir schauen Filme (Video)	1.88	0.91	.34	4 %	3 %	6 %	53 %	34 %
Wir üben und spielen Theater	1.74	.91	.41	3 %	3 %	7 %	41 %	46 %

Das Prädikat 'neu' wurde gewählt, weil „Phantasiereisen", „Stilleübungen", „Video" erst in den letzten Jahren zu religionsdidaktischen Standards wurden, obschon gerade die Stilleübungen eine in die Reformpädagogik zurückreichende Tradition haben. Die in den Items enthaltenen 'neuen' Lehr- und Lernformen sind zumindest in der Wahrnehmung der SchülerInnen eher selten (jedenfalls seltener als traditionelle Formen, s.u.). Vergleichsweise häufig sind Stilleübungen, aber auch das Einander-Erzählen, sehr selten Videofilme (diese werden in höheren Klassen aktueller und häufiger) sowie Theaterspiel. Auch Ausgänge ins Freie, etwa in die Kirche, kommen nicht oft vor.

Traditionelle Religionsmethodik

Tab. 7: Skala „Traditionelle Religionsmethodik" (α = .61), M = Mittelwert, s = Standardabweichung, r_i = Trennschärfekoeffizient (Items in der Reihenfolge der Zustimmung)

	M	s	r_i	Sehr oft	So einmal pro Stunde	So einmal pro Woche	Selten	Nie
Wir schreiben ins Heft	3.95	1.24	.23	46 %	25 %	12 %	10 %	7 %
Wir beten	3.69	1.35	.38	43 %	18 %	13 %	20 %	6 %
Wir malen oder zeichnen	3.67	1.17	.36	34 %	21 %	25 %	18 %	2 %
Wir lesen im Religionsbuch	3.46	1.37	.34	34 %	19 %	19 %	18 %	10 %
Wir singen Lieder	3.44	1.39	.36	35 %	17 %	16 %	24 %	8 %
Der Lehrer/die Lehrerin erzählt aus der Bibel	3.35	1.20	.29	24 %	18 %	29 %	25 %	4 %
Wir schauen Bilder an	3.26	1.27	.31	24 %	19 %	24 %	26 %	7 %

Traditionelle Lehr- und Lernformen sind im RU der Grundschule häufiger. Knapp jede/r zweite Schüler/in gab an, sehr oft ins Heft zu schreiben; auch gebetet wird oft (nur 6 % kreuzten „nie" an), sodann Malen oder Zeichnen sowie die Lektüre im Religionsbuch. Nahezu 30% gaben an, der/die Lehrerin erzähle „selten"/"nie" aus der Bibel; dennoch ist dieses signifikant häufiger als Videofilme (p = .000).

Engagement, Wohlfühlen, Religionslehrer/in

Tab. 8: Skala „Engagement, Wohlfühlen, Religionslehrer/in" (α = .63), M = Mittelwert, s = Standardabweichung, r_i = Trennschärfekoeffizient (Items in der Reihenfolge der Zustimmung)

	M	s	r_i	Sehr oft	So einmal pro Stunde	So einmal pro Woche	Selten	Nie
Unser Lehrer / unsere Lehrerin ist freundlich	4.61	0.92	.44	80 %	9 %	4 %	5 %	2 %
Wir passen auf	4.21	1.18	.37	59 %	21 %	6 %	10 %	4 %
Im Religionsunterricht melde ich mich	4.11	1.21	.36	55 %	22 %	5 %	15 %	3 %
Im Religionsunterricht fühle ich mich wohl	4.04	1.34	.47	58 %	14 %	9 %	12 %	7 %

Dieser Faktor ist insofern bemerkenswert, als das Wohlbefinden im RU signifikant mit der Häufigkeit der Mitarbeit zusammenhängt (r = .31[13], p = .000); dies spricht für ein aktivitätstheoretisches Konzept von Zufriedenheit auch im RU. Auf diesen Faktor zu liegen kam auch das Item „Unser Lehrer / unsere Lehrerin ist freundlich": 80% der SchülerInnen erleben dies sehr oft so, 2% nie, ein ausgezeichnetes Zeugnis für die ReligionslehrerInnen, denen aus der Tradition mitunter noch immer – aber zu Unrecht – der Nimbus von humorloser Moral- und Katechismusindoktrination anhängt.

Auffällig sind die hohen Werte bei „Wir passen auf", insbesondere angesichts des Umstands, dass 44% der Befragten sagten, im RU sehr oft zu schwatzen. Die beiden Items korrelieren nur schwach negativ (r = -.10, p = .000); aber eine mögliche Erklärung ist, was in einer mündlichen Befragung eine Schülerin so artikulierte: „Ich kann aufpassen und schwatzen."

Tab. 9: Korrelationen der erörterten Skalen mit den drei AV (: p<.01; **: p<.001).*

	Beliebtheit RU	Wichtigkeit RU	Lerneffekte RU
Gestörte Disziplin	-.23**	-.16**	-.07*
'Neue' Religionsmethodik	.19**	.21**	.27**
Traditionelle Religionsmethodik	.22**	.18**	.32**
Engagement, Lehrer/in	.37**	.58**	.32**

Am stärksten hängen die drei AV mit der Skala „Engagement, Wohlfühlen, Religionslehrer/in" zusammen. Dies ist verständlich, weil Engagement und Wohlbefinden in einem Fach dessen Bedeutsamkeit steigern und zu mehr subjektiv wahrgenommenen Lerneffekten führen. Anmerkenswert ist auch die beachtliche Korrelation zwischen „Lerneffekte des RU" und „Traditionelle Religionsmethodik"; sie ist

---

[13] *r* ist das Kürzel für den *Korrelationskoeffizienten* (Anm. 4).

geringfügig höher als die mit der Skala „'Neue' Religionsmethodik". Wie erwartet, korreliert „Gestörte Disziplin" negativ mit allen drei Merkmalen, wenngleich nicht sonderlich stark.

Exkurs: Drei Typen von RU

Eine Clusteranalyse zeigte, dass sich *drei* Typen von Unterricht unterscheiden lassen:

Tab. 10: Clusteranalytisch ermittelte Unterrichtstypen, Häufigkeiten in %

Gruppe	Charakterisierung	Häufigkeit
1	Sowohl traditionelle als auch neue Methoden sehr häufig	25 %
2	Traditionelle Methoden häufig, neue seltener	42 %
3	Sowohl traditionelle als auch neue Methoden selten	33 %

Am häufigsten ist ein RU, in dem traditionelle Methoden häufiger sind als die 'neuen'.

Tab. 11: Mittelwerte der drei AV in den drei Unterrichtstypen

	%	Beliebtheit RU	Wichtigkeit RU	Lerneffekte des RU
Punktwertspanne		1 bis 5	1 bis 4	8 bis 32
Gruppe 1	25	4.48	3.51	27.72
Gruppe 2	42	4.11	3.17	25.87
Gruppe 3	33	3.86	3.01	24.57
p		.000	.000	.000

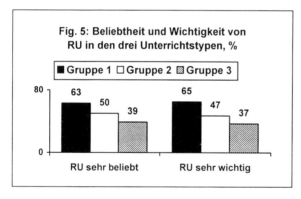

Fig. 5: Beliebtheit und Wichtigkeit von RU in den drei Unterrichtstypen, %

SchülerInnen, die im RU sowohl traditionelle als auch neue Methoden *häufig* erleben (Gruppe 1), stufen ihn signifikant positiver ein als jene in der Gruppe 3, in der beide Formen selten sind. Im Mittelfeld liegt Gruppe 2, die traditionelle Methoden eher häufig, ,neue' hingegen selten erlebt. Auch bei Wichtigkeit und Lerneffekt zeigt sich der gleiche Trend. RU wird umso positiver beurteilt, je mehr Tätigkeiten in ihm möglich sind, seien sie nun traditionell oder ,neu'.

6.5. Hängt die Beurteilung des RUs von den Lieblingstätigkeiten ab?

Die SchülerInnen konnten auf Gesichterskalen 13 Tätigkeiten beurteilen, die im RU üblich sind, beispielsweise „Geschichten aus der Bibel hören", „Miteinander diskutieren". Figur 6 präsentiert die fünf beliebtesten Tätigkeiten:

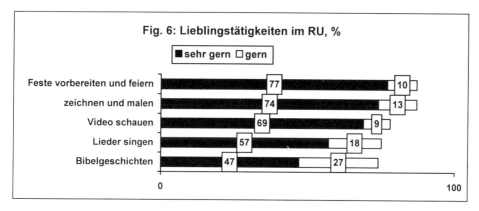

Fig. 6: Lieblingstätigkeiten im RU, %

Die Items liegen – mit einer Ausnahme: Diskutieren – auf zwei Faktoren. Der erste lässt sich als „traditionelle Tätigkeiten" charakterisieren, der zweite hingegen als „ästhetische Tätigkeiten". Das entfallene Item „Diskutieren" wurde übrigens deutlich weniger wohlwollend beurteilt als die meisten anderen: 21% assoziierten dieses mit einem der beiden traurigen Gesichter, 25% mit einem neutralen, 25% mit einem glücklichen, 29% einem sehr glücklichen.

Tab. 12: Items der Skala „Traditionelle Lieblingstätigkeiten im RU" (α = .75), M = Mittelwert, s = Standardabweichung, r_i = Trennschärfekoeffizient, Items in der Reihenfolge der Zustimmung

	M	s	r_i	☺	☺	☺	☹	☹	Missing[14]
Geschichten aus der Bibel hören	4.10	1.06	.52	47 %	27 %	17 %	4 %	4 %	1%
Beten	4.00	1.20	.56	47 %	22 %	16 %	7 %	5 %	3%
Kirchen besuchen	3.84	1.27	.50	41 %	25 %	16 %	6 %	8 %	4%
Im Religionsbuch lesen	3.83	1.22	.49	36 %	27 %	17 %	8 %	7 %	5%
Stilleübungen	3.46	1.38	.41	27 %	25 %	20 %	9 %	14 %	5%
Ins Heft schreiben	3.32	1.44	.43	27 %	22 %	19 %	12 %	16 %	4%

Am wenigsten beliebt ist das Schreiben ins Heft. Aber auch Stilleübungen gehören nicht zu den beliebtesten Tätigkeiten. Überraschend viele SchülerInnen assoziierten das Beten mit einem glücklichen Gesicht, aber auch das Hören biblischer Geschichten. Dies spricht für das seit alters her empfohlene Erzählen, für Hans Aebli die erste Grundform des Lehrens.

---

[14] *Missing*: fehlende Ankreuzungen

Tab. 13: Items der Skala „Ästhetische Lieblingstätigkeiten im RU" (α = .66), M = Mittelwert, s = Standardabweichung, r_i = Trennschärfekoeffizient, Items in der Reihenfolge der Zustimmung

	M	s	r_i	☺	☺	☹	☹	☹	Missing
Feste vorbereiten und feiern: Weihnachten, Ostern	4.66	0.82	.44	77 %	10 %	6 %	2 %	2 %	3 %
Zeichnen und malen	4.58	0.89	.32	74 %	13 %	6 %	2 %	2 %	3 %
Filme (Video) schauen	4.53	1.02	.35	69 %	9 %	5 %	3 %	4 %	10 %
Lieder singen	4.20	1.19	.42	57 %	18 %	11 %	6 %	5 %	3 %
Mit Musikinstrumenten spielen	4.07	1.32	.45	52 %	14 %	10 %	5 %	9 %	10 %
Bilder anschauen	4.06	1.07	.36	42 %	29 %	17 %	5 %	3 %	4 %

'Ästhetisch' wird hier weit gefasst und schließt nicht nur die Betrachtung ein – sei es von Bildern oder Filmen –, sondern auch expressive und gestalterische Tätigkeiten.

Mit Abstand am beliebtesten ist die Vorbereitung und Durchführung von Festen, sodann Zeichnen und Malen. Interessanterweise kam auch Video schauen – eine rezeptive Tätigkeit – auf diesen Faktor zu liegen (die 10% Missingwerte sind darauf zurückzuführen, dass im RU keine VHS-Kassetten eingelegt werden). Die ästhetischen Tätigkeiten sind im Durchschnitt deutlich beliebter als die traditionellen, jedoch nicht entsprechend effizienter im Hinblick auf die dem RU zugeschriebene Wichtigkeit, Beliebtheit und Lerneffizienz.

Tab.14: Korrelationen der Skalen „Lieblingstätigkeiten im RU" mit den drei AV (: p<.01; **: p<.001).*

	Beliebtheit RU	Wichtigkeit RU	Lerneffekte RU
Traditionelle Lieblingstätigkeiten	.52**	.41**	.34**
Ästhetische Lieblingstätigkeiten	.25**	.21**	.19**

Wer im RU auch gerne ins Heft schreibt, im Religionsbuch liest, betet, biblische Geschichten hört, ist ihm gegenüber besonders positiv eingestellt und tendiert nicht nur dazu, ihn für lebensbedeutsam einzuschätzen, sondern ihm auch höhere Lerneffekte zuzubilligen. Der Effekt der Skala „ästhetische Lieblingstätigkeiten" ist wesentlich niedriger.

6.6. Hängt die Beurteilung des RUs von der Häufigkeit bestimmter Unterrichtsinhalte ab?

Die SchülerInnen wurden auch gebeten, anzugeben, wie oft 15 ausgewählte Themen im RU behandelt werden. Ausgewählt wurden sowohl theologische als auch lebenskundliche Inhalte. Mit Abstand am häufigsten genannt wurden „Gott" und „Jesus", am seltensten hingegen „Probleme in der Familie" sowie „Dritte Welt". Die 15 Items wurden einer varimaxrotierten Faktorenanalyse unterzogen, die zwei Faktoren mit einem Eigenwert > 1.5 zu Tage brachte. Der erste vereinigt lebenskundliche Themen auf sich, der zweite theologische.

Zwei Items entfielen bei der Faktorenanalyse: „Die zehn Gebote", die für 20% der SchülerInnen „sehr oft" besprochen wurden, 35% „manchmal", 19% „selten", 16% „nie". Sodann „Andere Religionen, beispielsweise Juden": 23% „sehr oft", 37% „manchmal", 25% „selten", 15% „nie".

Tab. 15: Skala „Theologische Themen im RU" ($\alpha = .63$), M = Mittelwert, s = Standardabweichung, r_i = Trennschärfekoeffizient (Items in der Reihenfolge der Zustimmung)

Themen im RU	M	s	r_i	Sehr oft	Manchmal	Selten	Nie
Gott	3.81	.46	.44	84 %	14 %	1 %	1 %
Jesus	3.80	.48	.41	83 %	14 %	2 %	1 %
Heilige	3.33	.77	.34	49 %	36 %	12 %	3 %
Bibel	3.26	.77	.37	44 %	40 %	14 %	2 %
Kirche	2.94	.77	.32	24 %	50 %	24 %	2 %

Auch Heilige und die Bibel gehören zu den häufigeren Themen. Die Kirche hingegen wird in der Sicht der meisten SchülerInnen nur „manchmal" zum Unterrichtsthema; gleichwohl ist sie häufiger als die meisten lebenskundlichen Themen.

Tab. 16: Skala „Lebenskundliche Themen im RU" ($\alpha = .77$), M = Mittelwert, s = Standardabweichung, r_i = Trennschärfekoeffizient (Items in der Reihenfolge der Zustimmung).

Themen im RU	M	s	r_i	Sehr oft	Manchmal	Selten	Nie
Über arme Menschen: Asylanten, Außenseiter	2.94	.90	.39	32 %	38 %	23 %	7 %
Wie wir richtig leben sollen	2.82	.96	.54	29 %	36 %	25 %	10 %
Wie wir glücklich werden können	2.81	.94	.57	26 %	40 %	24 %	10 %
Über Krankheit, Sterben und Tod	2.73	.92	.44	23 %	37 %	30 %	10 %
Die Natur und unsere Umwelt	2.27	.97	.50	14 %	27 %	35 %	24 %
Über Probleme in der Schule	2.22	1.04	.52	14 %	26 %	28 %	32 %
Über Probleme in der Familie	2.09	1.04	.49	11 %	23 %	31 %	35 %
Über die Dritte Welt	2.04	1.03	.34	11 %	23 %	27 %	39 %

Insgesamt überwiegen die theologischen Inhalte. Problemorientierung ist in der Sicht der GrundschülerInnen eher selten, sowohl hinsichtlich des sozialen Nahbereichs (Familie, Schule), als auch in globaler Sicht (Dritte Welt).

Tab. 17: Korrelationen der Skalen „Themen im RU" mit den drei AV (*:p<.01; **: p<.001).

	Beliebtheit RU	Wichtigkeit RU	Lerneffekte RU
Theologische Themen	.22**	.24**	.52**
Lebenskundliche Themen	.31**	.29**	.56**

Beide Skalen korrelieren signifikant positiv mit den drei AV, am ausgeprägtesten mit den Lerneffekten. Beliebtheit von RU korreliert mit lebenskundlichen Themen geringfügig höher als mit theologischen. Dennoch ist der Schluss nicht zulässig, eine lebenskundliche Orientierung würde die Akzeptanz von RU fördern, eine

theologische sie mindern. Beide Themenbereiche können die subjektiv wahrgenommene Wichtigkeit, Beliebtheit und den Lerneffekt erhöhen.

Dass die Faktorenanalyse theologische Themen von lebenskundlichen trennt, ist
ohnehin nicht so zu interpretieren, dass sie sich ausschließen. Weder theologisch –
so sind Lebensthemen wie Glück oder Gesellschaftsprobleme wie Armut und Asyl
theologisch relevant – noch empirisch, korrelieren doch die beiden Skalen signifikant positiv (r = .37, p = .000).

Eine Clusteranalyse ermöglicht es, drei Gruppen mit unterschiedlicher Gewichtung
der theologischen und lebenskundlichen Themen auseinander zu halten:

Tab. 18: Clusteranalytisch ermittelte Gruppen mit unterschiedlicher Themengewichtung

Gruppe	Charakterisierung	Häufigkeit
1	Sowohl theologische als auch lebenskundliche Themen sehr häufig	25 %
2	Theologische Themen eher häufig, lebenskundliche mittelmäßig	47 %
3	Sowohl theologische als auch lebenskundliche Themen selten	28 %

Tab. 19: Mittelwerte der drei AV in den drei Gruppen mit unterschiedlicher Themengewich-
tung

	%	Beliebtheit RU	Wichtigkeit RU	Lerneffekte des RU
Punktwertspanne		1 - 5 (sehr beliebt)	1 - 4 (sehr wichtig)	8 - 32 (sehr hoch)
Gruppe 1	25	4.47	3.53	28.64
Gruppe 2	47	4.25	3.23	26.26
Gruppe 3	28	3.57	2.76	22.78
p		.000	.000	.000

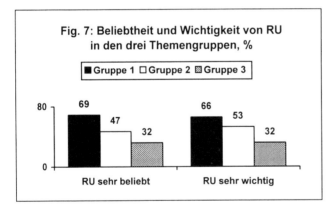

Fig. 7: Beliebtheit und Wichtigkeit von RU in den drei Themengruppen, %

Ausschlaggebend ist die
Intensität sowohl theologischer als auch lebenskundlicher Themen (Gruppe 1).
Dies zeigt sich vice versa
daran, dass RU als bedeu-
tend weniger beliebt und
weniger wichtig beurteilt
wird, wenn sowohl theolo-
gische als auch lebens-
kundliche Themen *selten*
wahrgenommen werden
(Gruppe 3). Diese gegeneinander auszuspielen wäre fragwürdig.

6.7. Hängt die Beurteilung des RUs von der religiösen Sozialisation ab?

Die SchülerInnen wurden auch gebeten, „einige Fragen über dein Zuhause" zu
beantworten, von denen Einblicke in die religiöse Sozialisation erhofft wurden. Die
fünf Items beziehen sich in der Tat auf eine Dimension, erklärt doch ein Faktor mit
einem Eigenwert von 2.9 immerhin 59% der Varianz. Entsprechend hoch ist die
Reliabilität (Zuverlässigkeit) der Skala.

Tab. 20: Skala „Religiöse Sozialisation" (α = .83), M = Mittelwert, s = Standardabweichung, r_i = Trennschärfekoeffizient

	M	s	r_i	oft	manchmal	selten	nie
Meine Eltern gehen mit mir in die Kirche	2.75	2.75	.55	30 %	30 %	24 %	16 %
Meine Eltern erzählen mir von Gott	2.26	1.06	.67	15 %	28 %	25 %	32 %
Meine Eltern beten mit mir vor dem Einschlafen	2.15	1.24	.62	24 %	15 %	14 %	47 %
Bei uns zuhause beten wir vor dem Essen	2.02	1.14	.65	15 %	19 %	18 %	48 %
Meine Eltern erzählen mir aus der Bibel	1.92	1.04	.65	10 %	20 %	22 %	48 %

Das Ausmaß an religiöser Sozialisation ist eher gering, insbesondere beim Erzählen biblischer Geschichten, dem Tischgebet und dem Erzählen von Gott. Jedoch gaben 30% der SchülerInnen an, ihre Eltern besuchten mit ihnen „oft" die Kirche. Möglicherweise ist dies geschönt, wurde doch schon 1990 die Quote der katholischen GottesdienstbesucherInnen mit 21% angegeben (*Daiber* 1995, 103).

Tab. 21: Korrelation der Skala „Religiöse Sozialisation" mit den drei AV (*:p<.01; **: p<.001).

	Beliebtheit RU	Wichtigkeit RU	Lerneffekte RU
Religiöse Sozialisation	.29**	.29**	.34**

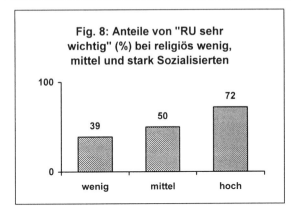

Fig. 8: Anteile von "RU sehr wichtig" (%) bei religiös wenig, mittel und stark Sozialisierten

Am stärksten ist die Korrelation mit den Lerneffekten des RUs; diese werden umso höher eingeschätzt, je mehr die Kinder im Elternhaus bereits religiös sozialisiert werden. Dieser wiederholt festgestellte Zusammenhang (*Köcher* 1989, 41f., *Bucher* 1996, 52, 87) mahnt zur realistischen Bescheidenheit, wenn dem RU Ziele vorgegeben werden, beispielsweise das, den Ausfall religiöser Primärsozialisation zu kompensieren.

Andererseits zeigt Figur 8, dass auch religiös wenig Sozialisierte dem RU Lebensrelevanz attestieren können, und zwar zu immerhin knapp 40%. Umgekehrt ist ein vergleichsweise hohes Maß an religiöser Praxis im Elternhaus keine Garantie dafür.

7. Welche Faktoren erklären die Lerneffekte von RU am stärksten?

In die multiple Regressionsanalyse gingen zunächst *alle* bisher geschilderten AV ein. Nach ersten Berechnungen wurden die beiden Skalen Häufigkeit lebenskundlicher und theologischer Themen jedoch ausgeschlossen. Denn diese korrelieren mit dem abhängigen Merkmal „Lerneffekte" – die Hauptfrage der Studie – dermaßen stark, dass sie die anderen Prädiktoren förmlich überdecken. Das heißt zunächst: Ob RU als lerneffizient wahrgenommen wird, hängt markant von der subjektiv wahrgenommenen Häufigkeit der Themen ab – ein an sich naheliegender Zusammenhang. Um aber zu eruieren, welche Effekte Faktoren wie traditionelle oder 'neue' Methodik, Lieblingsbeschäftigungen, Wohnumgebung etc. zeitigen, wurde eigens mit diesen Prädiktoren gerechnet.

Der multiple Regressionskoeffizient R beträgt .53, wodurch 28% der Gesamtvarianz erklärt werden.

Tab. 22: Signifikante Prädiktoren der multiplen Regressionsanalyse in der Reihenfolge ihrer Bedeutsamkeit

	β^{15}	p
Religiöse Sozialisation	.25	.000
Engagement – Wohlbefinden	.17	.000
Traditionelle Methodik	.16	.000
'Neue' Methodik	.13	.001
Traditionelle Lieblingsbeschäftigungen	.10	.01

Unerheblich sind die Prädiktoren Wohnumgebung, Geschlecht, aber auch Konfession, ferner „gestörte Disziplin" und die Bevorzugung der in der Skala „Ästhetische Lieblingsbeschäftigungen" zusammengestellten Tätigkeiten.

8. Zusammenfassende Diskussion

Diese klassisch-quantitative Studie erfragte, wie GrundschülerInnen ihrem RU gegenüber eingestellt sind. Insbesondere interessierte, wie beliebt dieses Fach ist – rangierte es doch in früheren Beliebtheitsstudien (*Lobsien* 1903, *Havers* 1972) regelmäßig sehr tief –, wie wichtig es eingeschätzt wird und welche Lerneffekte es habe.

1. Für die befragten 1454 GrundschülerInnen ist RU ein positives Fach. Mehr als drei Viertel stufen es als beglückend und als wichtig für ihr Leben ein; auch attestieren sie ihm hohe Lerneffekte, zumal bei den Kernthemen Jesus und Gott.

2. Wider Erwarten zeitigten Faktoren wie Region (Bayern oder Niedersachsen) sowie die Umgebung (Stadt oder Land) keine signifikanten Effekte. Ob RU als effizient eingeschätzt wird, hängt weniger davon ab, ob ein Kind in Freilassing oder in Hannover wohnt, sondern vielmehr vom Binnengeschehen dieses Faches.

3. Mit steigendem Alter geht die Akzeptanz des Faches deutlich zurück. Es ist zu vermuten, dass sich dieser Trend, schon bei den acht- bis zehnjährigen SchülerInnen signifikant, in den höheren Klassen noch beschleunigen wird.

---

[15] β ist das Kürzel für *Beta-Gewicht*. Je höher dieses ist, desto zuverlässiger sagt der jeweilige Prädiktor (Voraussagevariable) die Kriteriumsvariable voraus.

Davon ausgenommen war in dieser Stichprobe die AV subjektiv wahrgenommene Lerneffekte, die weitgehend konstant blieben.

4. Als besonders wirksame – und überwiegend auch didaktisch relevante – Faktoren sind hervorzuheben:

·   Die häufigsten Unterrichtsinhalte sind in der Sicht der SchülerInnen theologische Inhalte, an erster Stelle Jesus und Gott, lebenskundliche sind deutlich seltener.

·   Religiöse Sozialisation: Je stärker diese im Elternhaus ausgeprägt ist, desto mehr Lerneffekte werden dem RU zugestanden, desto wichtiger und beliebter sei er. Andererseits gelingt es ReligionslehrerInnen in einem beträchtlichen Ausmaß, selbst bei solchen SchülerInnen ein positives Verhältnis zu diesem Fach aufzubauen, deren religiöse Prägung im Elternhaus gering bis gar nicht gegeben ist.

·   Traditionelle Methodik und neue Methodik sind nicht gegeneinander auszuspielen. Beide zeitigen signifikante Lerneffekte, erstere mit Items wie 'biblische Geschichten,' 'Hefteinträge', 'Beten' sogar geringfügig stärkere.

·   Der Lehrperson kommt – wie in jedem Fach – ein zentraler Stellenwert zu. ReligionslehrerInnen werden überwiegend als freundlich erlebt; davon hängt das Wohlbefinden im RU maßgeblich ab, das seinerseits zu mehr Engagement motivieren kann, welches wiederum das Wohlbefinden erhöht.

·   Wenn im RU traditionelle Lernformen wie „Geschichten aus der Bibel hören", „Im Religionsbuch lesen", „Beten" die Lieblingsbeschäftigungen sind, ist dessen Beliebtheit und Lerneffekt besonders hoch. Ihr Effekt ist jedenfalls ausgeprägter als derjenige der ästhetischen Beschäftigungen, deren Beliebtheitsgrad allerdings deutlich höher ist. Beide Formen sind nicht gegeneinander auszuspielen.

Insgesamt haben GrundschülerInnen ein noch weitgehend unbefangenes Verhältnis zum RU, den sie mehrheitlich als lebensbedeutsam, beglückend und effizient würdigen. Sie sind offen für biblische Geschichten, sie malen und zeichnen sehr gerne, freuen sich an der Vorbereitung von Festen, fühlen sich wohl, wenn die LehrerInnen – wie zumeist – freundlich sind, und dies, obschon gelegentlich auch geschwatzt wird und um Ruhe gebeten werden muss. In ihrer subjektiven Sicht lernen sie viel, zumal über Gott und Jesus, zwei religiöse Kernthemen. Ihnen würde etwas fehlen, wenn es den RU nicht mehr gäbe.

Glossar der Abkürzungen

AV	Abhängige Variablen	r	Korrelationskoeffizient
α	Cronbachs Alpha	r_i	Trennschärfekoeffizient
β	Beta-Gewicht	R	Multipler Regressionskoeffizient
M	Mittelwert	s	Standardabweichung
N	Anzahl Fälle	UV	Unabhängige Variable
p	Probabilität, Wahrscheinlichkeit		

Zitierte Literatur

Brechtken, Josef (1988), Ist der schulische Religionsunterricht noch zu retten?, in: KatBl 113, (11/1988), 776-784

Bucher, Anton (1996), Religionsunterricht: Besser als sein Ruf? Empirische Einblicke in ein umstrittenes Fach, Innsbruck

Bucher, Anton (1999), Kindheitsglück: Romantischer Anachronismus oder übersehene Realität, in: Neue Sammlung 39 (3/1999), 399-418

Bucher, Anton (2000), Was wissen wir wirklich über den Religionsunterricht? Forschungsüberblick über die Empirie eines umstrittenen Faches, in: Angel, Hans-Ferdinand (Hg.), Tragfähigkeit der Religionspädagogik, Graz, 77-96

Csikszentmihalyi, Mihaly ([6]1998), Flow: Das Geheimnis des Glücks, Stuttgart

Daiber, Karl-Fritz (1995), Religion unter den Bedingungen der Moderne. Die Situation in der Bundesrepublik Deutschland, Marburg

Englert, Rudolf / *Güth*, Ralph (Hg.) (1999), „Kinder zum Nachdenken bringen". Eine empirische Untersuchung zu Situation und Profil katholischen Religionsunterrichts an Grundschulen, Stuttgart u.a.

Havers, Norbert (1972), Der Religionsunterricht – Analyse eines unbeliebten Fachs. Eine empirische Untersuchung, München

Klafki, Wolfgang ([2]1991), Neue Studien zur Bildungstheorie und Didaktik, Weinheim

Köcher, Renate (1989), Religionsunterricht – zwei Perspektiven, in: Sekretariat der Deutschen Bischofskonferenz (Hg.), Religionsunterricht. Aktuelle Situation und Entwicklungsperspektiven, Bonn, 22-59

Lobsien, Marx (1903), Kinderideale. Einige experimentelle Beobachtungen, in: Zeitschrift für Pädagogische Psychologie, Pathologie und Hygiene 5 (1903), 323-344

Müller, Manfred (1998), Religion in der Schule, in: Langer, Michael / Laschet, Armin (Hg.), Wertorientierung im Wandel. Religionsunterricht und LER in der Diskussion, Kevelaer, 11-20

Nipkow, Karl Ernst (1990), Bildung als Lebensbegleitung und Erneuerung, Gütersloh

Petermann, Franz / *Windmann*, Sabine (1993), Sozialwissenschaftliche Erhebungstechniken bei Kindern, in: Markefka, Manfred / Nauck, Bernhard (Hg.), Handbuch der Kindheitsforschung, Neuwied, 125-139

Rekus, Jürgen (1999), Schule als ethischer Handlungsraum. Möglichkeiten und Grenzen ethischer Erziehung in der Schule, in: Ladenthin, Volker / Schilmöller, Reinhard (Hg.), Ethik als pädagogisches Projekt, Opladen, 251-266

RpB 25, Religionspädagogische Beiträge 25/1990, Religionsunterricht

Statistisches Bundesamt: http://www.statistik-bund.de/basis/d/erwerb

Stolz, Gerd (1994), Einstellungen von Schülerinnen und Schülern zum evangelischen Religionsunterricht, in: ders. / Schwarz, Bernd (Hg.), Schule und Unterricht, Frankfurt/M., 119-141

Ralph Güth

Wie hältst Du es mit der Theologie?
Einblicke in Studienbiographien

1. 'Interessant' oder 'relevant'?

Die Begriffe „Interessantheit" und „Relevanz" führte Hans-Georg Ziebertz (1999, 116) in seinem Vortrag auf dem AKK-Kongress 1998 an, um die Frage nach derzeitigen und zukünftigen religionspädagogischen Forschungsthemen kritisch zu beleuchten. Denn, so könnte man sagen, nicht alles, was 'interessant' ist, ist auch religionspädagogisch 'relevant', und das nicht nur im forschungspolitischen Sinne. Zur Beschreibung der Relevanz deutet Ziebertz darauf hin, dass sich diese in der Benennung und Beschreibung eines Problems manifestiert (ebd. 117), wobei er jedoch verdeutlicht, dass eine solche Arbeit „leichter gesagt als getan" (ebd.) sei:

> „Der erste Schritt zur Forschung ist die Fähigkeit, eine Situation als 'problematisch' beurteilen zu können. Herausgefunden zu haben, was das Problem ist bzw. welche Probleme eine problematische Situation repräsentieren, die der Erforschung bedürfen, heißt, sie 'halb' gelöst zu haben." (ebd.)

Diesen Prozess der Entdeckung und Beschreibung eines Problems ('Entdeckungszusammenhang') rational zu rekonstruieren, dient der Herstellung von Intersubjektivität (ebd. 118) – ein Postulat, welches nicht nur innerhalb der qualitativ-empirischen Forschung (vgl. Porzelt in diesem Band) besteht. Wobei der nächste Schritt noch aussteht: Die Benennung einer (oder mehrerer) Forschungsfrage(n) (vgl. Ziebertz 1999, 119f.).

An der Schnittstelle zwischen den hier beschriebenen Schritten, d.h. der Beobachtung und Benennung einer problematischen Situation und der Beschreibung der in dieser Situation zu erforschenden Probleme, kann als ein wissenschaftlicher Zugang zur genaueren Beschreibung eines Problems der Feldkontakt dienen. Der Feldkontakt selbst dient somit zunächst noch nicht unbedingt zur Lösung des Problems, sondern birgt in sich die Möglichkeit, den nächsten Schritt zu initiieren, nämlich die Generierung einer Forschungsfrage. In diesem Verständnis von Feldkontakt wird nicht nur dem (sich an die Gewinnung von Daten anschließenden) Auswertungsprozess besondere Aufmerksamkeit geschenkt, sondern vor allem auch der Erhebung von Daten und dem 'Sich-Bewegen-im-Feld'. Die enge Verbindung von ‚Schreibtischarbeit' und Feldkontakt, nicht verstanden als ein einfaches Nacheinander, sondern als sich wechselseitig ergänzende Phasen (vgl. Kaufmann 1999, 54f.), dient dabei der Schärfung des Problembewusstseins und der Gewinnung von Forschungsfragen.

Die Rekonstruktion eines noch nicht abgeschlossenen Projektes über das Theologiestudium soll den oben beschriebenen Weg vom Auffinden einer problematischen Situation bis zur Generierung von Forschungsfragen nachzeichnen.

2. Zur Problemfindung: Das Theologiestudium – ein Stiefkind der Religionspädagogik?

Es kann hier nicht der Ort sein, eine detaillierte Definition der Religionspädagogik als Wissenschaft zu liefern. Nimmt man den Versuch, sie als „Theorie religiöser Lern- und Bildungsprozesse in christlich-kirchlicher Verantwortung – im Kontext soziokultureller Bedingungen und pädagogisch-sozialer Wirkungszusammenhänge" zu bezeichnen (Englert 1995, 157) und betrachtet die Orte und Handlungsfelder, die sie bearbeitet, so fällt auf, dass das Theologiestudium in diesem Kanon nahezu keine Rolle spielt.[1] Ausnahmen gibt es lediglich bei Bartholomäus (1983, 121) und Hemel (1984, 171), die das Theologiestudium sowie die Theologie- und Hochschuldidaktik jedoch nur als (möglichen) Gegenstand der Religionspädagogik bezeichnen, ohne diesen weiter zu thematisieren. Betrachtet man die weitgehende Ausblendung, könnte man kritisch anfragen: Ist das Theologiestudium ein Ort, an dem nicht religiös gelehrt und gelernt wird?

Man könnte anführen, in einem Studium geht es um Wissenschaftlichkeit und (oftmals auch vergessen) um eine Berufsvorbereitung, jedoch hätte man bereits hier das häufig zitierte Humboldtsche Diktum der ‚Bildung durch Wissenschaft' außer Acht gelassen. Innerhalb der Diskussion um eine Hochschuldidaktik der Theologie wird ausdrücklich – im Einklang mit der Diskussion um die Hochschuldidaktik im allgemeinen – von der Trias Wissenschaftsorientierung, Berufsorientierung und Persönlichkeitsbildung gesprochen (vgl. Luther 1980). Wichtig ist hier, dass sich diese Trias nicht in ein Nacheinander aufteilen lässt, sondern ineinander verschränkt ein zentrales Prinzip des Studiums bildet.

Verengt man den Fokus und betrachtet allein die Ausbildung von Religionslehrer/innen sollte man doch spätestens hier vermuten, dass es ein Anliegen der Religionspädagogik – als jener Teildisziplin der Theologie, die thematisch die deutlichste Nähe zu diesem Bereich aufweist – sein sollte, sich mit der Frage der Ausbildung zu beschäftigen. Schließlich befasst sie sich seit Jahren mit dem Religionsunterricht und auch mit Untersuchungen und Postulaten zur Person des Religionslehrers. Aber eine Reflexion über das Studium und die Qualifikationsprozesse angehender Religionslehrer/innen findet zumindest öffentlich nicht bzw. kaum statt. In der Religionspädagogik ist die Religionslehrer-Ausbildung, wie J. Hänle (1997) feststellt, „ein Stiefkind" geblieben.[2]

---

[1] Wobei an dieser Stelle nicht behauptet werden soll, dass die Frage nach dem Theologiestudium ein gänzlich unbearbeitetes Feld ist: In der Literatur stößt man z.B. auf Reformvorhaben zum Theologiestudium im Nachklang des II. Vaticanum (vgl. Rahner 1969), die sich mit der inhaltlichen Ausrichtung des Studiums befassen, auf ausdifferenzierte Überlegungen zur Gestaltung von Curricula (vgl. Studium Katholische Theologie 1973-1980) und nicht zuletzt auf Studienratgeber (Thiele 1982).

[2] Es ist zwar auffällig, dass in der Diskussion um einen RU der Zukunft, beginnend Mitte der 80er Jahre, viele Texte auf die Ausbildung rekurrieren, jedoch könnte man (schon fast bosartig) diese Postulate wie folgt zusammenfassen: ‚Das sollte in der Ausbildung zukünftiger Religionslehrer/innen auch berücksichtigt werden'.

3. Konkretisierung: Zur Frage der Religionslehrer/innenausbildung

Will man die Ausbildung der Religionslehrer/innen genauer betrachten, lassen sich (ohne Anspruch auf Vollständigkeit) verschiedene Zugänge und Fragebereiche markieren: Was sollen angehende Religionslehrer/innen heute lernen? Betrachtet man die Religionslehrer/innenausbildung aus dieser Perspektive, dann stellt sich die Frage nach den Inhalten, nach einem ausgearbeiteten Curriculum, den Kompetenzen, die Religionslehrer/innen erwerben sollen, und nach dem Zusammenspiel und der Bedeutung der einzelnen theologischen Disziplinen im Studium (vgl. z.B. Ritter/Rothgangel 1998). Nicht zu trennen von diesem Eingehen ist ein zweiter möglicher Zugang: Wie soll in der Ausbildung selbst gelernt und gelehrt werden? Hier ist z.B. darauf hinzuweisen, dass – im Umkreis der aufgekommenen Kritik an der Korrelationsdidaktik als Unterrichtsprinzip des Religionsunterrichts – mehrfach betont worden ist, dass das Studium selbst stärker eine korrelative Ausrichtung erfahren müsste (vgl. Scharer 1990; Englert 1993; Blasberg-Kuhnke 1997). Als Gesamtkonzeption, die die beiden genannten Frageperspektiven aufnimmt, ist auf evangelischer Seite insbesondere auf die Schrift „Im Dialog über Glauben und Leben" (1997) hinzuweisen.

Aber sind damit bereits alle Perspektiven ausgeschöpft? Betrachtet man die enormen Anstrengungen, die in anderen Handlungsfeldern unternommen werden, um die Adressaten religionspädagogischer Bemühungen (z.B. Schüler, Jugendliche und Erwachsene) zu beschreiben und Einblicke in ihre 'Lebenswelt' zu erlangen, eröffnet sich eine weitere Perspektive und Frage: Was wissen wir eigentlich von den Studierenden, die heute Theologie studieren?

Neben Postulaten, wie ein Theologiestudent heute sein solle (vgl. Fürst 1995, 31f.) bzw. Vermutungen über deren Motivlagen (vgl. Bitter 1995) gibt es in diesem Feld auch (größtenteils quantitative) empirische Untersuchungen: Engels (1990) und Traupe (1990) untersuchten in einer Längsschnittstudie (deren Datensammlung allerdings bereits im Jahre 1974 begann) die Zeit vom Studium bis zu den ersten selbständigen Pfarrjahren und betrachteten ausgewählte Fragestellungen zur Religiosität bzw. zu Studienerwartungen von evangelischen Theologiestudierenden. Differenziert betrachten Friesl (1996) und Köhler / Schwaiger (1996) die Situation von Studierenden der Theologie in Österreich. Bucher / Arzt (1999) hingegen konzentrieren sich auf den gesamten deutschsprachigen Raum und betrachten hier – im Gegensatz zu den zuvor angeführten Studien – ausschließlich Studierende, die Religionslehrer/innen werden wollen.

Natürlich kann man an dieser Stelle sagen: Die Studierenden heute sind uns nicht unbekannt, da man ja z.B. als Dozent/in nahezu täglich mit ihnen zu tun hat, sich in Veranstaltungen bemüht, ihre Motivation zu erkunden und ihre Lebenswelt mit einzubeziehen, schließlich ja auch ihre Leistungen zu beurteilen hat und ihre Lernerfolge sieht und daher einen guten Einblick über heutige Studierende hat.

Aber gerade an dieser Stelle kann ein qualitativ-empirischer Zugang ansetzen. Dem Titel von Hirschauer / Amann (1997) folgend, geht es um eine „Befremdung der eigenen Kultur". Die Verlangsamung des alltäglich Gewohnten, die Darstellung der Wege des Verstehens (Interpretation) eines Textzeugnisses und die Rekonstruktion der in einem solchen Textzeugnis enthaltenen Themen sind jedoch ein manchmal recht schwierig zu bewerkstelligender Prozess. Das, was einfach mit dem Ziel des 'Entdeckens' (ebd. 8) beschrieben werden kann, erfordert zunächst, sich für diesen Prozess frei zu machen. Vor einer Verbindung mit theoretischen Annahmen und sich daraus neu ergebenden Fragen muss es zunächst zu einer 'Befremdung' kommen, daher das Interesse dieses Beitrags, auch die Datenerhebung stärker in das Bewusstsein zu heben.

Deutlich werden kann dies an meinem eigenen Projekt. Die Idee dieses Projekts ist zunächst kurz zu benennen: Es handelt sich um den Versuch, das Studium aus der Perspektive der Studierenden zu beschreiben. Wie sehen sie ihren Weg durch das Studium, mit welcher Motivation beginnen sie, mit welchen Fragen setzen sie sich auseinander, wie entwickeln sich ihre Berufsvorstellungen, welche Entwicklung vollziehen sie im Studium usw. Das Projekt selbst war so angelegt, dass zu ausgewählten Zeitpunkten mit Studierenden, die zu Beginn der Erhebung ihr Studium begonnen haben, Interviews zur Rekonstruktion ihres Weges durch das Studium erfolgen sollten. Bereits bei der zweiten Interviewphase zeigte sich jedoch das Problem, dass die Interviews nicht „forschungstragend" (Kaufmann 1999, 23) waren, d.h. keinen 'Reichtum' (Entdeckungen) an neuen Perspektiven hervorbrachten, sondern eher eine Technik zum Sammeln von Informationen bildeten. Als Problem wurde immer deutlicher, dass der Einzelfall hinter dem Vergleich (zuvor oder vorschnell aufgestellter Kategorien) zurücktrat, eine Verschiebung, die nicht im Sinne des eigentlichen Zugangs lag. Aus diesen Gründen entschloss ich mich, sowohl die Zielgruppe zu wechseln als auch die Art des Interviews. Ohne Rückgriff auf einen bisher eingesetzten Leitfaden (der sich als untauglich erwies) und Erzählimpulse, die nicht die erhofften Erzählungen stimulierten, wandte ich mich an Studierende, die bereits im Hauptstudium waren bzw. gerade ihr Studium beendet hatten. Die Art der geführten Interviews ist am besten mit dem Begriff des 'ero-epischen Gesprächs' nach Girtler (1996, 219; vgl. a. ders. 1992) oder dem des 'verstehenden Interviews' nach Kaufmann (1999) zu beschreiben. Gemeint ist hiermit eine Interviewart, in der nicht – wie z.B. beim narrativen Interview – das Rückfragen und Sich-Einbringen des Interviewers als Nachteil angerechnet wird, sondern als Möglichkeit, Gespräche zu initiieren. Als ein Beispiel für diese Interviewart (daher der ausgewählte etwas längere Interviewausschnitt) und eine sich anschließende Auswertung, die dazu geführt hat, Frageperspektiven neu zu formulieren, soll das folgende Interviewsegment aus einem knapp 1 ½ stündigen Gespräch mit einer Studentin dienen, die zum Zeitpunkt des Interviews gerade ihr 1. Staatsexamen absolviert hatte.

4. Interviewfragment[3]

1   B *Also was mich so zum Theologiestudium gezogen hat, war eigentlich so die Sache, dass*
2   *ich mich .. schon .. , also ich hatte soviel <u>Fragen</u> an meinen Glauben und <u>stimmt</u> das*
3   *überhaupt und kannst du damit leben. Vielleicht auch so ganz naive Fragen, weil ich*
4   *immer dachte, in so 'nem Studium sind Leute, die sehr intelligent sind, sich auf*

---

[3] Die Namen in diesem Interview sind selbstverständlich frei erfunden.

5　　*wissenschaftliche Art und Weise damit auseinandergesetzt haben und mhm wenn du*
6　　*dich damit auseinandergesetzt hast, dann kannst du das eher vor dir verantworten, was*
7　　*du glaubst oder so'n Glaube der vor so 'ner wissenschaftlichen Auseinandersetzung*
8　　*nicht ähm Bestand hält, der kann nichts sein. (Pause) Weil mir halt immer viele Leute*
9　　*gesagt haben, warum willst du denn Theologie studieren, da kommen ganz viele*
10　*Menschen vom Glauben ab oder so (Lachen) .. und das war eigentlich so die Sache,*
11　*dass ich immer gedacht hab, so'n Glaube, von dem man abkommt, wenn man sich*
12　*damit beschäftigt, den kannste eigentlich gleich wegschmeißen.*
13　I　Du hast grad gesagt, dass du in den ersten drei Semestern, so war deine Zeiteinteilung,
14　　da sind die Fragen so gar nicht drangekommen, das was dich eigentlich so innerlich
15　　bewegt hat und gleichzeitig hast du vorhin gesagt, dass du dich als Theologin fühlst,
16　　weil das das trifft, was dich eigentlich schon immer bewegt hat
17　B　*(Lachen) [...] also in den ersten drei Semestern kam das eigentlich nicht vor. Das kam*
18　　*auch eigentlich danach nicht vor, nur, irgendwann hab ich mich damit abgefunden,*
19　　*also .. dass das nicht die Frage ist, die in 'nem Theologiestudium behandelt wird.*
20　I　Was ist denn wirklich die Frage des Theologiestudiums?
21　B　*Oh Gott*
22　I　oder was da behandelt wird [...]
23　B　*(Pause) Also ich denke, die Frage im Theologiestudium ist ja, .. also man geht erst*
24　　*einmal davon aus, dass es einen Gott gibt, und dass dieser Gott sich den Menschen*
25　　*offenbart hat und auch noch in der heutigen Zeit irgendwie für die Menschen präsent*
26　　*ist und dass man versucht, diese entweder die Erfahrungen, die die Menschen in der*
27　　*heutigen Zeit mit Gott machen bzw. die Offenbarung, die man von diesem Gott hat oder*
28　　*die Erfahrungen, die die Menschen im Laufe der Geschichte mit diesem Gott gemacht*
29　　*haben, .. einmal zu verstehen und zu durchleuchten und so zu übersetzen, dass man es*
30　　*in der heutigen Zeit auch wieder verstehen kann. (Pause) Naiv? (Lachen)*
31　I　Ich bin nicht dein Richter (Lachen). Mhm. .. Aber wo lag dieser Punkt, dieser Wechsel,
32　　der würde mich wirklich interessieren. Du sagst, in den ersten drei Semestern hab ich
33　　gar nicht so richtig geschnallt, worum es eigentlich geht, also das waren nicht die
34　　Sachen, die mich irgendwie direkt betroffen haben
35　B　*mhm*
36　I　aber danach war es doch dann irgendwie anders, zumindest liegt das ja nahe, bei deiner
37　　Einteilung, die du selbst gemacht hast
38　B　*Na ja, die Einteilung ist vielleicht ein bisschen willkürlich. Vielleicht hab ich es in den*
39　　*ersten Semestern nicht so richtig begriffen, worum es überhaupt geht. Dann hab ich es*
40　　*in 'nem gewohnten Pragmatismus, 'ne ganze Zeit lang war mir Glauben eigentlich*
41　　*relativ egal während meines Studiums, die Sachen irgendwo abgehakt .. und dann halt*
42　　*mich so damit beschäftigt, wie es halt irgendwo von mir anscheinend erwartet wurde,*
43　　*oder du kannst dich ja da immer wunderschön an irgendwelchen Einzelfragen*
44　　*aufhängen und nicht nach rechts und nicht nach links gucken bei 'ner*
45　　*wissenschaftlichen Arbeit. So äh .. 'nen Knackpunkt für mich aber das, Jürgen würd*
46　　*mich wahrscheinlich fertigmachen (Lachen), 'nen Knackpunkt für mich war dieser*
47　　*Bibelkreis*
48　I　mhm
49　B　*und hab ich äh mach ich eigentlich erst seit zwei Jahren mit, weil da halt diese, .. also*
50　　*das war für mich schon so'ne ganz andere Art und Weise, ich hab mich da bis dato halt*
51　　*immer sehr theoretisch da nur noch mit beschäftigt. Auf der einen Seite ursprünglich*
52　　*war es mal 'ne existentielle Frage, die wurd nicht angesprochen, dann hab ich diese*
53　　*existentielle Frage halt irgendwo verdrängt, und dann kam halt dieser Bibelkreis mit*
54　　*diesen Schwestern, die den ja geleitet haben, die ganz stark aus ihrem Glauben und*

55   *ihren Glaubenserfahrungen und aus dem Gebet heraus leben und das halt auch sehr*
56   *stark betonen, immer wieder. ... Und äh dieser Bibelkreis hat mir eigentlich erst mal*
57   *wieder zu 'ner anderen Sichtweise und zu 'nem exe, und vielleicht auch erstmalig zu*
58   *'nem existentiellen Zugang zum Glauben geholfen, weil ich denke, diese Fragen, die <u>ich</u>*
59   *ursprünglich gestellt habe, stimmt das oder stimmt das nicht, oder gibt es diesen Gott*
60   *oder gibt es ihn nicht, das ist keine Frage, die man irgendwie wissenschaftlich*
61   *bearbeiten, beantworten kann, sondern 'ne Frage, die man wahrscheinlich nur aus*
62   *eigener <u>Erfahrung</u> heraus ähm beantworten kann. Und <u>das</u> ist eigentlich keine Sache,*
63   *die dir das Theologiestudium, find ich, dir irgendwie eröffnet, sondern das ist 'ne*
64   *Sache, die, die wirklich unter Umständen so 'n Bibelkreis, so naiv mein lieber Freund*
65   *Jürgen den immer findet, aber die <u>dieser</u> Bibelkreis mir irgendwie eröffnet hat, also*
66   *nochmals Zugang zum Beispiel zu so Sachen wie z.B. Gebet zu finden, die hat ich,*
67   *da hat ich vorher, das gab es vorher für mich überhaupt nicht*
68 I mhm
69 B *und vielleicht mit anderen Leuten, die gar keine Theologen sind, sondern, die sich*
70   *einfach auch auf diese existentielle Art und Weise, wo betrifft mich das, wo mach ich*
71   *vielleicht irgendwelche Gotteserfahrungen oder wie kann ich es schaffen, aus 'nem*
72   *Dialog mit Gott auch irgendwie mein Leben zu gestalten oder so was. Mhm. Das waren*
73   *eigentlich so Fragen, und als ich diesen Bibelkreis gemacht hab, fiel's mir auch*
74   *hinterher viel viel leichter, das ist mir so bei meiner <u>Examensarbeit</u> aufgefallen, die*
75   *Voraussetzungen, die einfach da sind, Offenbarung oder so was, einfach als gegeben*
76   *erst mal zu akzeptieren. (Pause) Ganz seltsam irgendwo. (Pause) Also für mich war der*
77   *sehr wichtig, oder ist der noch wichtig.*
78 I Hat das auch wieder dazu beigetragen, dass du auch im Studium wieder Sachen anders
79   gehört und gelesen hast?
80 B *Auf jeden Fall, weil irgendwo dieser Bibelkreis mir überhaupt erst mal wieder dazu*
81   *verholfen hat, dass ich eigentlich, .. klingt doof, aber dass ich eigentlich wieder zu so*
82   *'nem Glauben zurückgefunden hab. Der war vorher für mich total gestorben.*

5.   Von einer 'interessanten' zu einer 'relevanten' Passage

In der Aufnahme und Variation der Eingangsfrage dieses Artikels soll nun verdeutlicht werden, warum dieses Interviewsegment nicht nur ein 'interessantes', sondern ein 'relevantes' Stück für die weitere Forschungsarbeit ist. Die Relevanz für das Forschungsvorhaben liegt an dieser Stelle darin, die bisher oben im Projektansatz beschriebenen Fragestellungen zu konkretisieren und zu Forschungsfragen zu formulieren. Durch den Wechsel der Interviewtechnik und den Wunsch, Perspektiven zu entdecken, ist bewusst in diesem Stadium eine Auswertung gewählt worden, die die Möglichkeit bietet, Horizonte zu eröffnen und im weiteren Verlauf Typologien zu bilden. Die dokumentarische Methode von Bohnsack (1999) wird zwar an diesem Fragment nicht in vollem Maße angewandt. Sie steht aber dennoch insofern im Hintergrund, da sie als Ziel ansieht, sich nach einer ersten Inhaltsbeschreibung eine Übersicht über den Text zu verschaffen, um dann in einem zweiten Schritt ('reflektierende Interpretation') Gegenhorizonte zu bestimmen. Als Gegenhorizonte können zustimmende oder ablehnende Äußerungen zu selbst aufgestellten oder von anderen angeführten Aussagen gelten (vgl. a. Wagner 1999, 66), die den Vergleich mit anderen Positionen und deren Begründungen und Hintergründen ermöglichen. Wie Fuchs (2000) betont, eignet sich dieses – ursprünglich in Gruppendiskussionen entwickelte – Verfahren auch zur Analyse von Biographien, insbesondere, wenn ein Vergleich verschiedener 'Biographien' angestrebt wird. Da es sich bei dem vorliegenden Gespräch nicht um ein klassisches narratives Interview handelt, erscheint der Rückgriff auf den Hintergrund der dokumentarischen Methode besonders geeignet.[4]

Bei der vorliegenden Passage handelt es sich um einen Ausschnitt aus einem längeren Transkript, daher soll zunächst kurz der Kontext erläutert werden: Auf die Frage, wie sie eigentlich zum Theologiestudium gekommen sei, antwortet die Gesprächspartnerin, dass dieses durch die Gemeinde- und Jugendarbeit ausgelöst worden sei. Ihre Eltern bezeichnet sie eher als areligiös. Die Jugendarbeit war sehr 'praktisch' (Originalton: „irgendwelche Sachen machen") ausgerichtet, unwohl hat sie sich gefühlt, als die Jugendgruppe später eine stärker charismatische Ausrichtung erfahren hat, mit der sie nichts anfangen konnte. An dieser Stelle setzt der Interviewausschnitt und die sich darauf beziehende Analyse an.

a) Überblick

Der vorliegende Text wird zunächst in vier Sinnabschnitte gegliedert. Der erste Abschnitt umfasst die Zeilen 1-12. Inhalt dieses Abschnitts ist Bärbels Beschreibung ihrer Motivation, ein Theologiestudium zu beginnen. Sowohl ihr Motiv als auch die von ihr damit verbundene Zielperspektive, d.h. das, was sie sich von diesem Studium erwünscht, wird in diesem Abschnitt beschrieben. Kritische Stimmen zu ihrem Studienwunsch werden ebenfalls mitgeteilt, verbunden mit der Darlegung ihres Verständnisses von ‚Glauben'. Der zweite Teil (Zeile 13-37) – der in der Bearbeitung dieser Passage nicht so ausführlich behandelt wird wie die anderen Abschnitte – zeigt auf, wie eine bestimmte Form von Interviewhaltung dazu geführt hat, eine Erzählung zu stimulieren. Dies geschah aus dem Verlauf des Gesprächs heraus und nicht durch zuvor ‚geplante' Erzählstimuli. Aus diesem Grund wird dieser Teil hier angeführt. Inhaltlich wird hier deutlich, was Bärbel unter der ‚Frage des Theologiestudiums' versteht. Der dritte Teil (Zeile 38-77), der den Charakter einer Erzählung hat, markiert durch die Beschreibung eines ‚Knackpunktes' (45) deutlich ein Vorher und Nachher. Die Bedeutung des Bibelkreises wird entfaltet und auf das Studium zurückbezogen. Der vierte und kürzeste Teil (Zeile 78-82) beinhaltet nochmals eine Nachfrage des Interviewers und bringt inhaltlich eine Zusammenfassung und Bewertung des zuvor Geschilderten.

b) Detailliertere Analyse

In einem zweimaligen Anlauf, beginnend mit „*also*" (1,2), beschreibt Bärbel ihre Motivation, Theologie studieren zu wollen. Ausgangspunkt sind die „*Fragen*" (2)

---

[4] Auch wenn es wie eine Binsenweisheit klingt, Grundlage der Analyse ist das wiederholte Anhören und Lesen dieser Passage. Vielleicht kann man durch einen kleinen Vergleich das Verhältnis zu einem zu analysierenden Text beschreiben: Ähnlich wie ein Cineast seinen Lieblingsfilm immer wieder ansieht, obwohl ihm der 'Inhalt' nach dem ersten Sehen natürlich bekannt ist, findet er immer wieder 'Feinheiten', die ihm bisher entgangen sind und die den Film von Mal zu Mal 'dichter' erscheinen lassen.

an ihren Glauben, wobei diese in zwei Richtungen gehen: Zum einen betreffen sie den 'Wahrheitscharakter', „*stimmt das überhaupt*" (2-3), zum anderen die in direkter Rede an sich selbst gestellte Frage zur 'Lebenspraxis' aus dem Glauben, „*kannst du damit leben*" (3).

Einschränkend („*vielleicht*", 3) betrachtet sie diese Fragen (im Rückblick?) teilweise („*auch*", 3) als „*ganz naive Fragen*" (3), wobei an dieser Stelle nicht deutlich wird, was sie unter 'naiv' versteht. Eingebettet in diesen als 'Um-zu Konstruktion' zu bezeichnenden ersten Zugang (Theologiestudium, um sich mit Fragen an den eigenen Glauben auseinander zu setzen) nennt Bärbel eine Begründung („*weil*", 3), die ihr Vorverständnis und ihre Vorstellung des Ortes Universität/Studium („*Leute, die sehr intelligent sind*", 4) und der dort vorherrschenden Tätigkeit („*wissenschaftliche Art und Weise*", 5) beschreibt. Das „*damit*" (5) nimmt dabei die zuvor von ihr beschriebenen 'Fragen' auf und verdeutlicht die Art des Umgangs mit diesen Fraugen („*auseinandergesetzt haben*", 5), die jedoch in der Vergangenheitsform beschrieben wird. In direkter Rede an sich selbst gerichtet („*wenn du dich*", 5-6) nimmt sie diese eingeschobene Vorstellung von Ort und Tätigkeit auf und in einer 'Wenn - dann Konstruktion' beschreibt sie ihre (persönliche) Zielperspektive des Studiums. In einer Aufnahme des zuvor Beschriebenen „*damit auseinandergesetzt*" (6), wobei „*damit*" die „*wissenschaftliche Art und Weise*" (5) beschreibt, stellt sie sich selbst das Studienziel, ihren Glauben („*was du glaubst*", 6-7) vor sich verantworten zu können, wobei das „*eher*" (6) einen einschränkenden Charakter ausübt. Abschließend stellt sie diesem persönlichen Zugang eine allgemeine Aussage nach, die verdeutlicht, dass das zuvor genannte Studienziel nicht nur ihrem persönlichen Gestus entspricht, sondern ihres Erachtens einen wichtigen Grundzug des Zusammenhangs von Glauben und Wissenschaft darstellt. Der positiven Formulierung der Zielperspektive „*verantworten, was du glaubst*" (6-7) wird eine negative Variante gegenübergestellt: „*nicht [...] Bestand hält, der kann nichts sein*" (8).

Nach dieser allgemeinen Aussage folgt eine weitere Begründung, eingeführt durch das Wort „*weil*" (8). In direkter Rede wird die Frage nach der Motivation zum Theologiestudium aufgenommen, die ihr von anderer Seite („*viele Leute*", 8) häufig („*immer*", 8) gestellt worden ist, jedoch nicht als offene Frage, sondern eher als rhetorische Frage, um anzudeuten, dass während eines Theologiestudiums Menschen ihren Glauben verlieren können (9-10). In Aufnahme der nahezu wörtlichen Formulierung der zunächst abgebrochenen Ausführung zur Beantwortung der Frage nach dem Motiv des Studiums („*war eigentlich so die Sache, dass ich*", 1-2) führt sie abschließend nochmals in Wiederholung des zuvor Ausgeführten („*sich damit beschäftigt*", 11-12), allerdings im Rückgriff auf die rhetorische Frage der 'vielen Leute' („*so'n Glaube, von dem man abkommt*", 11), ihr Verständnis von Glauben und Wissenschaft an. Dieses Verständnis und die damit verbundene Vorstellung von Glauben grenzt sich deutlich von dem ab, was die „*Leute*" (8) ihr als Glauben beschrieben haben, denn dieser 'Glaube', ohne wissenschaftliche Auseinandersetzung und damit verbundene Bewährung, ist wertlos, im wahrsten Sinne des Wortes 'Abfall', „*den kannste eigentlich gleich wegschmeißen*" (12).

Der nächste Abschnitt soll an dieser Stelle nicht ausführlich behandelt werden, er steht vielmehr als Beispiel für den 'Interviewstil'. In der ersten Rückfrage (Zeile 13-16) nimmt der Interviewer das Motiv der 'Frage' auf und stellt dieses in Beziehung zu anderen Passagen des Interviews, in denen Bärbel auf die Frage, ob sie sich als Theologin oder als Vertreterin ihres anderen Faches fühle, antwortete, dass sie sich eher als Theologin fühle, da hier Fragen angesprochen werden, die sie innerlich bewegen. Gleichzeitig hatte sie an anderer Stelle ausgeführt, dass die Fragen, die sie innerlich bewegen, in den ersten drei Semestern eigentlich nicht vorkamen. Auf Bärbels Antwort, dass „*die Frage*" (19) im Studium eigentlich gar nicht behandelt wurde, schließt sich die Rückfrage an, was denn eigentlich die Frage des Theologiestudiums sei. Ihre sich daran anknüpfenden Äußerungen, die zunächst den Gedanken der Frage aufnehmen, gehen, nach einer Feststellung, dass die Grundannahme des Theologiestudiums sei, dass es einen Gott gibt, in den Charakter einer theologischen Beschreibung des Korrelationsgedankens über. Festgestellt werden kann, dass dieser Ausgangspunkt des von ihr beschriebenen Theologiestudiums nicht mit dem übereinstimmt, den sie selbst als Motivation für die Aufnahme ihres Studiums genannt hat (vgl. 2-3)

Besonders interessant ist das Ende dieser Passage, in dem Bärbel sich direkt an den Interviewer wendet. In ihrer Rückfrage „*naiv*" (30) nimmt sie einen Begriff auf, den sie zuvor auf ihre Motivationslage („*vielleicht auch ganz naive Fragen*", 3) bezogen hat. Dieser Begriff 'naiv' wird nun direkt an den Interviewer (als wissenschaftlich Arbeitenden) gerichtet und bezieht sich auf ihre (wissenschaftliche) Beschreibung des Korrelationsgedankens. Der Interviewer lässt sich an dieser Stelle nicht auf eine (wissenschaftliche) Diskussion ein und beurteilt nicht Bärbels Aussage, sondern wiederholt seine Frage nach dem Wechsel, der dazu geführt hat, dass sich in ihrem Studium etwas verändert hat.[5]

Einschränkend („*na ja*", „*vielleicht*", „*ein bisschen*", 38) nimmt Bärbel die von ihr selbst vorgenommene Einteilung auf. In einem neuen Anlauf („*vielleicht*", 38) versucht sie, genauer zu beschreiben, wie dieser 'Wechsel' stattgefunden hat. Hierbei greift sie auf den Duktus einer (gerafften) Erzählung zurück, beginnend mit „*in den ersten Semestern*" (38-39), die in den folgenden Sätzen weitergeführt wird („*dann*", 39; „*'ne ganze Zeit lang [...] während meines Studiums*", 40-41; „*und dann*", 41). Einen direkten Zugang zum Theologiestudium (und dessen 'Frage', s.o.) hat sie in den ersten Semestern nicht bekommen („*nicht so richtig begriffen, worum es überhaupt geht*", 39). Jedoch hat sie das Studium nicht abgebrochen, sondern eine eigene Studienstrategie entwickelt („*in 'nem gewohnten Pragmatismus [...] die Sachen irgendwo abgehakt*", 40-41). Dieser 'Pragmatismus' taucht an anderer Stelle im Interview (außerhalb der hier angeführten Passage) wieder auf und wird dort im Gegensatz zum 'Idealismus' (das, was einen interessiert) beschrieben. Eingeschachtelt in die Beschreibung ihrer 'Studienstrategie' findet sich die Folge dieser Strate-

---

[5] Im Interviewprotokoll zeigt sich deutlich mein damaliger 'Erwartungshorizont': Das, was ich suchte, war eigentlich eine Beschreibung dessen, was *im* Studium stattgefunden hat: Diskussionen mit anderen Studierenden, die Auseinandersetzung mit einem Theologen oder einem Thema, ein besonderes Seminar ...).

gie: „'ne ganze Zeit lang war mir Glauben eigentlich relativ egal während meines Studiums", 40-41). Der Pragmatismus drückt sich darin aus, dass sie sich mit den Dingen „beschäftigt" (42) – im Gegensatz zur oben in der Motivation beschriebenen gewünschten 'Auseinandersetzung' (vgl. 5) –, wobei diese 'Beschäftigung' an eine Erwartungshaltung geknüpft wird („von mir anscheinend erwartet wurde", 42). Wodurch diese Erwartungshaltung entsteht, bleibt allerdings undeutlich bzw. unpersönlich („halt irgendwo [...] anscheinend", 42). Erläutert wird diese 'Beschäftigung' in der nachfolgenden Verknüpfung, die ironisierend („wunderschön", 43) die 'wissenschaftliche Arbeit' beschreibt. Aus der 'Auseinandersetzung mit Fragen' wird das 'Aufhängen' an „irgendwelchen Einzelfragen" (43), die sich durch eine Spezialisierung ohne Kontext („nicht nach rechts und nicht nach links gucken", 44) auszeichnen. Das hier beschriebene Verständnis von wissenschaftlicher Arbeit unterscheidet sich deutlich von dem, was in der Motivation als 'wissenschaftlich' bezeichnet wurde.

Verbunden mit der adversativen Konjunktion „aber" (45) bezeichnet sie im Folgendem den „Knackpunkt" (45,46) während ihres Studiums, die Teilnahme an einem Bibelkreis. Eingeschoben wird die durch ein Lachen begleitete Aussage über ihren Freund (45-46). Aus den anderen Teilen des Interviews geht hervor, dass dieser ebenfalls Theologie studiert und – in ihrer Beschreibung – eher ein Vertreter der idealistischen Studiengestaltung ist.

An dieser Stelle nimmt sie den Erzählduktus wieder auf („erst seit zwei Jahren", 49). Die zunächst beginnende Begründung („weil", 49) wird abgebrochen und durch einen neuen Ansatz („also", 49) wiederum in Erzählform („bis dato", 50; „ursprünglich", 51; „dann", 52; „und dann", 53; „erst mal wieder", 56-57) aufgegriffen, wobei sich insgesamt eine Struktur von 'vorher – nachher' ergibt, die die Bedeutung des 'Knackpunktes' unterstreicht.

Entgegen dem oben beschriebenen Motivwunsch, auf „wissenschaftliche Art und Weise" (5) zu einem verantworteten Glauben zu kommen, wird hier eine „ganz andere Art und Weise" (50) eingeführt. In einer kurz gerafften Erzählung wird zum einen die im Studium („bis dato", 50) geleistete 'wissenschaftliche Auseinandersetzung' nur noch als 'theoretische Beschäftigung' (51) bezeichnet. Das „immer" deutet dabei eine Veränderung an, die nahezu ausschließlichen Charakter („nur") angenommen hat (51). Das „da [...] mit" in Zeile 51 wird im folgenden Satz (durch den Anschluß „auf der einen Seite", 51) deutlich als die bereits in der Motivbeschreibung angeführte 'Frage' gekennzeichnet. Diese 'Frage', die in der Motivlage als Kombination von Glauben und Wissenschaft herausgearbeitet werden konnte, wird im Folgenden mit dem Zusatz „existentielle Frage" (52) gekennzeichnet. Diese „existentielle Frage" nun hat ihre eigene Geschichte: Sie stand am Anfang („ursprünglich", 51), wurde „nicht angesprochen" (52), „irgendwo verdrängt" (53), bis sie durch den Bibelkreis wieder zum Vorschein kam. Eine Begründung für die Teilnahme am Bibelkreis ist nicht zu finden („und dann kam halt", 53). Durch die Verknüpfung „mit diesen Schwestern" (53-54) und den zweifachen Relativsatzanschluß zur Beschreibung der Schwestern wird das Schwergewicht weniger auf Inhalte gelegt, sondern vielmehr auf die Personen, „die den ja geleitet haben" (54).

In dem zweiten Relativsatz wird in der stilistischen Form eines Polysyndetons das beschrieben, was die Schwestern ausmacht: Das Leben aus *„ihrem Glauben"* (54), *„ihren Glaubenserfahrungen"* und *„aus dem Gebet"* (55). Mit dem Begriff 'Leben' wird ein Motiv aufgenommen, welches bereits in der Beschreibung des Studienwunsches als neben dem Wahrheitscharakter zentrales Element genannt wurde (vgl. Zeile 3: *„kannst du damit leben"*). Zu dieser Beschreibung gehört jedoch noch eine weitere Verknüpfung, die die Authentizität (bereits verdeutlicht durch *„ihrem Glauben"* und *„ihren Glaubenserfahrungen"*, 54,55) durch die *„sehr stark[e]"* (55-56) und wiederkehrende (*„immer wieder"*, 56) Betonung dieses persönlichen Zugangs noch verstärkt. Zusammenfassend wird dieser Bibelkreis als Eröffnung einer neuen, *„anderen Sichtweise"* (57) bezeichnet, die nicht nur zu einem alten Verständnis zurückgeführt hat (abgebrochener Satz in Zeile 57), sondern eine neue (*„erstmalig"*, 57) Qualität im eigenen Zugang zum Glauben eröffnet hat. In den sich an die Zusammenfassung anschließenden Zeilen wird nun dieser Zugang mit dem des Theologiestudiums verglichen. Mit einem begründenden *„weil"* (58) führt Bärbel aus, dass sie inzwischen der Ansicht ist, dass ihre Fragen, die den Motivationsstrang zur Aufnahme des Studiums gebildet haben (*„stimmt das oder stimmt das nicht, oder gibt es diesen Gott oder gibt es ihn nicht"*, 59-60; vgl. a. 2-3) sich einer wissenschaftlichen Beantwortung entziehen. Dieser unspezifischen (*„irgendwie"*, 60) wissenschaftlichen Bearbeitung stellt sie das Gewicht der 'eigenen Erfahrung' (62) gegenüber, die ihrer Ansicht nach – wenn auch eingeschränkt durch ein *„wahrscheinlich"* (61) – der einzige (*„nur"*, 61) Weg ist, ihre Fragen zu beantworten. In direkter Anrede führt sie weiter aus, dass diese *„Sache"* (das die Fragen nur aus eigener Erfahrung heraus beantwortet werden können) kein Gegenstand ist, den das Theologiestudium eröffnet (62-63). Eingeleitet durch ein *„sondern"* (63) verdeutlicht sie nochmals die Bedeutung des Bibelkreises (verstärkt durch ein *„wirklich"*, 64) und – in Abgrenzung zu ihrem Freund – negiert sie die unterstellte 'Naivität' (64) dieses Zugangs und unterstreicht, eingeleitet durch die adversative Konjunktion *„aber"* (65), ihren persönlichen Lernprozess (*„die dieser Bibelkreis mir irgendwie eröffnet hat"*, 65). Am Beispiel des Gebets (66) verdeutlicht sie die Entwicklung (*„das gab es vorher für mich überhaupt nicht"*, 67). Auffällig ist – sowohl in diesem, wie auch im nächsten Abschnitt – die häufige Verwendung unspezifischer Begriffe wie *„irgendwie"* (60,63,65,72) und 'irgendwelcher' (71). Deutlich wird jedoch in den folgenden Zeilen die Gegenüberstellung des existentiellen Zugangs (*„existentielle Art und Weise"*, 70) zum wissenschaftlichen Zugang (*„wissenschaftliche Art und Weise"*, 5). Hier wird wieder das Motiv des 'Leben gestalten' aufgenommen und es wird Menschen zugeschrieben, die sich gerade nicht auf wissenschaftliche Weise mit dem Glauben oder den zuvor beschriebenen Fragen befassen (*„mit anderen Leuten, die gar keine Theologen sind"*, 69). Eingeleitet durch *„sondern"* (69) wird die *„existentielle Art und Weise"* (70) vom Ansatz der Theologen abgegrenzt. Nicht komplizierte wissenschaftliche Auseinandersetzungen, sondern 'einfache' Fragen (eingeleitet durch *„wo"* und *„wie"*, 70-71) eröffnen den Raum der Auseinandersetzung. Deutlich wird an dieser Stelle auch die Bedeutung des Gemeinschaftsgefühls durch den Bibelkreis (*„mit anderen Leuten"*, 69).

Bärbel nimmt diesen existentiellen Zugang für sich auf („*auch*", 70) und die Erfahrungen, die in den Zeilen 54-56 zur Beschreibung der Schwestern gehört haben, werden an dieser Stelle „*auch*" (70) zu ihren Fragen: „*wo betrifft mich das, wo mach ich vielleicht irgendwelche Gotteserfahrungen oder wie kann ich es schaffen, aus 'nem Dialog mit Gott irgendwie mein Leben zu gestalten*" (70-72).

Der von Bärbel beschriebene persönliche Lernprozess hat sich nun auch im Studium niedergeschlagen („*hinterher*", 74), wie sie am Beispiel der Examensarbeit verdeutlicht. An den Stellen, an denen sie vorher keinen Zugang gefunden hat, fällt es ihr nun „*viel viel leichter*" (74), da sie das, was sie zuvor angefragt hat, „*einfach als gegeben erst mal zu akzeptieren*" (75-76) bereit ist. Dass dieser Lernprozess sich teilweise einer Beschreibung entzieht, wird durch ihre Aussage „*ganz seltsam irgendwo*" (76) verdeutlicht. Eingeleitet durch ein konstatierendes „*also*" (76) verdeutlicht sie zusammenfassend die Bedeutung der Erfahrung des Bibelkreises, sowohl für die Vergangenheit als auch für die Gegenwart (76-77). Auf Rückfrage wird die Bedeutung nochmals unterstrichen, da der Bibelkreis ihr den Zugang zum Glauben erst wieder eröffnet hat, der vorher für sie „*gestorben*" (82) war.

c) Zusammenfassung

In dieser Zusammenfassung soll es nicht darum gehen, die oben angeführte Passage zu beurteilen. Vielmehr besteht das Ziel darin, die 'Gegenhorizonte' zu bündeln. Innerhalb der dokumentarischen Methode bekommen diese Gegenhorizonte ihre Relevanz vor allem durch den Vergleich mit anderen empirischen Zeugnissen. Die Analyse soll hier jedoch lediglich textimmanent vollzogen werden, der Vergleich mit anderen empirischen Zeugnissen ist an anderer Stelle zu leisten.

Der vorliegende Textausschnitt ist gekennzeichnet durch 'Verschiebungen' des Interesses und der einzelnen Zugängen zur Auseinandersetzung mit dem Glauben zugeschriebenen Bedeutung.[6] Stand am Anfang (innerhalb der Motivation) die gewünschte *wissenschaftliche Auseinandersetzung* mit dem Glauben im Vordergrund, die deutlich von einem *'einfachen' Glauben* abgegrenzt wurde, findet im Laufe des Studiums eine Verschiebung statt. Die gewünschte wissenschaftliche Auseinandersetzung findet nicht statt, sie degeneriert zu einer reinen *theoretischen Beschäftigung*. Im weiteren Verlauf gewinnt der *existentielle Zugang* immer mehr an Bedeutung, der sich gerade dadurch auszeichnet, dass er nicht theoretisch (wissenschaftlich?), an die Fragen herangeht. Die zu Beginn gestellte Doppelfrage („stimmt das überhaupt und kannst du damit leben", 2-3) wird im Studium nicht aufgenommen. Der existentielle Zugang greift hingegen den zweiten Teil der Frage auf und gibt durch Zugänge zu dieser Frage auch Antworten auf den ersten Teil der Frage. Der oben beschriebene Wechsel der Perspektiven wird als persönlicher *Lernprozess* beschrieben, der gerade an der Stelle ansetzt, als durch die Verschiebung des *Lernortes* die im Studium angewandte *Studienstrategie* (*Pragmatismus*) außer Kraft gesetzt wird.

---

[6] Anzumerken ist an dieser Stelle, dass diese Verschiebungen in den in der Analyse aufgezeigten gerafften Erzählungen angeführt werden.

Die Frage, ob das Theologiestudium mit diesen Ansprüchen und Fragen nicht überfordert ist bzw. wie diese Ansprüche im Studium aufgegriffen werden könnten, kann hier nicht betrachtet werden. Ziel der Darstellung sollte sein, die Relevanz dieser Passage dadurch zu verdeutlichen, dass durch sie neue (genauere) Fragestellungen benannt werden können. Die Benennung dieser Fragestellungen soll somit den Abschluss meiner Ausführungen darstellen. Im Zentrum des Forschungsinteresses stehen nach dem Einschub der oben beschriebenen Interviews (für die das Fragment als ein Beispiel stehen sollte) und deren Analyse zwei Fragen[7]:

× Welche Studienstrategien haben Studierende und in welchem Zusammenhang stehen diese zu ihrer bisherigen (Lern)Biographie und ihrer religiösen Sozialisation?

× Welche religiösen Lernprozesse benennen Studierende, wo finden diese statt und wie sind sie zu beschreiben?

Der erwartete Ertrag des gesamten Projekts liegt somit auf drei Ebenen:

× Zum einen soll ein bescheidener Beitrag zu einer Theorie religiöser Lernprozesse geleistet werden (vgl. zur Schwierigkeit dieser Frage Englert 1997), der insbesondere (religions)soziologische Hintergründe mit einbezieht.

× Ein zweiter Aspekt betrifft die Beschreibung des Handlungsfeldes 'Theologiestudiums': Welche Faktoren bestimmen diesen Lernort und wie wirken sie auf die Lernsituation ein?

× Schließlich können auch Empfehlungen für die Praxis an diesem Handlungsort erwartet werden: Wie können die Erwartungen und Studienstrategien der Studierenden produktiv aufgenommen werden?

Literatur

Bartholomäus, Wolfgang (1983), Einführung in die Religionspädagogik, Darmstadt

Bitter, Gottfried ([2]1995), Mögliche Motivationen für das Theologie-Studieren heute, in: Wohlmuth, Josef (Hg.), Katholische Theologie heute. Eine Einführung in das Studium, Würzburg, 15-20

Blasberg-Kuhnke, Martina (1997), Theologie studieren als Praxis. Ein Beitrag zur Korrelationsdidaktik, in: RpB 39/1997, 3-18

Bohnsack, Ralf ([3]1999), Rekonstruktive Sozialforschung. Einführung in Methodologie und Praxis qualitativer Forschung, Opladen

Bucher, Anton A. / Arzt, Silvia (1999), Vom Katecheten zur Religionspädagogin. Eine empirische Untersuchung über die Studienmotive, die religiöse Sozialisation und die Studienerwartungen von jungen TheologInnen, in: RpB 42/1999, 19-47

Engels, Dieter (1990), Religiosität im Theologiestudium, Stuttgart u.a.

Englert, Rudolf (1993), Die Korrelationsdidaktik am Ausgang ihrer Epoche. Plädoyer für einen ehrenhaften Abgang, in: Hilger, Georg / Reilly, George (Hg.), Religionsunterricht im Abseits? Das Spannungsfeld Jugend – Schule – Religion, München, 97-110

---

[7] Die zuvor erhobenen Daten werden durch diese Fokussierung des Forschungsinteresses nicht wertlos, sondern können durch eine 'Relecture' erneut in den Forschungsprozess mit aufgenommen werden.

Englert, Rudolf (1995), Wissenschaftstheorie der Religionspädagogik, in: Ziebertz, Hans-Georg / Simon, Werner (Hg.), Bilanz der Religionspädagogik, Düsseldorf, 147-174

Englert, Rudolf (1997), "Schwer zu sagen ...": Was ist ein religiöser Lernprozeß?, in: EvErz 49 (2/1997), 135-150

Friesl, Christian (1996), Die Utopie als Chance. Lage und Zukunft der "LaientheologInnen", Innsbruck u.a.

Fuchs-Heinritz, Werner ([2]2000), Biographische Forschung. Eine Einführung in Praxis und Methoden, Wiesbaden

Fürst, Walter ([2]1995), Einblick in die Situation von Kirche und Universität in der modernen Gesellschaft, in: Wohlmuth, Josef (Hg.), Katholische Theologie heute. Eine Einführung in das Studium, Würzburg, 21-32

Girtler, Roland ([3]1992), Methoden der qualitativen Sozialforschung. Anleitung zur Feldarbeit, Wien u.a.

Girtler, Roland ([2]1996), Randkulturen. Theorien der Unanständigkeit, Wien u.a.

Hänle, Joachim (1997), Ausbildung von ReligionslehrerInnen – ein Stiefkind der Religionspädagogik, in: Biesinger, Albert / Hänle, Joachim (Hg.), Gott – mehr als Ethik. Der Streit um LER und Religionsunterricht, Freiburg/Br. u.a., 105-118

Hemel, Ulrich (1984), Theorie der Religionspädagogik. Begriffe – Gegenstand – Abgrenzungen, München

Hischauer, Stefan / Amann, Klaus (Hg.) (1997), Die Befremdung der eigenen Kultur. Zur ethnographischen Herausforderung soziologischer Empirie, Frankfurt/M.

Im Dialog über Glauben und Leben (1997). Zur Reform des Lehramtsstudiums Evangelische Theologie / Religionspädagogik. Empfehlungen der Gemischten Kommission. Im Auftrag des Rates der Evangelischen Kirche in Deutschland hrsg. vom Kirchenamt der EKD, Gütersloh

Kaufmann, Jean-Claude (1999), Das verstehende Interview. Theorie und Praxis, Konstanz

Köhler, Theodor W. / Schwaiger, Bernhard (1996), Wer studiert heute Theologie? Studienbeweggründe und Studienverläufe bei Theologiestudierenden. Eine Langzeitstudie, Weinheim - Kampen

Luther, Henning (1980), Hochschuldidaktik der Theologie. Historische und systematische Vorklärungen, Hamburg

Rahner, Karl (1969), Zur Reform des Theologiestudiums, Freiburg/Br. u.a.

Ritter, Werner / Rothgangel, Martin (Hg.) (1998), Religionspädagogik und Theologie. Enzyklopädische Aspekte, Stuttgart u.a.

Scharer, Matthias (1990), Zur Weitergabe des Glaubens qualifizieren. Anstöße zu einer korrelativen Ausbildungspraxis an theologischen Fakultäten, in: Schulfach Religion 9 (1990), 151-163

Studium Katholische Theologie (1973-1980), Berichte – Analysen – Vorschläge, Bd. 1-6. Hg: Kommission 'Curricula in Theologie' des Westdeutschen Fakultätentages durch Erich Feifel. Zürich u.a.

Thiele, Johannes (1982), Studieren und sich nicht verlieren. Anstiftung zum Theologiestudium, München

Traupe, Gert (1990), Studium der Theologie. Studienerwartung und Studienwirklichkeit, Stuttgart u.a.

Wagner, Hans-Joachim (1999), Rekonstruktive Methodologie. George Herbert Mead und die qualitative Sozialforschung, Opladen

Ziebertz, Hans-Georg (1999), Was sollte in der Religionspädagogik gegenwärtig besonders erforscht werden? Forschungspolitische Aspekte, in: RpB 42/1999, 115-130

Martin Jäggle

Wie nimmt Schule kulturelle und religiöse Differenz wahr?

Grundsätzliche Vorbemerkungen und Einblick in ein Forschungsprojekt in Wien

1. Grundsätzliche Vorbemerkung

Die Auseinandersetzungen über die Beteiligung der FPÖ an der österreichischen Regierung machen deutlich, dass die Anerkennung kultureller und religiöser Differenz ein zentrales Anliegen eines kulturell und religiös pluralen Europas ist. Pädagogisches und religionspädagogisches Handeln für sich allein sind überfordert, wenn der geheime Lehrplan der Gesellschaft unverändert auf Diskriminierung setzt (F.O. Radtke). Der Blick auf die Begrenztheit pädagogischen Handelns kann aber die Aufmerksamkeit auf seine Notwendigkeit und Möglichkeiten lenken.

1.1. Differenz als Ausgangspunkt und Aufgabe

Die plurale Gesellschaft bildet nicht das Problem, sondern den Kontext der Überlegungen. Die Konzentration auf Differenz ist dabei grundsätzlicher Natur. „Pluralität ist in ihrem Kern *Differenz*; darum bildet der Umgang mit Differenz den Knoten des Pluralismusproblems." (Nipkow 1998, 176) Noch prägnanter trifft es Hans-Georg Ziebertz (1995, 87), für den Pluralismus, der bis an die Wurzeln geht, 'Differentismus' ist und die Vielfalt den Ausgangspunkt (religions-)pädagogischer Bemühungen bildet. Wenn die Fragen nach Einheit und Wahrheit nicht aufgegeben werden und wenn das Konzept der kulturellen bzw. religiösen Überlegenheit (durch Exklusion/Ausschluss oder Inkorporation/Vereinnahmung) einerseits und des Relativismus andererseits nicht vertretbar sind, ist nach Ziebertz (1995, 91) „Kommunikation als Weg der Einheitsstiftung und Wahrheitsfindung theologisch und pädagogisch zu entfalten."

Aber die Vielfalt reduziert sich für die 'Anderen' meist auf die Frage: „Paria oder Parvenu?" So formuliert Hannah Arendt (nach Prengel 1995, 14) das traditionelle Dilemma, anders oder gleich zu sein. Gibt es dazu heute Alternativen?

Die praktische Frage lautet in Weiterführung von Annedore Prengel (1995): Wie kann pädagogisches Handeln der geschlechtlichen, kulturellen und individuellen Verschiedenheit der Menschen gerecht werden? Wie kann Pädagogik dabei das demokratische Prinzip der Gleichberechtigung verwirklichen?

1.2. Zum Problem der 'Anerkennung'

Die Forderung nach Anerkennung der 'Anderen' durchzieht alle Konzepte interkulturellen Lernens, ohne zu begründen, wie dies zu denken, zu verstehen oder möglich wäre.

Können Formen des Umgangs mit dem Fremden, fragt Volker Drehsen (1994, 63), „dem Fremden die Fremdheit belassen, nicht nur aus ethischem Respekt vor dem

Anderssein des Anderen, an dem erst das eigene So-Sein erkannt zu werden vermag, sondern auch aus dem konstitutionstheoretischen Grund heraus, dass Identität überhaupt erst im Bewusstsein der Differenz entstehen kann, die eine Voraussetzung jeder sachgemäßen und produktiven Anverwandlungen des Fremden darstellt?"

Wenn Johann Baptist Metz eine neue hermeneutische Kultur fordert, „die Kultur der Anerkennung der Anderen in ihrem Anderssein" (ders./Bahr 1991, 59), so stellt Thorsten Habbel in Konsequenz seiner Auseinandersetzung mit Emanuel Levinas zurecht die Frage, ob eine Kultur der *Anerkennung* nicht Gefahr läuft, „hinterrücks doch in eine Herrschaftskultur umzuschlagen, da hinter der Anerkennung ein *aktives* - und kein von den Anderen ge- und betroffenes, *passives* - Ich steht?" (Habbel 1994, 192) Und Paulo Suess wirft im Kontext der „Option für die (ethnisch) Anderen" der „Sprachregelung der Anerkennungshermeneutik" vor, „sich nicht von den Fußangeln des Eurozentrismus freihalten [zu] können" (Suess 1995, 77). „Wer das Anerkennungsparadigma zu Ende denkt, wird irgendwann eingestehen müssen, dass es sich dabei nicht nur um die Anerkennung der Anderen durch die Einen, sondern um die gegenseitige Anerkennung aller handelt." (ebd. 80)

1.3. Religion kein Thema

Der Ausfall von Religion als Thema der Pädagogik ist auch in der Diskussion um interkulturelles Lernen und in der Auseinandersetzung mit Schulkultur festzustellen. Das Problem wird zwar vereinzelt thematisiert (Jäggle 1995, 251), die Gründe dafür sind aber nicht analysiert.

So wie Hans H. Reich (1994) interkulturelle Bildung essentiell begründete und interkulturelles Lernen nicht mehr als Sonderfall zu konzipieren ist, weil keine pädagogische Diskussion die interkulturelle Dimension unberücksichtigt lassen kann, wäre auch bei Religion zu argumentieren. Die Blindheit für religiöse Differenz im Kontext kultureller Differenz ist besonders merkwürdig angesichts der Nähe von Religion und Kultur. Die große Studie von Georg Auernheimer u.a. (1996) negiert religiöse Differenz ebenso wie das Zusatzstudium 'Interkulturelle Pädagogik' im Rahmen der Lehrerausbildung in Österreich.[1] Und Wilhelm Heitmeyer (1997) sollte auf dem Hintergrund seiner Rechtsextremismusstudie, wonach die Ausblendung der kulturellen Differenz fundamentalistische Tendenzen fördere, nicht nur für die schulische Wahrnehmung kultureller Differenz, sondern auch religiöser Differenz argumentieren.

Ein wichtiger Beitrag, diese Sprachnot gegenüber Religion in der Pädagogik im Kontext des interkulturellen Lernens und der Schulpraxis zu überwinden, sind die Fallstudien zur Situation interkulturellen und interreligiösen Lernens von Dietlind Fischer u.a. (1996).

> Sie wollen „die pädagogischen Ansatzpunkte des alltagspraktisch-konstruktiven Umgangs mit der multikulturellen und multireligiösen Situation der Lernenden oder der Schulumgebung entdecken und als pädagogisch-theologische Herausforderungen und

---

[1] Den dafür erstellten Lehrbüchern Gauß/Harasek/Lau (1994; 1995) wurde erst nach Redaktionsschluss ein Abschnitt für den RU eingefügt.

Anfragen identifizieren." (ebd. 11) Es geht um eine „Rekonstruktion von Aufmerksamkeitshorizonten, in denen Schule zu einem Ort interkulturellen und interreligiösen Lernens werden kann" (ebd. 12).

Doch wie kann die religiöse Dimension der Bildung im Kontext dieser Fragestellung begründet werden?

1.4. Religiöse Bildung als Voraussetzung allgemeiner Verständigungsfähigkeit

> „Ein Gespür für die Möglichkeit einer religiösen Fundierung des anderen bekommt man erst, wenn man diese prinzipiell in Rechnung zu stellen gelernt hat, auch wenn man selbst die Gültigkeit religiöser Letztbegründungsmuster für die eigene Person ablehnt. Denn der aufgeklärte Mensch muss sich zumindest um der Verständigungsfähigkeit mit anderen willen selbst mit Religion auseinandergesetzt haben, und zwar über ein oberflächliches Faktenwissen hinaus." (Fischer u.a. 1996, 22)

Nach Fischer kommt interkulturelle Bildung „ohne religiöse Bezüge und Verortungen nicht aus" (ebd. 21). Sie argumentiert an erster Stelle kulturgeschichtlich u.a. mit Hinweis auf Jürgen Habermas, der nicht glaubt, „dass wir als Europäer Begriffe wie Moralität und Sittlichkeit, Person und Individualität, Freiheit und Emanzipation [...] ernstlich verstehen können, ohne uns die Substanz des heilsgeschichtlichen Denkens jüdisch-christlicher Herkunft anzueignen." (Habermas 1992, 23)

> „Andere finden von anderen Traditionen aus den Weg zur Plethora der vollen Bedeutung solcher, unser Selbstverständnis strukturierenden Begriffe. Aber ohne eine philosophische Transformation *irgendeiner* der großen Weltreligionen könnte eines Tages dieses semantische Potential unzugänglich werden; dieses muss jede Generation von neuem erschließen, wenn nicht noch der Rest des intersubjektiv geteilten Selbstverständnisses, welches einen humanen Umgang miteinander ermöglicht, zerfallen soll. Jeder muss in allem, was Menschenantlitz trägt, sich wiedererkennen können." (ebd.)

Ein weiteres Argument übernimmt Fischer von Habermas, wonach die religiöse Sprache erst bestimmte Lebensäußerungen möglich macht.

> „Religion ist [...] unersetzlich für den normalisierenden Umgang mit dem Außeralltäglichen im Alltag [...]. Solange die religiöse Sprache inspirierende, ja unaufgebbare semantische Gehalte mit sich führt, [...] wird Philosophie [...] Religion weder ersetzen noch verdrängen können." (ebd. 60)

So leistet interkulturelle Bildung „dort, wo sie die religiösen Dimensionen explizit aufgreift, einen Beitrag zu einer grundlegenden (Selbst-)Verständigung und trägt bei zu einer religiösen Alphabetisierung." (Fischer u.a. 1996, 22f) „Hier wird das Wissen um und Verständnis von Religion, und zwar fremder Religion, zur unabdingbaren Voraussetzung von allgemeiner Verständigungsfähigkeit." (ebd. 23)[2]

2. Zur kulturellen und religiösen Pluralität der Großstadt Wien

2.1. Die gesetzliche Lage

Das besondere Kennzeichen der österreichischen Situation ist eine weitgehende Integration der konfessionellen Pluralität in die öffentliche Schule. Der Religions-

---

[2] Zur Diskussion über die Begründung (Religion als Sachwalterin des 'Allgemeinen') s.a. Mette 1994.

unterricht (RU) an österreichischen Schulen ist eine Angelegenheit der gesetzlich anerkannten Kirchen und Religionsgesellschaften. Er wird von ihnen „besorgt, geleitet und unmittelbar beaufsichtigt." (RUG, § 2, Abs.1) Der Staat bezahlt die Religionslehrer/innen (RL), ihre Aus- und Weiterbildung sowie die Religionsbücher und macht die von den Kirchen und Religionsgesellschaften erstellten Lehrpläne nur bekannt. Allerdings dürfen im RU „nur Lehrbücher und Lehrmittel verwendet werden, die nicht im Widerspruch zur staatsbürgerlichen Erziehung stehen" (Abs. 3). Für alle Kinder, die einer gesetzlich anerkannten Kirche oder Religionsgesellschaft angehören, ist der RU ihres Bekenntnisses Pflichtgegenstand (§ 1) mit der Möglichkeit zur Abmeldung in den ersten zehn Schultagen. Die Teilnahme am RU einer anderen Konfession ist gesetzlich nicht möglich. Wer sich also vom RU seiner Konfession abmeldet, dem steht kein RU mehr offen. Kinder ohne religiöses Bekenntnis können den RU als Freigegenstand besuchen. An öffentlichen Volksschulen in Wien nehmen über 40% dieser Kinder am RU einer christlichen Konfession teil.

Möglich wäre es, wenn konfessionelle RL für bestimmte Themen oder in einer bestimmten Zeit den RU gemeinsam durchführen. Möglich wäre auch, wenn mit Zustimmung aller beteiligten Institutionen und Personen auf einen Teil des konfessionellen RU verzichtet wird zugunsten eines interkulturellen oder interreligiösen Projektes, an dem alle Kinder ungeachtet ihrer konfessionellen Zuordnung teilnehmen können. Ein solches Projekt, das in den Bereich der Schulautonomie fällt, könnte auch von konfessionellen RL geleitet sein. Beide Möglichkeiten, jene der konfessionellen Kooperation und jene der interkulturellen/überkonfessionellen Projekte, sind in Wien bereits vereinzelt verwirklicht worden. Die Beteiligung der RL kleinerer Konfessionen ist aber grundsätzlich sehr schwierig und nur eingeschränkt möglich, weil diese an sehr vielen Schulstandorten und zu sehr unterschiedlichen Zeiten unterrichten.

Der RU umfasst zwei Wochenstunden, wenn aber weniger als zehn Kinder, die zugleich weniger als die Hälfte der Klasse sind, daran teilnehmen, verringert sich die Wochenstundenzahl auf eine (§ 7a). Für das Zustandekommen einer Religionsgruppe sind mindestens drei Kinder erforderlich.

2.2. Die Situation des RU an öffentlichen Volksschulen[3]

Kinder nach Konfessionen	absolut	%
römisch-katholisch	29.824	54,6%
andere Bekenntnisse	17.586	32,2%
ohne religiöses Bekenntnis	7.216	13,2%
Gesamt	54.626	100,0%

Quelle: Erzbischöfl. Amt für Unterricht und Erziehung

---

[3] Im Folgenden sind nur die Daten für die öffentlichen Schulen des Schuljahres 1999/2000 angeführt. Wien hat aber ein für Österreich überdurchschnittlich dichtes Netz an meist konfessionellen (vorwiegend katholischen, aber auch evangelischen und jüdischen) privaten Volksschulen, die von jedem sechsten Volksschulkind frequentiert werden. Für das Gesamtverständnis der konfessionellen Situation Wiens müssten daher jene Kinder noch einbezogen werden, die in einer Privatschule am RU teilnehmen.

Die konfessionelle Ausdifferenzierung in Wien nimmt durch Immigration zu. Daher steigt der Anteil der Orthodoxen und der Muslime. Aber auch der Entkonfessionalisierungsprozess nimmt zu. Daher steigt der Anteil der Kinder ohne religiöses Bekenntnis. Die konfessionelle Zusammensetzung der Schülerpopulation unterscheidet sich von der Gesamtbevölkerung. Der Anteil der konfessionsgebundenen Kinder (auch jener der römisch-katholischen Kinder) ist höher, als dies dem Anteil der Konfessionszugehörigen an der Gesamtbevölkerung entspräche. So ist der Anteil der katholischen Bevölkerung in Wien bereits unter 50% gesunken.

Konfessioneller RU	teilnehmende Kinder absolut	%
römisch-katholisch	32.108	58,8%
andere Bekenntnisse	9.459	17,3%
keine Teilnahme	13.059	23,9%

Teilnahme am RU nach Konfessionen (absolut)

altkatholisch	89
buddhistisch	30
evangelisch	3.262
islamisch	4.186
israelitisch	329
römisch-katholisch	29.230
Kinder orB im r.k.RU	*2.878*
Kirche Jesu Christi	22
neuapostolisch	21
rumänisch-orthodox	36
serbisch-orthodox	1.368
syrisch-orthodox	116

Quelle: Stadtschulrat für Wien; Erzbischöfl. Amt für Unterricht und Erziehung

Ungefähr jedes vierte Kind (23,9%) besucht an öffentlichen Volksschulen in Wien keinen RU. Von diesen 13.059 Kindern gehören zwei Drittel einer Konfession an, deren RU das Kind nicht besucht/besuchen kann. Während bei den r.k. Kindern nur 2,0% durch die Eltern vom RU abgemeldet werden, sind dies bei den anderen Bekenntnissen ungefähr 46,2%. Der Grund für die hohe Abmelderate bei den 'Minderheitskonfessionen' kann zu allererst unter den ungünstigen Rahmenbedingungen gesucht werden, weil der RU

➢ am Nachmittag,
➢ in Sammelklassen,
➢ an anderen Schulstandorten

stattfindet. Für ein Kind mit sechs Jahren ist es schwer, am RU seiner Konfession teilzunehmen, wenn dieser an einem anderen Schulstandort stattfindet. Besonders schwierig ist dies für Kinder an ganztägigen Schulformen. Wenn der RU an der eigenen Schule abgehalten wird, erhöht sich die Teilnahmerate markant. Es gibt aber auch Hinweise, dass ein wenig kinderfreundlicher Unterrichtsstil abmeldefördernd ist.

Zwölf Religionsgemeinschaften, darunter auch die Zeugen Jehovas, haben 1998 einen rechtlichen Status erhalten, der ihnen bei Erfüllung bestimmter Voraussetzungen die Möglichkeit der vollen gesetzlichen Anerkennung und somit auch das Recht auf einen eigenen RU nach einer Zehnjahresfrist, die im Jahre 2008 abläuft, einräumt. Ab diesem Zeitpunkt könnte der RU bereits in 24 konfessionellen Variationen stattfinden.

Nach Schulstandorten betrachtet sind in Wien Volksschulen anzutreffen, an denen alle Kinder am konfessionellen RU teilnehmen (können), und Volksschulen, an denen nur eine Minderheit den konfessionellen RU besucht.

2.3. Die kulturelle Pluralität am Beispiel eines Bezirkes

Der 15. Wiener Gemeindebezirk, Rudolfsheim/Fünfhaus, ist im Süden, Osten und Norden durch Wiental, Gürtel und Gablenzgasse geographisch einschneidend begrenzt, nur gegen Westen ist die Bezirksgrenze geographisch nicht überall ähnlich markant. Ein großstädtischer Mikrokosmos, dessen kulturell und religiös plurale Bevölkerungsstruktur sich in den Volksschulen sehr gut abbildet. Keine von den zehn Volksschulen, acht öffentliche und zwei private (katholische), kann sich der kulturellen und religiösen Vielfalt des Bezirks völlig entziehen.

Es ist der Bezirk mit dem höchsten Anteil (1998: 33,3%) an Menschen, die keine österreichische Staatsbürgerschaft haben (Wien Durchschnitt: 17,6%). Von den Kindern an den Volksschulen dieses Bezirkes hatten sogar 42,6% keine österreichische Staatsbürgerschaft, Tendenz steigend. Jedes vierte Kind hat den Pass eines der jugoslawischen Nachfolgestaaten, jedes sechste Kind einen türkischen Pass. Auf Deutsch als Muttersprache können nur 43,2% der Kinder zurückgreifen, Tendenz sinkend.

3. Das Forschungsprojekt

3.1. Zum Forschungsdesign

Der Wiener Schulalltag ist von religiösen Implikationen beeinflusst, die nur unzureichend wahrgenommen werden. Das beeinträchtigt die allgemeine Schulsituation und kann destruktive sowie repressive Formen des Umgangs mit (religiöser) Fremdheit fördern. Unbearbeitete Differenz fördert die Abhängigkeit Jugendlicher von fundamentalistischen Gruppen (vgl. Heitmeyer 1997).

Die Erhebung der religiösen Implikationen gibt Hinweise für erforderliche Qualifikationen der Lehrer/innen. So kann die humanwissenschaftliche Ausbildung der Klassenlehrer/innen, aber auch der konfessionellen RL den schulischen Gegebenheiten entsprechend weiterentwickelt werden.[4]

---

[4] Das Projektteam, bestehend aus Martin Boltz (Leitung), Hans Schrumpf und Martin Jäggle, erhielt im Rahmen der Pädagogischen Tatsachenforschung Unterstützung durch das Bundesministerium für Unterricht und kulturelle Angelegenheiten. Der Stadtschulrat für Wien erteilte die Genehmigung, nachdem auch die Personalvertretung keinen Einspruch erhoben hatte.

Das Forschungsthema 'Religiöse Implikationen im Schulalltag' wurde schließlich zur Forschungsfrage fokussiert:

Wie nimmt Schule kulturelle und religiöse Differenz wahr?

Die Frage der Auseinandersetzung mit religiöser Differenz erwies sich als nicht trennbar von der Auseinandersetzung mit kultureller Differenz. Es geht also nicht um die Frage der Religiosität junger Menschen, nicht um die Frage der religiösen Erziehung und Bildung in der Schule einer pluralen Gesellschaft, es geht nicht um die Frage des konfessionellen Religionsunterrichts, sondern es geht um einen Aspekt der *Schulkultur*.

Das Forschungsdesign von Auernheimer u.a. (1996) wurde teils eingeschränkt ('Umgang mit Rassismus' erwies sich in der Vorstudie als nicht beobachtbar, womit nicht die Realität von Rassismus bestritten wird), teils erweitert übernommen. Untersuchungsdimensionen bildeten somit: Sozialklima, Umgang mit kultureller Differenz, Umgang mit religiöser Differenz.

Untersuchungsebenen waren Schulmanagement und Handlungsebene der einzelnen Lehrer/innen, das wichtigste Untersuchungsinstrument neben Unterrichtsbeobachtung und teilnehmender Beobachtung das fokussierte Interview.

3.2. Methodologische Überlegungen zum fokussierten Interview

Das fokussierte Interview oder auch Leitfadeninterview zählt zu den älteren Formen qualitativer Interviews und wurde von Merton u.a. (1956) zu einer eigenständigen wissenschaftlichen Forschungsmethode entwickelt.

Nach Siegfried Lamnek (1995, 80f) beinhaltet das fokussierte Interview folgende zentrale Elemente:

➢ Es ist trotz der Zuordnung zu den qualitativen Befragungsformen *„der quantitativen Methodologie doch näher als die anderen qualitativen Verfahren.*

➢ Es geht nicht allein um das Entwickeln von Hypothesen, sondern schon auch und gerade um deren Überprüfung.

➢ Der Forscher kennt die reale Feldsituation, die die Befragten erlebt haben, und ermittelt die verbal *reproduzierten Reaktionen* der Betroffenen.

➢ Aus der Kenntnis der Situation wird ein Leitfaden formuliert und angewandt.

➢ Der Leitfaden wird aber häufig verlassen, um eine *Prädetermination durch den Forscher auszuschalten* und um sehr spezifische und profunde Aussagen zu erhalten.“

In der Durchführung hat es sich als erschwerend erwiesen, dass Studierende auf Grund des langwierigen Genehmigungsverfahrens vereinzelt erst sehr spät und somit nur eingeschränkt mit der konkreten Schulsituation vertraut werden konnten. Generell sind aber jedem Interview zwei Vormittage lang die Teilnahme am Unterricht in der Klasse der interviewten Lehrperson vorausgegangen. Dies diente dem gegenseitigen Vertrautwerden, dem Kennenlernen der Feldsituation und der teilnehmenden Beobachtung. Das Interview selbst fand in der Regel im Klassenzimmer statt.

Im Anschluss an Merton u.a. gibt Lamnek (1995, 80) drei von den Interviewenden zu beachtende spezifische Anweisungen:

> „*Nichtbeeinflussung*" aus dem „*methodologischen Prinzip*" heraus, „*den Relevanzsystemen der Betroffenen* [...] Geltung zu verschaffen".

> „*Spezifizierung*" aus dem „*methodologischen Prinzip der Explikation*" heraus. Gefühle, Verhaltensweisen etc. sollten nicht nur genannt, sondern auch 'interpretiert' werden.

> „*Tiefgründigkeit*", ebenfalls um dem „*methodologischen Prinzip der Explikation*" zu entsprechen. Es geht dabei um den Versuch, „selbstenthüllende Kommentare" zu erhalten.

Während die erste Anweisung in exzellenter Weise von den Studierenden erfüllt worden ist, gibt es immer wieder Passagen in Transkripten, bei denen der Wunsch nach durch Rückfragen angeregte 'erhellende' oder 'enthüllende' Aussagen entsteht. Vom Projektteam muss allerdings selbstkritisch angemerkt werden, dass ein eigenes Training zur Einhaltung der ersten Anweisung stattgefunden hat, aber eben nur zur ersten.

Die generellen Regeln zur Datenerhebung und -erfassung bei qualitativen Interviews nach Lamnek (1995, 99) wurden alle eingehalten: Aufzeichnung des Gesprächs, Natürlichkeit der Situation, gewohnte Umgebung, Interviewer als interessierter und engagierter Zuhörer des Befragten, der sich als Experte fühlen soll, Sprache des Befragten als Verständigungsbasis, tolerante, permissive und sanktionsfreie Atmosphäre, etc.

Doch der Prozess der Datenerhebung ist nicht nur ein technischer Vorgang, sondern auch ein sozialer Prozess. In gewissem Sinn gilt die Heisenbergsche Unschärferelation, wonach der Beobachtungsgegenstand durch die Beobachtung verändert wird, konstatierte doch ein Großteil der Interviewten schon während oder nach dem Interview, das Gespräch habe bei ihnen Spuren hinterlassen, ihnen 'zu denken gegeben'.

3.3. Methoden der Auswertung

a) Einerseits wurde das Material nach festgelegten Indikatoren gesichtet, die für die einzelnen Fragestellungen und die jeweiligen zugrunde liegenden Hypothesen bedeutsam waren. Die Befunde des fokussierten Interviews dienen „vor allem dazu, die auf der Basis der Beobachtung entwickelten und formulierten Hypothesen über vermeintlich relevante Elemente der Situation unter dem Aspekt der Gültigkeit neu zu betrachten" (Lamnek 1995, 79).

b) Andererseits war der Interviewleitfaden so erzählgenerierend konzipiert, dass eine Auswertung als problemzentriertes Interview möglich war. Den Phasen der *methodologischen Kommentierung*, der *kontrollierten Interpretation* und der *vergleichenden Systematisierung* nach Lamnek (1995, 77f) entsprechend wurde im Forschungsteam gearbeitet, wobei für die Typenbildung die Hinweise von Bohnsack (1999, 161ff) über das *Um-zu-Motiv* und das *Weil-Motiv* besonders hilfreich waren. Demnach orientiert sich nach Alfred Schütz jedes sinnhafte Handeln an einem Entwurf (*Um-zu-Motiv*), während die der Konstituierung vorausgehenden Erlebnisse im *Weil-Motiv* ihren Ausdruck finden.

3.4. Durchführung des Projektes

Das Projekt hat Lehrende und Studierende sehr unterschiedlicher Institutionen zusammengeführt. Die drei beteiligten Lehrenden sind u.a. tätig in der Ausbildung konfessioneller Religionslehrerinnen und -lehrer katholischer, evangelischer, jüdischer und islamischer Provenienz. Die zwanzig Studierenden ihrerseits machen eine Ausbildung für die Befähigung zur Erteilung des katholischen oder evangelischen Religionsunterrichts.

Lehrveranstaltungen, teilweise institutionsübergreifend durchgeführt, boten die Möglichkeit zur Einführung in die Fragestellung und Methodik. Ergebnis dieses Prozesses forschenden Lernens war eine gesteigerte Wahrnehmungskompetenz für kulturelle und religiöse Differenz (im Kontext der Schule) und die - um Protokolle teilnehmender Beobachtung ergänzten - Transkripte fokussierter Interviews mit 11 Klassenlehrerinnen und einem Klassenlehrer, durchgeführt von Mai bis Oktober 1998 an den beiden privaten (katholischen) und an fünf öffentlichen Volksschulen des Bezirks.

Der Anteil der Kinder mit nichtdeutscher Muttersprache beträgt in den Klassen der Interviewten zwischen 17,2% und 92,3%. Der Anteil römisch-katholischer Kinder ist natürlich größer als der Anteil von Kindern mit deutscher Muttersprache (Polen, Kroaten, Philippini, Inder, etc.). Es wäre wichtig, in einer eigenen Untersuchung einmal der Frage nachzugehen, wie der römisch-katholische RU kulturelle Differenz wahrnimmt.

3.5. Einblick in die Forschungsarbeit

3.5.1. „Beilagen" oder „irgendetwas Nichtschwein"
oder
Zur Praxis des Essens im Rahmen der Schule

Die Frage von Essensgewohnheiten ist zu einer Frage des persönlichen Geschmacks geworden, so dass gegessen werden kann und wird, was schmeckt. Daher sind Kinder auch nicht mehr gezwungen, alles zu essen. Über die Frage des persönlichen Geschmacks hinaus finden nur gesundheitliche Kriterien eine breitere gesellschaftliche Akzeptanz. Und doch gibt es kulturelle und religiöse Essenstraditionen, die nicht auf die Frage des persönlichen Geschmacks reduziert werden können und deren Respektierung für die einzelnen Kinder von einer großen Bedeutung sind. Die Respektierung oder Ignorierung dieser Traditionen kann entscheidend sein für die Akzeptanz oder Nichtakzeptanz des jeweiligen Kindes und der Traditionen, die für es bedeutungsvoll sind. Die Berücksichtigung kultureller (und religiöser) Differenz beim Schulessen war Indikator für einen angemessenen Umgang mit Differenz auf der Ebene des Schulmanagements.[5]

Es konnten drei unterscheidbare Situationen identifiziert werden, wobei das Essen auch die Handlungsebene der einzelnen Lehrerin betreffen kann.

---

[5] Die einzelnen Interviews sind mit Buchstaben gekennzeichnet. I ist das Kürzel für den/die Interviewer/in.

a) Jause

Drei Varianten werden berichtet:
- Was die Kinder essen, ist ihr Problem.
- Es gibt stets die Möglichkeit, zwischen Wurst- und Käsesemmeln zu wählen.
- Es gibt gezielt immer „*irgendetwas Nichtschwein*".

I: Sie halten vormittags eine Gemeinschaftsjause. Wer organisiert das?
G: Ich.
I: Nach den Wünschen der Kinder?
G: Nein, das ist einfache ein bisschen eine gemischte Jause und ich melde zurück, dort, das essen sie gerne und das essen sie nicht gerne und der S. (Anm. ein muslimisches Kind) ist halt auch angemeldet und der bekommt immer eine Putenextrawurst oder irgendetwas Nichtschwein.

b) Mittagessen

An allen Schulen, die Mittagessen anbieten, essen islamische Kinder im Konfliktfall die Fleischspeise nicht, sondern nur die Beilagen. In der Regel gilt:

G: Nun, er bekommt einfach nur die Beilagen,....

Eine Schule versucht, durch im Drei-Wochenrhythmus wechselnde Menüwahl unterschiedliche Essensansprüchen zu berücksichtigen:

D: Es gibt ä überhaupt drei verschiedene Menüs zum wählen: also wir ham ein islamisch, also das bestellt die Frau Direktor, wir ham islamisches, glaub ich, vegetarisches und normales, wenn ich mir das jetzt, ich bin mir jetzt aber nicht hundertprozentig sicher //mh//, ja, und äm das wird auch immer wieder gewechselt, ja? Das heißt wir haben mal das normale, dann kommt wieder das islamische, wo einfach halt dann statt dem Schweinefleisch //mh// mehr Putenfleisch oder so dabei ist, uuund eben dieses vegetarische, ich glaub vegetarisch ist es nicht ganz, aber oder, Natur oder Gesundes //mh// Vollwertküche oder so irgendwie.
...Ja und das Mädchen, bei mir, das kein Schweinefleisch isst, wenn es das normale Essen gibt, dann lässt sie einfach das Schweinefleisch weg und isst nur die Beilagen.

Katholische Privatschulen haben ihre eigene Tradition:

J: Also es gibt nicht Besonderheiten im Speiseplan, es gibt nur am Freitag kein kein Fleisch. //Mhm// Das wird hier gehandhabt, meistens eine Mehlspeise oder Fisch. Und es gibt auch für Andersgläubige kein eigenes Menü.

c) Exkurs: Essen als Managementproblem

A assoziiert mit Mittagessen nicht etwaige Probleme der Kinder, sondern Probleme des Schulmanagements:

A: Es ist sehr großer Aufwand. Der Herr Direktor hat da immer viel zu tun, weil er muss wissen, wer das bezahlt. [...] und manche lassen sich ja hundertmal ermahnen. Es ist ein gewisser Kostenbeitrag, am Erlagschein steht Betreuung und Essen. Das zahlen die Eltern monatlich ein. Wenn nicht, bekommt es kein Essen. Die Eltern werden angehalten, dem Kind ein Brot mehr mitzugeben.

d) Projektwochen

Hier wird durchwegs auf islamische Kinder Rücksicht genommen. Offensichtlich sind die Gastbetriebe rücksichtsvoller als die Schulen:

*D: Die wurde extra bekocht. Dort gabs also Schweineschnitzel //mh// und da gabs für sie Pute.
(Nächster Satz anfänglich etwas leiser) Also die war total nett dort, die ma da in der Pension
ghabt ham, in dieser Beziehung, sofort wie wir hingekommen sind hab ich ihr das erzählt, und
halt gsagt, aber es wird halt sehr aufwendig sein da was anders zu kochen, aber sie hat
gmeint: Nein, überhaupt kein Problem, da gibt's für sie was extra.*

*G: ...auf dem Ferienlager hat er z. B. was anderes bekommen, da haben wir darauf geschaut,
dass er etwas mit Gemüse bekommt oder Kartoffel oder so, aber er sagt das selber, das isst er
nicht, er schaut selber darauf.*

*H: Auf Schullandwochen? Also da wird Rücksicht genommen, da bekommen die Kinder, falls
es Schweinefleisch geben würde, ein anderes Essen. Da wird Rücksicht genommen. Und die
Kinder kommen eben von selber damit, und halten sich von selber daran. Es ist nicht so, dass
ich jetzt die Kinder daran erinnern muss oder die Betreuer, die dabei ist, sondern das haben
sie von den Eltern gesagt bekommen, und halten sich auch daran.*

e) Resümee

Kulturelle Differenz wird im Schulalltag zur Privatsache, eine Praxis, die als
problemlos betrachtet wird. Als Begründung dient die einfachere Organisation:

*K: Das sind auch bei uns zu wenige, des wäre ... fast .... des wär schwer durchführbar, glaube
ich. Weil des is eine totale Minderheit und das Essen wird geliefert.*

Wo im Umfeld der Schule[6] differenzierte Angebote bestehen, werden diese undifferenziert wahrgenommen und einfach begründet:

*L: Speisenliste, ja, einfach runtergehn und fragen, die sind alle sehr lieb. Beim-beim Lernklub
im Erdgeschoss, ja, da gibts sicher was. Das ist..., ja, ich weiß nicht, ob ichs jetzt offiziell
sagen darf, das ist eigentlich alles islamisches Menü, das heißt, es gibt, damit keine Probleme
gibt mit den Bestellungen ist das alles einfach nur... Pute und Rindfleisch oder eben sehr viel
mit Gemüse. Es wird eigentlich sehr gut gekocht, wir essen auch gelegentlich unten, fanta-
stisch (lacht), es ist ein sehr gutes Essen. Ja, Schweinefleisch wird halt nicht gekocht, einfach... ja, der Einfachheit halber, damit da keine Probleme gibt.
Offiziell sagen wir nichts, da sei die FPÖ vor, aber wir machen es einfach, weil wir in der
Schule keine Probleme haben wollen.[7]*

In der Situation, in der kulturelle Traditionen auf die Frage „*Nichtschwein"* und ein
organisatorisches Problem reduziert sind, gibt es Kinder, die sich um ihre *Privatsa-*
che kümmern:

*H: Die Kinder, die kein Schweinefleisch essen dürfen, die wissen das auch, und halten sich
sehr daran, also die Kinder auch selber. Fragen auch immer, wenn es Fleisch gibt, ob das
Schweinefleisch ist. Und wenn es eines ist, dann essen sie es nicht.*

3.5.2. Die Ebene des Schulmanagement

a) Die Indikatoren

• Präsenz nicht-deutschsprachiger Bücher bei der jährlichen Buchausstellung
• Schaffung von Öffentlichkeit für nicht-deutsche Muttersprachen

---

[6] *L: Aber das hat ja eigentlich nichts mit der Schule zu tun, weil der Lernklub hat nix mim
Stadtschulrat zu tun. Das ist ein eigener, privater Verein.*
[7] Tatsächlich bietet der Lernklub laut ausgehängter Liste zwei Menüs zur Auswahl, davon ein
islamisches Menü.

- Berücksichtigung der Essgewohnheiten von Minderheiten beim Schulessen
- Unterstützung von Kindern religiöser Minderheiten bei der Teilnahme am RU
- Umgang mit Kulturkonflikten (am Beispiel Kleidung)

b) Präsenz nicht-deutschsprachiger Bücher bei der jährlichen Buchausstellung
Das Fehlen von Büchern nicht-deutscher Muttersprache (ausgenommen Englisch oder Französisch) gehört zu den schulischen Selbstverständlichkeiten, die nur in einem Fall durchbrochen werden. Besonders widersprüchlich erscheint die Praxis, einen muttersprachlichen Zusatzunterricht anzubieten und entsprechende Zusatz-lehrer/innen im Lehrkörper zu haben, bei der jährlichen Buchausstellung jedoch sogar auf Bücher in diesen Sprachen zu verzichten. Sieht man von den damit versäumten Chancen ab, stellt diese Praxis eine nachhaltige (schul-) öffentliche Disqualifikation der nicht-deutschen Muttersprachen dar.
Diesen Buchausstellungen, die in der Regel eine ganze Woche an der Schule stattfinden, kommt deswegen auch besondere Bedeutung zu, weil in deren Rahmen den Kindern ausführlich Zeit zum Schmökern gegeben wird.

c) Schaffung von Öffentlichkeit für nicht-deutsche Muttersprachen
An drei Schulen berichten die Interviewer/innen, dass sie nicht-deutsche Texte im Schulhaus beobachtet haben. An zwei Schulen waren sie als freundliche Geste (Grußformeln) gedacht, nur in einem Fall gab es auch einen Text mit Funktions-wert: Dreisprachig wurden die Eltern gebeten, ihre Kinder nur bis zum Schultor zu begleiten.

d) Berücksichtigung der Essgewohnheiten von Minderheiten beim Schulessen
(vgl. a. 3.5.1.)
Während bei Projektwochen Essgewohnheiten von Minderheiten voll berücksich-tigt werden und - falls erforderlich - zusätzlich gekocht wird ohne zusätzliche Kosten, ist im Raum der Schule die Sorge um das Essen in der Regel *Privatsache* der Kinder. Angesichts der dokumentierten Speisepläne mussten Kinder, die kein Schweinefleisch essen, in der Hälfte der Tage auf die Hauptspeise verzichten, bei gleichem Essensgeld. Was für die Privatwirtschaft selbstverständlich geworden ist, ist im Rahmen der (öffentlichen und privaten) Schule unmöglich?
Die Organisation des Essens in der Schule samt seiner Bezahlung zählt vielleicht zu den unerfreulichsten und aufwendigsten Tätigkeiten im Rahmen einer Schulleitung. Ist daher erklärbar, warum auch bei engagierten Schulleiter/innen kulturelle Differenz letztlich Privatsache der Kinder bleibt?

e) Unterstützung von Kindern religiöser Minderheiten bei der Teilnahme am RU
Mit der auch gesellschaftlich bedingten konfessionellen Ausdifferenzierung verursacht der konfessionelle RU eine zunehmende Störung des normalen Schul-betriebes, weil es unmöglich ist, ihn für alle Kinder zur selben Zeit an derselben Schule zu organisieren. Es kann an Volksschulen keine optimalen Lösungen geben,

weil kleinere Kinder zeitlich und räumlich nur sehr begrenzt mobil sind und ihre Beziehung zu einem Gegenstand, besonders wenn sie ihn als einzige aus der Klasse besuchen, auch sehr personabhängig ist. Große Probleme für alle Beteiligten entstehen außerdem, wenn Kinder aufgrund ihrer für sie negativen Erfahrungen während eines Schuljahres sich weigern, den RU am Nachmittag an einer anderen Schule weiter zu besuchen.

Es liegt oft am Geschick und besonderen Engagement der Schulleitung, die Voraussetzungen für die Teilnahme am konfessionellen RU zu optimieren, das Gespräch mit den Vertretern jener Konfessionen und Religionsgemeinschaften zu suchen, deren RU Bedingungen unterliegt, die Kindern den Besuch erschweren.

Es gibt mehrere Schulen (wovon katholische Privatschulen nicht ausgenommen sind), in denen Kindern religiöser Minderheiten aufgrund bisheriger Erfahrungen nachdrücklich empfohlen wird, sich vom RU abzumelden, ja entsprechende Schriftstücke bereits vorbereitet sind. Wenn Eltern jedoch ausdrücklich auf die Teilnahme am RU drängen, wird es ihnen nicht verwehrt oder verunmöglicht. Am schwierigsten ist die Teilnahme am RU außerhalb der eigenen Schule für Kinder an Ganztagsschulen, weil diese während der Unterrichtszeit, ohne von Eltern oder Vertretern abgeholt zu werden, das Schulhaus nicht verlassen dürfen und außerdem 'normale' Unterrichtszeit versäumen.

f) Umgang mit Kulturkonflikten (am Beispiel Kleidung)
Während von allen anderen Schulen berichtet wird, es gäbe keine Konflikte und keine Mädchen mit Kopftüchern und wenn es Mädchen mit Kopftüchern gäbe, wäre dies kein Problem , äußert an einer Schule eine Lehrerin Bedenken:

I: Ich weiß es nicht. Es gibt bei uns in der Schule keine türkischen Kinder, die mit Kopftuch in die Schule kommen. //mhm, aha, ja// Also das gibt's in der ganzen Schule //mhm// nicht. Und ich glaub' auch, dass es von der Frau Direktor ausgehen würde, dass sie eben mit den Eltern redet und bewirken würde, wenn es irgendwie möglich ist, dass sie das Kopftuch nicht oben haben. //mhm// Einfach, um sie nicht auszugrenzen //Ja, mhm// und //also um eine Einheit //ja, mhm//irgendwie zu bilden// in der Schule zu bilden.

Die Ursache des Problems wird hier auf den Kopf gestellt: Das Mädchen wird in der Schule nicht ausgegrenzt, sondern es grenzt sich selbst mit dem Kopftuch aus. Der Konflikt soll vermieden und nicht bearbeitet werden.

g) Resümee
Alle Interviewer/innen berichten von einer kinderfreundlichen Atmosphäre des Schulhauses, einer positiven Beziehung zwischen Kindern und Schulleitung und waren beeindruckt von der offenen Atmosphäre der Schulen.

Gerade deshalb ist es bemerkenswert, dass in einem Wiener Bezirk mit dem höchsten Anteil von Kindern nicht-deutscher Muttersprache alle Gesprächsprotokolle mit Klassenlehrer/innen auch für die Ebene des Schulmanagements die Handlungskonzepte 'Verschieben' und 'Ausklammern' bestimmend erscheinen lassen. Es gibt keine Indizien für positive Vorgaben des Schulmanagements, formulierte 'Schulphilosophien' oder 'Schulprofile', die einen konstruktiven Umgang mit Differenz vorsehen, anregen und stützen. 'Verschieben' und 'Ausklammern' erscheinen somit nicht als persönliche Optionen einzelner Lehrer/innen, sondern als die einzigen systemkonformen Handlungskonzepte.

Strukturell Differenz verdrängend oder verleugnend wirkt besonders das System der Ganztagsschule und der kirchlichen Privatschule, die außerdem beide mit 20-25% einen niedrigeren Anteil von Kindern mit nicht-deutscher Muttersprache haben, aber vielleicht Eltern und Kinder mit höherer Assimilationsbereitschaft (und -fähigkeit). Kulturelle Differenz ist dort noch stärker Privatsache (z.B. Essen) und religiöse Differenz 'systemwidriger' (z.B. RU). Das Fehlen von muttersprachlichen Zusatzlehrer/innen in diesen Schulen erschwert allerdings das Handlungskonzept „'Verschieben'".

3.5.3. Handlungsmuster des pädagogischen Umgangs mit der multikulturellen Situation

Fischer u.a. (1996, 110) haben fünf verschiedene Handlungsmuster bezüglich interkulturellen Lernens identifiziert, „die innerhalb eines Kollegiums, aber auch innerhalb der beruflichen Alltagspraxis eines einzelnen Kollegen neben- oder nacheinander vorkommen, so uneindeutig und widersprüchlich, wie sich die jeweilige Situation als Herausforderung darstellt":

(1) Überhöhung und Vereinnahmung:
Das Fremde wird als Projektionsfläche eigener Wünsche und Bedürfnisse benutzt.
(2) Verschieben und Delegieren:
Die Aufgabe wird Spezialisten und/oder isolierten Fächern zugewiesen.
(3) Ausklammern:
Kulturelle Differenz wird nicht wahrgenommen.
(4) Akzeptierender Umgang:
Unterschiede werden thematisiert, Bewertungen vermieden, Konflikte nicht ausgeblendet.
(5) Inhaltliche und interaktive Auseinandersetzung:
In vielfältigen dialogischen Formen kenntnis- und erfahrungsreich im Bewusstsein der eigenen Barrieren und Vorurteile.

(1) Überhöhung und Vereinnahmung

Das erste Handlungsmuster war in keinem Fall festzustellen. Fremde scheinen nicht als Projektionsfläche der eigenen Wünsche und Bedürfnisse zu dienen. Es gab zwar vereinzelt Äußerungen, die auf einen gelegentlich romantisierenden Umgang mit Menschen fremder Kulturen schließen lassen, doch die These der 'Bereicherung' der eigenen durch die fremde Kultur ist im Kontext eines anspruchs- und mühevollen Schulalltags kein handlungsrelevantes Motiv. So kommt es auch nicht zu positiver Diskriminierung oder distanzloser Vereinnahmung.

Romantisierender Zugang - ein Beispiel
G: ...es ist so bereichernd, dass ich andere Kulturen in der Klasse habe und wir auch sehr viel kennenlernen, auch das Anderssein lernen.

Es gab schon Diskussionen, warum der R. so dunkel ist und so braun ist, es war dann ganz herzig, wie er festgestellt hat, also schokoladebraun ist sehr schön, (.) was wir dann alle bestätigt haben und wir ihn alle sehr bewundert haben und ganz neidisch waren.

Und was auch noch sehr schön ist, wenn wir z. B. eine Veranstaltung haben und wir haben ein Buffet, wo die Eltern spenden, dann gibt es immer von den Eltern ausländische, typische Sachen z.B. typisch indisches Essen oder syrisches Essen, auf das stürzen sich die meisten immer sehr, es ist als erstes weg.

(2) Verschieben und Delegieren

Die breite Palette von schulinternen Experten/innen, die einer Wiener Volksschule zur Verfügung stehen, erleichtert dieses Handlungsmuster: Es gibt die Religionslehrer/innen verschiedener Konfessionen, es gibt 'MUZUs', wie die muttersprachlichen Zusatzlehrerinnen schulintern genannt werden, unterschiedlicher Nationalität und Sprache, es gibt Begleit- und Beratungslehrerinnen, psychologische Fachkräfte, interkulturelle Lernklubs und besondere Unterrichtsangebote (Förderkurs, Deutsch für ausländische Kinder, etc.).

Wo die Schule kein Gesamtkonzept zur Bearbeitung multikultureller Lebenssituationen hat bzw. es von vornherein an Spezialisten delegiert und Lehrerinnen sich für 'Spezialfragen' als nicht kompetent sehen, kann das Konzept des Verschiebens und Delegierens 'wachsen'. Es ist deshalb unbefriedigend, weil die gemeinsamen interkulturellen Lernchancen aller beeinträchtigt sind. Die Spezialisten betreuen jeweils nur einen kleinen Teil der Klasse, den jeweils 'auffälligen' Teil.

L: Wir haben durch die muttersprachlichen Zusatzlehrer eigentlich auch die Möglichkeit, da ein bissl Näheres über Feste, Kultur und so zu erfahren [...] und [...] da wir die Lernwörter, das ist meistens am Dienstag, mehrsprachig erarbeiten, und da auch manchmal eben Feste erarbeiten, wird das dann erklärt, auch in der Muttersprache, und dann im Gegenzug wird dann halt was vorgestellt, was wir vielleicht nicht so kennen...

'Delegieren' ist das Konzept besonders bei Fragen, die Religion betreffen.

E: Da is es für mich sehr schwer zu sagen, dass ich sag, dass das nicht stimmt oder dass das ein Blödsinn is meiner Meinung nach, weil ich würd erstens wahrscheinlich ziemliche Schwierigkeiten mit den Eltern bekommen, wenn ich sowas sagen würd. //Mmh// Außerdem geht's mich auch direkt nix an. Ich bin kein Religionslehrer. Es is net meine Aufgabe ihnen jetzt irgendwas da...//Mmh// ...drüber zu erzählen, ja...

Die Problematik, die durch das Muster 'Delegieren' im Falle von Religion entstehen kann, wird nachfolgend exemplarisch erläutert:

I: ...es würde mich selber interessieren, zum Beispiel, ob es Lehrer gibt, ob es eben Volksschullehrer gibt, die nicht Religionslehrer sind, //ja, mhm// sondern normale Volksschullehrer, die, äh, in die verschiedenen Religionen wirklich da hinein blicken, //mhm// ob die nicht eher irgendwo mehr in die, in die Kulturen hineinblicken...

Ich weiß nicht ob, ob, äh, es die Aufgabe eines Volksschullehrers ist, da in die Religion //ja, mhm// einzugreifen oder da irgend etwas //mhm// in der Richtung zu tun. Ich find' nicht. Ich find nicht //ja//, dass es seine Aufgabe ist und, ja, das ist meine Meinung.

Ich behaupt' eher, es soll jeder irgendwo mit der Religion glücklich werden, die er hat und //ja// es ist aber nicht so, dass es mir für den Unterricht sehr wichtig ist. //mhm//

Das, denk' ich mir, ist ein Thema, das der Religionslehrer hat und, äh, ich würd' es auch, äh, zweckmäßig finden, wenn man zu diesem Thema, äh, Religionslehrer interviewt, die sicher //mhm, mhm// wesentlich mehr, äh, Kontakt haben dann mit den Kindern.

Wobei dann wieder das Problem ist für Religionslehrer, haben wieder die katholischen Kinder //ja// und //ja// sehen wieder die anderen Kulturen //ja, mhm// nicht //mhm//. Das ist das Problem. Ich seh' die anderen Kulturen aber wieder nicht in Bezug auf Religion //mhm, mhm//. Es ist sicher nicht leicht das Thema.

Nach I sollten religiöse Fragen eigentlich Privatsache sein, ansonsten werden sie als Angelegenheit für Experten betrachtet. RL wird Kompetenz in Fragen religiöser Differenz zugeschrieben, eine Kompetenz, die aber wegen der konfessionellen Organisation des RU nur begrenzt wirksam werden kann. Eine entsprechende fachliche Kompetenz der Klassenlehrer/innen für religiöse Differenz wird - mit Recht - bezweifelt. Warum sollten diese auch über eine solche verfügen, wo Religion Privatsache und für den Unterricht nicht sehr wichtig ist. Die Forderung nach religionspädagogischer Abstinenz für Klassenlehrer/innen ist daher verständlich. Wenn die formale (Religion ist ein eigener Gegenstand), die fachliche und persönliche Kompetenz fehlen, ist die Gewissheit der Inkompetenz, also für die Bearbeitung religiöser Fragen nicht zuständig zu sein, verständlich. Als konsistente Handlungsmuster bleiben dann nur 'Delegieren' oder 'Ignorieren'. Und wenn trotzdem Aktivitäten gesetzt werden, sind sie folglich auch mehr gut gemeint als gut getan.

(3) Ausklammern

Dieses Handlungsmuster ist das häufigste, an katholischen Privatschulen sogar das einzig feststellbare Handlungsmuster. Der Mangel an 'Spezialisten' an Privatschulen im Vergleich zu öffentlichen Schulen lässt allerdings das Handlungsmuster 'Verschieben und Delegieren' kaum zu.

Kulturelle (und religiöse) Differenz zählt zu den substantiellen Bedingungen kollektiver und individueller Identität. Als Verstehensbarrieren werden sie umso wirksamer, je weniger sie in Prozesse gegenseitigen Verstehens einbezogen werden. Wenn die Bearbeitung der kulturellen Herkunft und Tradition gleichgültig ist und *ausgeklammert* wird, spricht Dietlind Fischer von einer „latente[n] Diskriminierung von Migranten oder auch dezidierte[n] Ablehnung der multikulturellen Herausforderung. [...] Kulturelle Differenz wird nicht gesehen, negiert, die Kinder und Jugendlichen werden als im Grunde gleich wahrgenommen." (Fischer u.a. 1996, 111)

Dabei gibt es 'harte' Vertreter/innen dieses Handlungskonzeptes, und 'weiche'. Der Unterschied liegt weniger in der Praxis, sondern darin, ob jemand kulturelle Differenz lediglich 'registriert', oder aber im eigentlichen Sinne 'wahrnimmt'.

J: Ich muss sagen, ich kenn sie [Anm.: Feste] zu wenig und die Kinder kommen auch nicht zu mir. Würden sie zu mir kommen und einen Vorschlag haben, wär ich auch bereit, den im Unterricht aufzugreifen. [...]

Würden sie mich fragen, würde ich es ihnen erklären und sagen, dass es irgendwie aus einer anderen Kultur ist und die kleiden sich so und wir kleiden uns so. [...]

Durch das, dass die Kinder schon sehr lange in Österreich leben, ähm, gehen wir auf die Feste oder Kulturen sehr wenig ein //mhm//. Also sie sagen mir nicht, dass heute sozusagen ein Festtag ist. //mhm// Ich bin da wahrscheinlich zu wenig informiert, dass ich sie jetzt noch erinnere.

Es gibt aber Situationen, in denen das Handlungsmuster 'Ausklammern' verlassen werden muss. Wenn inhaltliche Auseinandersetzung, auf gegenseitiges Verständnis und akzeptierenden Umgang abzielender Unterricht nicht möglich erscheinen, wird auf moralische Appelle gesetzt, um das Ausbrechen von Konflikten vermeiden zu können:

K: ... ja also so, dass, ja wohl wird das auch im Sachunterricht - je nach dem halt das Thema ist - auch angeführt, dass also dass man andere Nationalitäten, andere Nationen respektieren muss, das sind ja auch Menschen wie wir. Und, also ich, ich achte darauf, dass in keinster Weise das irgendwie negativ ausgelegt oder ausgewertet wird.

J: Dass [...] ich sie zur Hilfsbereitschaft und zur Gleichheit erzogen habe [...] dass ich den Kindern eigentlich vermitteln möchte, mm, dass sie auf andere Menschen zugehen, die Kulturen respektieren, akzeptieren und tolerant sind. Und weder jemanden auslachen oder verspotten, denn sie könnten selber in diese Situation kommen //mhm// [...] und das funktioniert in dieser Klasse sehr gut.

Besonders deutlich sind moralische Appelle beim Thema 'Religion'.

L: Ich hab ihnen nur gsagt, dass wir alle an den gleichen Gott glauben und dass deswegen niemals irgendwelche Reibereien geben soll in der Klasse, weil die eben so glauben und die anderen so glauben.

(4) Akzeptierender Umgang

Der akzeptierende Umgang bezieht sich nicht nur auf die fremde kulturelle Tradition, sondern auch auf die eigene. Differenzen werden bewusst thematisiert, verbunden mit dem Versuch, hierarchische Gewichtungen zu vermeiden. Es ist allerdings ein Balanceakt, angesichts einer dominanten Mehrheitskultur dabei die Grenze zur Gleich-Gültigkeit nicht zu überschreiten. Sich befremden zu lassen, auftretende Kritik, offenkundig werdende Widersprüche, ausbrechende Konflikte auszuhalten, stellt große Ansprüche an die Persönlichkeit. Kinder kommen damit besser zu Rande als Erwachsene.

Ansätze dieses Handlungsmusters sind besonders bei E zu finden. Hier kann auch deutlich werden, dass persönliche Einstellungen (oder Einschätzungen) zu bestimmten Handlungsmustern disponieren können, aber sie führen nicht von selbst zu deren faktischer Ausprägung. Erforderlich ist letztlich auch Professionalität, Sach- und Fachkompetenz.

E, von allen interviewten Klassenlehrer/innen die einzige mit Ausbildung in interkultureller Pädagogik, erscheint offen für andere Kulturen, vielleicht mit einem Rest Chauvinismus, und urgiert zuallererst Respekt und Sachkompetenz.

E: Ja, ich mein, grundsätzlich interessier ich mich überhaupt sehr für Kulturen und [...] für verschiedene Kulturen und verschiedene Religionen. Das interessiert mich sehr. Und ich reis' auch gern rum und so. //mmh// Und dadurch arbeit ich auch gern mit verschiedenen Kindern zusammen aus verschiedenen Ländern, was immer interessant ist. //mmh// Ja, was wichtig dabei ist. Ich weiß nicht. Respekt auf jeden Fall vor anderen Kulturen, find ich, auch wenn man sich nicht auskennt. //mmh// Und sich erst a Meinung bilden und dann halt was dazu sagen. (Kurze Pause)

Ja, also ich bin sicher nicht einer von denen, die sagen, wenn jemand nach Österreich kommt, muss er sich unserer Kultur anpassen. //mmh// Sag mas mal so. (Kurzes Zögern) Jeder soll so, so leben, wie er will, na. Andererseits, ich weiß nicht, ich denk ma, so tolerant sind viele andere Länder aber nicht wiederum, na. //mmh// Dass ich jetzt irgendwo hin reis' und dort mach, was ich will ganz einfach. Sonst.

Selbstkritisch wird aber auch der persönliche Mangel an Sachkompetenz vermerkt.

E: Und die meisten Leut habn überhaupt ka Ahnung. Ich mein, ich selber hab über, über is, die islamische Religion fast überhaupt keine Ahnung. Ich mein, das und jenes gehört, auf der Pädak (Anm.: Pädagogische Akademie) bissl was gmacht. Ich hab auf der Pädak Buddhismus gmacht als - ah - Endarbeit in Religion. Da hab ich auch erst überhaupt keine Ahnung ghabt [...] //mmh// [...] und das war schon sehr interessant. Und jetzt kann ich ma auch ein Bild drüber machen, auch a Meinung [...] //mmh// [...] hab ich jetzt drüber, übern Buddhismus, na. Wie's beim Islam is, ich kann, ich seh ja nur, wie die Leute den Islam auslegen [...] //mmh// [...] und das is meiner Meinung nach oft nicht ok. Weil sie's irgendwie, meiner Meinung nach zu streng machen. Wie der Islam an sich is, pfhh, keine Ahnung.

Alle Aktivitäten verbleiben allerdings im Bereich des Gelegentlichen und Zufälligen. Ein konsistentes Konzept ist nicht identifizierbar. Liegt es am Mangel an Fachkompetenz für interkulturelles Lernen? Das Thema Religion fällt hingegen unter das Handlungsmuster 'Delegieren'.

E: Außerdem geht's mich auch direkt nix an. Ich bin kein Religionslehrer. Es is net meine Aufgabe ihnen jetzt irgendwas da //mmh// drüber zu erzählen, ja.

Und diese Praxis erscheint verständlich, besteht doch ein doppeltes Problem der Kompetenzerfahrung. Es fehlt die formale Kompetenz (kein Religionslehrer) und die persönliche Kompetenz. Die große Unsicherheit, ja Ratlosigkeit, religiöse Differenz bzw. religiöse Vorstellungen, die sie nicht teilt, zu thematisieren bzw. zu bearbeiten, lassen vermuten, dass dies auch für ähnliche Fragen kultureller Differenz zutrifft. Wie kann dann aber die Forderung, „Widersprüche, Konflikte und Kritik nicht auszublenden, sondern auszuhalten" (Fischer u.a. 1996, 111) realisiert werden?

(5) Inhaltliche und interaktive Auseinandersetzung

Für dieses Handlungsmuster konnten keine Ansätze festgestellt werde.

4. Zwei Nachbemerkungen

a) An allen Schulen war ein positives Sozialklima verbunden mit Formen offener, individualisierender Unterrichtskonzepte festzustellen. Dies bestätigt die Ergebnisse von Auernheimer u.a. (1996) und unterstreicht deren Frage, ob die Diskrepanz dieser Beobachtungen zur statistisch nachweisbaren institutionellen Diskriminierung von Migrantenkindern die Grenzen des Untersuchungsverfahrens aufzeigt. Denn institutionelle Diskriminierung ist nicht durch Beobachtung und Befragung aufzudecken.

b) Die Situation, in der Religion und religiöse Differenz marginalisiert werden, ist auch deshalb so problematisch, weil einerseits in einem Teil der öffentlichen Volksschulen die Mehrheit der Kinder keinen Religionsunterricht mehr besucht (vgl. 2.2.) und andererseits „der Verständigungsbedarf über Religion wächst"

(Jäggle 1999, 6). Nach Fischer u.a. (1996, 103) entscheidet über Einbeziehung oder Ausgrenzung von Religion „die Haltung der Lehrerinnen und Lehrer als biographisch geprägte und veränderliche Erfahrung."

„Religion wird verdrängt und marginalisiert, wenn sie als Privatsache, als überflüssiges Relikt aus einer noch nicht säkularisierten Zeit oder als Requisit aus einem Arsenal kultureller und historischer Wissensbestände ohne Bezug zu gegenwärtigen Konfliktfeldern betrachtet wird." (ebd.)

Wird Religion aber in der Schule marginalisiert, kann ihre inhaltliche und soziale Schlüsselfunktion nicht zum Ausdruck kommen
- für die Art der Gestaltung des Zusammenlebens mit Migranten;
- für die Intensität und Qualität wechselseitigen Verständnisses;
- für den Erwerb einer Haltung kritischen Respekts gegenüber Anderen.

So bleiben Ursachen und Grundlegungen sozialer und kultureller Konflikte dauerhaft verborgen.

Literatur

Auernheimer, Georg u.a. (1996), Interkulturelle Erziehung im Schulalltag. Fallstudien zum Umgang von Schulen mit der multikulturellen Situation, Münster-New York

Bohnsack, Ralf ([3]1999), Rekonstruktive Sozialforschung. Einführung in Methodologie und Praxis qualitativer Forschung, Opladen

Drehsen, Volker (1994), Die Anverwandlung des Fremden, in: Ven, Johannes A. van der / Ziebertz, Hans-Georg (Hg.), Religiöser Pluralismus und interreligiöses Lernen, Kampen-Weinheim, 39-69

Fischer, Dietlind u.a. (1996), Auf dem Weg zur interkulturellen Schule. Fallstudien zur Situation interkulturellen und interreligiösen Lernens, Münster-New York

Gauß, Rainer / Harasek, Anneliese / Lau, Gerd (Hg.) (1994), Interkulturelle Bildung - Lernen kennt keine Grenzen. Bd 1, Wien

Gauß, Rainer / Harasek, Anneliese / Lau, Gerd (Hg.) (1995), Interkulturelle Bildung - Lernen kennt keine Grenzen. Bd. 2, Wien

Habbel, Torsten (1994), Der Dritte stört. Emmanuel Levinas - Herausforderung für politische Theologie und Befreiungsphilosophie, Mainz

Habermas, Jürgen (1992), Metaphysik nach Kant, in: ders., Nachmetaphysisches Denken. Philosophische Aufsätze, Frankfurt/M.

Heitmeyer, Wilhelm (1997), Verlockender Fundamentalismus. Türkische Jugendliche in Deutschland, Frankfurt/M.

Jäggle, Martin (1995), Religionspädagogik im Kontext interkulturellen Lernens, in: Ziebertz, Hans-Georg / Simon, Werner (Hg.), Bilanz der Religionspädagogik, Düsseldorf, 243-258

Jäggle, Martin (1999), Anstatt eines Vorwortes, in: EIN-FACH-ETHIK. Ethikunterricht in Österreich. Hintergründe - Kontroversen - Informationen (Schulheft 93/1999), Wien, 5-8

Lamnek, Siegfried ([3]1995), Qualitative Sozialforschung. Bd. 2. Methoden und Techniken, Weinheim

Mette, Norbert (1994), Religionen im Bildungsauftrag der öffentlichen Schulen, in: Ven, Johannes A. van der / Ziebertz, Hans-Georg (Hg.), Religiöser Pluralismus und interreligöses Lernen, Kampen-Weinheim, 277-289

Merton, Robert K. / Fiske, Marjorie / Kendall, Patricia L. (1956), The focused interview. A manual of problems and procedures, Glencoe/Ill.

Metz, Johann Baptist / Bahr, Hans-Ekkehard (1991), Augen für die Anderen. Lateinamerika - eine theologische Erfahrung, München

Nipkow, Karl Ernst (1998), Bildung in einer pluralen Welt. Bd. 1. Moralpädagogik im Pluralismus, Gütersloh

Prengel, Annedore ([2]1995), Pädagogik der Vielfalt. Verschiedenheit und Gleichberechtigung in Interkultureller, Feministischer und Integrativer Pädagogik, Opladen

Reich, Hans H. (1994), Interkulturelle Pädagogik - eine Zwischenbilanz, in: ZfP 40 (1/1994), 9-27

Religionsunterrichtsgesetz - RUG, in: Schwendenwein, Hugo, Religion in der Schule. Rechtsgrundlagen, Graz 1980, 17-33

Süss, Paulo (1995), Über die Unfähigkeit der Einen, sich der Anderen zu erinnern, in: Arens, Edmund (Hg.), Anerkennung der Anderen. Eine theologische Grunddimension interkultureller Kommunikation, Freiburg/Br.

Ziebertz, Hans-Georg (1995), Religiöse Identitätsfindung durch interreligiöse Lernprozesse, in: RpB 36/1995, 83-114

Hans Mendl

Religiöses Lernen als Konstruktionsprozess
Schülerinnen und Schüler begegnen der Bibel

1. Unterrichtsforschung - ein weites Feld

1.1 'Aber *meine* Schüler verstehen das Gleichnis vom Gütigen Vater'

Diskussionen anlässlich der Revision von Lehrplänen laufen in Lehrplankommissionen häufig nach dem argumentativen Muster der subjektiven Empirie ab: Lehrer A verteidigt ein Lehrplan-Thema auf dem Hintergrund seiner eigenen Erfahrungen mit Schulklassen, Lehrer B hält dasselbe Thema aufgrund seiner eigenen Beobachtungen und Unterrichtsversuche für problematisch. Der wissenschaftliche Begleiter hingegen bringt zum diskutierten Thema auf einer ganz anderen Ebene die neuesten religionsdidaktischen Konzepte ein und stellt entsprechende Folgerungen an. Fazit: Es gibt kaum eine abgesicherte gemeinsame Basis bezüglich des 'Erfolgs' von Religionsunterricht, die als qualitative Grundlage für entsprechende Revisionsarbeiten an den Lehrplänen gelten kann. Diesbezüglich hat sich die curriculare Theorie als praxisuntauglich erwiesen, weil trotz des Postulats der Evaluierbarkeit zielorientierten Unterrichtens für diesen Prozess weder auf der mikrostrukturellen (Unterrichtsauswertung) noch auf der makrostrukturellen (Lehrplanarbeit) Ebene entsprechend wirksame und in der Unterrichtspraxis verbreitete Instrumente entwickelt wurden. Wer Praktika betreut, erfährt dies häufig über Reflexionsdialoge wie diesen: 'Haben Sie Lernziel 3 erreicht?' - 'Ich glaub' schon, denn die Antonie hat genau das gesagt, was ich hören wollte, und das hab' ich dann im Tafelbild festgehalten.'

1.2 Zur Messbarkeit religiöser Lernprozesse: das 'evaluative Vorurteil'

Ist der Erfolg religiöser Lernprozesse überhaupt messbar? Und umgekehrt: Welche Kriterien legt man zu Grunde, wenn man der Katechese einen „katastrophalen Misserfolg" (Ratzinger 1989, 39) oder dem Religionsunterricht eine „katastrophale Erfolglosigkeit in den entscheidenden Dingen" (Brechtken 1988, 776) zuspricht? Rudolf Englert (1997, 138-145) argumentiert bei seiner Annäherung an die Frage „Was ist ein religiöser Lernprozess?" vorsichtiger und skizziert zunächst im Sinne Gadamers folgende zentrale produktive Vor-Urteile im Sinne von Vorstrukturen des Verstehens: eine exakte Beschreibung religiösen Lernens ist teleologisch, methodisch, epigenetisch und anthropologisch fragwürdig. Entziehen sich nicht vielmehr menschliche Wachstumsprozesse auch im Bereich des Religiösen stringenter Zielgerichtetheit, Organisierbarkeit, Sequenzierbarkeit und generell einer Definierbarkeit? Es ist naheliegend, diesen Anfragen Englerts bei der eigenen Problemstudie ein 'evaluatives Vorurteil' anzuschließen. Wenn schon unklar ist, was ein religiöser Lernprozess ist und wie man ihn organisieren kann, ist auch eine

Erfolgskontrolle äußerst fragwürdig und somit eine empirische Erforschung dieser Dimension ein problematisches Unterfangen.

1.3 Projekte zur Unterrichtsforschung

Empirisches Arbeiten ist zeitaufwendig, personalintensiv und entsprechend teuer; dies gilt besonders für den komplexen Bereich der Unterrichtsforschung: Ein entsprechendes Forschungsdesign muss konstruiert werden, daneben sind aber auch umfassende Genehmigungsverfahren (Datenschutz!) nötig, außerdem müssen sich Schulleitungen, Lehrer und Schulklassen zur Mitarbeit bereit erklären, eventuell weitere Institutionen wie ein Videolabor oder -team in die Durchführung einbezogen werden. Das angesprochene evaluative Vorurteil wird noch um einige Facetten angereichert: So ist schon Unterricht selbst ein sehr komplexes Gebilde und kann, wie im Folgenden auch deutlich wird, unter verschiedenen Perspektiven betrachtet und bewertet werden; seine Effekte sind „spekulativ kaum abzuschätzen" (Ziebertz 1994, 15). Selbst der Focus auf *den* religiösen Lernprozess muss insofern ausgeweitet werden, als beim schulischen Lernen eine ganze Lerngruppe gemeinsam beschult wird, die einzelnen Individuen aber je eigene Rezeptionswege beschreiten. Inwieweit dies mit einem entsprechenden empirisch angelegten Design nachgezeichnet werden kann, gilt es in diesem Beitrag auszuloten.

Bei der Komplexität des Untersuchungsgegenstandes verwundert es nicht, dass es nur sehr wenige breiter angelegte empirische Projekte zur Erforschung des Binnengeschehens im Religionsunterricht gibt (hierzu im Überblick: Ziebertz 1995, 48): Nach wie vor am umfassendsten ist die *„Mainzer Dokumentation von Religionsunterricht"* aus den 70er Jahren (Stachel 1976A; 1976B; 1977; 1989; Simon 1983). 94 gedruckte Verbalprotokolle im Umfang von 2000 Seiten wurden nach verschiedenen Analyseverfahren[1] ausgewertet.

Die *„Augsburger Arbeitsgruppe Curriculum"* wurde initiiert von Eugen Paul, der zuvor in Günter Stachels Mainzer Forschergruppe mitgearbeitet hatte: 70 audiovisuell aufgezeichnete (Aufnahmezeitraum: 1984-1995) und anschließend verschriftete Unterrichtsprotokolle zu biblischen Themen wurden mit Hilfe einer inhaltsbezogenen analytischen Diagnose nach thematischen Schwerpunkten ausgewertet (Augsburger Arbeitsgruppe Curriculum 1993; Mendl 1997). Ziel war es, über die systematische Untersuchung curricular verordneter Themen und ihrer Umsetzung im Religionsunterricht verallgemeinerungsfähige Erkenntnisse zu gewinnen, die in künftige Revisionsarbeiten zu den jeweiligen Lehrplänen einfließen sollten. Das folgende eigene Projekt verwendet Material aus diesem Fundus, der noch bei weitem nicht ausgeschöpft ist.

Die *Tübinger Gruppe* um Friedrich Schweitzer schließlich wertete in einem DFG-Forschungsprojekt „24 Stunden Religionsunterricht" (Faust-Siehl u.a. 1995; Schweitzer u.a. 1995A), aufgenommen in den Jahren von 1988 bis 1993, aus. Untersucht wurde der Entwicklungsbezug der Unterrichtsstunden, „indem kognitiv-

---

[1] Interaktions-, Inhalts-, Strukturanalyse, thematische Analyse, methodische Analyse im Sinne einer Interdependenzanalyse.

strukturelle und psychosoziale Entwicklungstheorien zur Bestimmung der Stufen-zuordnung jeder einzelnen Äußerung des Unterrichtsgesprächs sowie zur Interpre-tation von Unterrichtsabschnitten eingesetzt wurden" (Schweitzer u.a. 1995A, 197f; vgl. a. dies. 1995B; Nipkow u.a. 1996). Interpretiert wurden die Stunden auch hinsichtlich der didaktischen Fragestellung nach gelingender und misslingender Elementarisierung im Religionsunterricht (Schweitzer u.a. 1995A).

Die drei dargestellten Forschungsprojekte sind in den jeweils aktuellen lerntheoreti-schen Mainstream eingebettet: So kann man am Mainzer Untersuchungsraster die didaktischen Fragestellungen der 70er Jahre (Curriculum-Theorie, Interdependenz-Modell, kommunikative Didaktik), am Augsburger Projekt die Dokumentation curricular verordneten und entsprechend durchgeführten Unterrichts und zugleich die beginnende kritische Anfrage an die Curriculumtheorie (Meier 1989) aus den 80er Jahren und am Tübinger Projekt die Bedeutung religionspsychologischer Fragestellungen aus den 90er Jahren erkennen. Auch der im Folgenden entwickelte eigene Forschungsschwerpunkt ist eingebunden in die Signaturen der aktuellen (religions-)pädagogischen Diskussion um die Alternativen zwischen 'Aneignung' oder 'Vermittlung' beziehungsweise 'Konstruktivismus' oder 'Instruktivismus'.

2. Qualitative Unterrichtsforschung zwischen empirischer Hermeneutik und hermeneutischer Spekulation

2.1 Inhaltsdeskription als Grundmethode

Der Forschungsfocus auf kollektive Lernprozesse im Untersuchungsfeld Religions-unterricht legt es nahe, ein qualitatives empirisches Instrumentarium zu entwickeln. Der Nachteil gegenüber quantitativen Methoden besteht in einer fehlenden Reprä-sentativität und in einer offeneren und weniger eindeutigen Interpretationsmetho-dik. Gerade weil aber nicht nur verbal fixierte und quantifizierbare Lernergebnisse, sondern der Lernprozess im Stundenverlauf als vielschichtiges Interaktions- und Rezeptionsgeschehen zwischen Lehrer, Sache und Schüler (im Plural!) interessiert, erschien für die Augsburger Untersuchung eine prozessorientierte inhaltsbezogene analytische Diagnose, wie sie als Teilmethode bei der Mainzer Untersuchung entwickelt wurde, als geeignet: Der unterrichtliche Gesprächsverlauf wird darauf-hin untersucht, welches Verständnis Schülerinnen und Schüler von bestimmten Inhalten gewinnen, und es wird interpretiert, welche Ursachen hinter den beobach-teten Rezeptionen zu vermuten sind, inwiefern die Lehrerimpulse die Rezeption steuern bzw. Deutungsmuster suggestiv vorgeben und ob insgesamt kultur- und mentalitätsbedingte Verstehensmuster deutlich werden. Bei der Hypothesenbildung griff die Augsburger Gruppe auf einschlägige entwicklungs- und religionspsycho-logische Forschungsergebnisse (Oser, Fowler, Kohlberg) zurück.

Konkret erfolgte die Auswertung nach folgendem Muster: Die Unterrichtsstunden sollten gemäß dem Postulat qualitativer Feldforschung, humanwissenschaftliche Gegenstände in ihrem natürlichen Umfeld zu erschließen (Mayring 1996, 11.39-42), möglichst realitätsnah aufgezeichnet werden; für das Interaktionsgeschehen zwischen Lehrer und Schüler erwies sich die Tatsache, dass die meisten Stunden im Studioklassenzimmer des Videolabors an der Universität Augsburg aufgezeichnet wurden, als zu vernachlässigender Einflussfaktor. Meist war ein Lehrstuhlmitarbeiter im Regieraum im Sinne einer teilnehmenden Beobachtung bei der Aufzeichnung dabei. Die Stunden wurden verschriftet, bei einer mehrmaligen Durchsicht der Videobänder wurden in der rechten Spalte der Unterrichtsprotokolle nonverbale Elemente (Tonfall, Mimik und Gestik, Unmuts- und Beifallsäußerungen, globale Meinungsäußerungen qua Handzeichen etc.) festgehalten. Diese Protokolle wurden dann nach dem Verfahren der Inhaltsdeskription (Stachel 1989, 229; Stock 1976, 124-128; Simon 1983, 100-143) analysiert: Möglichst kleinschrittig wurden jeweils die Lehrerebene und -intention und die Schülerebene und -rezeption im Unterrichtsverlauf stichwortartig beschrieben, inhaltliche Teilschritte und thematische Einheiten bestimmt und daraus ein gegliedertes Inhaltsverlaufsprotokoll erstellt. Bei der zusammenfassenden Interpretation lag der Schwerpunkt bei der Frage nach den Schülerrezeptionen, wie man den fast 70 Protokollen entnehmen kann. Die Ergebnisse der Auswertungen einzelner bzw. thematisch gebündelter Stunden wurden am Lehrstuhl und anschließend im Arbeitskreis diskutiert.

Wie bei allen Stundenprotokollen der drei großen Studien deutlich wird, erlaubt die genaue Inhaltsdeskription wertvolle Einblicke in die empirische Wirklichkeit des Religionsunterrichts über die subjektive Empirie hinaus und ist von daher auch didaktisch bedeutsam, weil es zum Aufbau der von Hilger geforderten „Wahrnehmungskompetenz" (ders. 1997) beiträgt. Insofern sind Unterrichtsaufzeichnungen und inhaltsanalytische Wahrnehmungsraster auch methodische Hilfsmittel für die Lehrerausbildung. In empirischer Hinsicht freilich stellt sich die Frage, wie man über einzelne Unterrichtsanalysen hinaus zu übergreifenden empirisch nachvollziehbaren Aussagen und Ergebnissen kommt.

2.2 Das Problem des hermeneutischen Übergangs

Qualitative Forschung bewegt sich im Grenzgebiet zwischen empirischem und hermeneutisch-spekulativem Vorgehen (Ziebertz 1992, 148). Während die Datenerhebung (Aufzeichnung, Verschriftung) bis zur Inhaltsdeskription (Lehrer- und Schülerebene, Ermittlung von Sinneinheiten) nach festgelegten Regeln geschieht und in ihrer hermeneutischen Dimension (z.B. Deutung einer Lehrerintention oder einer einzelnen Schülerrezeption aus dem Gesprächsprotokoll heraus) als relativ einfach überprüfbar erscheint, sind die weiteren Schritte bei allen drei geschilderten Projekten zur Unterrichtsforschung eher vage gehalten: Beim Bemühen um „ein möglichst detailliertes und vollständiges Bild der zu erschließenden Wirklichkeitsausschnitte" (Flick u.a. 1991, 4) genügt es nicht, nach der Methode 'pars pro toto' aus *einer* Unterrichtsaufzeichnung *eine* Schüleräußerung stellvertretend für die Rezeption einer ganzen Klasse als Schülerebene zu deklarieren. Um dieser Gefahr zu entgehen, wurden in der Augsburger Untersuchung zum Beispiel gelegentlich während einer Unterrichtsaufzeichnung von der ganzen Klasse schriftliche Rezeptionszeugnisse zum Thema erhoben und bei der auswertenden Deutung einbezogen. Aber auch das reicht nicht aus, denn die zu beschreibende Wirklichkeit übersteigt ja den Kontext einer einzelnen Unterrichtsstunde. Ein mehrstufiges Modell, das diesem Anspruch Rechnung trägt, sollte folgendermaßen angelegt sein: Zunächst müssen aufgrund der Hypothesenbildung *Ordnungskriterien* formuliert werden. Mit diesen Kriterien wird das Material einer *Einzelstunde* untersucht, entsprechende Stellen werden gekennzeichnet. Der Vergleich mit den Analysen zu *anderen Stunden* zum selben Thema (gegebenenfalls in Alterskohorten) führt dann zu übergreifenden *Schlussfolgerungen.* In der Augsburger Studie geschah dies bei der Auswertung von Unterrichtsaufzeichnungen zum Gleichnis von den 'Arbeitern im Weinberg' beispielsweise in einer genauen und beinahe lückenlosen Beschreibung der Rezeptionsweisen in jeder einzelnen Stunde unter den Gesichtspunkten 'kognitive Fähigkeiten und (affektive) Akzeptanz' und 'Auslegungshorizont' (Augsburger Arbeitsgruppe Curriculum 1993, 6-26) und in der Bündelung altersmäßig homogener Stundengruppen. Bei der Auswertung von Stunden zur 'Opferung des Isaaks' wurden die altersmäßig gruppierten Stunden im Querschnitt sowohl bezüglich einzelner herausragender Rezeptionsformen (Religionsstunden-Ich; Unverständnis als dominante Rezeption; Veränderungen im Gottesbild) als auch bezüglich möglicher Zugänge aufgrund der gewählten Lehrerimpulse (Bundesgeschichte, Kultätiologie, Auswertung der Transfer- und Aktualisierungsversuche) bearbeitet (Mendl 1997). Bezeichnenderweise wird diese Kriterienbildung nirgends zum Gegenstand methodologischer Reflexion - sicher ein Schwachpunkt des Augsburger Unternehmens und der qualitativen Unterrichtsforschung überhaupt, die häufig von der empirischen Hermeneutik zur hermeneutischen Spekulation übergleitet. Auch bei der Tübinger Untersuchung werden die Stunden zwar nach einem durchaus methodologisch reflektierten, hermeneutisch-interpretativen Vorgehen analysiert: Es wird die Strukturgeladenheit der Stunden (Fowler) errechnet sowie der psychosoziale Erfahrungsbezug der Stunden (Erikson) ermittelt (Schweitzer u.a. 1995A, 194-211). Bei der Entfaltung des didaktisch relevanten Elementarisierungs-Konzepts im zitierten Werk jedoch kommt man weitgehend ohne die *empirischen* Ergebnisse dieser Studie aus (z.B. dass insgesamt eine geringe Strukturladung und ein geringer Erfahrungsbezug festzustellen sind). Einzelne Sequenzen aus der Untersuchung werden lediglich argumentativ-veranschaulichend „als Beispiele gelingender und misslingender Elementarisierung" (Schweitzer u.a. 1995A, 194) eingebracht, ohne dass Kriterien für die Auswahl angegeben würden. Nicht von ungefähr erfolgt die Darstellung der empirischen Studie erst im letzten Kapitel des Buchs. Dies schmälert nicht die Plausibilität der Zuordnung, aber zieht doch eine Anfrage an die empirische Methodik nach sich. Fazit: Die reflektierte Kategorienbildung nach der Inhaltsdeskription ist ein bei der Unterrichtsforschung vernachlässigter Bereich.

3. Ein konstruktivistisches Analyseraster als hermeneutisches Instrument

3.1 Von der Inhalts- zur Rezeptionsanalyse im sozialen Kontext

Der lernende Schüler als Individuum in seinem sozialen Kontext steht nach Franz Weinert (1997) im Mittelpunkt des lernkulturellen Trends der 90er Jahre. Mit Blick auf die Augsburger und Tübinger Projekte kann dieser Trend auch für den Bereich der Unterrichtsforschung bestätigt werden: Ausgehend von überwiegend religionspsychologisch geprägten Hypothesen liegt der Forschungsfocus schwerpunktmäßig in der Interpretation der Schülerrezeptionen. Fraglich ist jedoch, ob der Blick auf einzelne Schüleräußerungen - beispielsweise in Form einer reinen prozentualen Bestimmung von in ihrem Strukturgehalt identifizierbaren Beiträgen (Schweitzer u.a. 1995A, 198-205) - dem Untersuchungsgegenstand gerecht wird: Schließlich handelt es sich nicht um Einzelinterviews, sondern um Lernprozesse im Klassenverband, in denen Sinn interaktional ausgehandelt wird. Schüleraussagen sind schon deshalb kaum als isolierte Größen interpretierbar, da sich im Setting 'Unterricht' nicht nur authentische, sondern auch lediglich 'erwünschte' Schüleraussagen manifestieren, was gelegentlich durch die Erhebung argumentativer Grundmuster einzelner Schüler über die gesamte Stunde hinweg herausgeschält werden kann: So ist es möglich, dass ein Schüler die Grundstruktur der alttestamentlichen Gottesfurcht zwar *kognitiv versteht*, die Deutung aber *nicht akzeptiert*, wie aus weiteren Äußerungen im Stundenverlauf deutlich wird (vgl. Mendl 1997, 87). Insofern erscheint es dringend angebracht, für die Analyse von Religionsstunden ein Kriterienraster zu verwenden, welches dem sozialen Charakter von Lernprozessen im Klassenraum Rechnung trägt.

3.2 Konstruktivismus - ein neues Paradigma?

Der Konstruktivismus wird in den verschiedensten wissenschaftlichen Disziplinen im Range eines neuen Paradigmas gehandelt. Grundlagen für alle verschiedenen Ausprägungen sind die Ergebnisse der Neurobiologie (Maturana / Varela 1987). Auch in Pädagogik und Didaktik wird der Konstruktivismus inzwischen lebhaft diskutiert, in ersten Ansätzen auch lerntheoretisch reflektiert und didaktisch erprobt (Schmidt 1992; Wolff 1994; Siebert 1994; Müller 1996). Dieter Wolff fasst den grundlegenden Blickwinkel des Konstruktivismus so zusammen: „Wahrnehmung, Verstehen und Lernen müssen in hohem Maße als konstruktive Operationen verstanden werden, die der Mensch selbständig auf der Grundlage seines jeweils vorhandenen individuellen Erfahrungswissens vollzieht. Die Ergebnisse der ständigen Auseinandersetzung mit der Umwelt sind deshalb für jeden Menschen verschieden: wir entwickeln und konstruieren, unabhängig und auf der Basis unseres sich beständig verändernden Erfahrungswissens, unsere eigene Theorie von der Umwelt, die selbst wieder kontinuierlich Veränderungen ausgesetzt ist." (ders. 1994, 408) Alle weiteren grundlegenden theoretischen Ansätze, modifizierten Konzepte und kritischen Einwände (z.B. Nüse u.a. 1991) kann man andernorts nachlesen. Mir geht es im Folgenden lediglich darum, ein konstruktivistisch geprägtes Analyseraster auf seine Tauglichkeit für die Unterrichtsforschung hin zu erproben.

3.3 Die gesellschaftliche Konstruktion der Wirklichkeit im Klassenzimmer

Untersucht man die „gesellschaftliche Konstruktion der Wirklichkeit" (Berger / Luckmann 1969) im Klassenzimmer, so ist dazu ein Instrumentarium nötig, welches die individual-konstruktivistische Sicht mit der sozial-konstruktivistischen verbindet.

Der Neutestamentler Peter Lampe hat für die Exegese biblischer Texte ein Modell erprobt, das er der konstruktivistisch geprägten Wissenssoziologie entnommen hat (ders. 1997) und das ich mit eigenen Modifikationen auch für die Untersuchung von Unterrichtsprozessen für geeignet halte. Die Ausgangsfrage lautet: Wie kommt soziale, intersubjektive Wirklichkeit zustande? Aus einzelnen Bedeutungseinheiten entstehen zusammengesetzte Sinnzusammenhänge. Kennzeichnend für konstruierte subjektive oder soziale Kontexte ist dabei, dass sie auf axiomatischen Setzungen gründen: Für den Psychoanalytiker ist dies die Annahme des Unterbewussten, für den Theologen die des sich selbst mitteilenden, wirkmächtigen Gottes. In der frühchristlichen Gemeinde bestand ein solches Axiom beispielsweise in der Überzeugung 'Jesus ist auferstanden' - in einer durchschnittlichen 11. Klasse im Deutungsrahmen 'Kirche ist fragwürdig'. Eingehende Impulse werden gemäß diesen Axiomen eingeordnet und verändern sie im Extremfall.

Vier Evidenzquellen speisen nun auf je eigene Art diese Konstruktion von Sinn.
- Die sinnliche Wahrnehmung,
- die soziale Bestätigung,
- das emotionale Erleben,
- und die kognitive Konstruktion.

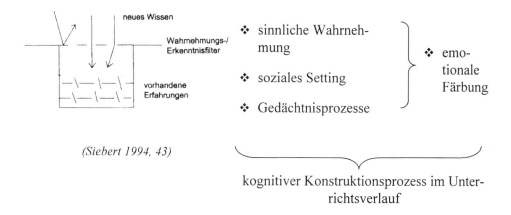

kognitiver Konstruktionsprozess im Unterrichtsverlauf

Entscheidend ist: Es handelt sich bei der Bildung von Konstrukten im Unterricht nicht um einen linearen Prozess von einem Nullpunkt an, sondern um den Rückgriff auf bereits existierende Konstrukte. Aus diesem Grund habe ich das Schema bezüglich der Unterrichtsanalyse im Folgenden um die lebensgeschichtlich verortete Zeit-Dimension erweitert: Es werden Wissenssegmente in den Unterricht mitgebracht und als Mitgebrachte im Unterricht ausgetauscht.

Ich wende dieses konstruktivistische Modell nun auf die Analyse einer Unterrichtsstunde (11. Klasse Gymnasium) zum Thema 'Die Opferung des Isaak (Gen 22)' an, die aus dem Fundus der Augsburger Untersuchung stammt und im Zusammenhang der Gesamterschließung von insgesamt elf Unterrichtsstunden zu diesem Thema bereits ausgewertet wurde, dort allerdings noch vor Verwendung des konstruktivistischen Analyserasters.

Methodisch wurde in folgender Weise verfahren: In den Unterrichtsprotokollen wurden jeweils relevante Schüleräußerungen bzw. Hinweise zum Unterrichtsverlauf (Video-Aufzeichnung!) den entsprechenden Evidenzquellen (W = Wahrnehmungen; S = soziale Beeinflussung; E = Emotionen; K = Konstruktionen) zugewiesen. Gelegentlich wurden die Anmerkungen bei eindeutig feststellbaren Aussageabsichten mit einem '+' oder '-' versehen (z.B. emotionaler Einwand, ablehnende bzw. zustimmende Deutung), um grundlegende Rezeptionsweisen zu markieren. Das breite Feld der 'Wahrnehmungen' (W) wurde nochmals differenziert in 'Wv = vorunterrichtliche Gedächtnisspuren' und 'Wu = unterrichtliche Impulse'. Der erkenntnistheoretisch spannende Vorgang dabei ist, dass im interaktionalen Feld jede öffentlich geäußerte persönliche Gedächtnisspur (Wv) zum unterrichtlichen Impuls (Wu) für die gesamte Lerngruppe wird.

Isaaks Opferung (Gen 22)	*Gymnasium 11. Jahrgangsstufe*	*93-4-2*
Lehrerimpulse	Schülerrezeptionen	
Abraham, Vater des Glaubens (Röm 4,9ff)	Abraham zog weg; er hätte seinen Sohn geopfert; er wurde gerettet als einer der Gerechten	
Augstein-Zitat: der grausame AT-Gott	„vielleicht dass er seinen Sohn für seinen Glauben geopfert hat"	
Gen 22: Chagall-Bild, Text		
L: sammelt Meinungen; ermuntert zur kontroversen Meinungsäußerung	Abraham gehorcht ohne jede Reaktion; der Sohn hat sich nicht gewehrt; Beziehung Abraham - Isaak? ein ziemlich brutaler Gott; blinder Gehorsam: die persönliche Meinung geht total verloren; wie beim Militär; verhindert Entwicklung zum Individuum; Widerspruch zum allwissenden Gott; Widerspruch zu unserem Gottesbild („was ma' lernt, was ma' in der Grundschule ham. Und des, woran i auch glaub..."): der eigene Gott ist barmherziger („mein Gott braucht des net"); Vertrauen - *sofort Widerspruch:* „der hat kei' eigne Entscheidungsfreiheit g'habt"	
kulturhistorische Erläuterung (Menschenopfer im Umfeld Israels)	*(Aussage Gen 22)* „Man soll eben nicht seine Kinder opfern"; *Widerspruch:* Gott fordert's aber von Abraham Gott zerstört ganze Städte: „Also es scheint ihm da no' net sehr viel auszumachen, da irgendwie mehrere Leute zu opfern."	

positive Vorerfahrungen Abrahams mit Gott (Bundesgeschichte)	„er vertraut ihm halt"; „Er kriegt'n Hass langsam auf den Gott, der ihn immer wieder wegziehen lässt und ihn dann sein' Sohn opfern lässt ..."; ein harter Gott, der einem viele Prüfungen auferlegt, aber am Ende Vertrauen doch belohnt; „Dass ma' so blind auf etwas vertraut." Menschen nutzen Gen 22 aus
Gott führt ins Dunkle	Abraham folgt ihm blind.
Was kann das heute bedeuten?	Krankheiten, Ausweglosigkeiten
Drewermann-Deutung: „Man behält nur, was man opfert"	*(Rekurs auf Abraham) (Radikalzweifel) verzerrter Transfer* („Kommt irgend a Psychopath daher und bringt sein' Sohn um und sagt: Gott hat's mir gesagt"*);* Entscheidung für Kloster und Priestertum
L ermuntert zur Gesamtdeutung	**„Vater des blinden Glaubens";** Vertrauen, „was geben, wenn 'ma was zurück haben will und so"

Kurzbeschreibung einer Unterrichtsstunde aus dem Forschungsprojekt
„Evaluation des Curriculum"

Die gestufte Interpretation (mit gelegentlichen Verweisen auf Stunden, die in ähnlicher Form bearbeitet wurden) des mit Hilfe des konstruktivistischen Analyserasters strukturierten Materials sieht dann so aus: Zunächst wird mit Hilfe der beschriebenen Kategorien der *Unterrichtsverlauf nachgezeichnet* (a), in einem zweiten Schritt *zusammenfassend* erhoben, welche *Evidenzien* den Lernprozess nachvollziehbar steuern (b), und schließlich in einem dritten Abstraktionsschritt ein *zusammenfassendes hermeneutisches Urteil* formuliert (c).

(a) Beschreibung des Stundenverlaufs
In konstruktionstheoretischer Sicht haben die Lehrerimpulse den Status eines Signals. Erst bei der Rezeption durch die Schülerinnen und Schüler wird das Eingangssignal zur Information verarbeitet und damit zu einem Bündel von miteinander verschränkten Erkenntnissen, Wertungen und emotionalen Besetzungen.
Mit dem ersten Impuls - wieso Abraham als Vater des Glaubens bezeichnet wird - soll das Vorwissen der Schülerinnen und Schüler ermittelt werden. Interessant ist, dass auf das Augstein-Zitat hin der grausame Gott völlig problemfrei mit der Opferung des Isaak in Verbindung gebracht wird - eine Beobachtung, die in mehreren der genannten Unterrichtsaufzeichnungen in verschiedenen Variationen gemacht werden konnte. Der Inhalt von Gen 22 wird zunächst über eine Chagall-Darstellung der Szene und dann über den Bibeltext präsentiert. Aufschlussreich ist nun, wie die Schülerinnen und Schüler nach der Textpräsentation spontan reagieren und wie gering die Bereitschaft ist, eine einmal eingenommen Deutungsperspektive aufzugeben. Die vorgefasste Schüler-Meinung bleibt bei allen Deutungsangeboten

des Lehrers stabil: Weder kulturhistorische Erläuterungen (Gen 22 als Zeugnis gegen Menschenopfer) noch die Ebene der Bundeserfahrung (Gehorsam als Folge des Grundvertrauens zwischen Gott und Abraham), noch die psychologisch-existentielle Drewermann-Interpretation ('Man behält nur, was man loslässt') führen zu einer grundlegenden Meinungsänderung: Die Schüler äußern jeweils Unbehagen und mindern den Wert der Deutungsangebote, indem sie immer wieder zu ihrem Deutungsfocus 'Abraham hat aber gehorcht' zurückkehren. So will beispielsweise der Lehrer aus einzelnen Erfahrungen Abrahams mit seinem Gott schrittweise (= *Wv*) das Deutungskonstrukt 'Vertrauen trotz Ungewissheit' aufbauen; die Schüler passen diese Wahrnehmungen (*Wu*) in das zu diesem Zeitpunkt für sie schon ziemlich hermetische negative Deutungskonstrukt ein. Die adäquate, von den Schülern erwartete Reaktion Abrahams müsste sein: „Er kriegt 'n Hass langsam auf den Gott, der ihn immer wegziehen lässt und ihn dann sein' Sohn opfern lässt und alles". Abraham nach Gen 22 bleibt - so das Resümee eines Schülers - der „Vater des blinden Glaubens".

(b) Subjektives Lernen im Klassenverband als Evidenzienreihung

Die Textwahrnehmung (visuell, akustisch) wird also sofort mit bestehenden Kategorien von Erfahrungen verknüpft; Teilelemente werden mit entsprechenden Konstrukten und Wertungen versehen (die Passivität Abrahams, die problematische Vater-Sohn-Beziehung, die Brutalität Gottes). Der Text selbst - einerseits vertraut ('overfamiliar', wie Horst Klaus Berg dies treffend bezeichnet), letztlich aber, wie an anderen Aufzeichnungen zu Gen 22 aus der Unterstufe nachgewiesen werden kann, nie richtig verstanden, löst Assoziationen aus, die inhaltlich dem Bereich 'Autorität' zuzuordnen sind: Autoritäten prägen mein Leben (die persönliche Erfahrung; die drohende Erfahrung: Bundeswehr), Autoritäten missbrauchen andere Menschen (die zeitaktuellen medialen Erfahrungen: das Massaker von Wako, der Selbstmord der Sonnentempler). Im Zusammenhang eines kollektiven Lernens im Klassenverband wird das favorisierte Deutungskonstrukt vom 'Un-Sinn' uneingeschränkten Vertrauens noch dadurch verstärkt, dass im Unterrichtsverlauf Opinion-leader die Mehrheitsäußerungen prägen und individuelle 'Abweichler', die die Deutungsangebote übernehmen, ins Abseits geraten; der Lehrer verhält sich - aber das lag mit an der Forschungsanlage und war bei späteren Auswertungsgesprächen auch Teil der Kritik - interessiert neutral. Diese Konstruktionsprozesse laufen nun nicht wertfrei ab, sondern sind mit Emotionen gekoppelt und unterlegt, wie aus den nonverbalen Begleitelementen (Lautstärke, einander ins Wort fallen, Unmutskundgebungen) deutlich wird. Insgesamt entsteht im Unterrichtsprozess also ein koinzidenter Meinungsteppich, der bei der überwiegenden Mehrheit der Schüler mit der mitgebrachten Skepsis kongruiert.

Evidenzquelle	93-4-2	Wahrnehmungskategorien
sinnliche Wahrnehmung *(unterrichtliche Impulse)* *(vorunterrichtliche Erfahrungen)*	persönlich: Autoritäten prägen mein Leben (Eltern, Lehrer, Trainer) medial: religiös konnotierte Perversionen von Autorität (Sekten-Selbstmorde ...) Gen 22: 'overfamiliar'; Kritik aus der Distanz; Bibel- und Kirchen-kritik	· Aktivierung von Gedächtnisspuren im Unterrichtsprozess · Wiederholung · Ausbreitung
soziale Bestätigung *(im Unterrichtsverlauf)* *(außerunterrichtliche Autoritäten)*	Opinion-Leader: Un-Sinn Mehrheitsäußerungen in der Klasse: Un-Sinn Lehrer: neutral - interessiert Minderheitenposition: Sinn-Spuren	· Glaube an Experten
emotionales Erleben *(vorunterrichtlich)* *(im Unterrichtsverlauf)*	jeweils verknüpft mit · sinnlicher Wahrnehmung · und sozialer Bestätigung: Unsinns-Verdacht wird erhärtet	Empfindungen: · positive · negative
kognitive Konstruktion *(im Unterrichtsverlauf)*	uneingeschränktes Vertrauen in Autorität: Un-Sinn erhärtet mit Gen 22	Verknüpfung: · Koinzidenz · Kongruenz

(c) Zusammenfassende Interpretation

Die massive Ablehnung von Gen 22 ist aus der konstruktivistischen Perspektive plausibel erklärbar als Evidenzien-Reihung: Eine verfrühte Präsentation nicht verstehbarer (= in den eigenen Sinnkontext einbaubarer) Erzählungen produziert ein Grundmisstrauen in biblische Kontexte. Dieses wird bei der Thematisierung von Gen 22 im Unterrichtsverlauf aktualisiert und an die entwicklungspsychologisch erklärbare Ablehnung autoritären Gehorsams angeknüpft - eine Position, die eine vielfache soziale Bestätigung erfährt. Hinzu kommt das in den Unterricht mitgebrachte Axiom der Kirchendistanziertheit: Wer outet sich im sozialen Kontext einer Klasse als Christ oder als vertrauensvolles Kind? Wenn, wie Westermann in seinem Genesiskommentar meint, in Gen 22 nicht die „Zuschauer, sondern die Teilnehmer", die Mit-Leidenden mit Abraham, angesprochen sind (Westermann 1981, 447), so fällt gerade diese positive emotionale Positionalität in einer 'normalen' Schulklasse weg.

4. Religionspädagogischer Ertrag

4.1 Ertrag für die empirische Forschung

Das Kriterienraster lenkt die Wahrnehmung bei der Unterrichtsanalyse auf Aspekte der Wirklichkeitskonstruktion im sozialen Feld 'Religionsunterricht' und erfüllt die Erwartungen der qualitativen Forschung, einen möglichst nachvollziehbaren, detaillierten und strukturierten Einblick in den untersuchten Teilabschnitt zu erhalten. Hilfreich wäre, die genannten konstruktivistisch geprägten Signaturen über ein geeignetes PC-Programm (z.B. Kwalitan) zu erfassen und auszuwerten. Rückwirkend ist dies für die Bearbeitung der Augsburger Unterrichtsaufzeichnungen insofern schwierig, als zahlreiche Dokumente noch nicht mit dem PC erfasst wurden. Mit dem Instrumentarium konnte das Profil einer Unterrichtsstunde herausgeschält werden, welche zahlreiche Rezeptionsbarrieren aufweist. Dies lag an der Anlage des Augsburger Projekts, das ja auf eine begründete Verbesserung der Lehrpläne abzielte und deswegen ausschließlich problematische Themen untersuchte. Darüber hinaus wäre zu untersuchen, ob mit dem Instrumentarium auch Prozesse „gelingender Elementarisierung" (Schweitzer u.a. 1995A) profiliert interpretiert werden können. Aus dem Augsburger Material bietet sich hierzu die Aufzeichnung verschiedener Unterrichtsstunden zum Gleichnis vom unbarmherzigen Knecht (Mt 18, 23-35) an, welches von seiner argumentativen Struktur her bei der Hypothesenbildung als vergleichsweise einfach eingeschätzt wurde; diese Untersuchung steht noch aus.

4.2 Ertrag für die Planung von Lehr- und Lernprozessen im Religionsunterricht

Meines Erachtens sind Verfahren wie das dargestellte dazu geeignet, bei der Untersuchung von Unterrichtsdokumenten den Prozessstrukturen religiösen Lernens auf den Grund zu gehen. Hieraus ergeben sich dann wertvolle didaktische Rückschlüsse über prozessfördernde und -verhindernde Lehr-Lern-Strategien. Man kann induktiv und analytisch letztlich die Vielschichtigkeit religiöser Lernprozesse im Kontext von Schule, Lebensgeschichte, Lebenswelt und Kirche aufzeigen. Zugespitzt könnte man sagen: Schülerinnen und Schüler sind zwar lernfähig, aber letztlich unbelehrbar! Lernchancen ergeben sich nur innerhalb des mitgebrachten kontextuellen Rahmens, also der lebensgeschichtlich zuvor erarbeiteten Axiome und Setzungen bezüglich der eigenen Person, der Welt, Gottes, der Kirche und nicht zuletzt des Religionsunterrichts. Der Blickwinkel des Konstruktivismus zwingt bei der Planung, vom lernenden Kind und Jugendlichen auszugehen und nicht nur oder zumindest weniger ausschließlich von der Inhaltsseite. Folgende didaktisch relevante Postulate können aufgestellt werden:

1. Lernen ist ein aktiv-konstruktiver Prozess.
2. Lernen muss kontextuell angelegt sein: situativ, lebensnah, dynamisch, komplex, sinnerfüllt und sinnenhaft, die Vorerfahrungen und Emotionen einbeziehend.
3. Lernen geschieht individuell, auch im Klassenverbund.

4. Unterschiedliche Lernprozesse in einer Klasse sind keine Störungen, sondern kommunikativ-konstruktiv innerhalb eines kollektiven Lernprozesses aufzugreifen.

5. Verlauf und Ergebnis von Lernprozessen sind nicht völlig vorhersagbar; dies müssen Lehrende berücksichtigen, wenn sie Lernprozesse vorbereiten und zu lenken versuchen.

Literatur:

Augsburger Arbeitsgruppe Curriculum (1993), Das Gleichnis von den Arbeitern im Weinberg, in: Bibelarbeit - reflektiert. Stichwort: Gleichnisse. Materialien für den RU an Gymnasien, Heft 1/1993, hg. v. Kath. Schulkommissariat in Bayern, 2-35

Berger, Peter / Luckmann, Thomas (1969), Die gesellschaftliche Konstruktion der Wirklichkeit. Eine Theorie der Wissenssoziologie, Frankfurt/M.

Brechtken, Josef (1988), Ist der schulische Religionsunterricht noch zu retten?, in: KatBl 113 (11/1988), 776-784

Englert, Rudolf (1997), „Schwer zu sagen...": Was ist ein religiöser Lernprozess?, in: EvErz 49 (2/1997), 135-150

Faust-Siehl, Gabriele / Krupka, Bernd / Schweitzer, Friedrich / Nipkow, Karl Ernst (Hg.) (1995), 24 Stunden Religionsunterricht. Eine Tübinger Dokumentation für Forschung und Praxis, Münster

Flick, Uwe / Kardorff, Ernst von / Keupp, Heiner / Rosenstiel, Lutz von / Wolff, Stephan (Hg.) (1991), Handbuch Qualitative Sozialforschung. Grundlagen, Konzepte, Methoden und Anwendungen, München

Hilger, Georg (1997), Religionsunterricht als Wahrnehmungsschule. Überlegungen zu einer ästhetisch inspirierten Religionsdidaktik, in: Schmuttermayr, Georg u.a. (Hg.), Im Spannungsfeld von Tradition und Innovation, Regensburg, 399-420

Lamnek, Siegfried (²1993A), Qualitative Sozialforschung. Bd. 1. Methodologie, Weinheim

Lamnek, Siegfried (²1993B), Qualitative Sozialforschung. Bd. 2. Methoden und Techniken, Weinheim

Lampe, Peter (1997), Wissenssoziologische Annäherungen an das Neue Testament, in: New Test. Stud. 43 (1997), 347-366

Maturana, Humberto / Varela, Francisco (1987), Der Baum der Erkenntnis. Die biologischen Wurzeln des menschlichen Erkennens, Bern u.a.

Mayring, Philipp (³1996), Einführung in die qualitative Sozialforschung. Eine Anleitung zu qualitativem Denken, Weinheim

Meier, Uto J. (1989), Zwölf Jahre Curricularer Lehrplan in Bayern. Eine kritische Re-Visio auf den gymnasialen CuLp für katholische Religionslehre, St. Ottilien

Mendl, Hans (1997), Vom Gott, der ins Dunkle führt. Eine exemplarische empirische Untersuchung zu Gen 22 (Die Opferung Isaaks), in: RpB 39 /1997, 65-92

Müller, Klaus (Hg.) (1996), Konstruktivismus: Lehren - Lernen - ästhetische Prozesse, Neuwied u.a.

Nipkow, Karl Ernst / Schweitzer, Friedrich / Faust-Siehl, Gabriele / Krupka, Bernd (1996), Development research in the classroom: an empirical study of teaching-learning processes, in: Francis, Leslie J / Kay, William K. / Campbell, William S. (eds.), Research in Religious Education, Leominster

Nüse, Ralf / Groeben, Norbert / Freitag, Burkhard / Schreier, Margit (1991), Über die Erfindung-en des Radikalen Konstruktivismus. Kritische Gegenargumente aus psychologischer Sicht, Weinheim

Ratzinger, Joseph (1989), Auf Christus schauen. Einübung in Glaube, Hoffnung, Liebe, Freiburg/Br. u.a

Schmidt, Siegfried J. (Hg.) (1992), Kognition und Gesellschaft. Der Diskurs des Radikalen Konstruktivismus 2, Frankfurt/M.

Schweitzer, Friedrich / Nipkow, Karl Ernst / Faust-Siehl, Gabriele / Krupka, Bernd (1995A), Religionsunterricht und Entwicklungspsychologie. Elementarisierung in der Praxis, Gütersloh

Schweitzer, Friedrich / Faust-Siehl, Gabriele / Krupka, Bernd / Nipkow, Karl Ernst (1995B), Religious development and the praxis of religious education, in: JET 8 (1/1995), 5-23

Siebert, Horst (1994), Lernen als Konstruktion von Lebenswelten. Entwurf einer konstruktivistischen Didaktik, Frankfurt/M.

Simon, Werner (1983), Inhaltsstrukturen des Religionsunterrichts. Eine Untersuchung zum Problem der Inhalte religiösen Lehrens und Lernens, Zürich u.a.

Stachel, Günter (Hg.) (1976A), Die Religionsstunde - beobachtet und analysiert. Eine Untersuchung zur Praxis des Religionsunterrichts, Zürich u. a.

Stachel, Günter (Hg.) (1976B), Bibelunterricht - dokumentiert u. analysiert. Eine Untersuchung zur Praxis des Bibelunterrichts, Zürich u.a.

Stachel, Günter (Hg.) (1977), Sozialethischer Unterricht - dokumentiert und analysiert. Eine Untersuchung zur Praxis des problemorientierten Unterrichts, Zürich u.a.

Stachel, Günter (1989), Analyse von Religionsunterricht, in: JRP 6 (1989), 217-234

Stock, Alex (1976), Thematische Unterrichtsanalyse, in: Stachel 1976A, 124-128

Weinert, Franz E. (1997), Lernkultur im Wandel, in: Beck, Erwin / Guldimann, Titus / Zutafern, Michael (Hg.), Lernkultur im Wandel, St. Gallen, 11-29

Westermann, Claus (1981), Genesis 12 - 36, Neukirchen-Vluyn (= Biblischer Kommentar zum Alten Testament, Bd. 1/2)

Wolff, Dieter (1994), Der Konstruktivismus: Ein neues Paradigma in der Fremdsprachendidaktik?, in: Die Neueren Sprachen 93 (1994), 407-429

Ziebertz, Hans-Georg (1992), Methodologische Überlegungen zur religionspädagogischen Forschung, in: RpB 30 / 1992, 148-164

Ziebertz, Hans-Georg (1994), Religionspädagogik als empirische Wissenschaft. Beiträge zu Theorie und Forschungspraxis, Weinheim

Ziebertz, Hans-Georg (1995), Lehrerforschung in der empirischen Religionspädagogik, in: ders. / Simon, Werner (Hg.), Bilanz der Religionspädagogik, Düsseldorf, 47-78

Burkard Porzelt

„Ein Erlebnis, das mir wirklich wichtig war."
Jugendliche Intensiverfahrungen als Prüfstein korrelativer Didaktik

1. Relevanzerfahrungen sind Möglichkeitsbedingung religiöser Erfahrung

Erfahren ist gedeutetes Erleben: Eine vergangene Begegnung zwischen erlebendem Subjekt und widerfahrender Realität wird im nachhinein rekonstruiert und interpretiert.

Erfahrungen vollziehen sich in unterschiedlicher Intensität. Sie lassen sich in eine „Hierarchie" (Schillebeeckx 1990, 48) einordnen. Diese reicht von Routineerfahrungen, die „innerhalb der sogenannten oberflächlichen Selbstverständlichkeiten des Lebens" (ebd. 45) stattfinden, bis hin zu *Relevanzerfahrungen*, die den Rahmen des Alltäglichen sprengen. *Relevanzerfahrungen* erweisen sich als persönliche 'Offenbarungen', in denen „sich etwas Überraschendes ereignete, etwas, was die alltäglichen Routineerfahrungen durchbrach und sich bei näherem Zusehen [...] als etwas 'Neues' erwies, etwas Neues, in dem wir doch unser tiefstes Selbst wiedererkennen." (ebd. 46)

Relevanzerfahrungen, „die auf uns einen 'elementaren Eindruck' gemacht, uns mit 'elementarer Kraft' persönlich getroffen haben" (Nipkow 1986, 605), markieren Höhe- und Wendepunkte unserer Lebensgeschichte. Sie sind zugleich die Bedingung der Möglichkeit *religiöser Erfahrung* (vgl. Schillebeeckx 1990, 48).

Wer die 'bedeutenderen Ereignisse des Lebens' (Gaudium et spes 21) „im Licht und mit Hilfe einer bestimmten religiösen Tradition" (Schillebeeckx 1990, 48) auslegt, gelangt zu *religiösen Erfahrungen*: Religiöses Sprechen, das ausdrücklich mit dem Wort 'Gott' operiert (vgl. ebd. 126f.) und der menschlichen Existenz einen endgültigen Sinn zuschreibt (vgl. ders. nach Kennedy 1994, 220), entzündet sich bevorzugt an Erfahrungen, in denen die Normalität des Alltags aufbricht und sich auf existenziell bewegende Weise subjektiv Bedeutsames 'offenbart' (vgl. Schillebeeckx 1980, 76 und 1990, 118).

2. 'Korrelatives Gewicht' heutiger Relevanzerfahrungen

Ungeachtet bedenkenswerter Anfragen (insb. durch Englert 1993 und Reilly 1993) prägt das Konzept der Korrelation, das in den 70er und 80er Jahren zur Blüte kam, nach wie vor die religionsdidaktische Szenerie (vgl. Feifel 1995, 99). Dem korrelativen Paradigma zufolge sind religiöse Lernprozesse grundlegend und gleichermaßen auf überlieferte wie gegenwärtige Erfahrungen verwiesen, die dialogisch aufeinander zu beziehen sind.

Als Elemente einer bestimmten Erfahrungstradition sind christlich-religiöse Symbole, Riten und Erzählungen (lt. Zentralstelle Bildung 1977, 17) „nicht irgendwann einmal fix und fertig vom Himmel gefallen", vielmehr wurzeln sie in

Erfahrungen der Vergangenheit, „in denen den Glaubenden von 'damals' Wahrheit offenbar wurde" (ebd.). Soll der christliche Glaube, der „in einer langen Geschichte von Auseinandersetzungen erarbeitet, erbetet und erlitten" (ebd.) wurde, hier und jetzt Sinn und Bedeutung erlangen, ist er auf den Dialog der Offenbarungserfahrungen, denen er entstammt, mit offenbarenden Erfahrungen heutiger Lebensgeschichten angewiesen. Ohne sich gegenseitig zu vereinnahmen, sollen sich diese beiden Erfahrungspole im korrelativen Gespräch wechselseitig als Lesehilfe und Prüfstein bewähren können.

Um Korrelation didaktisch anzubahnen, sind fundierte Kenntnisse nötig, *welcherart Erfahrungen* 'wechselseitig kritisch und produktiv' (Schillebeeckx 1980, 94 und Zentralstelle Bildung 1985, 242f.) vermittelt werden sollen. Das Wissen um Relevanzerfahrungen, die einerseits der christlich-religiösen Tradition zugrunde liegen und andererseits das heutige Dasein prägen, ist unverzichtbare Voraussetzung, um ein fruchtbares Gespräch zwischen Überlieferung und Gegenwart anzuzetteln.

De facto steht korrelative Religionsdidaktik jedoch vor dem Dilemma, heutige Relevanzerfahrungen in ein korrelatives Gespräch verwickeln zu wollen, ohne auch nur halbwegs solide Kenntnisse von ihnen zu besitzen. Als Gegenpol zu einer biblischen und historischen Theologie (vgl. van der Ven 1994, 124), welche die existenzielle Herkunft des christlichen Glaubens zu entschlüsseln sucht, ist korrelative Didaktik angewiesen auf eine *empirische Theologie*, die zeitgenössische Relevanzerfahrungen sorgsam zu entziffern weiß.

Dieses Ziel vor Augen, sucht das Forschungsprojekt, aus dem heraus der vorliegende Artikel entstanden ist (Porzelt 1999), als 'wirklich wichtig'[1] gedeutete Eigenerlebnisse Jugendlicher[2] qualitativ-empirisch zu erkunden.

3. Was sind 'Intensiverfahrungen'?

Um *Relevanzerfahrungen* in der konkreten Wirklichkeit aufspüren und untersuchen zu können, ist das anthropologische und theologische Vokabular, das bisher anklang, 'empirisch zu wenden'. Notwendig ist ein Begriff solcher Erfahrungen, der sich in alltagsweltlich verstehbare und forschungspraktisch beobachtbare Merkmale aufgliedert.

Dieser operationale Begriff, den ich im engeren Sinne als '*Intensiverfahrung*' bezeichne, dient im Sinne der qualitativ-empirischen Methodologie als vorläufige Entdeckungskategorie. Sie kann in Tuchfühlung mit empirischen Beobachtungen weiterentwickelt, verändert und verworfen werden. Um zu erkunden, ob und in welcher Weise es hier und heute zu 'offenbarenden Erfahrungen' kommt, muss der Begriff der '*Intensiverfahrung*' zudem hinreichend offen gefasst sein, dass eine Forschungskommunikation möglich wird, in der Menschen ihr eigenes (Er)Leben ungehindert und authentisch zum Ausdruck bringen können.

---

[1] Der Erinnerungsimpuls, der in dieser Studie zum Einsatz kam, lautete: 'Das war *ein konkretes Erlebnis, das mir wirklich wichtig war.*'

[2] Die angesprochene Untersuchung konzentriert sich auf Jugendliche, die sich in Oberstufengruppen katholischer Jugendverbände engagieren.

Die theoretische Literatur, die auf die faktische Gegebenheit von Relevanzerfahrungen hindeutet, kennt keine schlüssige operationale Definition derselben. Ausgehend von versprengten theoretischen Indizien und pragmatischen Überlegungen spreche ich von '*Intensiverfahrungen*', insofern sich an (non)verbalen Zeugnissen aufweisen lässt, dass ein erinnertes Widerfahrnis

(1) im eigenen Lebenslauf unmittelbar erlebt (nicht mitgeteilt) wurde (*Konkretheit*);
(2) emotional intensiv erlebt wurde (*emotionale Valenz*);
(3) in irgendeiner Weise aus dem Alltag der Betroffenen hervorstach (*Singularität*);
(4) als subjektiv bedeutsam gedeutet wird (*subjektive Relevanz*).[3]

4. 'Intensiverfahrungen zum Vorschein bringen': 'Erzählrunden' als Erhebungsmethode

Um jugendliche Intensiverfahrungen wahrnehmen und verstehen zu können, muss es gelingen, Vertreter dieser Altersgruppe zur authentischen Preisgabe selbst erlebter Widerfahrnisse von existenziellem Gewicht zu bewegen. Die eigens zu diesem Zweck entwickelte Erhebungsmethode der 'Erzählrunde' verbindet den Darstellungsmodus episodischen Erzählens mit dem kommunikativen Setting der vertrauten Realgruppe. So bietet sie bestmögliche Voraussetzungen, um Äußerungen zu evozieren, die „im Erfahrungswissen und Erleben" (Bohnsack 1993, 172) der Befragten „verankert" (ebd. 168) sind. Das Verfahren der Erzählrunde stützt sich auf vier grundlegende Prämissen:

(1) Wie besonders durch Fritz Schütze und Harry Hermanns herausgearbeitet wurde, eignet sich die Mitteilungsform *spontanen Erzählens* hervorragend, lebensgeschichtliche Erfahrungen authentisch widerzuspiegeln. 'Eine selbst erlebte Geschichte zu erzählen' ist eine alltägliche Selbstverständlichkeit, die 'ohne großes Nachdenken' vollzogen wird. Dabei wird das erinnerte Erleben nicht nur zeitlich rekonstruiert, mit der Darlegung der äußeren Ereignisabfolge werden auch innere Reaktionen der Betroffenen offenbart. Dank der Intuitivität des Erzählvorgangs kommen schließlich Erfahrungsaspekte zum Vorschein, derer sich die Sprechenden keineswegs reflexiv bewusst sind, die vielmehr „theoretisch ausgeblendet oder gar verdrängt sind oder doch zumindest hinter einer Schutzwand sekundärer Legitimationen verborgen bleiben sollen." (Schütze 1983, 286)

---

[3] Ausgehend von der Vorannahme, dass menschliche Grundphänomene (z.B. Sexualität oder Tod) bevorzugt im Modus direkten Erlebens lebensprägend ins Bewusstsein treten, konzentriert sich die empirische Erkundung existenziell bedeutsamer Erfahrungen auf *unmittelbar erlebte* Geschehnisse (1). Erfahren gründet sich auf Erleben, Erleben wiederum impliziert emotionale Beteiligung. Es scheint naheliegend, dass die rückblickende Bedeutung eines Erlebnisses mit seiner vorgängigen *emotionalen Wertigkeit* (2) korrespondiert (vgl. Filipp 1995, 24). Per definitionem unterscheiden sich 'Intensiverfahrungen' von der als fraglos erlebten Alltagswirklichkeit. Mag ihre Einzigartigkeit schon im Augenblick des Erlebens aufleuchten, so bedarf es doch in jedem Falle der rückblickenden Selbstvergewisserung, um ein Ereignis im Horizont der eigenen Lebensgeschichte als *singulär* (3) zu begreifen. Erst die erinnernde Auslegung des Erlebten stiftet Erfahrung. Nur wenn die rückblickende Mitteilung des Erlebten klipp und klar erkennen lässt, dass das deutende Ich dem vergegenwärtigten Geschehen *persönliche Bedeutsamkeit* (4) zuschreibt, kann sinnvoll von 'Intensiverfahrungen' gesprochen werden.

(2) Authentisches Erzählen zeigt sich nicht nur in der ausgedehnten Entfaltung ganzer Lebensgeschichten, sondern auch in der *episodischen* Darlegung einzelner Erlebnisse. Episodisches Erzählen harmoniert ebenso mit der Selbstwahrnehmung Jugendlicher (vgl. Bohnsack 1997, 498f.) wie mit dem Forschungsthema singulärer Erfahrungen (s.o.).

(3) Im Gegensatz zur isolierten und ungewohnten Konfrontation mit einem einzelnen Interviewer verbürgt der interaktive Rahmen der *vertrauten Peer-Gruppe* mit hoher Wahrscheinlichkeit, dass sich Jugendliche in alltagsähnlicher Weise äußern. Insofern sie sich im Kreis der Gleichaltrigen angenommen und aufgehoben fühlen, vermögen sie gerade hier, sensible Erlebnisse der persönlichen Lebensgeschichte kundzutun. Die vertraute Realgruppe, die als solche auch außerhalb der Forschungssituation existiert (Nießen 1977, 64 und 166), bietet einen praktikablen Zugang zu jugendlichen Erfahrungswelten, ohne ein alltagsfremdes Maß an Selbstpreisgabe einzufordern.

(4) Episodisches Erzählen von Ereignissen, die *nicht gemeinsam erlebt* wurden, gehört zur Alltagspraxis jugendlicher Realgruppen. Dass Form (und Inhalt) solcher 'interaktiv eingebetteter' Individualerzählungen durch die jeweilige Gruppe beeinflusst sind, ist bei der Auswertung zu berücksichtigen.[4]

5. 'Intensiverfahrungen auf den Grund gehen': 'Syntaktisch-semantische Analyse' als Auswertungsmethode

„Wie man [...] einzelne Lebenserfahrungen innerhalb eines autobiographischen Textes interpretiert, ist bisher kaum ausgearbeitet." (Schulze 1997, 334). Das Verfahren der 'syntaktisch-semantischen Analyse' nimmt diese Herausforderung auf und sucht zu ergründen, wodurch sich die in den Erzählrunden dargelegten Widerfahrnisse im Erleben, Deuten und Sprechen der Betroffenen als bedeutsam auszeichnen.

Da Erfahrung und Sprache unlösbar miteinander verschränkt sind (vgl. Halbfas 1968, 76) und sich ein bezeichne*ter* Inhalt nur über den bezeichne*nden* Ausdruck erschließen lässt, widmet sich dieser Auswertungsmodus gleichermaßen der sprachlichen 'Außenseite' wie der existenziellen 'Innenseite' der Erzählrundentexte. Die 'Sprache der Bedeutsamkeit', mittels derer Jugendliche eigene Intensiverfahrungen ins Wort setzen, bildet den entscheidenden Schlüssel, um den 'existenziellen Kern' an Wahrnehmungen, Empfindungen und Auslegungen freizulegen, der die emotionale Dichte, lebensgeschichtliche Besonderheit und existenzielle Bedeutsamkeit dieser Erfahrungen ausmacht.

Die Stichwortfolge 'Dekonstruktion - Rekonstruktion - Reflexion' beschreibt die Grundlogik der Auswertung: Die sprachliche Dekonstruktion fremder Selbstmitteilungen ermöglicht die inhaltliche Rekonstruktion der mitgeteilten Intensiverfahrun-

---

[4] Dass der gemeinschaftliche Rahmen der konkreten Einzelgruppe wiederum '*über*gemeinschaftliche' (Bohnsack 1993, 116) Prägungen aufweist, die auf verbindende Faktoren wie Milieu, Geschlecht, Generation und Entwicklungsstand der Betroffenen verweisen, kann an dieser Stelle nur angedeutet werden.

gen. Eine verständige Rekonstruktion fremder Erlebnisse und Deutungen wiederum ist unabdingbare Voraussetzung für deren religionspädagogische Reflexion.

Im einzelnen gliedert sich die qualitative Analyse der Erzählrundentexte in vier Arbeitsphasen:

(1) Die eingangs erfolgende *Grobanalyse* nimmt den Gesamtkorpus eines Verbalprotokolls in den Blick. Sie zielt darauf, die Struktur des Textes zu erschließen und prägende Themen, Interaktionsmuster und Sprachformen zu identifizieren.

(2) Im zweiten Auswertungsschritt werden aus dem Gesamttranskript mit Hilfe eines Kriterienkataloges *Schlüsselpassagen ausgewählt*, auf die sich die weitere Analyse konzentrieren soll. Als 'Schlüsselpassagen' gelten autobiographische Erlebniserzählungen, die Intensiverfahrungen thematisieren und in kommunikativer wie sprachlicher Hinsicht als authentisch erscheinen.

(3) Die *syntaktisch-semantische Intensivanalyse* dieser Schlüsselpassagen bildet das arbeitsaufwendige 'Herzstück' der Gesamtauswertung. Hier wird das Prinzip, dass sich Textbedeutung (Semantik) nur über Sprachgestalt (Syntax) erschließen lässt, konsequent in die Tat umgesetzt. Um dem subjektiven Erleben und Deuten auf die Spur zu kommen, das in den Texten aufscheint, geht die Intensivanalyse streng sukzessive vor. Sie folgt der Darstellungslogik der erinnernden und deutenden Subjekte.

(4) Mit der Erstellung *individueller Erfahrungsprofile* gelangt die Auswertung zum Ziel. Indem die vorherigen Befunde systematisch gebündelt und theoretisch beleuchtet werden, entsteht eine Gesamtcharakteristik der jeweiligen Intensiverfahrung. Ausgehend von der sprachlichen Oberflächenstruktur tastet sich ein solches Profil bis an den 'existenziellen Kern' der analysierten Einzelerfahrung heran. Dabei werden behutsam humanwissenschaftliche oder theologische Theorien ins Spiel gebracht, um im untersuchten Erleben und Deuten *grundlegende Strukturen und Themen* aufzuspüren, die sich möglicherweise als anthropologische Bezugspunkte zur jüdisch-christlichen Erfahrungstradition erweisen können.

6. Eine siebzehnjährige Schülerin erzählt[5]

(4) *und zwar (hustet) hab' ich seit der siebt'n Klasse so immer die gleiche Freundin gehabt eig'ntlich in der Schule (räuspert sich)* (5) *und wir ha'm eigentlich immer alles zusammen gemacht also, außerhalb der Schule nich' so viel, aber in der Schule immer,* (6) *weil die ander'n Leute fanden wir halt irgendwie nich' so toll,* (7) *und 's ging halt immer so weiter bis zur Elf,* (8) *nja und dann hat s'e sich auf einmal*

---

5 Der angeführte Transkriptauszug bildet die Textbasis für eine von sieben Fallanalysen, die in meiner Gesamtstudie zu jugendlichen Intensiverfahrungen (Porzelt 1999) dargelegt werden. Jede dieser Einzelanalysen widmet sich dem Text einer Schlüsselpassage, um die ebendort explizierte Intensiverfahrung sorgsam zu rekonstruieren. Aus Gründen der Lesbarkeit setzt der vorliegende Transkriptauszug mit der eigentlichen Erzähleröffnung („*und zwar*") ein. Die vorherige Kommunikationsübernahme und die Umschreibung des Erzählgegenstandes wurden ebenso ausgespart wie die erzählbegleitenden Signale und Kommentare des Gesprächsleiters. Die Aufgliederung des Gesamttextes erfolgte unter darstellungslogischen und inhaltlichen Gesichtspunkten. Unterstrichene Wort(teil)e wurden in mündlicher Rede betont.

entschied'n auf 'ne _andere_ Schule zu gehen [9] und d's war halt _ziemlich_ krass, [10] also ich hab' gedacht, d's d's kann ich nicht _durchsteh'n_, [11] weil wir ha'm wirklich _alles_ zusammen gemacht [12] und w' g'rad' weil wir die ander'n Leute nich' so toll fand'n, [13] ha'm wir uns voll _abgeschottet_ und die überhaupt nich' mehr _kennengelernt_ und, also wirklich überhaupt nichts mit denen so richtig freundschaftlich zu tun g'habt, [14] und da, also wie gesagt hab' ich halt da gedacht, d's geht überhaupt nich', un' wie soll ich dann bei den ander'n Leuten da überleben (räuspert sich), [15] dann wollt' ich natürlich _mitwechseln_, aber meine Eltern ha'm gesagt »ne, du _bleibst_ auf der Schule«, toll, [16] na ja und dann war s'e halt nach den Sommerferien weg in der Elf, also d's war jetzt letztes Jahr, [17] und dann is' es aber eig'ntlich also _wider_ Erwarten viel _besser_ gewor'n, [18] weil ich hab' erstma' die ganz'n Leute _kennengelernt_ eig'ntlich [19] und auf einmal kapiert, dass wir uns total _abgeschottet_ ha'm so was bei den ander'n abging hab' ich überhaupt nich' mehr _mitgekriegt_ und, [20] nä jetzt is' 's auch _so_ viel besser gewor'n (räuspert sich) [21] weil, also wir ha'm dann erst ma' gemerkt, dass wir immer nur _zusammen_ irgendwie zu _zweit_ war'n, wir ha'm _nichts_ mit den ander'n gemacht [22] und jetzt is' es halt so, dass sie die ander'n kennengelernt hat und ich hab' meine irgendwie kennengelernt und dann ha'm wir uns so irgendwie die Freunde dadurch auch so vermischt, und, [23] also es is' auf jeden Fall viel _besser_ gewor'n,

7. Sukzessiver Nachvollzug dieser Erzählung (geraffte Intensivanalyse)

[4] _und zwar (hustet) hab' ich seit der siebt'n Klasse so immer die gleiche Freundin gehabt eig'ntlich in der Schule (räuspert sich)_

Die Sprecherin beginnt, die Konstellation einer Freundschaft zu skizzieren, mit deren Entstehung die erzählte Ereignisfolge einsetzt. Der Lebensraum der Schule tritt dabei als prägendes Zeitraster („seit der siebt'n Klasse") und als Ort der beschriebenen Zweierbeziehung („in der Schule") zum Vorschein.

Die Zeitangabe „seit der siebt'n Klasse" dokumentiert den punktuellen Beginn der Freundschaft und deren langjährige Beständigkeit bis in die Gegenwart der erzählenden Oberstufenschülerin hinein. Die Konstanz der Freundschaft wird zeitlich („immer") und personell („die gleiche") verdeutlicht. Die bestimmt eingeführte Singularform „die gleiche Freundin" lässt eine gewisse Exklusivität der dargelegten Beziehung erahnen.

[5] _und wir ha'm eigentlich _immer_ alles zusammen ge_macht_ also, außerhalb der Schule nich' so viel, aber in der Schule immer,_

Hatte sie sich eben der individuellen Darstellungssicht bedient („hab' ich [...] gehabt"), so übernimmt die Erzählerin nun die Perspektive eines 'Wir' („wir ha'm [...] gemacht"), in dem beide Freundinnen zu einem kollektiven Handlungssubjekt verschmelzen. Aus diesem Blickwinkel veranschaulicht sie die Intensität der Freundschaft, die sie in zeitlicher („_immer_") wie kategorialer („alles") Ausnahmslosigkeit als gemeinschaftliches („zusammen") Handeln („ge_macht_") charakterisiert. In einem Nachsatz begrenzt sie diese Ausschließlichkeit auf das Milieu der Schule.

(6) *weil die ander'n Leute fanden wir halt irgendwie* <u>*nich'*</u> *so toll,*

Die Sprecherin plausibilisiert („weil") die aufgezeigte Ausschließlichkeit, indem sie darlegt, dass mit der Hochschätzung der eigenen Freundschaftsdyade eine negative Einschätzung („fanden wir [...] nich' so toll") der „ander'n" Schüler/innen einherging, die einhellig (Wir-Perspektive) und pauschal (bestimmt eingeleitetes Akkusativobjekt) erfolgte, obgleich sie inhaltlich vage („irgendwie") bleibt.

(7) *und 's ging halt immer so weiter bis zur Elf,*

Mit wenigen Worten überbrückt sie die beträchtliche Frist von vier Schuljahren (von der „siebt'n Klasse"**(4)** „bis zur Elf"), wobei sie registrierend („'s ging") festhält, dass das Nebeneinander von Zusammenhalt und Abgrenzung in dieser Zeitspanne unverändert fortdauerte („immer so weiter").

(8) *nja und dann hat s'e sich auf einmal entschied'n auf 'ne* <u>*andere*</u> *Schule zu gehen*

Nach der vorigen summarischen Überleitung konzentriert sich die Erzählerin nun wieder auf den verlangsamten Nachvollzug eines konkreten Einzelereignisses. Aus miterlebender Außenperspektive legt sie dar, dass sich ihre Freundin plötzlich und unerwartet („auf einmal") sowie in eigener Verantwortung („hat s'e sich") „entschied'n" hat, die gemeinsame Schule zu verlassen („auf 'ne <u>andere</u> Schule zu gehen" mit Sprechbetonung). Im vorliegenden Kontext **(4f.)** steht damit die bisherige lebensräumliche Basis der Zweierbeziehung vor der Auflösung.

(9) *und d's war halt* <u>*ziemlich*</u> *krass,*

Distanziert resümiert („d's war") sie die Auswirkung des angeführten Entschlusses. Das Prädikatsadjektiv „krass", das durch die stimmbetonte Partikel „ziemlich" untermauert wird, klassifiziert diesen als einschneidend.

(10) *also ich hab' gedacht, d's d's kann ich nicht* <u>*durch*</u>*steh'n,*

Die Geschichtenträgerin erläutert („also") die entschiedene Bewertung der eingetretenen Ereigniswende, indem sie aus subjektiver Perspektive („ich hab', „kann ich") auf ihre eigene, innere Reaktion („ich hab' gedacht") zurückblendet, die der überraschenden Entscheidung ihrer Freundin nachfolgte. Deren Schulwechsel empfindet sie für sich als nicht bewältigbare („kann ich nicht") existenzielle Bedrohung („nicht <u>durch</u>steh'n"), wobei die Vokabel 'Durchstehen' im wörtlichen Sinne auch unmittelbare physische Belastungen einschließt.

(11) *weil wir ha'm wirklich* <u>*alles*</u> *zusammen gemacht*

Zur Begründung („weil") ihrer erschütterten und pessimistischen Reaktion wiederholt sie nahezu wörtlich den bereits in **(5)** formulierten Hinweis auf die bisherige Ausnahmslosigkeit des dyadischen Handelns beider Freundinnen („<u>alles</u> zusammen gemacht"). Wie in **(5)** zeigt sich deren Gemeinschaftlichkeit in der Wir-Perspektive („wir ha'm"). Hervorgehoben wird ihre Unzertrennlichkeit durch die Nachdrücklichkeitspartikel „wirklich" und den gegenüber **(5)** auffälligen Verzicht auf eine Einschränkung des gemeinsamen Handlungsradius.

(12) *und w' g'rad' weil wir die ander'n Leute nich' so toll fand'n,*

Durch einen erneuten Kausalsatz („g'rad' weil") plausibilisiert die Sprecherin das nachfolgend in **(13)** dargelegte Abgrenzungsverhalten gegenüber den „ander'n"

Schüler/innen. Als Ursache dieser Abgrenzung bestimmt sie eine einhellig geteilte („wir [...] fand'n") Abwertung („nich' so toll"), die in [6] beinahe wortgleich benannt worden war und wiederum nicht näher belegt oder begründet wird.

(13) *ha'm wir uns voll abgeschottet und die überhaupt nich' mehr kennengelernt und, also wirklich überhaupt nichts mit denen so richtig freundschaftlich zu tun g'habt,*

Die Erzählerin umschreibt das zweisame Sozialverhalten der beiden Mädchen in der Polarität zwischen deren dyadischem „wir" und dem „die" bzw. „denen" der Mitschüler/innen.

Das erstgenannte Vollverb des 'Abschottens' enthüllt die doppelseitige Grundstruktur dieses Sozialhandelns, das Konzentration aufeinander („wir uns") und Distanzierung nach außen (sprechbetonte Vorsilbe „abgeschottet") in sich vereint. Indem somit jegliche persönliche Annäherung verhindert wird („nich' mehr kennengelernt"), bleiben ernsthafte („so richtig") freundschaftliche Beziehungen ausgeschlossen („nichts mit denen [...] freundschaftlich zu tun g'habt").

Durch elativische Zuspitzung sämtlicher Teilaussagen („voll", „überhaupt", „wirklich überhaupt") bringt die Sprecherin unzweifelhaft zum Ausdruck, dass sie die zweisame Abkapselung als ausnahmslos erlebt hat.

(14) *und da, also wie gesagt hab' ich halt da gedacht, d's geht überhaupt nich', un' wie soll ich dann bei den ander'n Leuten da überleben (räuspert sich),*

Die Sprecherin reformuliert die eigene, innere Reaktion („hab' ich [...] da gedacht") auf den plötzlichen Entschluss der Freundin, die gemeinsame Schule zu verlassen. Inhaltlich wie formal knüpft sie nahtlos an [10] an.

Der vorliegende innere Monolog umschreibt die eigene Befindlichkeit zunächst mittels einer kategorischen („überhaupt") Feststellung („d's geht [...] nich'"), die unmissverständlich klarstellt, dass sie die hereinbrechende Situation als ausweglos wahrnimmt. Nachfolgend spitzt sie diese Aussage inhaltlich zu: Die Zukunft („dann") ihrer bislang radikal vernachlässigten Beziehung zu den Mitschüler/innen („bei den ander'n Leuten da") erscheint als entscheidendes Problem, an dem sich ihre krisenhafte Reaktion festmacht („wie soll ich [...] überleben").

Der Terminus des 'Durchstehens' hatte bereits in [10] angedeutet, dass sie den Schulwechsel der Freundin für sich selbst als bedrohlich empfindet. Diese existenzielle Bedrohtheit kommt nun nochmals im Begriff des 'Überlebens' verdichtet zum Ausdruck, der im wörtlichen Sinne ein absolutes Höchstmaß an (auch physischer) Gefährdung bezeichnet.

(15) *dann wollt' ich natürlich mitwechseln, aber meine Eltern ha'm gesagt »ne, du bleibst auf der Schule«, toll,*

Nach Beendigung des ausführlichen und verlangsamten Nachvollzugs ihrer Konfrontation mit dem Schulwechsel der Freundin zeichnet die Erzählerin knapp nach, wie ihr erster Anlauf einer Krisenbewältigung verlief. Ihrer eigenen Überzeugung nach („wollt' ich") liegt die naheliegende („natürlich") Lösung des aufgeworfenen Problems darin, den Schulwechsel der Freundin mitzuvollziehen („mitwechseln"). Konterkariert („aber", „ne") wird dieser Lösungsansatz durch den in simulierter

Fremdrede wiedergegebenen, imperativischen Einspruch der Eltern („»ne, du bleibst auf der Schule«"). Dieser fordert ein entgegengesetztes Verhalten ein (sprechbetontes „du bleibst"!) und wird als solcher begründungslos dargestellt. Der abschließende Einwortsatz („toll") lässt sich als ironische Kommentierung deuten, in der Enttäuschung und Ohnmacht angesichts des elterlichen Vetos zutage treten.

(16) *na ja und dann war s'e halt nach den Sommerferien weg in der Elf, also d's war jetzt letztes Jahr,*

Die Erzählerin kennzeichnet die veränderte Situation *nach* dem angekündigten Schulwechsel der Freundin („und dann [...] halt") aus distanzierter Außensicht nüchtern als Zustand der Abwesenheit („war s'e [...] weg"). Zeitlich verortet sie diese neue Konstellation schulisch-institutionell („nach den Sommerferien [...] in der Elf" [vgl. 4/7]) und deiktisch-zurückblickend („jetzt letztes Jahr").

(17) *und dann is' es aber eig'ntlich also wider Erwarten viel besser geword'n,*

Noch ehe sie darlegt, was sich aus ihrer Sicht in dieser veränderten Situation ereignet hat, zieht sie ein konstatierendes („is' es") Fazit, in dem ihre grundsätzliche („eig'ntlich") Einschätzung („viel besser") der Entwicklung („geword'n") zum Ausdruck kommt, die mit dem Wegbleiben der Freundin („und dann") eingesetzt hat.

Die ernsthaften Befürchtungen, mit denen sie der neuen Sozialkonstellation vorab begegnet war [10/14], bilden die Vergleichsfolie, von der sie sich nun adversativ („aber", „wider") und komparativisch („besser") abgrenzt. Lässt die adversative Formulierung „wider Erwarten" erkennen, dass sie das Geschehen nach der sozialen Zäsur als überraschend wahrnimmt, so dokumentiert der (durch Gradpartikel und Sprechbetonung unterstrichene) Komparativ „viel besser", dass sie die neue Entwicklung für sich als förderlich und erfreulich ansieht.

(18) *weil ich hab' erstma' die ganz'n Leute kennengelernt eig'ntlich*

Zur Plausibilisierung („weil") dieser rundweg positiven Einschätzung verweist die Erzählerin darauf, dass es ihr (Wiederaufnahme der Ich-Perspektive!) nach dem Wegbleiben der Freundin gelang, mit den Mitschüler/innen („die ganz'n Leute") persönlich vertraut zu werden („kennengelernt"). Der Erfolg dieser Annäherung wird quantitativ („die ganz'n") und qualitativ (sprechbetonter Verbteil „kennengelernt") verdeutlicht. Das Leitwort 'Kennenlernen' signalisiert, dass es ihr geglückt ist, ebenjenes soziale Defizit gegenüber den Mitschüler/innen auszugleichen, das sie in [13] analog umschrieben hatte.

(19) *und auf einmal kapiert, dass wir uns total abgeschottet ha'm so was bei den ander'n abging hab' ich überhaupt nich' mehr mitgekriegt und,*

Wurde die positive Einschätzung der nachdyadischen Zeit [17] eben noch mit einem gelungenen sozialen Begegnungsprozess in Verbindung gebracht, so bringt die Sprecherin nun eine besondere kognitive Einsicht („kapiert") ins Spiel, die sie im gleichen Kontext gewonnen hat.

Dem Verlauf nach beschreibt sie ihren Erkenntnisgewinn nach Art eines Heureka-Erlebnisses als plötzliches („auf einmal") Begreifen („kapiert") eines bis dato unrealisierten Zusammenhangs. Inhaltlich bezieht sich diese Einsicht auf die Sozialstruktur *vor* dem dargelegten Schulwechsel, die sie im Rückblick ausnehmend kritisch betrachtet. Erst im nachhinein und angesichts neuer, geglückter Begegnungen erkennt sie nun den 'abschottenden' Charakter des zweisamen („wir ha'm") Sozialverhaltens („dass wir uns total abgeschottet ha'm"), den sie bereits in [13] nahezu identisch umschrieben hatte. Die destruktive Wirkung des damaligen Verhaltens veranschaulicht sie nun, indem sie die konsequente (Verstärkungspartikel „überhaupt") Verschlossenheit („nich' mehr mitgekriegt") nachzeichnet, die sie („hab' ich") gegenüber den alltagsprägenden Ereignissen und Themen der Mitschüler/innen („was bei den ander'n abging") an den Tag legte.

(20) *nä jetzt is' 's auch so viel besser geword'n (räuspert sich)*

Die Erzählerin bekundet erneut ihre prinzipielle Einschätzung des nachdyadischen Geschehens, die sie mit derselben komparativischen Feststellung ausdrückt („is' 's [...] viel besser geword'n"), mittels derer sie ebenjene Zeitphase schon vorab in [17] bewertet hatte.

(21) *weil, also wir ha'm dann erst ma' gemerkt, dass wir immer nur zusammen irgendwie zu zweit war'n, wir ha'm nichts mit den ander'n gemacht*

Hatte sie bislang sowohl das gelungene 'Kennenlernen' der Mitschüler/innen [18] als auch das nachträgliche 'Kapieren' der gemeinsamen 'Abschottung' [19] als Belege angeführt, dass sie die nachdyadische Zeit in positivem Licht sieht [17/20], so führt die Erzählerin diese Plausibilisierung („weil") nun fort. Wie schon in [19] entfaltet sie abermals eine rückblickende Einsicht („gemerkt"), die das dyadische Sozialverhalten vor dem Schulwechsel betrifft. Dieses wird wie bereits in [13/19] als radikale („immer nur") Fixierung aufeinander („zusammen [...] zu zweit war'n") umschrieben - mit der Kehrseite einer ebenso kompromisslosen („nichts") Abwendung von den Mitschüler/innen („nichts mit den ander'n gemacht").

Weist dieser Erkenntnisinhalt ungeachtet seiner pointierten Darstellung keinen Neuerungswert gegenüber [13/19] auf, so wird das Subjekt, das diese Erkenntnis realisiert, nun markant erweitert. Wie aus der kollektiven Darstellungssicht („wir ha'm [...] gemerkt") hervorgeht, durchschaut nicht mehr allein die Geschichtenträgerin die Ambivalenz des vormaligen Handelns, sondern auch ihre beste Freundin, so dass es über die schulische Trennung hinweg zu einer neuen, kognitiven Gemeinsamkeit beider kommt.

(22) *und jetzt is' es halt so, dass sie die ander'n kennengelernt hat und ich hab' meine irgendwie kennengelernt und dann ha'm wir uns so irgendwie die Freunde dadurch auch so vermischt, und,*

Unter feststellendem Bezug auf die aktuelle Sprechsituation („jetzt is' es halt so, dass") thematisiert die Erzählerin die Genese der sozialen Beziehungen nach dem Schulwechsel. In drei Phasen, die mit je spezifischen Darstellungsperspektiven einhergehen („sie [...] hat", „ich hab'", „ha'm wir"), entfaltet sie diese Entwicklung. Hatte sie die positive Veränderung ihres eigenen Verhältnisses zu den bisherigen Mitschüler/innen („ich hab' meine [...] kennengelernt") bereits in [18] dargelegt, so nimmt sie nun auch die analoge Erfahrung ihrer Freundin in den Blick („sie die ander'n kennengelernt hat"). Die gleichzeitig, aber gesondert verlaufenden Sozialerfahrungen beider münden schließlich darin, dass sich deren Freundeskreise über die Schulgrenzen hinweg 'vermischen'.

Im Vergleich zum pointierten Rückblick auf die zweisame Abkapselung [13/19/21] umschreibt die Sprecherin die Entstehung neuer Sozialbeziehungen eher behutsam (je doppelte Vagheitsvokabeln 'irgendwie' und 'so'; Verzicht auf Sprechbetonungen). Dass sie die Qualität der neu gewonnenen Beziehungen dennoch außerordentlich hoch einschätzt, signalisiert neben dem Begriff 'Kennenlernen', der einmal mehr [vgl. 13/18] auf geglückte Begegnungen hindeutet, vor allem die (pluralische) Bezeichnung „Freunde", die sie den vertraut gewordenen Mitschüler/innen zuweist. Diesen Ausdruck hatte sie zuvor exklusiv der besten Freundin gewidmet[4], den Mitschüler/innen gegenüber jedoch ausdrücklich verneint [13].

Wurde in [21] deutlich, dass beide Freundinnen zur kognitiven Gemeinsamkeit einer einhelligen Sicht ihrer früheren Absonderung gelangt sind, so wird nun überdies eine neuartige soziale Verbundenheit sichtbar, die ebenfalls erst nach der schulischen Trennung heranreifte: An die Stelle der hermetisch abgeschlossenen Zweisamkeit tritt die gemeinsame Integration in ein weiteres und offeneres Netz gemeinsamer „Freunde".

[23] *also es is' auf jeden Fall viel besser geword'n,*

Zu Abschluss ihrer Erzählung wiederholt die Sprecherin ein drittes Mal nach [17/20] die komparativische Feststellung „es is' [...] viel besser geword'n", die sie verbal („auf jeden Fall") und stimmlich („besser") unterstreicht.

Diese Feststellung erweist sich nicht nur als Leitmotiv ihrer rundum positiven Einschätzung der *nach*dyadischen Teilhandlung, sondern auch als Fazit des dargelegten *Gesamt*geschehens.

Zusammenfassend stellt die Erzählerin einzig den förderlichen und erfreulichen Ausgang der dargelegten Ereignisfolge heraus. Die bedrängende Erfahrung eigener Bedrohtheit [9f./14] hingegen bleibt ungenannt, wenn sie auch weiterhin als komparativischer Bezugspunkt implizit mitschwingt [vgl. insb. 17].

8. 'Psychosoziale Krise' als existenzieller Kern der analysierten Intensiverfahrung

Im Mittelpunkt der analysierten Erzählung steht ein als bedrohlich erlebter Bruch, durch den die Geschichtenträgerin ihre als selbstverständlich wahrgenommene Integration in die dyadische Beziehung zur 'besten Freundin' verliert und in beglückender Weise in ein vielfältigeres Sozialnetz hineinzuwachsen vermag. Das Durchleben dieses *krisenhaften Wandels* ihrer *alltäglichen Sozialbeheimatung* bildet den existenziellen Kern der aufgezeigten Intensiverfahrung.[6]

---

[6] In der dargelegten Erlebnisfolge lassen sich ebenjene Stadien wiedererkennen, die dem Psychologen Gerald Caplan zufolge eine Krisenerfahrung ausmachen. Eine Krise ist demnach als Störung aufzufassen, die in einen dreiphasigen Veränderungsprozess eingebunden ist, der seinen Anfang in einer „vertrauten" und „ausgewogenen" Situation nimmt, in der die Betroffenen „wohlangepasst und eingespielt auf die jeweiligen Anforderungen reagieren" (Olbrich 1995, 133). Diese Ausgangssituation wird durch „drastische Veränderungen" (ebd.) der eigentlichen Krise gestört, die einen „Zustand des Ungleichgewichts" (Danish / D'Augelli 1995, 159) dar-

Ihre Eingebundenheit in die dyadische Freundschaft [4-7/11-13] lässt sich als 'vorkritischer' Gleichgewichtszustand identifizieren, der ihr fraglose soziale Beheimatung bietet. Das Erleben einer gefahrvollen Ungewissheit [9f/14], das durch den Fremdentschluss zum Schulwechsel [8] ausgelöst wird, bildet die eigentliche Krisenerfahrung, in der sie ihre bisherige psychosoziale Geborgenheit zunächst einmal alternativlos verliert. Indem sie die Zwiespältigkeit ihres bisherigen Dyadenverhaltens erkennt [19/21] und sich den fremden Sozialpartnern annähert [18/22], unternimmt sie schließlich Schritte der kognitiven und sozialen Neuorientierung, die in einen 'nachkritischen' Balancezustand münden, der durch die Integration in ein neues Beziehungsnetz gekennzeichnet ist [22].

Das Erlebnis, durch eine *radikale psychosoziale Verunsicherung* [9f/14] hindurch zu *neuer mitmenschlicher Beheimatung* gelangt zu sein, deutet die Erzählerin für sich selbst als Intensiverfahrung.

9. Die Krisenerfahrung psychosozialer Integration und Isolation - ein denkbares 'Medium' gelingender Korrelation

Aktuelle *Lebens*erfahrung und überlieferte *Glaubens*erfahrung „klaffen auseinander." (Hemmerle 1994, 307). Sie sprechen verschiedene Sprachen, die in unterschiedlichen lebensweltlichen, kulturellen, geschichtlichen und gesellschaftlichen Kontexten verwurzelt sind.

Damit sich beide Erfahrungspole in ihrer Widerständigkeit gegenseitig erhellen und befragen können, sind sie auf *gemeinsame Bezugspunkte* angewiesen, die das Trennende nicht verschleiern: „Soll die Vermittlung von gegenwärtiger Situation und überlieferter Glaubensgeschichte [...] wirklich beide in ihrem Eigenwert und ihrer Eigenständigkeit belassen [...], bedarf sie eines 'Dritten', eines 'tertium comparationis', eines 'Mediums', innerhalb dessen sich gegenwärtiges Erleben und vergangene Erfahrung als eigenständige Größen begegnen und miteinander in Korrelation treten können." (Baudler 1976, 331)

Der Versuch, auf *christlich geprägte* Vokabeln, Ideen und Praktiken als 'verbindendes Drittes' im korrelativen Dialog zu setzen, wäre im heutigen, 'nachchristlichen' Kontext ebenso voraussetzungs- wie aussichtslos. Die konsequente Besinnung auf ein *verbindendes anthropologisches Fundament* bietet dagegen eine realistische Chance, Glaubens- und Lebenserfahrungen in einer religiös weitgehend 'entfremdeten' Situation authentisch aufeinander zu beziehen.

Die Intensiverfahrung, die wir rekonstruiert hatten, zeigt sich in ihrem existenziellen Kern als psychosoziale Krisenerfahrung. Beide Komponenten dieser Erfahrung - das Thema *psychosozialer Integration und Isolation* sowie das Verlaufsmuster der *Krise* - finden sich wiederholt in jugendlichen Selbstzeugnissen.

---

stellt und erlebnismäßig mit Gefühlen „der Unsicherheit, der Bedrohung und Angst" (Olbrich 1995, 133) einhergeht. Aufgehoben wird jenes Ungleichgewicht (bei erfolgreicher Krisenbewältigung) durch eine neuartig ausbalancierte Situation, in der die Betroffenen zu abermaliger Verhaltenssicherheit zurückfinden, nachdem sie sich aktional, kognitiv und affektiv umorientiert haben.

Gelingt es, diese Erfahrungselemente auch in der jüdisch-christlichen Tradition aufzuspüren, dann erweist sich der Typus der psychosozialen Krisenerfahrung als *ein* möglicher *anthropologischer Bezugspunkt* zwischen überliefertem Glauben und heutiger Existenz. Als Anwalt der Identität unter Achtung der Differenz vermag die Grunderfahrung der psychosozialen Krise, den 'garstig breiten Graben' (G. E. Lessing*)* zwischen Tradition und Gegenwart 'überbrücken' (vgl. Ott 1995, 303) helfen.

Korrelative Didaktik bedarf anthropologischer Bezugspunkte zwischen Überlieferung und Gegenwart. Damit solche Bezugspunkte ebenso sorgfältig aus der christlichen Erfahrungstradition wie aus aktuellen Lebenszeugnissen herausbuchstabiert werden können, müssen traditions- und gegenwartsorientierte Disziplinen der Theologie Hand in Hand arbeiten. Wenn sich biblische, historische und empirische Theologie auf dieses gemeinsame 'Suchprojekt' einlassen und es ihnen tatsächlich gelingt, den jeweils untersuchten Dokumenten verbindende Grundthemen und -strukturen existenziell bedeutsamen Erlebens und Deutens abzuringen, legen sie den Grundstock für eine 'respektierende Korrelationsdidaktik', die „das Recht unterschiedlicher Erfahrungen real aufeinander zu beziehen" (Halbfas 1991, 753) vermag.

Dass eine solche 'existentiell eingeholte' (ebd.) Korrelationsdidaktik im Alltag des Religionsunterrichts *keinesfalls* darauf zielt, jugendliche Intensiverfahrungen *unmittelbar* und *ungeschützt* offenzulegen, kann hier nur abschließend vermerkt werden (vgl. Porzelt 1999, 261-265).

Literatur:

Baudler, Georg (1976), Die didaktische Funktion der Theologie als Bezugswissenschaft des Religionsunterrichts. Vorschläge zu einer Revision des Strukturgitters zum Zielfelderplan, in: Ott, Rudi / Miller, Gabriele (Hg.), Zielfelderplan. Dialog mit den Wissenschaften, München, 324-347

Bohnsack, Ralf ([2]1993), Rekonstruktive Sozialforschung. Einführung in Methodologie und Praxis qualitativer Forschung, Opladen

Bohnsack, Ralf (1997), Gruppendiskussionsverfahren und Milieuforschung, in: Friebertshäuser, Barbara / Prengel, Annedore (Hg.), Handbuch Qualitative Forschungsmethoden in der Erziehungswissenschaft, Weinheim - München, 492-502

Danish, Steven J. / D'Augelli, Anthony R. ([3]1995), Kompetenzerhöhung als Ziel der Intervention in Entwicklungsverläufe über die Lebensspanne, in: Filipp, Sigrun-Heide (Hg.), Kritische Lebensereignisse, Weinheim, 3-52

Englert, Rudolf (1993), Die Korrelationsdidaktik am Ausgang ihrer Epoche. Plädoyer für einen ehrenhaften Abgang, in: Hilger, Georg / Reilly, George (Hg.), Religionsunterricht im Abseits? Das Spannungsfeld Jugend - Schule - Religion, München, 97-110

Feifel, Erich (1995), Didaktische Ansätze in der Religionspädagogik, in: Ziebertz, Hans-Georg / Simon, Werner (Hg.), Bilanz der Religionspädagogik, Düsseldorf, 86-110

Filipp, Sigrun-Heide ([3]1995), Ein allgemeines Modell für die Analyse kritischer Lebensereignisse, in: dies. (Hg.), Kritische Lebensereignisse, Weinheim, 3-52

Gaudium et spes. Pastoralkonstitution des II. Vatikanums über die Kirche in der Welt von heute, zit. nach: Rahner, Karl / Vorgrimler, Herbert (Hg.), Kleines Konzilskompendium. Sämtliche Texte des Zweiten Vatikanums, Freiburg/Br. [19]1986

Halbfas, Hubertus (1968), Fundamentalkatechetik. Sprache und Erfahrung im Religionsunterricht, Düsseldorf

Halbfas, Hubertus (1991), Wer sind unsere Schülerinnen und Schüler? Wie religiös sind sie?, in: KatBl 116 (11/1991), 744-753

Hemmerle, Klaus (1994), Der Religionsunterricht als Vermittlungsgeschehen. Überlegungen zum Korrelationsprinzip, in: KatBl 119 (5/1994), 304-311

Hermanns, Harry ([2]1995), Narratives Interview, in: Flick, Uwe et al. (Hg.), Handbuch Qualitative Sozialforschung. Grundlagen, Konzepte, Methoden und Anwendungen, Weinheim, 182-186

Kennedy, Philip (1994), Edward Schillebeeckx. Die Geschichte von der Menschlichkeit Gottes, Mainz

Nießen, Manfred (1977), Gruppendiskussion. Interpretative Methodologie - Methodenbegründung - Anwendung, München

Nipkow, Karl Ernst (1986), Elementarisierung als Kern der Unterrichtsvorbereitung, in: KatBl 111 (8/1986), 600-608

Olbrich, Erhard ([3]1995), Normative Übergänge im menschlichen Lebenslauf: Entwicklungskrisen oder Herausforderungen?, in: Filipp, Sigrun-Heide (Hg.), Kritische Lebensereignisse, Weinheim, 123-138

Ott, Rudi (1995), Lernen in der Begegnung mit der Bibel, in: Ziebertz, Hans-Georg / Simon, Werner (Hg.), Bilanz der Religionspädagogik, Düsseldorf, 291-309

Porzelt (1999), Jugendliche Intensiverfahrungen. Qualitativ-empirischer Zugang und religionspädagogische Relevanz, Graz

Reilly, George (1993), Süß, aber bitter. Ist die Korrelationsdidaktik noch praxisfähig?, in: Hilger, Georg / Reilly, George (Hg.), Religionsunterricht im Abseits? Das Spannungsfeld Jugend - Schule - Religion, München, 16-27

Schillebeeckx, Edward (1980), Erfahrung und Glaube, in: CGG XXV, 73-116

Schillebeeckx, Edward (1990), Menschen. Die Geschichte von Gott, Freiburg/Br.

Schulze, Theodor (1997), Interpretation von autobiographischen Texten, in: Friebertshäuser, Barbara / Prengel, Annedore (Hg.), Handbuch Qualitative Forschungsmethoden in der Erziehungswissenschaft, Weinheim - München, 323-340

Schütze, Fritz (1983), Biographieforschung und narratives Interview, in: Neue Praxis 13 (3/1983), 283-293

Ven, Johannes A. van der ([2]1994), Entwurf einer empirischen Theologie, Kampen - Weinheim

Zentralstelle für Bildung der Deutschen Bischofskonferenz (Hg.) (1977), Zielfelderplan für den katholischen Religionsunterricht in der Grundschule. Teil I: Grundlegung, München

Zentralstelle Bildung der Deutschen Bischofskonferenz (Hg.) ([2]1985), Lernfelder des Glaubens. Grundlagenplan für den katholischen Religionsunterricht im 5.-10. Schuljahr. Revidierter Zielfelderplan, München

Andreas Prokopf

Neue Schläuche, alt gefüllt

Wie machen Jugendliche Gebrauch von Religion?

1. Ausgangspunkt Erfahrung: Problem, Frage und Ziel der Untersuchung

Claudia ist 17 und will sich ein Kreuz kaufen. Sie glaubt daran, dass es ihr Glück und Kraft spenden wird. Durch das Kreuz, so meint sie, wird sie mit dem Glauben konfrontiert, mit einem Kreuz kommt sie öfter zur Besinnung. Claudia sagt weiter, dass sie mit der traditionellen Kirche nichts mehr anzufangen vermag und dass sie sich ihr eigenes Bild macht von Gott, der Welt und eben dem Kreuz. Claudia ist kein Einzelfall. Jugendliche wie sie haben Probleme mit der Religion der Kirchen, sind aber keinesfalls religiös 'unmusikalisch'. In einem von der Deutschen Forschungsgemeinschaft geförderten Projekt möchte ich den Suchbewegungen Jugendlicher im Feld der Religion heute nachgehen. Damit sollen Anstöße für eine adäquatere Ausrichtung des Religionsunterrichtes gegeben werden, in dessen Inhaltlichkeit und Methodik Jugendliche heute sich und ihre eigene Religiosität oftmals nicht wiederfinden können.

Die Weitergabe des christlichen Glaubens vollzieht sich im Spannungsfeld von Tradition und gegenwärtiger Situation. Um eine 'Brücke' zwischen Tradition und aktueller Erfahrung zu bauen, hat man in der Systematischen Theologie das Konzept der 'Korrelation' entwickelt. Fraglich ist, ob das Korrelationskonzept im Sinne der Korrelationsdidaktik 'am Ende' (Englert 1993) ist, weil sich, wie Kritiker behaupten, Lebenswelt und christliche Tradition heute nicht mehr wechselseitig aufeinander beziehen ('korrelieren') lassen (ders. 1998) oder weil beide Dimensionen (Tradition *und* Erfahrung) kaum je eigenständig erhoben und zueinander in Beziehung gesetzt wurden.

Meine grundsätzliche Frage lautet: Ist eine Reform der Korrelationsdidaktik möglich, wenn religiöse Lernprozesse vom Lebensweltpol aus konzipiert werden, wenn sie sich also auf die Erfahrungsäußerungen von Jugendlichen einlassen, nicht aber im Sinne eines induktiven Zugangs (auch nicht im Sinne der Deduktion), sondern als eine abduktiv konzipierte Korrelation, in der das „Allgemeine" (christliche Traditionselemente) in der „Allgemeinheit des Besonderen" (Erfahrungen Jugendlicher) aufgespürt und thematisiert wird (vgl. Klinger 1999, 147)?

Das Ziel meiner Untersuchung richtet sich auf die exemplarische Erhebung und Analyse des Zeichenreservoirs, dessen Jugendliche sich bedienen, wenn sie sich religiös artikulieren. Handlungsleitend für abduktives Vorgehen ist die Vermutung, dass Subjekte, wenn auch individuell und selektiv, traditionelle Semantiken verwenden. Alle drei Kategorien (Subjekt, Objekt, Zeichen), bei Peirce 'Erstheit', 'Zweitheit' und 'Drittheit' genannt (vgl. Peirce 1983, 55), sind immer als miteinander verwoben zu denken.[1] In diesem Sinne möchte ich herausfinden, ob auch im Feld der Religion erlebendes Subjekt und Tradition miteinander verbunden sind durch einen Zeichen- und Symbolschatz, in welchem sowohl subjektive Intentionen als auch traditionelle Bedeutungen 'zur Sprache' kommen (vgl. Prokopf/Ziebertz 2000).

2. Die Erhebung

Es werden 20 halbstrukturierte Interviews erhoben. Dies geschieht anhand eines Leitfadens, der in erster Linie auf die sogenannten 'funktionalen Aspekte' von Religion fokussiert wurde. Wissenssoziologische (Thomas Luckmann), strukturalistische (Hans– Georg Soeffner) und nicht zuletzt systemtheoretische (Niklas Luhmann) Ansätze in der Religionssoziologie liefern eine ganze Fülle von Hinweisen, wo, wozu und wie in moderner Gesellschaft funktional religiös gehandelt wird. Dies ist theoretisch interessant für meine Untersuchung, die sich nicht in erster Linie um die Beschreibung explizit christlicher Religion, sondern vielmehr um die Frage nach implizit gelebter Religiosität bemüht, um anschließend nach deren Verhältnis zu traditionellem Christentum zu fragen. Aber auch substantielle Aspekte von Religion (Gebet, Kirchgang usw.) werden mit dem Leitfaden erhoben. Als 'Sample' sollen 20 Schülerinnen und Schüler der 11. und 12. Jahrgangsstufe verschiedener Gymnasien in Unterfranken (Stadt und Land) dienen.

3. Das Kreuz und Claudia: Beispiel für den Analyseansatz

Eine spätere Gesamtanalyse bezieht sich auf viele kleine Unteranalysen, die gleichsam als Memos erhoben und gesammelt werden. Im Folgenden wird das Entstehen eines solchen Memos auf der Basis eines Textfragmentes aus einem Interview geschildert.

3.1 Das Interviewfragment

1. *A.: Denkst Du Dir was dabei, wenn Du das Kreuz siehst?*
2. C.: Das kommt drauf an. Also, wenn ich grad mit was anderem beschäftigt bin, dann
3. gehe ich da so ziemlich vorbei, ne. Aber wenn ich jetzt so meine Gedanken schweifen
4. lasse und guck so ein bisschen rum, weil der Lehrer mich nicht interessiert oder so,
5. und dann guck ich halt mal, dann seh' ich das Kreuz so, und denk nach und, irgendwie
6. so, musst, darfst halt nicht nur unbedingt das Kreuz sehen, sondern was es bedeutet, wo
7. es überall noch hängt, die Zusammenhänge so ein bisschen sehen, und dann find ich's

---

[1]   Ein abduktives Vorgehen dient nach Peirce dazu, der Spannung zwischen dem wahrnehmenden und urteilenden *Subjekt* auf der einen Seite und dem vorliegenden, wahrgenommenen *Objekt* auf der anderen Seite zu begegnen, indem man zusätzlich zu den objektiven und subjektiven Kategorien von Wahrnehmung von einer dritten Kategorie zwischen Subjekt und Objekt ausgeht. Diese dritte Kategorie ist bei Peirce das *Zeichen*, welches sowohl auf Seiten der wahrnehmenden Subjekte als auch auf Seiten des wahrgenommenen Objekts zu finden ist. Eine Abfolge bestimmter Zeichenverwendungen generiert nach Peirce einen *Habitus*, der auf der Seite des Subjektes, auf der Seite des Objektes und darüber hinaus als vermittelndes Muster, welches Denken und Handeln vereint, anzutreffen ist.

8. eigentlich interessant, dann könntest du immer drüber nachdenken.

9. A.: Kannst Du da mal ein bisschen weiterspinnen, was geht Dir da durch den Kopf?

10. C.: Ich denk halt so, hey, so'n Kreuz, das verbindet eigentlich, weil es in jedem Haus

11. hängt, und dann denk ich halt so weiter, was die Leute sich dabei denken könnten,

12. wenn sie so ein Kreuz sehen, ob es ihnen Halt gibt, oder ob sie vorbei gehen, und dann

13. denk ich nach, wo das her kommt, oder, wie toll es doch ist, dass es sich so weit

14. verbreitet hat. Da kannst Du ewig weiterdenken. Musst dich halt immer probieren in

15. die Leute halt reinzuversetzen, oder so. Ich denk' mir, so ein Kreuz, wenn das über der

16. Tür hängt, vielen, alten Omas oder so, gibt das halt Kraft. Ist doch gut, ist was

17. positives! Aber wenn jetzt da so ein alter Jesus auf dem Kreuz hängt, das finde ich

18. nicht so gut, ich finde ein einfaches besser, weil das ist doch dann wieder negativ.

19. Wenn die kleinen Kinder so einen Leichnam sehen, nix tolles, oder, für die!

20. A.: Was glaubst Du, warum sich das Kreuz so durchgesetzt hat?

21. C.: Hm, es ist vielleicht einfach. Das Simple ist meist immer das Beste.

22. A.: Hat das Kreuz für Dich auch persönlich eine Bedeutung?

23. C.: Ich weiss nicht. So vielleicht, dass es dich dazu anhält, dich zu besinnen, also ich

24. hab' mir schon überlegt, ich muss mir ein Kreuz kaufen und mir um den Hals hängen,

25. wenn ich mal Kohle hab'. Ja, es beschützt dich vielleicht auch so vor irgendwas, weil

26. wenn du irgendwie anfängst nachzudenken, dann machst du vielleicht eher nicht was,

27. was du sonst gemacht hättest, oder so. Oder du hast was, was dir einfach Kraft gibt,

28. wo du dran denken kannst, woran du glauben kannst, auch wenn's, ich weiss nicht, der

29. Glaube macht viel, eigentlich so.

30. A.: Wovon erzählt denn das Kreuz für Dich?

31. C.: Ich würde es einfach so als Kraftquelle sehen.

32. A.: Einen konkreten Inhalt verbindest Du damit aber nicht unbedingt?

33. C.: Nee, also, eher weniger. Nee.

34. A.: Die traditionelle Deutungsweise...

35. C.: Wie ist die denn genau?

36. A.: Ach, da gibt es ganz viele. Aber z. B. eine von denen ist: Es ist das Zeichen, dass Jesus Christus an das Kreuz geschlagen wurde...

37. C.: Nee, würde ich gar nicht so denken....

38. A.: ...und wiederauferstanden ist...

39. C.: Nee, überhaupt nicht. Ich würde es halt für mich selbst interpretieren.

3.2 Methodenkonstruktion

Zur Auswertung arbeite ich mit einem Methodenapparat, der als eine Kombination aus handlungstheoretischen (Grounded Theory) und abduktiven (Objektive Hermeneutik) Ansätzen zu kennzeichnen ist. Erste bilden die bewusst subjektiven Einstellungen und Handlungsweisen der Jugendlichen im Felde der Religion ab, letztere fokussieren latente Gründe und kulturgeschichtliche Traditionsmuster, die als Matrix für jeweils aktuelle religiöse Aussagen dienen könnten. Mit dieser doppelten methodologischen Ausrichtung möchte ich sowohl die bewusst von den Jugendlichen verwendeten religiösen Zeichenkontexte darstellen als auch den latenten Sinnhorizont beleuchten, in dem diese Zeichen stehen: Aktuelle Erfahrung und religiöse Traditionen sollen dadurch in Beziehung zueinander gesetzt werden.[2] Mein Analyseverfahren umfasst drei Ebenen, die sich an die Feinanalyse in der Objektiven Hermeneutik anlehnen (vgl. Oevermann u.a. 1979, 393ff.).

3.3 Die Analyse

3.3.1 Handlungorientierter Ansatz (Ebenen 1 und 2)

Entsprechend der handlungstheoretischen Orientierung der 'Grounded Theory' werden auf den ersten beiden Ebenen der Analyse anfangs gehaltlose *heuristische Konzepte* (orientiert an funktionalen bzw. substantiellen Varianten von Religion) zu *gegenstandsbezogenen Theorien* ausformuliert. Es wird angenommen, dass die untersuchten *'Phänomene'* (hier die Wertschätzung Claudias für das Kreuz) vielfältige *Ursachen* haben. Diese Ursachen werden in ihrem *Kontext* betrachtet. Der Kontext repräsentiert die Vielfalt von Eigenschaften, die das Phänomen ausmacht. Ursachen und Kontext werden nicht als statische Vorgaben und getrennt voneinander gesehen. Vielmehr bilden sie den Raum, in dem die handelnden Personen *Interaktionsstrategien* ausbilden. Das Zusammenwirken von Ursache, Kontext und Interaktionsstrategien wird schließlich in einen Zusammenhang mit *Konsequenzen* gebracht, die aus dem Handlungsgeschehen abgeleitet werden können. Dieser Vergleich der unterschiedlichen Kategorien (Phänomen, Ursachen, Kontext, Interaktionsstrategien, Konsequenzen) mit ihren dimensionalen Ausformungen (vgl. 'Dimensionen' auf nachfolgender Skizze) wird in der Grounded Theory 'Axiales Codieren' genannt (vgl. Strauss/Corbin 1996). Im Folgenden wird exemplarisch ein Kategorisierungsschema zum Phänomen 'Kreuz' mit seinen

---

[2] Nach Oevermann ist Handeln der materielle Ausdruck von Überzeugungen, die nicht identisch mit dem bewussten und abfragbaren Wissen sind, welches das Handeln vordergründig motiviert. Krisen entstehen, wenn das Handeln an äußeren 'brute facts' scheitert. 'Brute facts', das sind widerspenstige Aspekte des Lebens: Unvorhergesehenes, nicht Planbares, nicht in die gewohnten Regeln Passendes. Wenn jemand sich in einer durch 'brute facts' provozierten, verunsichernden Situation wiederfindet, hilft die Abduktion durch konkretes Auffinden einer zeichenhaft verbürgten Ordnung, die die sich widersprechenden 'brute facts' wieder in den Handlungskreis einfügen. Abduktion ist somit nach Oevermann nicht in erster Linie eine Forschungsmethodologie, die gewissermaßen Korrelationen zwischen (verunsichernden) Erfahrungen und Orientierung stiftenden Traditionen *herstellt,* vielmehr ist sie ein Verhalten, das Orientierung möglich macht und somit schon auf der Subjektebene permanent und universell latent vollzogen wird: „Auf diese Weise sichert die Abduktion die Identität von Subjekten. Gültig wird die Abduktion dadurch, weil und wenn sie sich an die 'brute facts' anschmiegt. 'Anschmiegen' bedeutet, ein [...] tätiges Sicheinlassen auf die Dinge selbst und ist scharf zu trennen vom Eingliedern der Dinge in bereits bestehende Muster. Die Abduktion verfährt dabei so, dass sie [...] in der Krise auf das im Unbewussten abgelagerte protoprädikative Wissen, das in ikonischen Erinnerungsspuren enthalten ist, zurückgreift und interpretiert. Das Neue entsteht also durch die erneute Ausdeutung des vorprädikativen Alten" (Oevermann 1991, 269). Diese Vermutung erlangt ihre Plausibilität durch Oevermanns Konzeption 'der Sache an sich', die immer *Besonderes und Allgemeines zugleich ist.* Das Besondere als aktuelle Erfahrung und das Allgemeine als mit Tradition geladene Typik dieser Erfahrung sind nicht voneinander getrennt zu betrachten. Abduktion als Methodologie tritt daher an, *aufzudecken, was latent im Alltag an Korrelation zwischen beiden Elementen vollzogen wird.*

Dimensionen dargestellt, das auf einer kurzen Sequenz eines Interviews mit der Gymnasiastin Claudia beruht. Dieses Schema erleichtert die Analyse des Interakts auf den ersten beiden Ebenen meines methodologischen Konzeptes: Im ständigen Vergleich wird das Phänomen der Beziehung Claudias zum Kreuz auf seine ursächlichen und kontextuellen Kategorien (Ebene 1) sowie seine handlungsleitenden und auf die Konsequenzen dieses Handelns bezogenen Kategorien hin untersucht (zur Methodologie vgl. Prokopf/Ziebertz 1999). In Klammern ist der Bezug auf die genaue Zeile des Interviewsegmentes dokumentiert.

Ebene 1 Paraphrase der Bedeutung eines Interakts gemäß dem Wortlaut der begleitenden Verbalisierung. Kriterium für die Paraphrasierung ist das Verständnis, das die begleitende Verbalisierung beim Sprecher auslöst. (Ursache und Kontext von C. Verhältnis zum Kreuz)

Ausgangspunkt für Claudias Beschäftigung mit dem Kreuz ist seine Allgegenwart (10). Schon in der Schulklasse wird Claudia mit dem Kreuz konfrontiert (5), was ihr zu denken gibt: Das Kreuz ist für sie in verschiedenen kulturellen Zusammenhängen präsent (10). Dabei ist es für Claudia interessant (8), wo es überall noch hängen könnte, es gehört für sie zum täglichen Leben und Erleben einfach dazu. Claudia bringt zum Ausdruck, dass das Kreuz für sie mit einer universellen Bedeutungsfülle ausgestattet ist: Es verbindet durch sein Dasein in verschiedensten Zusammenhängen (7) unterschiedliche Menschen miteinander (11), diese Zusammenhänge lassen das Kreuz nach Claudia in einen Bedeutungszusammenhang gelangen, der über das Kreuz als solches hinaus geht (6). Somit wird das Kreuz bei Claudia zu einer Kraftquelle (31). Diese Kraftquelle hat für Claudia allerdings keinen konkreten Inhalt (33). Das unterstreicht sie auch dadurch, dass sie vom Kreuz als positivem Zeichen ausschließlich als Kreuz ohne Corpus Christi spricht (18). Der Leichnam Christi am Kreuz wird von ihr mit einem 'alten Jesus' identifiziert (17), der für Claudia abschreckend und mit negativer Konnotation behaftet ist (19). Sie assoziiert damit den Corpus mit einer Leiche und bringt das Kruzifix damit in die Nähe eines Todeszeichens. Claudia plädiert für ein einfaches Kreuz ohne Verbildlichung des Gekreuzigten, weil sie das Simple für das Beste hält (21).

Ebene 2 Explikation der Intention des interagierenden Subjekts. Auf dieser Ebene werden Vermutungen über die Bedeutung und die Funktion des Interakts angestellt, die das interagierende Subjekt bewusst durchsetzen, realisieren oder hervorrufen wollte. (Handlungsstrategien und Konsequenzen C. im Umgang mit dem Kreuz)

Claudia liegt daran, darzustellen, dass für sie der Wahrnehmungsmodus des Kreuzes recht unterschiedlich sein kann. Es ist möglich, dass sie ein in der Klasse hängendes Kreuz überhaupt nicht wahrnimmt (2), weil sie mit anderen Dingen beschäftigt ist. Wenn Claudias Aufmerksamkeit jedoch nicht mit anderen Tätigkeiten belegt ist, eignet sich das Kreuz für sie, ihre Gedanken schweifen zu lassen (5). Sie kann betrachtend einem 'ewigen' (14) Denkprozess (8) folgen, der beim Kreuz beginnt. Claudia macht sich Gedanken zum Herkommen des Kreuzes, zu den unterschiedlichen Kontexten (7), in denen es vorkommt, und zur Wirkungsgeschichte des Kreuzes allgemein.

	KATEGORIE	SUBKATEGORIE	DIMENSIONEN
URSACHE	• Präsenz Kreuz	» Kultur	- allgegenwärtig (10)
			- wahrnehmbar (5)
			- interessant (8)
		» Klassenzimmer	- ins Auge fallend (5)
KONTEXT	• Bedeutung Kreuz	» für Menschen	- weit verbreitet (10)
			- verbindend (10)
		» Zusammenhänge	- geht über sich hinaus (6)
		» Kraftquelle	- kein konkreter Inhalt (33)
			- beeinflusst (28)
			- schützt (25)
		» Corpus	- alter Jesus (17)
			- abschreckend (19)
		» einfaches Kreuz	- bevorzugt (18)
HANDLUNGS-STRATEGIEN:	• Wahrnehmen Kreuz	» herangehen	- betrachtend (4)
			- wahrnehmend (5)
			- nachdenkend (5)
			- kontextuell (7)
			- weiterdenkend (8)
		» Reflexion	- unterschiedlich tief (2)
			- flüchtig (3)
			- interpretierend (7)
			- nicht traditionell (39)
		» Selbstaustattung Kreuz	- Kauf geplant (24)
			- Wunsch, Kreuz umhängen (24)
KONSEQUENZEN	• fortwährendes Nachdenken	» Kreuz	- interessant (8)
			- Ursprünge suchend (6)
			- Verbreitung bewundernd (13)
			- glaubensermöglichend (28)
		» Glaube Kreuz	- wirkmächtig (29)
			- beeinflussend (25)
		» Rückbindung Kreuz	- kraftspendend (31)
			- beschützend (25)
			- Besinnung ermöglichend (23)

Claudias Reflexion zum Kreuz kann von unterschiedlicher Tiefe sein. Zuweilen ist sie flüchtig und oberflächlich, zuweilen aber auch interpretierend und bewusst (2-4). Jedoch ist das Kreuz für sie weder der Ort der Kreuzigung noch der Auferstehung Jesu Christi (37). Auch sonst hält sie sich zurück mit der Verortung des Kreuzes in einen christlichen Kontext. Ihr fortwährendes Nachdenken über das Kreuz, das sie nach den Ursprüngen dieses Zeichens suchen und dessen Verbreitung bewundern lässt, ist auf den ersten Blick auffällig inhaltsleer (33). Jedoch weist Claudia darauf hin, dass für sie das Kreuz glaubensermöglichend (28) ist, und diesen recht abstrakten Glauben hält sie für wirkmächtig (29). Sie spricht in diesem Zusammenhang vom Halt, den der Glaube in Verbindung mit dem Kreuz gerade für ältere Menschen bedeuten kann (16). Der Kreuzesglaube ist für Claudia kraftspendend, positiv, beschützend und bewahrend und regt zur Besinnung an (27). Das bezieht sie auch auf sich selbst, indem sie ankündigt, ein Kreuz kaufen und sich um den Hals hängen zu wollen (24).

3.3.2 Abduktive Ableitung

Im Unterschied zur Explikation der Sprecherintention geht es hier um die Explikation der Veränderungen des Systemzustandes, die, nur teilweise in Deckung mit der Intention des Sprechers, durch seinen Interakt gesetzt worden sind. Auf dieser Ebene versuche ich, die auf den ersten beiden Ebenen gewonnenen Erkenntnisse zur Bedeutung des Interakts und der Intention der Schülerin exemplarisch zu klassifizieren. Es geht darum, hypothetisch eine religiöse Struktur des Interviews zu rekonstruieren. Diese muss Claudia nicht unbedingt bewusst sein. Ziel ist es, bei aller Individualität der Aussagen Claudias Segmente traditionell-religiöser Artikulation aufzuzeigen. Erkenntnistheoretisch kann man diese Methodologie abduktiv nennen, weil eine Generierung einer neuen Theorie hier durch eine Kombination von altem Wissen und neuer Erfahrung vonstatten geht (vgl. Kelle 1997, 150). Kristallisierungspunkt dieses Zusammenspiels von Tradition und Erfahrung sollen die zeichenhaften Verweise sein, die Claudia in Bezug auf Religion in Form von Semantiken oder in der Verwendung von Symbolen etc. gebraucht: Im Rückgriff auf Elemente der Objektiven Hermeneutik geht es hier „um die sorgfältige, extensive Auslegung der objektiven Bedeutung von Interaktionstexten, des latenten Sinns von Interaktionen [...]. Sie haben als Strukturen Realität unabhängig von dem lebensgeschichtlichen oder historischen Zeitpunkt ihrer jeweiligen interpretativen Entschlüsselung und manifestieren sich dauerhaft hinter dem Rücken der Intentionalität des Subjekts auf der Ebene der objektiven Bedeutungsstrukturen von Interaktionstexten" (Oevermann u.a. 1979, 381). Es geht auf dieser Ebene nicht um die Aufdeckung verborgener Wahrheiten, auch nicht um die Vereinnahmung jugendlicher Wirklichkeiten durch die Theologie: Vielmehr sollen Angebote zur religiösen Kommunikation gemacht werden und Interpretationszugänge jugendlicher Religiosität eröffnet werden. Oevermann hat vier Begriffspaare entwickelt, die die ambivalente Positioniertheit von (religiöser) Kommunikation zwischen 'Altem' (Tradition) und 'Neuem' (Erfahrung) aufzeigen und somit abduktives Schließen ermöglichen: Eine kommunikative Fallstruktur, und mithin also auch eine religiöse, ist nach Oevermann gekennzeichnet von a) ihrer *Besonderheit* und zugleich *Allgemeinheit*, b) ihrer *diachronen* und zugleich *synchronen* Struktur, c) ihrem *reproduktiven* und zugleich *transformativen* Charakter und d) ihrer *diskontinuierlichen* bzw. *kontinuierlichen* Verlaufsgeschichte (vgl. Oevermann 1991, 272).

Ebene 3

a) Besonders und Allgemein

Claudia hat eine besondere Herangehensweise an die Potenz des Kreuzes. Das Kreuz hält ihrer Ansicht nach dazu an, 'sich zu besinnen'. Es ist für sie etwas, woran man glauben kann. Dieser Glaube „macht" Claudia zufolge „viel" (29). Obwohl Claudia dem Kreuz solch einen großen Einfluss auf ihr Leben einräumt, es sogar in Beziehung zu etwas so Essentiellem wie dem 'Glauben' setzt, der ihr Kraft, Schutz und Halt bedeutet, vermag sie es doch nicht inhaltlich zu füllen. Das Kreuz und der mit ihm verbundene Glaube bleiben für Claudia unpersönlich und abstrakt. Dennoch bleibt die unbekümmerte, wenn auch im letzten vage („vielleicht" [23.26]) Rede vom Glauben an und aus dem Kreuz und der Wirkmächtigkeit dieses Vorgangs in Claudias Leben. Das Kreuz als Bild ruft offenbar Assoziationen über die Möglichkeiten und Eigenschaften des Kreuzes hervor, die von Claudia bewusst nicht inhaltlich ausgestaltet werden können. Hubertus Halbfas spricht von Urbildern, die mit einer in der Seele des Menschen angelegten Bildhaftigkeit korrespondieren: „So sind Bilder, die nicht das Zufällige konterfeien, ungeachtet ihres Inhaltes, immer religiös, indem sie die Wahrheit eines Urbildes offenbar machen und vertreten. Sie zeigen, wie das Profane sakral ist: als ganz es selbst in verdichteter Bedeutsamkeit" (Halbfas 1987, 54). Das Kreuz kann aus dieser Perspektive als ein solches Urbild gesehen werden, das Claudia dazu bewegt, sich mit dem Glauben auseinander zu setzen, sich zu besinnen. Dies geschieht bei Claudia offenbar latent und inhaltlich schwer einholbar. Tatsächlich aber war das Kreuz schon seit jeher ein Glaubenszeichen, welches mit unterschiedlicher 'Inhaltlichkeit' ausgestattet wurde: Gregor von Nyssa hat z. B. das Kreuz als „Theologen" bezeichnet, das mit seiner Gestalt die Wahrheit verkünde und damit zum Glauben führe (Gregor von Nyssa, de trid. Spat. 298,19 – 303,12). Der in der frühen Kirche noch als schändlich empfundene Martertod Christi am Kreuz führte zu einer Kreuzestheologie, die das Kreuz mehr als allumfassendes, kosmisches Zeichen deutete, als es inhaltlich bestimmt mit dem Gekreuzigten in Verbindung zu bringen: „Der antike Christ erkennt in der Gestalt des Kreuzes das dem Kosmos aufgeprägte Grundschema, das Baugesetz der Welt. So gehört das Suchen des Kreuzsymbols in der leblosen Natur, in der Figur des menschlichen Körpers [...] zum Grundbestand christlicher Symbolik" (Biehl 1993, 45). Somit kann der Topos des kraftspendenden und wirkmächtigen Kreuzes als ein traditioneller angesehen werden, der von Claudia in ihrer besonderen Situation aktualisiert wird.

b) Diachrone und synchrone Struktur

Betrachtet man den diachronen Verlauf von Claudias Äußerungen zum Kreuz, so kann man feststellen: Claudia kommt während des Nachdenkens über Religion auf das Kreuz zu sprechen. Sie behauptet, dass Religion ein allgegenwärtiges Phäno-men ist und gibt als Beleg dafür die weite Verbreitung des Kreuzes an. Auswirkun-gen des Nachdenkens und Betrachtens des Kreuzes sind nach Claudia Kraft und Orientierung. Sie selbst gibt zu verstehen, sich bald ein Kreuz kaufen zu wollen, weil dies ein Gegenstand sei, an den sie glauben könnte, und der Glaube ist ihr wichtig. Claudia sieht das Kreuz als Kraftquelle an, versperrt sich aber gegen eine explizit christliche Deutung. Sie möchte es nicht mit Tod und Auferstehung Christi in Verbindung gebracht wissen. Betrachtet man den Erzählduktus Claudias aus diachroner Perspektive, so fällt immer wieder das Motiv der mystisch – magischen Wirkweise des Kreuzes auf: Das Kreuz gibt Kraft, schenkt Glauben, gibt Halt, es soll umgehängt werden, um die Handlungen der es tragenden Personen zu beein-flussen. Immer wieder kam in der Volksfrömmigkeit ein solch mystisch-magisches Denken über das Kreuz vor: Z. B. kam es während der großen Pilgerreisen nach Jerusalem ab dem 4. Jahrhundert immer wieder zu Kreuzesverehrungen, die ans Magische grenzten. Es galt als Pilgerbrauch, sich vom verehrten, heiligen Kreuz in Jerusalem einen Splitter abzureißen und mit nach Hause zu nehmen. Dem Kreuz wurden allerlei wundertätige Fähigkeiten zugesprochen: Fruchtbarkeitszauber, Schutzmittel gegen allerlei Übel und Gefahren (vgl. Baudler 1997, 282). Immer wieder wird auf die Kraft verwiesen, mit der das Kreuz ausgestattet sein soll. Athanasius nennt es „das Siegel, vor dem sich nicht nur die Krankheiten fürchten, sondern auch die ganze Schar der Dämonen erschaudert und erbebt" (Athanasius, Fragment Peri apton; nach Dölger 1967, 10). Es gibt also auch innerhalb der Tradition des Christentums Strömungen, die dem Umhängen des Kreuzes eine beschützende und kraftspendende Komponente zusprechen. Claudia verwendet ein uraltes Motiv, wenn sie vom kraftspendenden Einfluss des Kreuzes spricht.

c) Reproduktion und Transformation

Claudia zieht das simple, einfache Kreuz ohne Corpus dem Kruzifix vor, an dem der Leichnam des Gekreuzigten sichtbar ist. Damit transformiert sie das in unserem Kulturkreis geläufige Kruzifix auf eine abstraktere Form hin, einfach und inhalts-neutral. Aber diese Transformation des Kreuzzeichens, die Claudia aufgrund ihrer persönlichen Glaubenssicht vornimmt, ist auch ein Stück Reproduktion: Es gab in der Geschichte des Christentums immer wieder Gründe, die Darstellung des Kreuzes frei zu halten vom Corpus, weil es den jeweiligen religiösen Grundbefind-lichkeiten nicht entsprach. Gerade in den ersten vier Jahrhunderten des Christen-tums war es aufgrund der damals geltenden theologischen Vorbehalte unmöglich, die leidende Gottesknechtsgestalt Jesu Christi zu verbildlichen: Das galt der Erhabenheit der Gottheit nicht zuträglich und unschicklich. (vgl. Baudler 1997, 289). Eine andere Spur im Umfeld des Zeichen 'leeres' Kreuz führt zum Calvinis-mus: Auch dort führte ein souveränes, ans Abstrakte grenzendes Gottesbild zu einer nüchternen Kreuzesdarstellung ohne Corpus (vgl. Baudler 1997, 57). Das Beson-dere der Beschäftigung Claudias mit dem Kreuzeszeichen in all seiner Abstraktheit, was die Inhaltsdimension, aber auch in seiner dazu kontrastierenden Konkretheit, was die glaubens- und kraftspendende Dimension des Kreuzes angeht, korrespondiert mit Traditionssträngen im Christentum, die ebenfalls die abstrakte Version des corpusfreien Kreuzes bevorzugt haben. Sowohl in der Antike als auch bei Calvin herrschte ein mehr ins Abstrakte gehendes Gottesbild vor. Claudia hingegen repräsentiert einen modernen Glaubenstypus, der von einer abstrakten 'höheren Macht' als Gottesbild ausgeht. Die besondere Sichtweise Claudias auf das Kreuz hat mit Blick auf ihr Gottesbild also eine allgemeine Einbettung.

d) Diskontinuität und Kontinuität

Claudia hat aus eigenem Interesse das Gespräch auf das Kreuz gebracht. Es ist für sie Ausdruck und Garant von Glaube und Religion. Schon immer war dieses Zeichen Symbol und Erkennungszeichen des Christentums. Religionsgeschichtlich war es seit jeher ein kosmisches Mysterium. In Abwandlung dieser kosmischen Deutung des Kreuzes knüpft Justin an das Chi Platons an, die beiden großen Himmelkreise, der Äquator und die Ekliptik, schneiden sich in der Form eines liegenden Chi; für die christliche Symbolik werden sie zum Himmelskreuz. Im Christlichen Kontext galt es als Analogie zum paradiesischen Lebensbaum, in der Orthodoxie sind Christus und das Kreuz praktisch austauschbar (vgl. Murray 1990, 726f.). Christen sahen zu allen Zeiten das Kreuz als Heilszeichen, und es ist der christliche Kontext, aus dem Claudia vermutlich das Kreuzzeichen kennen gelernt hat. Jedoch stellt sich Claudia unmissverständlich in Diskontinuität zum Christentum, indem sie das Kreuz dezidiert nicht in Verbindung mit dem gekreuzigten und auferstandenen Christus stellen möchte. Es kann also konstatiert werden, dass Claudia wichtige Aspekte der Kreuzesverehrung teilt, die auch im Christentum vorhanden sind. Allerdings grenzt sie sich von den christlichen Deutungsmustern ab und legitimiert ihr Interesse am und ihren Glauben an das Kreuz individuell.

4. Religionspädagogischer Ausblick

Im Verlauf des Projektes soll ein engmaschiges Netz von ausgedeuteten Interviewsegmenten vorliegen, die immer mehr auf die entscheidenden Punkte hin zu verdichten sind. Soweit ich die bisher eingegangenen Interviews überblicke, scheint ein tendenziell abstrakter werdendes Gottesbild heute eine der Kernkategorien zu sein, deren genauere Kenntnis für eine adäquate Verortung von religiösen Formen und Inhalten in der Gegenwart notwendig ist und die genauer zu untersuchen sein werden. Wenn sich bei der Untersuchung von Aussagen zu Religion von Jugendlichen heute erweist, dass Tradition und Erfahrung nicht alternativ zueinander, sondern als immer schon miteinander verwoben gedacht werden müssen, wird über mögliche Konsequenzen für eine Neuformulierung der Korrelationsdidaktik zu sprechen sein: Reinhold Boschki plädiert dafür, einen Religionsunterricht zu kreieren, der weder theologisch deduziert noch anthropologisch induziert daherkäme, sondern der „'im Dialog' zwischen Sozialwissenschaften, theologischer Hermeneutik und Theologie hergeleitet [...] die Struktur religiösen Lernens" (Boschki 1998, 17) in den Blick zu nehmen vermag. Dies vermag in besonderem Maße eine abduktive Religionspädagogik, die das Besondere der menschlichen Erfahrung im Allgemeinen der menschliche Kommunikation ermöglichenden traditionellen Bezüge zu sehen versucht. Korrelation in diesem Sinne ist „stets zugleich Wiederherstellung und Wiederholung im Sinne einer Rekonstruktion verlorengegangener oder unbewusster Beziehungen. Sie ist immer schon von woanders gestiftet, wenn denn Lebenswelt und Glaubenswelt ein gemeinsamer Erfahrungsraum [...] sein sollen" (Beuscher/Zilleßen 1998, 43). Mein Projekt soll neue Erkenntnisse im Hinblick auf eine korrelative Didaktik zu Tage fördern, die radikal bei den Erfahrungen der Subjekte ansetzt, um es auf die traditionellen Strukturen aufmerksam zu machen, derer es sich, bewusst oder unbewusst, bedient.

Literatur:

Baudler, Georg (1997), Das Kreuz. Geschichte und Bedeutung, Düsseldorf

Beuscher, Bernd / Zilleßen, Dietrich (1998), Religion und Profanität. Entwurf einer profanen Religionspädagogik, Weinheim

Biehl, Peter (1989), Symbole geben zu lernen. Einführung in die Symboldidaktik anhand der Symbole Hand, Haus und Weg, Neukirchen – Vluyn

Biehl, Peter (1993), Symbole geben zu lernen (2). Zum Beispiel Brot, Wasser und Kreuz. Beiträge zur Symbol- und Sakramentendidaktik, Neukirchen – Vluyn

Boschki, Reinhold (1998), Dialogisch-kreative Religionsdidaktik. Eine Weiterentwicklung der korrelativen Hermeneutik und Praxis, in: KatBl 123 (1/1998), 13-23

Dölger, Franz J. (1967), Beiträge zur Geschichte des Kreuzzeichens IX, in: Jahrbuch für Antike und Christentum 10 (1967), 7-29

Englert, Rudolf (1993), Die Korrelationsdidaktik am Ausgang ihrer Epoche. Plädoyer für einen ehrenhaften Abgang, in: Hilger, Georg / Reilly, George (Hg.), Religionsunterricht im Abseits? Das Spannungsfeld Jugend, Schule, Religion. München, 97-110

Englert, Rudolf (1998), Der Religionsunterricht nach der Emigration des Glauben-Lernens. Tradition, Konfession und Institution in einem lebensweltorientierten Religionsunterricht, in: KatBl 123 (1/1998), 4-12

Gregor von Nyssa (1967), De tridui spatio. Ed E. Gebhardt: Gregorii Nysseni opera, ed. W. Jäger, IX/1, Leiden, 273-306

Halbfas, Hubertus ([3]1987), Das dritte Auge. Religionsdidaktische Anstösse, Düsseldorf

Kelle, Udo ([2]1997), Empirisch begründete Theoriebildung. Zur Logik und Methodologie interpretativer Sozialforschung, Weinheim

Klinger, Elmar (1999), Die Schule. Ein Ort der Hoffnung, in: Fuchs, Ottmar / Widl, Maria (Hg.), Ein Haus der Hoffnung (FS Rolf Zerfaß), Düsseldorf, 144-150

Luckmann, Thomas ([3]1996), Die unsichtbare Religion, Frankfurt/M.

Luhmann, Niklas (1977), Die Funktion der Religion, Frankfurt/M.

Murray, Charles (1990), Art. Kreuz III, in: TRE 19 (1990), 726-732

Oevermann, Ulrich u.a. (1979), Die Methodologie einer „Objektiven Hermeneutik" und ihre allgemeine forschungslogische Bedeutung in den Sozialwissenschaften, in: Soeffner, Hans-Georg (Hg.), Interpretative Verfahren in den Sozial- und Textwissenschaften, Stuttgart, 352-434

Oevermann, Ulrich (1991), Genetischer Strukturalismus und das sozialwissenschaftliche Problem der Erklärung der Entstehung des Neuen, in: Müller-Doohm, Stefan (Hg.), Jenseits der Utopie. Theoriekritik der Gegenwart, Frankfurt/M., 267-336

Peirce, Charles Sanders (1983), Phänomen und Logik der Zeichen, Frankfurt/M.

Prokopf, Andreas / Ziebertz, Hans-Georg (1999), Konversion als Prozeß religiöser Individualisierung, in: PThI 19 (2/1999), 209-244

Prokopf, Andreas / Ziebertz, Hans-Georg (2000), Abduktive Korrelation – Eine Neuorientierung für die Korrelationsdidaktik?, in: RpB 44/2000, 19-50

Schöll, Albrecht (1995), „Hermeneutik der Aneignung". Sozialwissenschaftliche und empirische Vergewisserungen, in: Becker, Ulrich / Scheilke, Christoph Th. (Hg), Aneignung und Vermittlung. Beiträge zu Theorie und Praxis einer religionspädagogischen Hermeneutik, Gütersloh, 128-137

Soeffner, Hans-Georg (1992), Die Ordnung der Rituale. Die Auslegung des Alltags 2, Frankfurt/M.

Strauss, Anselm / Corbin, Juliet (1996), Grounded Theorie: Grundlagen Qualitativer Sozialforschung, Weinheim

Ziebertz, Hans-Georg / Prokopf, Andreas (1999), Tradition und Erlebniswelt. Forschungsdesign zum Problem der Korrelation, Würzburg (unveröffentlichtes Manuskript)

Georg Ritzer

Warum lassen Eltern ihre Kinder taufen?
Einblicke in die religiöse Primärsozialisation

1. Einleitung

„Mit der Frage nach Motiven für Kindertaufen braucht man sich nicht so ausführlich zu beschäftigen, die Antwort liegt ohnedies auf der Hand, das ist eben so der Brauch, dass man sein Kind taufen lässt."

Dies war ein Teil eines Gespräches, das ich vor ca. zwei Jahren mit einem 50-jährigen Mann geführt habe. Mein Gesprächspartner verallgemeinerte seine eigene Meinung und sah Forschungen bezüglich der Taufmotive als überflüssig an, da für ihn diese Frage bereits beantwortet schien. Auch meine Überlegungen gingen in Richtung Taufe aus Konvention, die Frage nach Taufmotiven in einem pluralistischen sozialen Kontext stellte bislang jedoch ein Forschungsdesiderat dar. Die Ergebnisse der ersten Untersuchung zu diesem Thema wurden von Helmut Hild (1974, 198) vorgestellt, das Schweizerische Pastoralsoziologische Institut stellte eine qualitative (1986) und eine quantitative (1989) Untersuchung an. Zulehner erforscht elf Items (1976; 1981; 1990; ders. / Denz 1991) zu diesem Thema, wobei er als einziger eine Analyse vornimmt, um die verborgenen Strukturen aus Inhalten herauszufiltern, und so zwischen religiösen und sozialen Taufmotiven unterscheidet. Gerade der oben angesprochene Inhalt 'Brauchtum' kommt bei allen genannten Untersuchungen vor, wobei ihm lediglich bei der Untersuchung aus dem Jahre 1974 die Mehrheit der Befragten zustimmte.

Aufgrund dieser Ergebnisse kann noch keine Antwort gegeben werden, aus welchen Gründen junge Eltern ihre Kinder taufen lassen.

Mit dieser Frage steht auch im Zusammenhang, ob Eltern ihre Kinder religiös erziehen wollen bzw. wie eine solche Erziehung geschehen soll. So geht Mette davon aus: „Ein wichtiger Faktor für die Einstellung zur religiösen Früherziehung ist die Einstellung zur Kindertaufe" (ders. 1983, 30).

Der folgende Artikel soll einen Einblick in Methoden und Möglichkeiten empirischer Arbeit geben, wobei zentrale Inhalte einer umfangreicheren Auswertung (Ritzer 1999) herausgegriffen werden.

2. Methode

Als methodische Vorgangsweise zur Eruierung der Taufmotive und der beabsichtigten religiösen Primärsozialisation wurde eine Kombination qualitativer und quantitativer Forschungsmethoden gewählt (Bucher 1994, 21-24), wobei der qualitative Teil der Arbeit als Explorationsstudie anzusehen ist. In elf halbstrukturierten Interviews (Lamnek 1993, 50) wurden insgesamt 20 Personen befragt, die im Bezug auf das soziale Umfeld, Alter und Religiosität eine möglichst breite Streuung erzielen sollten (Morse 1994, 229). Es erfolgte eine inhaltsanalytische Auswertung der transkribierten Interviews in Anlehnung an Mayring (1997) und Strauss / Corbin (1990), da diese Vorgangsweise im Gegensatz zu sequenzanalytischen Verfahren (Oevermann et al. 1983) eine Quantifizierung der Ergebnisse erlaubt.

Ein Interviewpartner antwortete auf die Frage, warum er sein Kind taufen ließ:

„Das Kind wird einfach getauft, weil es der Brauch ist ... und durch die Taufe wird es auch beschützt, ich finde das Kind soll schon Gottes Segen haben."

Eine Frau antwortete unter anderem: *„und die Taufe ist ja auch eine Namensgebung".*

Anhand der Interviews und einem ausführlichen Theorieteil wurden insgesamt 43 Items zu dezidierten Taufmotiven gefunden. Weiters wurden Fragen zu wichtigen Elementen und zur allgemeinen Einschätzung der Taufe, zur Religiosität der Taufeltern und zur beabsichtigten religiösen Erziehung in einem Fragebogen (Tränkle 1983; Bortz 1984, 143f. 182f.) zusammengestellt. Die Auswertung der Ergebnisse erfolgte hypothesengeleitet (Bortz 1989, 141-160; Huber 1987, 24; Hussy / Möller 1994).

Der Fragebogen wurde 4000 Eltern der Erzdiözese Salzburg zugesandt, die ihr Kind im Zeitraum von Februar bis August 1998 taufen ließen. 910 Eltern schickten den Fragebogen ausgefüllt zurück (Rücklaufquote von 23%), die Datenfülle wurde mit Hilfe des Computerprogrammes SPSS für Windows (Version 8) ausgewertet (Kähler 1994; Bühl / Zöfel 1998). Die Eltern beantworteten beispielsweise die oben angeführten Inhalte folgendermaßen:

	4 trifft sehr zu (%)	3 trifft zu (%)	2 eher nicht (%)	1 gar nicht (%)	M	S
Das Kind wurde getauft, weil es eben der Brauch ist	9,3	24,5	34,7	31,5	2,1	,96
Ich habe das Kind taufen lassen, damit es einen Namen hat	26,1	30,2	18,9	24,8	2,6	1,12
Taufe, damit das Kind den Segen Gottes hat	53,1	35,6	6,5	4,8	3,4	,81
Das Kind soll durch die Taufe von Gott beschützt werden	43,5	41,6	8,4	6,5	3,2	,85

(M=Mittelwert; s=Standardabweichung, misst die Streuung der Antworten)

Durch diese Tabelle zeigt sich schon, dass Kinder meistens nicht wegen des Brauchtums zur Taufe getragen werden.

Um die Fülle der Daten besser auswerten zu können und um die verborgenen Strukturen der Items zu erforschen (Van der Ven / Ziebertz 1995, 263), wurde eine Faktorenanalyse (Backhaus et al 1996, 189-260) gerechnet. „Items, die auf einem Faktor liegen, können legitimerweise zu einer Skala zusammengefasst werden" (Bucher 1994, 122).

3. Taufmotive

Die beiden letzteren der oben genannten Fragen sind zu den religiös-kirchlichen Taufmotiven zu zählen, während die Taufe aus Brauchtumsgründen dem Faktor 'Konvention' angehört. Die Taufe wegen der Namensgebung kann keinem Faktor zugewiesen werden, weshalb sie als Einzelitem in die Untersuchung einging. Durch die Faktorenanalyse, gerechnet mit allen Items zum Themenfeld 'Taufmotive', ergaben sich vier Faktoren. Dabei wurden alle Items (16) mit religiösen Inhalten in einem Faktor vereinigt, was zeigt, dass diese in den Augen der Eltern auf den ersten Blick zusammengehören. Aufgrund der theoretischen Auseinandersetzung mit dem Themenfeld 'Taufmotive' wurde vermutet, dass sich innerhalb der religiösen Taufmotive weitere verborgene Strukturen feststellen lassen. Daher erfolgte mit den Items, die auf den Faktor 'religiös-kirchliche Taufmotive' hoch luden, eine zweite Faktorenanalyse, woraus sich drei Untergruppen (Subskalen) der religiös kirchlichen Taufmotive rechneten.

Somit ergeben sich folgende Faktoren als Taufmotive:

- Religiös-kirchliche Taufmotive
  - *Initiation*
  - *Katechismus*   *(Subskalen)*
  - *Schützend*
- Zweifelnd, abwägend
- Konvention
- Wunsch der älteren Generation

Die einzelnen Faktoren sprechen inhaltlich für sich, bis auf die Subskala 'Katechismus', die noch einer Erklärung bedarf, weshalb sie exemplarisch dargestellt wird. In ihr sind Taufmotive enthalten, wie sie in den Katechismen zu finden sind, sie gehen weniger auf die geführten Interviews zurück. Die Items konnten mit „gar nicht" (1), „eher nicht" (2), „trifft zu" (3) und „trifft sehr zu" (4) beantwortet werden.

	M	s	ri	Ja%
Die Taufe ist Geburt zu einem neuen Leben *(KKK Nr. 1213)*	2,62	,95	,62	58,0
Die Taufe ist eine geistige Stärkung für die Eltern *(KEK 338f.)*	2,58	,90	,60	57,3
Das Kind wird in meinen Augen durch die Taufe Tempel des Heiligen Geistes *(KKK Nr. 1279)*	2,23	,92	,71	38,1
Für mich ist die Aufnahme in die Kirche Gnade *(KKK Nr. 1282)*	2,09	,92	,68	32,5
Ich habe das Kind taufen lassen, damit es die Erbsünde verliert *(KKK Nr. 1250)*	1,96	1,04	,56	29,7

(ri=Trennschärfekoeffizient, misst den Zusammenhang des Items mit der Skala; Ja=Prozentwerte von „trifft zu" + „trifft sehr zu"; KKK= Katechismus der Katholischen Kirche; KEK=Katholischer Erwachsenenkatechismus)

Skalen in dieser Art wurden mit allen angeführten Faktoren erstellt. Alle Skalen erreichen eine ausreichende Kohärenz, worüber das Cronbach-Alpha[1] Auskunft gibt ($\alpha > 0{,}64$).

Den größten Zuspruch erhält die Taufe im Sinne der Initiation in die christliche Gemeinschaft, wobei auch die Schutzfunktion eines Transzendenten als wesentlich erscheint. Auch der Wunsch der Großeltern bzw. der Urgroßeltern, das Neugeborene taufen zu lassen, nimmt Einfluss auf diesen Entschluss, wobei lediglich 28 Personen (3,1%) angaben, dass ohne den Druck der älteren Generation das Kind nicht getauft worden wäre.

Die genauere Auswertung hat gezeigt, dass die religiöse Sozialisation der Taufeltern von zentraler Bedeutung für die Taufmotive ist. Die Taufe aus Konvention wird durchschnittlich abgelehnt, wie auch die Taufe aus Gründen, wie sie die Skala 'Katechismus' enthält. Einen Überblick über die Zustimmung zu den Taufmotiven bietet die folgende Grafik:

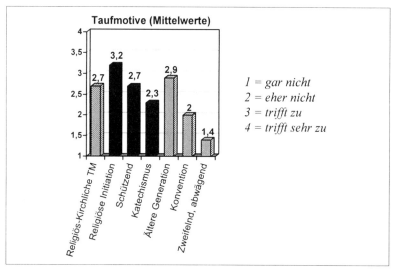

Hypothesenkonform ist die zweifelnde und abwägende Haltung gegenüber der Taufe bei Eltern, die sich zur Taufe ihres Kindes entscheiden, nicht stark ausgeprägt.

4. Religiosität der Taufeltern

Die Messung von Religiosität ist ein religionssoziologisches Themenfeld, das schon häufig bearbeitet wurde, einen Überblick darüber gibt Stefan Huber (1996). Für die weiteren Berechnungen in diesem Zusammenhang werden die Selbsteinschätzungen der eigenen Religiosität, Kirchennähe und Gläubigkeit verwendet (Bucher 1996, 95; Ritzer 1999, 234f. 242f.).

---

[1] Das *Cronbach-Alpha* stellt einen Wert zur Gesamtbeurteilung einer Skala dar, es gibt an, wie konsistent ein Merkmal gemessen wird. Der Wert kann zwischen 0 und 1 liegen, je näher er beim Wert 1 liegt, desto verlässlicher ist die Skala.

Die befragten Eltern schätzen sich folgendermaßen ein (Angaben in %):

	7	6	5	4	3	2	1	
Religiös	9,2	22	21,6	18,7	12,7	10,1	5,6	Nicht religiös
Gläubig	20,1	31,8	22	12,4	3,5	4,5	5,6	Nicht gläubig
Kirchennah	7,1	15,6	13,8	26,5	9,7	12,7	14,5	kirchenfern

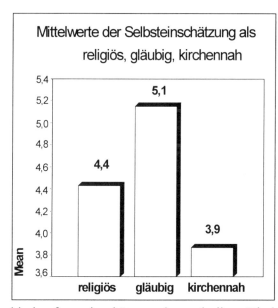

Insgesamt stufen sich 73,9% der befragten Eltern als gläubig ein, knapp über die Hälfte als religiös (52,8%) und nur 36,6% als kirchennah. Diese Ergebnisse werden auch durch die Mittelwerte bestätigt: Durchschnittlich sehen sich die Eltern als eher gläubig und schätzen sich selbst bezüglich der Religiosität sowie der Kirchennähe um den Wert 'vier' ein, was einer indifferenten Haltung entspricht.

Stellt man sich die Frage, warum Eltern ihre Kinder taufen lassen, ist besonders darauf zu achten, warum Eltern, die sich als durchschnittlich nicht religiös, nicht gläubig und kirchenfern einschätzen, dennoch ihre Kinder zur Taufe tragen. Die folgende Abbildung veranschaulicht die Mittelwertunterschiede der Taufmotive von jenen Eltern, die sich selbst als religiös, kirchennah und gläubig einschätzen, und von Eltern, die sich selbst gegenteilig beurteilen.

Bei den Eltern, die sich selbst durchschnittlich als ungläubig, nicht religiös und kirchenfern einschätzen, trifft im Mittel nur der Wunsch der christlichen Initiation zu (Wert über 2,5). Diesen Grenzwert von 2,5 überschreitet außer dieser Skala lediglich der Wunsch der älteren Generation. Betrachtet man die einzelnen Items zu den Taufmotiven, so zeigt sich, dass Eltern, die sich durchschnittlich nicht als 'religiös, gläubig, kirchennah' einschätzen, ihr Kind taufen lassen, damit es keine Schwierigkeiten in Schule oder Beruf hat und weil es Brauch ist. Somit kann bei dieser Gruppe, nimmt man die Beeinflussung der (Groß-)Eltern und die Einschätzung der Taufe als Familienfeier hinzu (die auch bei 'religiösen, gläubigen und kirchennahen' Zustimmung erfahren), von extrinsischen Motiven sprechen, die neben der gewünschten Initiation als Motive für die Kindertaufe geltend gemacht werden.

**Unterschiede der Taufmotive bei Selbsteinschätzung
in rel. Dimensionen (Mittelwerte)**

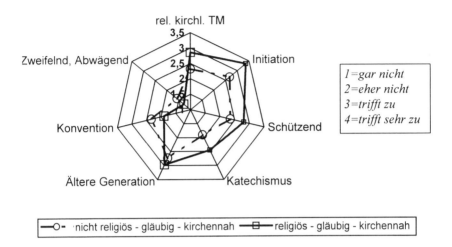

| | 1=gar nicht |
| 2=eher nicht |
| 3=trifft zu |
| 4=trifft sehr zu |

—O- nicht religiös - gläubig - kirchennah —☐— religiös - gläubig - kirchennah

5. Religiöse Primärsozialisation

Wenn in diesem Kapitel von der beabsichtigten religiösen Sozialisation die Rede sein wird, ist vorauszuschicken, dass sich religiöse Erziehung keinesfalls in den untersuchten Items erschöpft. So ist aus entwicklungspsychologischer Perspektive (Piaget 1997; Fowler 1991; Oser / Gmünder 1984) die 'Erfahrung unbedingter Erwünschtheit' (Mette 1994, 201) Voraussetzung für eine gelingende religiöse Erziehung, denn wie soll ein liebender Gott vermittelt werden, wenn das Kind noch nie ein bedingungsloses Angenommensein erfahren konnte. Die folgenden Items beschäftigen sich jedoch mit dezidierter religiöser Sozialisation, sie konnten mit „nie" (=1), „selten" (=2) und „oft" (=3) beantwortet werden (Bucher 1996, 51f.).

Ich habe vor:	M	S	ri	Nie %	Selten %	Oft %
- mit dem Kind die Kirche zu besuchen	2,56	,54	,68	2	40	58
- dem Kind von Gott zu erzählen	2,69	,51	,65	2	27	71
- vor dem Einschlafen mit dem Kind zu beten	2,58	,62	,63	7	27	66
- mit dem Kind das Kirchenjahr mitzufeiern	2,53	,63	,63	7	32	61
- mit dem Kind vor dem Essen zu beten	2,03	,77	,61	28	40	31
- dem Kind biblische Geschichten zu erzählen	2,36	,63	,57	8	48	43
- den Namenstag des Kindes zu feiern	2,35	,77	,44	19	28	53

Von den untersuchten Indikatoren der religiösen Sozialisation findet das Tischgebet die geringste Zustimmung. Verglichen mit der selbst erfahrenen religiösen Sozialisation der Eltern erhalten alle Items eine signifikant höhere Zustimmung, wenn es darum geht, die eigenen Kinder religiös zu sozialisieren. Dies könnte mit einer religiösen Trendwende erklärt werden, jedoch scheint dies illusorisch. Viel eher dürften diese Inhalte in einer gewissen Verunsicherung bezüglich des Selbstkonzeptes der Eltern begründet sein (Gloger-Tippelt 1988, 114), die zur Hinwendung zu einem Transzendenten führt (Ritzer 1999, 44). Dies sind jedoch reine Mutmaßungen, die einer weiteren Untersuchung bedürften. So könnte man z.B. in fünf Jahren eine Umfrage mit denselben Probanden in Angriff nehmen, die sich mit der tatsächlichen religiösen Sozialisation beschäftigt. Grundsätzlich ist bei der vorliegenden Skalierung zu beachten, dass bei den Probanden unterschiedliche Auffassungen bezüglich der Einschätzung von „selten" bzw. „oft" anzutreffen sein dürften. Dies wurde jedoch bewusst in Kauf genommen.

Der Durchschnittswert der Items dieser Skala liegt bei 2,4, was bedeutet, dass die Eltern beabsichtigen, ihre Kinder zwischen 'selten' und 'oft' religiös zu sozialisieren.

Erwartungsgemäß hängt die eigene Religiosität stark mit der beabsichtigten religiösen Sozialisation der Kinder zusammen. Solche Zusammenhänge werden in der Statistik als Korrelationen bezeichnet (Bucher 1994, 118f.). Im hier vorliegenden Zusammenhang herrscht ein Korrelationskoeffizient[2] (r) von 0,550, wobei die

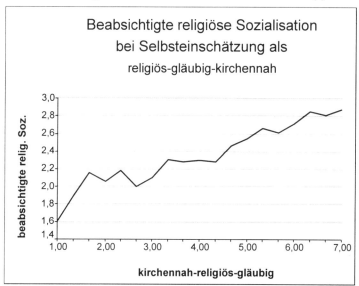

Korrelation eine sehr starke Signifikanz aufweist (p=0,000)[3]. Dieses Ergebnis kann folgendermaßen in Worte gefasst werden: Es besteht ein positiver Zusammenhang zwischen der steigenden Religiosität der Eltern und einer beabsichtigten religiösen Sozialisation der eigenen Kinder.

Neben der oben angeführten Skala 'Beabsichtigte religiöse Sozialisation', wurden auch *einzelne* Items zur beabsichtigten religiösen Erziehung bzw. zu Zielen der Erziehung auf deren Korrelation mit der Religiosität der Eltern hin untersucht: Religiosität geht mit dem Wunsch einher, dass das Kind durch den Glauben Geborgenheit und Orientierungshilfe erfährt. Schätzen sich Eltern als 'religiös-

---

[2] Der *Korrelationskoeffizient* kann einen Wert von +1 (vollständig positive Korrelation) bis -1 (vollständig negative Korrelation) aufweisen.

[3] Um statistische Hypothesen zu überprüfen, werden *Signifikanztests* durchgeführt. „Der Signifikanztest ermittelt die Wahrscheinlichkeit, mit der das gefundene empirische Ergebnis auftreten kann" (Bortz 1984, 368). Wenn ein Ergebnis signifikant ist, ist es der Zufälligkeit enthoben. Für die Irrtumswahrscheinlichkeit hat sich die Abkürzung 'p' (für *probability*) eingebürgert, wobei p<0,05 als signifikant gilt.

kirchennah-gläubig' ein, dann wollen sie auch, dass sich ihr Kind in religiösen Fragen frei entscheiden kann. Nimmt die Religiosität der Eltern zu, dann steigt auch der Wunsch nach Frömmigkeit des Kindes, und religiöse Erziehung wird weniger ausschließlich als Sache des Religionsunterrichtes gesehen. Ein interessantes Ergebnis bildet der negative Zusammenhang zwischen der Skala zur Selbsteinschätzung in religiösen Belangen und dem Item „Es kann schon vorkommen, dass ich zu meinem Kind sage: Wenn du nicht brav bist, bringt dir das Christkind nichts". Es besteht zwar nur ein schwacher Zusammenhang, jedoch kann ausgesagt werden, dass diese Drohung mit religiösen Inhalten bei zunehmender Religiosität der Eltern abnimmt. Zu diesem Ergebnis gelangt man auch, wenn man die Regressionsanalyse (Backhaus et al 1996, 1-55) betrachtet, bei der die beabsichtigte religiöse Sozialisation als abhängige Variable festgesetzt wird und Ziele von Erziehung als Prädikatoren bestimmt werden. Während bei Korrelationen Zusammenhänge positiver oder negativer Natur eruiert werden, herrscht bei der Regressionsanalyse durch die Festsetzung von beeinflussenden und beeinflusster Variablen Direktionalität. Die Rechnung über alle Probanden ergibt folgendes:

+ Positive Faktoren: Je stärker ausgeprägt, desto intensiver die Absicht der religiösen Sozialisation	- Negative Faktoren: Je stärker ausgeprägt, desto geringer die Absicht der religiösen Sozialisation

	β	p	Tol.			β	P	Tol
Geborgenheit durch Glaube für das Kind	,306	,000	,486		Erziehung als Sache des RU	-,242	,000	,831
Orientierungshilfe	,179	,000	,474		Frei entscheiden	-,125	,000	,912
Gehorsam durch Religion	,115	,000	,794		Erziehung zur Selbständigkeit	-,070	,010	,953

beabsichtigte religiöse Sozialisation

Es werden 41% der Regression erklärt (R= ,64). Beta (β) ist der standardisierte Regressionskoeffizient, der positiv oder negativ sein kann. Seine Höhe zeigt an, wie bedeutend der Prädiktor ist, während die Toleranz (Tol.) Auskunft über die Eigenständigkeit einer Variable gibt. Je wichtiger den Eltern ist, dass ihr Kind durch den Glauben Geborgenheit sowie Orientierungshilfe erfährt, und je wichtiger es ihnen ist, dass das Kind durch die religiöse Erziehung Gehorsam lernt, desto mehr wollen sie es religiös sozialisieren. Je mehr sie religiöse Erziehung als Sache des Religionsunterrichtes verstehen, je freier das Kind selbst entscheiden und je mehr es zur Selbständigkeit erzogen werden soll, desto weniger wollen Eltern ihr Kind religiös sozialisieren. Rechnet man dieselbe Analyse ausschließlich mit jenen, die sich selbst durchschnittlich als nicht religiös, nicht gläubig und kirchenfern einschätzen, erreicht auch das oben angesprochene Item „Es kann schon mal vorkommen, dass ich sage: Wenn du nicht brav bist, bringt dir das Christkind nichts" einen signifikant positiven Beta-Wert, ebenfalls steigt der standardisierte

Regressionskoeffizient bei der Variable 'Gehorsam durch Religion'. Nimmt man diese Items als Indikatoren für 'Religion als Disziplinierungsmaßnahme', so bedeutet dies, dass bei Eltern, die sich weniger als 'gläubig - religiös - kirchennah' einschätzen, die religiöse Sozialisation der Kinder als Disziplinierungshilfe eher auftritt als bei den anderen Eltern (dieses Ergebnis wird auch durch die Berechnungen von Mittelwertunterschieden bestätigt).

6. Zusammenhänge zwischen Taufmotiven und der beabsichtigten religiösen Erziehung

Nun soll überprüft werden, ob Mettes Annahme zutrifft, dass für die Einstellung zur religiösen Früherziehung die Einstellung zur Kindertaufe einen wichtigen Faktor darstellt (ders. 1983, 30).

Hypothese: Die Skala 'Beabsichtigte religiöse Sozialisation' korreliert auf hoch signifikantem Niveau mit der subjektiven Wichtigkeit der Taufe.

Die Hypothese kann verifiziert werden. Bei steigender Wichtigkeit der Taufe nimmt auch die beabsichtigte religiöse Sozialisation zu (r = 0,59; p = 0,000).

Für die einzelnen Dimensionen von Taufmotiven kann ebenfalls ein Zusammenhang mit der beabsichtigten religiösen Erziehung konstatiert werden:

Taufmotive	Beabsichtigte rel. Sozialisation (r)	P
Religiös-Kirchliche Taufmotive	,584	,000
Religiöse Initiation	*,600*	*,000*
Schützend	*,381*	*,000*
Katechismus	*,582*	*,000*
Zweifelnd-Abwägend	-,349	,000
Konvention	-,411	,000
Wunsch der älteren Generation	,249	,000

Am engsten hängt die Taufe aufgrund religiöser Initiation mit der beabsichtigten religiösen Sozialisation zusammen. Die Initiation korreliert mit dem Wunsch, dass das Kind durch den Glauben Geborgenheit (r=0,569) und Orientierungshilfe (r=0,456) findet. Alle Subskalen der religiös – kirchlichen Taufmotive sowie die Skala selbst weisen signifikante Zusammenhänge auf. Die beabsichtigte religiöse Sozialisation steht in einem negativen Zusammenhang zu zweifelnden, abwägenden Überlegungen der Taufe gegenüber sowie zur Taufe aus Konvention.

7. Freiheit und Nutzen

Die Ermöglichung der freien Entscheidung ist von zentraler Bedeutung in der religiösen Erziehung („Das Kind soll in religiösen Belangen frei entscheiden können": „stimmt nicht": 1,1%; „stimmt zum Teil": 37,8%; „stimmt": 61,1%; M=2,6; s=0,51). Durch die Taufe und ihre Eingliederung in die christliche Gemeinschaft soll auch sicher gestellt werden, dass dem Kind keine Zugänge in der Schule oder im Berufsleben verbaut werden. Eltern holen sich von Angeboten der Religion, was ihnen für sich gerade als passend erscheint und was sie davon auch anspricht. Dabei kann nicht wirklich von 'Eklektizismus' - einer Auswahl aus und Suche von verschiedenen Angeboten - die Rede sein, da dies eine intensive Auseinandersetzung mit *verschiedenen* religiösen Themenfeldern, Konfessionen und Religionen voraussetzen würde. Jedoch kann den Eltern eine Auseinandersetzung mit einem - von *einer* Tradition vorgesetzten - Angebot nicht abgesprochen werden, da sich die Eltern durchschnittlich gut überlegt haben, ihr Kind taufen zu lassen („trifft sehr zu" 31,6%; „trifft zu" 39%; „eher nicht" 14,8 %; „gar nicht" 14,6%; M=2,12; s=1,06). Religiöse Inhalte werden übernommen, soweit sie „die persönlich individuelle Lebensausrichtung zu unterstützen geeignet erscheinen" (Feige 1994, 82), was auch einige der abschließenden Interviewauszüge unterstreichen:

„Ich muss sagen, so für mich selbst, ich mische mir eigentlich mehrere Sachen ein bisschen zusammen. Mir gefällt das aus dem Buddhismus ganz gut, mit der Wiedergeburt. " (Vater, 32 Jahre alt)

„Dem Tobias möchten wir die Möglichkeit geben, dass er in die Kirche geht, da muss man dann halt selbst auch mitgehen, - aber nie zwingen, also wenn es ihm selbst nicht taugt, dann lassen wir es halt. " (Vater, 28 Jahre alt)

„Ich kann mir schon vorstellen, dass, wenn da ein glasser [=ansprechender] Kindergottesdienst ist, dass wir da mit ihr öfter hingehen. " (Mutter, 27 Jahre alt)

„Dass mein Bub ein bisschen daran glaubt, so an den Osterhasen und an das Christkind, das will ich auf jeden Fall". (Vater, 32 Jahre alt)

„Religiöse Erziehung ist schon auch wichtig, damit sich das Kind an etwas orientieren kann, aber zu religiös wollen wir unser Kind nicht, und schon gar nicht zu etwas zwingen. " (Mutter, 22 Jahre alt)

Verwendete Abkürzungen

α	Cronbach-Alpha (Reliabilitätskoeffizient)
β	Beta (standardisierter Regressionskoeffizient)
M	Mittelwert
neg.	negativ
p	Probabilität (Irrtumswahrscheinlichkeit)
pos.	positiv
R	Koeffizient der multiplen Regression
r	Korrelationskoeffizient
ri	Trennschärfekoeffizient
s	Standardabweichung
Tol.	Toleranz

Verwendete Literatur

Backhaus, Klaus et al. ([8]1996), Multivariate Analysemethoden. Eine anwendungsorientierte Einführung, Berlin u.a.

Bortz, Jürgen (1984), Lehrbuch der empirischen Forschung, Berlin

Bortz, Jürgen ([3]1989), Statistik für Sozialforscher, Berlin u.a.

Bucher, Anton A. (1994), Einführung in die empirische Sozialwissenschaft. Ein Arbeitsbuch für TheologInnen, Stuttgart

Bucher, Anton A. (1996), Religionsunterricht: Besser als sein Ruf? Empirische Einblicke in ein umstrittenes Fach, Innsbruck - Wien

Bühl, Achim / Zöfel, Peter ([5]1998), SPSS Version 8. Einführung in die moderne Datenanalyse unter Windows, Bonn

Deutsche Bischofskonferenz (Hg.) ([4]1989), Katholischer Erwachsenen - Katechismus, München

Feige, Andreas (1994), Zwischen großkirchlich angesonnener Religionspflicht und autonom – individuellem Religionsgefühl: Auf dem Weg zur postmodernen Religion?, in: Gabriel, Karl / Hobelsberger, Hans (Hg.), Jugend, Religion und Modernisierung, Opladen, 75-90

Fowler, James W. (1991), Stufen des Glaubens: Die Psychologie der menschlichen Entwicklung und die Suche nach Sinn, Gütersloh

Gloger-Tippelt, Gabriele (1998), Schwangerschaft und erste Geburt. Psychologische Veränderungen der Eltern, Stuttgart

Hild, Helmut (1974), Wie stabil ist die Kirche? Bestand und Erneuerung. Ergebnisse einer Meinungsumfrage, Berlin

Huber, Oswald (1987), Das psychologische Experiment. Eine Einführung, Berlin

Huber, Stefan (1996), Dimensionen der Religiosität. Skalen, Messmodelle und Ergebnisse einer empirisch orientierten Religionspsychologie, Freiburg

Hussy, Walter / Möller, Holger (1994), Hypothesen, in: Herrmann, Theo / Tack, Werner, H. (Hg.), Methodologische Grundlagen der Psychologie, Göttingen, 475-555

Katechismus der Katholischen Kirche (1993), Wien

Kähler, Wolf-Michael (1994), SPSS für Windows. Datenanalyse unter Windows, Wiesbaden

Lamnek, Siegfried ([2]1993), Qualitative Sozialforschung. Band 2. Methoden und Techniken, Weinheim

Mayring, Philipp ([6]1997), Qualitative Inhaltsanalyse. Grundfragen und Technik, Weinheim

Mette, Norbert (1983), Voraussetzungen christlicher Elementarerziehung. Vorbereitende Studien zu einer Religionspädagogik des Kleinkindalters, Düsseldorf

Mette, Norbert (1994), Religionspädagogik, Düsseldorf

Morse, Janice M. (1994), Designing Funded Qualitative Research, in: Denzin, Norman K. / Lincoln, Yvonna S. (Hg.), Handbook of Qualitative Research, Thousand Oaks u.a., 220-235

Oevermann, Ulrich et al. (1983), Die Methodologie einer „objektiven Hermeneutik", in: Zendler, Peter / Moser, Heinz (Hg.), Aspekte qualitativer Sozialforschung. Studien zur Aktionsforschung, empirischer Hermeneutik und reflexiver Sozialforschung, Opladen, 95-123

Oser, Fritz / Gmünder Paul (1984), Der Mensch - Stufen seiner religiösen Entwicklung, Zürich - Köln

Piaget, Jean ([5]1997), Das Weltbild des Kindes, München

Ritzer, Georg (1999), Taufmotive: Zwischen Initiation und Konvention. Empirische Einblicke in die Motivation, ein Kind taufen zu lassen, in die Religiosität von Eltern und in religiöse Primärsozialisation (unveröffentlichte Dissertation), Salzburg

Schweizerisches Pastoralsoziologisches Institut (Hg.) (1986), Junge Eltern reden über Religion und Kirche. Ergebnisse einer mündlichen Befragung, Zürich

Schweizerisches Pastoralsoziologisches Institut (Hg.) (1989), Religiöse Lebenswelt junger Eltern. Ergebnisse einer schriftlichen Befragung aus der Deutschschweiz, Zürich

Strauss, Anselm / Corbin, Juliet (1990), Basics of qualitative research. Grounded theory procedures and techniques, London - New Delhi

Ven, Johannes A. van der / Ziebertz, Hans-Georg (1995) Religionspädagogische Perspektiven zur interreligiösen Bildung, in: Ziebertz, Hans-Georg / Simon, Werner (Hg.), Bilanz der Religionspädagogik, Düsseldorf, 259-273

Tränkle, Ulrich (1983), Fragebogenkonstruktion, in: Feger, Hubert / Bredenkamp, Jürgen (Hg.), Datenerhebung, Göttingen, 222-301

Zulehner, Paul M. (1976), Heirat, Geburt, Tod. Eine Pastoral zu den Lebenswenden, Wien

Zulehner, Paul M. (1981), Religion im Leben der Österreicher. Dokumentation einer Umfrage, Wien

Zulehner, Paul M. (1990), Übergänge (Pastoraltheologie 3), Düsseldorf

Zulehner, Paul M. / Denz, Hermann (1991), Vom Untertan zum Freiheitskünstler. Eine Kulturdiagnose anhand der Untersuchungen „Religion im Leben der Österreicher 1970-1990" - „Europäische Wertestudie - Österreichteil 1990", Wien

Michael Scherer-Rath / Johannes A. van der Ven

'Meditatio mortis' als Suizidprophylaxe

Die Auseinandersetzung mit dem eigenen Tod war in der Geschichte der christlichen Spiritualität ein fester Bestandteil pastoraler Trainingsprogramme für das geistliche Leben. Das menschliche Leben wurde als Lehrroute aufgefasst, für die das Verhältnis des/der Einzelnen zum Tod ein wichtiger Lehrmeister war. In der Renaissance fungierte die 'meditatio mortis' sogar als eine Art 'Selbsterfahrungsmethode', wobei die Einstellung zum Tod im Sinne eines Spiegelbildes Rückschlüsse auf die Lebenshaltung und Lebensgestaltung zuließ (vgl. Van Knippenberg 1987, 3.24-27). Seit der Aufklärung hat die 'meditatio mortis', deren Ausgangspunkt das Wissen um die eigene Sterblichkeit ist, an Bedeutung verloren. Im vorliegenden Artikel wird der Ausgangspunkt des Wissens um die eigene Sterblichkeit wieder aufgegriffen und nach Möglichkeiten für eine 'Rekultivierung' der 'meditatio mortis' im Rahmen einer kritischen Alltagspastoral gefragt. Dabei gehen wir davon aus, dass eine kritische Alltagspastoral in verschiedene Arbeitsfelder zu unterteilen ist, die aus unterschiedlichen Perspektiven an einer gemeinsamen Zielrichtung arbeiten: die Selbstorganisation des Alltags im Lichte jüdisch-christlicher Tradition. Ausgangspunkt für den vorliegenden Artikel ist das Arbeitsfeld der Krisenpastoral und deren religionspädagogische Implikationen. Es wird ferner davon ausgegangen, dass die Konfrontation mit eigenen Todesvorstellungen als eine Form der 'meditatio mortis' zu verstehen ist und insofern Bedeutung für die Lebensperspektive der betreffenden Menschen besitzt. Des Weiteren wird die Überzeugung vertreten, dass aus der 'meditatio mortis' in Lebenskrisen Erkenntnisse und Einsichten für das Alltagsleben und den Umgang mit bzw. die Vorbereitung auf Krisensituationen zu gewinnen sind, von denen unter anderem auch die Suizidprophylaxe profitieren kann, zu der auch die kritische Alltagspastoral auf religionspädagogischem Gebiet einen Beitrag leisten kann.

Der Aufbau des vorliegenden Artikels ist wie folgt: In einem ersten Schritt werden wir Ansätze einer Krisenpastoral einschließlich religionspädagogischer Implikationen skizzieren, die sich ihrerseits als Teil einer umfassenden kritischen Alltagspastoral versteht (1.), bevor wir dann in einem zweiten Schritt Ergebnisse einer empirisch-theologischen Untersuchung präsentieren, die Aufschluss über Einstellungen geben, die Menschen in Suizidkrisen zum Tod haben (2.). Diese Ergebnisse werden dann in einem dritten Schritt auf ihre alltagsrelevante primärprophylaktische[1] Bedeutung für die religionspädagogische Arbeit in einer kritischen Alltagspastoral beleuchtet (3.).

---

[1] Die Primärprophylaxe umfasst vorbeugende Maßnahmen zur Verhinderung von Umständen, durch die oder in denen sich bestimmte Krankheiten oder ein bestimmtes als problematisch beurteiltes Verhalten entwickeln kann (vgl. Diekstra 1981, 224).

1. Krisenpastoral

Der Tod ist die existentiellste aller denkbaren Herausforderungen für den Menschen, weil die Gewissheit des eigenen Todes für jeden Menschen, der prinzipiell bestrebt ist, sich und sein Leben selbst bestimmen und kontrollieren zu können, ein quälender Stachel ist. Die tägliche Konfrontation mit der eigenen Sterblichkeit zeigt aber immer wieder die Unmöglichkeit dieses Unterfangens auf. Die Tatsache, dass sich Erwachsene im Gegensatz zu Kindern vor dieser Erfahrung verschließen (vgl. Richter 1992, 19-53), deutet auf die Notwendigkeit hin, Menschen von klein auf dazu zu befähigen, den Tod als Lebensbegleiter in ihren Alltag integrieren zu lernen. Nur so kann die 'meditatio mortis' wieder das werden, was sie einmal war, nämlich eine Form der Lebensvergewisserung und Krisenbewältigung (vgl. Van Knippenberg 1987, 24-27; Van der Ven 1995, 63-67).

Der Mensch kann sich mit der Unbegreiflichkeit von Phänomenen nicht abfinden – schon gar nicht mit der des Todes. Der Tod stellt letztlich alles in Frage, auch die Sinnhaftigkeit des Handelns. Zudem braucht der Mensch ein Lebenskonzept, mit dessen Hilfe er Phänomenen, denen er begegnet, einen Platz in seiner Lebenswelt zuordnen und damit eine Bedeutung verleihen kann, wodurch sie einen Sinn für sein Leben bekommen. Darum sucht er nach einer eigenen Position, die er diesem Phänomen gegenüber einnehmen kann. Solche Positionen sind Einstellungen, die der/die Einzelne aus Lern- und Erfahrungsprozessen gewinnt. Die Einstellungen ('attitudes') helfen dem Menschen bei der Bewältigung der Unmöglichkeit, ein Phänomen vollkommen begreifen zu können. Es ist der menschliche Versuch, die eigene 'Sprachlosigkeit' zu überwinden, um nicht an ihr zu zerbrechen. Sie installieren und legitimieren nämlich auf kognitive Art und Weise ein Ordnungssystem (vgl. Berger/Luckmann 1987, 98-112), das verhindern soll, dass Problemsituationen das lebensnotwendige Ordnungsgefüge gefährden und der Mensch die Kontrolle über sein Leben verliert.

Nun kann man den Tod als Teil des menschlichen Lebens betrachten (lernen), als etwas, das alltagsbestimmend ist. Erst im Bewusstsein des eigenen Todes kann der/die Einzelne eine Wertschätzung seines/ihres alltäglichen Daseins treffen. Erst im Angesicht des Todes, des Nicht-Seins, wird existentiell offenbar, woran Menschen hängen, wen und was sie lieben, was das Leben lebenswert macht (vgl. Moltmann 1995, 70-74). In diesem Sinne bietet das Erlernen einer bewussten Einstellung zum Tod die Möglichkeit, eine Zukunftsperspektive zu gewinnen, die auf Vergangenheit und Gegenwart aufbaut und zugleich das Hier und Jetzt über den Tod hinaus transzendiert. Zum anderen spiegelt sich in ihr die eigene Vergangenheit und Gegenwart wider. Anders gesagt: Die Zukunftsperspektive ist einerseits das Produkt des Strebens jedes Menschen, im Einklang mit sich selbst zu handeln; zum anderen ist sie richtungsweisend für das Handeln des/der Einzelnen in der Gegenwart und als solche selbst Identität bestimmend. Von Identität kann aber erst dann gesprochen werden, wenn es einer Person gelingt, für sich selbst einen roten Faden in der eigenen Lebensgeschichte zu entdecken bzw. zu hinterlassen (in dem, was sie tut, sagt, denkt und fühlt). Erst dann kann sie wider die zeitliche Diskontinuität, in der sie sich befindet, 'Selbst-Ständigkeit' für sich beanspruchen, die aber immer unter dem Vorbehalt des Noch-Werdens und des Sich-im-Prozeß-Befindens im Sinne einer 'Selbst-Behauptung' steht, weil das Erfassen und Erfahren der eigenen Identität nicht unmittelbar intuitiv, sondern nur narrativ, über den Umweg der Erzählung möglich ist und sich somit in der dynamischen Beziehung mit der eigenen Andersartigkeit befindet (vgl. Van Knippenberg 1998, 192-194; Ricœur 1996, 150-155).

Vor diesem Hintergrund dürfte deutlich sein, dass eine Identitätsbildung nicht unter Ausschluss schmerzhafter Kontingenz- und Endlichkeitserfahrungen stattfinden kann, sondern diese notwendigerweise mit einbindet, wodurch das Normalitätskonzept der Alltagswelt kritisch beleuchtet wird. Das ist aber nur dann möglich, wenn die bisherigen Grenzen des eigenen Selbst- und Weltverständnisses transzendiert werden können, um aus der neu gewonnenen Perspektive des Fremden und Anderen die Brüchigkeit alltäglicher Selbstverständlichkeiten wahrnehmen zu können (vgl. Luther 1992, 56-58). Wenn das gelingt, können Alltagserfahrungen dramatisiert und Grenzerfahrungen ent-dramatisiert werden oder anders ausgedrückt: Krisenerfahrungen verlieren ihre Marginalität, während Alltagserfahrungen ihre Selbstverständlichkeit einbüßen. Um dies zu ermöglichen, bedarf es einer 'Grenz-Bewegung', die das Denken, Fühlen und Handeln des Menschen im Alltag und in Krisenzeiten verändert und Offenheit für Transzendenz schafft: die Bewusstwerdung des eigenen 'eingegrenzten Lebens' oder des 'ausgegrenzten Todes'. Welche Chancen bietet dieser Bewusstwerdungsprozess für Menschen in Krisensituationen? Welchen Beitrag kann die Krisenpastoral dazu leisten und welche religionspädagogischen Implikationen gilt es hierbei zu beachten?

Krisenpastoral kann als das Aufgabenfeld beschrieben werden, in dem Menschen in Lebenskrisen problemorientierte und auf das Wiederherstellen des emotionalen Gleichgewichtes ausgerichtete Hilfe zuteil wird, um Bedingungen für den eigentlichen Kern der pastoralen Unterstützung zu schaffen, nämlich die Auseinandersetzung mit der überraschenden Andersartigkeit des eigenen Daseins, der Welt und der eigenen Zukunft. Dies geschieht mit dem Ziel, neue Wege und Möglichkeiten für die Selbstorganisation des alltäglichen Lebens im Lichte der jüdisch-christlichen Tradition zu suchen und zu finden (vgl. Luther 1992, 56-58; Baumann/Reuter/Teuber 1996, 172-178). Voraussetzung dafür ist, dass der/die Einzelne über den Kontakt mit dem/der Anderen (Seelsorgerin/Seelsorger) die eigene Identität angstfrei in Augenschein nehmen kann und sich selbst als unvertretbares Individuum erfahren und gelten lassen darf. Anerkennung der eigenen Identität durch andere ist Bedingung für die eigene Selbstannahme und das Erkennen, vor Gott einzigartig zu sein. Darum ist Anerkennung lebensnotwendig. Erst wenn dieser Kern berührt wird, besteht die Chance, den Panzer internalisierter lebensbehindernder Selbstbilder, Werteorientierungen und Ziele zu durchbrechen. Erst dann können Menschen lernen, ihr Leben zu 'entgrenzen' (vgl. Scherer-Rath 2000; Luther 1992, 228-231). Dabei kann es sowohl um die Eingrenzung des 'alltäglichen Todes' gehen, der durch lebensbehindernde Formen der Alltagsroutine verursacht wird, als auch um die Eingrenzung des Todes als Ende des menschlichen Daseins und um die Möglichkeit eines Lebens nach dem Tode. Voraussetzung dafür ist die

Bereitschaft, sich auf eine Konfrontation mit der eigenen Todesgewissheit einzulassen. „Jeder Mensch, der bewusst lebt, weiß auch, dass der Tod nicht nur *ein*, sondern *das* 'Ereignis des Lebens' ist und dass alle seine Einstellungen zum Leben Einstellungen zum Tod dieses seines Leben enthalten." (Moltmann 1995, 66f) Einstellungen zum Leben enthalten Einstellungen zum Tod. Aber gilt nicht auch die Umkehrung, dass Einstellungen zum Tod auch Einstellungen zum Leben enthalten?

2. Einstellungen zum Tod in Suizidkrisen

Im Folgenden möchten wir Ergebnisse eines empirisch-theologischen Forschungsprojektes[2] präsentieren, das an der Theologischen Fakultät der Universität Nijmegen durchgeführt worden ist. Wir haben im Rahmen dieses Forschungsprojektes, das sich mit dem Einfluss der Grenzerfahrungen von Tragik, Schuld und Tod auf Erwartungen an pastorale Beratungs- und Begleitungsangebote befasst, 73 Menschen in Suizidkrisen (53% Frauen und 47% Männer) nach ihren Einstellungen zum Tod befragt (vgl. Scherer-Rath 2000). Alle befragten Personen hatten wegen konkreter Suizidgedanken oder suizidaler Handlungen um professionelle Hilfe in Beratungsstellen, Krisenzentren oder Krankenhäusern nachgesucht.

Die Suizidkrise besitzt in dieser Untersuchung exemplarischen Charakter und wird als eine extreme Form der Lebenskrise verstanden, in der die betroffenen Personen mit ihrem eigenen Mangel konfrontiert werden, auf eine wichtige Situation im Alltag nicht sinnvoll reagieren zu können. Sinnvoll reagieren zu können heißt, so zu handeln, dass die Handlung plausibel an frühere Handlungen anknüpft und mit eigenen Wünschen, Bedürfnissen und Zielen, die in die Zukunft weisen, vereinbar ist. Verfügt die betreffende Person in einer solchen Situation über keine sinnvolle Reaktionsmöglichkeit, dann steht sie vor dem Problem, dass ihr Lebens- bzw. Sinnkonzept in Frage gestellt wird. Vor diesem Hintergrund kann die Suizidkrise als ein Zustand definiert werden, in der sich der Mangel, auf eine Situation sinnvoll reagieren zu können, existentiell zugespitzt hat, weil sich das anstehende Problem anschickt, den höchsten Rang in der persönlichen Werthierarchie der betreffenden Person einzunehmen, während die Erwartung, auf die Problemsituation mit allgemein gebräuchlichen Verhaltensweisen sinnvoll reagieren zu können, immer mehr schwindet. Die Lebenssituation spitzt sich zu und treibt ihrem Höhepunkt entgegen. Dort angelangt, wird nur noch ein einziger Akt des Verhaltensrepertoires zum direkten oder indirekten Erreichen dieses ranghöchsten Zieles – die Problemlösung – als der effektivste erfahren: die suizidale Handlung. In diesem Falle kann es zu einem Suizid bzw. Suizidversuch kommen (vgl. Diekstra 1973, 112; 1983, 201-203). Eine suizidale Handlung kann somit als das Ergebnis eines Abwägungsprozesses verstanden werden, das keinen eigenen Selbstzweck, sondern eine regulierende Funktion besitzt. Sie steht im Dienst intrapsychischer und interpersonaler Regulationsvorgänge und ist Ausdruck einer psychischen Leistung in einer Krisensituation, die augenblicklich nicht anders bewältigt werden kann (vgl. Kind 1992,

[2] Das Projekt wurde von der Stiftung Philosophie und Theologie (SFT) unterstützt, die von der Niederländischen Organisation für wissenschaftliche Forschung (NWO) subventioniert wird.

21). Ziel vieler suizidaler Handlungen ist demzufolge die Lösung des anstehenden und die Person subjektiv bedrängenden Problems, das eine lebenswichtige Bedeutung gewonnen hat. Die Möglichkeit der Andersartigkeit des eigenen Daseins, der Welt und der eigenen Zukunft wird nicht in Betracht gezogen, was sich auch in der Tatsache zeigt, dass der (eigene) Tod bei Menschen in Suizidkrisen häufig kein Thema ist. Sei es, weil sie selbst nicht darüber nachdenken oder weil sich niemand traut, diese Thematik anzusprechen (vgl. Reiner 1974, 70-72; 1990, 329f). 'Meditatio mortis': eine Form der Suizidprophylaxe? Eine religionspädagogisch bedeutsame Frage, da die Suizidprophylaxe hier als ein Lernprozess konzipiert wird. Indem Menschen mit dem Tod anders umzugehen lernen, eröffnen sich (neue) Perspektiven und Handlungsmöglichkeiten für das Alltagsleben. Welche Einstellungen haben nun Menschen in Suizidkrisen zum Tod?

Um an die gewünschten Informationen zu gelangen, wurden zur Entwicklung eines Konzeptes des Todesbegriffs und eines Instrumentes zur Messung von Todeseinstellungen drei Schritte unternommen: Erstens galt es, die philosophische, theologische und religionswissenschaftliche Fachliteratur auf dem Gebiet der Eschatologie und Thanatologie nach Grundbegriffen bzw. Ansätzen zu untersuchen, die in den impliziten Einstellungen der Menschen von Bedeutung sein konnten. Das bedeutete, dass die verschiedenen wissenschaftlichen Begriffe bzw. Ansätze als Kriterium für die Deduktion einzelner Einstellungen zum Tod dienten, die aber auf eine selbständige und intellektuell-freie Art und Weise zustande kamen. Zweitens wurden Gespräche mit Menschen in Suizidkrisen geführt, um die Relevanz der ausgewählten Begriffe bzw. Ansätze zu untersuchen. In acht halbstrukturierten Interviews wurden die Gesprächspartnerinnen und Gesprächspartner nach ihren Einstellungen zum Tod befragt und mit vorgefertigten Einstellungen konfrontiert. Dank dieser Interviews konnten bereits vorformulierte Einstellungen präzisiert, neue Einstellungen hinzugefügt und unrelevante entfernt werden. Schließlich haben wir die ausgewählten Einstellungen zum Tod auf ihre Untersuchbarkeit, d.h. Eindeutigkeit und Verständlichkeit hin überprüft. Dieser Schritt führte dazu, dass Einstellungen, die aus wissenschaftlichen Grundbegriffen bzw. Ansätzen rekrutiert wurden, konzeptuell und sprachlich vereinfacht wurden (vgl. Van der Ven 1990, 197-202; Van der Ven/Biemans 1994, 90f.94f).[3]

Ausgangspunkt für die Auswahl der Einstellungen ist eine globale Zweiteilung in *nicht-religiöse* und *religiöse* Einstellungen zum Tod. Diese Dichotomisierung geht auf die Tatsache zurück, dass sowohl Menschen mit einer religiös weltanschaulichen Orientierung als auch Menschen mit einer nicht-religiös weltanschaulichen Orientierung versuchen, sich mit dem Tod auseinanderzusetzen und ihm in ihrem Leben eine Bedeutung zu geben. Ein Kriterium für die Unterscheidung zwischen religiösen und nicht-religiösen Einstellungen ist die Offenheit für Transzendenz. Einstellungen, die eine Perspektive bieten, die über den Tod hinaus geht, nennen wir *religiös*. Solche, die über keine den Tod transzendierende Perspektive verfügen, nennen wir *nicht-religiös*.

---

[3] Für einen ausführlichen Untersuchungsbericht und das gesamte empirisch-theologische Messinstrument siehe: Scherer-Rath 2000.

Zwei *nicht-religiöse* Einstellungen wurden in die Untersuchung mit aufgenommen: der Immanentismus und der Skeptizismus. Der *Immanentismus* betrachtet den Tod als ein natürliches Ende des Lebens und erachtet es als müßig, sich mit Spekulationen über ein Leben nach dem Tod zu beschäftigen, da nur das irdische Leben bedeutsam ist (Beispielitem: „Wenn man sein Leben gelebt hat, ist der Tod ein natürlicher Ruhepunkt."). Der *Skeptizismus* zieht eine mögliche Bedeutung des Todes so sehr in Zweifel, dass letztendlich keine konkreten Aussagen über den Tod möglich sind (Beispielitem: „Was der Tod bedeutet, kann ich nicht sagen.").

Damit kommen wir zu den *religiösen* Einstellungen, die konkrete Aussagen zum Tod über den biologischen Tod hinaus beinhalten. Da aber in diesen religiösen Einstellungen nicht immer explizit von Gott oder dem Transzendenten die Rede ist, liegt es nahe, eine Unterscheidung zwischen *nicht-explizit* religiösen Einstellungen und *explizit* religiösen Einstellungen zu treffen. Ferner sollen sowohl die nicht-explizit religiösen als auch die explizit religiösen Einstellungen anhand zweier Grundbegriffe differenziert werden, die sich im Verlauf des Literaturstudiums herauskristallisiert haben. Für die *nicht-explizit* religiösen Einstellungen sind das die Begriffe *'Seele'* und *'höhere Wirklichkeit'*, für die *explizit* religiösen Einstellungen die Begriffe *'Rechenschaft'* und *'Vollendung'*. Zu allen vier Grundbegriffen wurden Modelleinstellungen ausgewählt und formuliert:

Unter den Grundbegriff *'Seele'* wurde der Glaube an die Seelenunsterblichkeit und der Reinkarnationsglaube subsumiert. Ausgangspunkt der Einstellung der *Seelenunsterblichkeit* ist ein Leib-Seele-Dualismus, der nur der Seele eine eschatologische Zukunft verheißt, während der Körper des Menschen im Tod zurückbleibt (vgl. Moltmann 1995, 75-77) (Beispielitem: „Nach dem Tod lebt die Seele des Menschen weiter."). Der *Reinkarnationsglaube* vertritt die Auffassung, dass der Tod nur eine Unterbrechung des Lebens ist als unaufhörlich kreisende Macht. Wiedergeburt meint die Rückkehr der Seele nach dem Tod in einem anderen Lebewesen für ein neues Leben auf der Erde (vgl. Kehl 1986, 69-71; 1994, 35f; Sachau 1996, 199) (Beispielitem: „Nach dem Tod kehren die meisten Menschen wieder auf die Erde zurück.").

Für den Grundbegriff *'höhere Wirklichkeit'* wurden die deistische Vorstellung vom Tod als Übergang in eine neue Existenz und der Glaube an die Gemeinschaft der Toten ausgewählt. Der Glaube an die *Gemeinschaft der Toten* umfasst die Vorstellung, dass Individuen und Generationen, die durch den Tod getrennt waren, aufgrund der Teilhabe an einer höheren Wirklichkeit wieder zusammengeführt werden (vgl. Lang 1994, 7-10) (Beispielitem: „Nach dem Tod kommen alle Generationen wieder zusammen."). Auch die Vorstellung, dass der Tod nicht das Ende, sondern einen *Übergang* in eine neue, nicht weiter zu umreissende Existenz bedeutet, ist auf die Existenz einer höheren Wirklichkeit zurückzuführen, die die Welt zwar geschaffen, ihr aber, und damit den Menschen, alle Freiheit und Verantwortung zurückgegeben hat (vgl. Van der Ven 1997, 306-308) (Beispielitem: „Der Tod ist der Übergang in eine andere Existenz, was immer das auch sein mag.").

Unter den Grundbegriff *'Rechenschaft'* werden zum einen der Glaube an das persönliche Gericht Gottes im Tod und zum anderen der Glaube an eine gerechte

Vergeltung im Jenseits subsumiert. Der *Vergeltungs*gedanke sieht die gerechte Abrechnung Gottes vor: Gutes wird vergolten und Böses wird bestraft (vgl. Weber 1976, 315) (Beispielitem: „Im Tod erhält jeder Mensch von Gott seine gerechte Strafe."). Die Vorstellung vom göttlichen *Gericht* impliziert zunächst eine individuelle Verantwortung im Tod (2 Kor 5,10) und verweist auf ein allgemeines Gericht über die Lebenden und die Toten am Jüngsten Tag (Apg 10,42) (Beispielitem: „Im Tod muss jeder Mensch vor Gott Rechenschaft ablegen.").

Schließlich fallen drei Todesvorstellungen unter den Grundbegriff *'Vollendung'*, der sicherlich der wichtigste theologische Begriff der christlichen Eschatologie ist. Verschiedene Auffassungen sind darüber in der Theologie entstanden, wie und wann diese Vollendung eintreten wird. Drei Vorstellungen wurden aufgenommen: eine dynamische, eine zielgerichtete und eine bereits festgelegte Vollendungsform. Die dynamische Form versteht den Vollendungsprozess als umfassend und interaktiv. Der Tod ist kein punktueller 'Übergang', sondern ein *durch Interaktion geprägter dynamischer Prozess*, der mit der Geburt beginnt. Dieser Prozess begleitet den Menschen durch das wechselseitige Zusammenspiel von Wachstum und Verfall, Schöpfung und Zerstörung, Geburt und Tod. Bei alledem darf der Mensch sich Gottes treuer Wegbegleitung gewiss sein (vgl. Tillich 1987, 69.468) (Beispielitem: „Geboren-Werden und Sterben ist ein Prozess, in dem Gott den Menschen nicht fallen lässt."). Die *zielgerichtete* Form versteht den Tod dagegen als die *Erfüllung des Lebens*, wobei das menschliche Leben als eine Bewährungsprobe verstanden wird, die im Tod ihre Vollendung findet (vgl. Kehl 1986, 251; Greshake/Lohfink 1975, 147) (Beispielitem: „Das menschliche Leben vollendet sich im Tod vor Gott."). Eine dritte Form schließlich ist die Vorstellung, dass sich hinter dem Lauf der Welt ein Plan verbirgt. Gute wie schlechte Zeiten sind Teil eines *göttlichen Plans*, der entweder offen oder verborgen sein kann. Somit obliegt es einzig und alleine der Bestimmung Gottes, wann ein Mensch stirbt und in die Vollendung eingehen wird (vgl. Van de Beek 1984, 40-55; Zahrnt 1986, 59f) (Beispielitem: „Der Tod ist fester Bestandteil des göttlichen Plans.").

Für alle elf Modelleinstellungen wurden vier Items formuliert, so dass den zu befragenden Personen insgesamt 44 Items in einem Frageblock vorgelegt werden konnten. Die Teilnehmerinnen und Teilnehmer der Untersuchung wurden gebeten, anzugeben, inwiefern sie den vorgelegten Einstellungen zustimmen können (überhaupt nicht einverstanden (1) bis (5) vollkommen einverstanden). Die Antworten wurden einer Hauptachsenfaktoranalyse (PAF)[4] unterzogen. Sechs der elf theoretisch unterschiedenen Einstellungen zum Tod gingen aus der Faktoranalyse hervor (siehe Abbildung 1): das immanentistische Verständnis (Immanentismus), die skeptizistische Einstellung (Skeptizismus), die Verbindung des Todes mit der Seelenunsterblichkeit (Seelenunsterblichkeit), der Glaube an eine Wiedergeburt (Reinkarnation), der Glaube an ein gemeinschaftliches Leben nach dem Tod (Gemeinschaft) und die deistische Auffassung vom Übergang in eine 'andere'

---

[4] Die *Faktoranalyse* ist ein statistisches Verfahren, das auf der Korrelationsanalyse basiert und die Items eines theoretisch entwickelten Konzeptes dahingehend untersucht, inwieweit sie sich wirklich als Variablen einer Gruppe identifizieren lassen.

Existenz (Übergang). Die beiden theoretisch unterschiedenen Einstellungen zum Grundbegriff 'Rechenschaft' bilden einen gemeinsamen Faktor (Rechenschaft), was auch bei den drei Einstellungen zum Vollendungsbegriff der Fall ist. Sie bilden gemeinsam den Faktor 'Vollendung'.

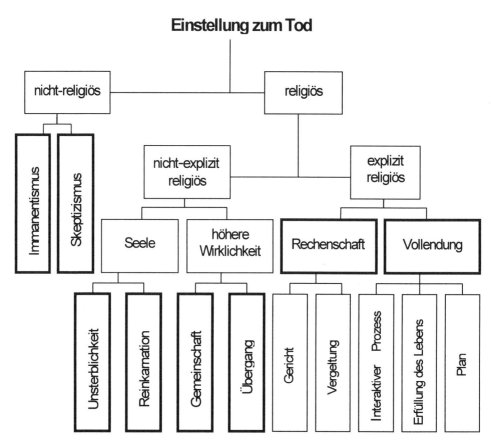

Abbildung 1: Empirisches Konzept des Todesbegriffs

Wie haben nun die Befragten auf die acht Einstellungen reagiert? Wie die Tabelle zeigt, weist die immanentistische Einstellung (*Immanentismus*) einen Mittelwert (X) von 4.0 auf, der bei einer Spannweite von 1 bis 5 auf eine deutliche Übereinstimmung der Befragten mit der immanentistischen Einstellung schließen lässt.[5] Die Vorstellung, dass der Mensch an einer höheren Ordnung partizipiert und sich darum für ihn mit dem Tod etwas Neues erschließt (*Übergang*), wird unentschlossen mit einer Tendenz zur Zustimmung betrachtet (X= 3.4).

	X	**S**
Immanentismus	4.0	.75
Übergang	3.4	.98
Seelenunsterblichkeit	3.4	1.08
Vollendung	3.1	.93
Skeptizismus	3.0	.94
Gemeinschaft	2.7	.97
Rechenschaft	2.4	.93
Reinkarnation	2.3	1.04

Das gleiche gilt für den Glauben an die Seelenunsterblichkeit (*Seelenunsterblichkeit*) (X= 3.4). Die Einstellung, den Tod als ein Vollendungsgeschehen zu betrachten (*Vollendung*), können die befragten Personen weder bejahen noch ablehnen (X= 3.1). Ebenso unschlüssig zeigen sich die Befragten hinsichtlich der skeptizistischen Einstellung zum Tod (*Skeptizismus*) (X= 3.0). Die Auffassung, dass sich alle Generationen nach dem Tod wiedersehen werden (*Gemeinschaft*), wird unentschlossen, aber mit einer Tendenz zur Ablehnung betrachtet (X= 2.7). Abgelehnt wird die Vorstellung, dass mit dem Tod das Ablegen einer persönlichen Rechenschaft vor Gott verbunden ist (*Rechenschaft*) (X= 2.4), und der Reinkarnationsglaube (*Reinkarnation*) (X= 2.3).

Welche Aufschlüsse geben die obigen Ergebnisse für einen möglichen Einsatz der 'meditatio mortis' in der Krisenpastoral? Zunächst muss konstatiert werden, dass die Befragten eine klare Übereinstimmung mit der *immanentistischen* Todeseinstellung signalisieren und dass sowohl der *Reinkarnation*sglaube als auch der *Gericht*sgedanke verworfen werden. Zu allen anderen Einstellungen äußern sich die befragten Personen nicht eindeutig. Aller Unentschlossenheit zum Trotz wird der deistischen Todeseinstellung des *Übergangs* und dem Glauben an die *Seelenunsterblichkeit* vergleichsweise viel Sympathie entgegengebracht, was darauf hinweist, dass diese beiden Todeseinstellungen mögliche Ansätze für ein weiteres Durchdenken der Todesproblematik darstellen können. Beide Einstellungen zeichnen sich durch eine selbstzentrierte Lebensperspektive aus, d.h. beide können als ein Versuch verstanden werden, dem eigenen Leben über den Tod hinaus eine Zukunftsperspektive zu verleihen, die die Erfahrung zeitlicher Diskontinuität durchbricht. Beide betreiben letztlich die religionsphilosophische Auseinanderset-

---

[5] Die *Standardabweichung* (*S*) gibt an, inwieweit sich die einzelnen Messdaten voneinander unterscheiden und vom Mittelwert abweichen. Je größer der S-Wert ist, desto unterschiedlicher fallen die einzelnen Messdaten aus und desto weniger stimmen sie mit dem Mittelwert überein. Demnach gibt es unter den befragten Personen hinsichtlich der immanentistischen Todeseinstellung die größte und hinsichtlich des Glaubens an die Unsterblichkeit der Seele die geringste Übereinstimmung. Im Falle des Glaubens an die Seelenunsterblichkeit zeigt sich, dass die Befragten entweder eine ablehnende oder deutlich zustimmende Haltung vertreten.

zung zwischen einer natürlichen Vernunft und einer übernatürlichen Offenbarung, in der es um die Frage geht, ob ein rational verantworteter Glaube möglich sei (vgl. Schmidt 1994, 205). Vor diesem Hintergrund erscheint eine 'meditatio mortis' in der pastoralen Beratung und Begleitung von Menschen in Suizidkrisen von großem Interesse, zumal mit Reiner (1990, 329f) davon ausgegangen werden muss, dass in Suizidkrisen die Thematik des Todes zu selten Gegenstand eines intra- und interpersonalen Dialoges ist, der für den Entwurf einer Zukunftsperspektive und damit für den 'Selbst-Behauptungskampf' in der Suizidkrise sehr bedeutsam sein kann. So impliziert die *immanentistische* Todeseinstellung eine Lebensperspektive, die von der Gewissheit des eigenen Todes zwar Kenntnis nimmt, den Tod selbst aber vom Leben ausgrenzt, ihm keine alltagsrelevante Bedeutung beimisst und ihn somit verdrängt. Gerät der betreffende Mensch in eine Krisensituation, in der er mit dem Mangel konfrontiert wird, sinnvoll handeln zu können, wird die 'immanentistische Handlungseinengung', in der er sich befindet, offenbar: Die ganze Lebensperspektive wird durch die anstehende Problemsituation bestimmt. Die fehlende Zukunftserwartung und alltagsrelevante Bedeutung des Todes lassen den Blick des/der Einzelnen für die überraschende Andersartigkeit des Daseins verschließen und führen letztendlich zu einer Horizontverengung, aus der es ohne fremde Hilfe kein Entrinnen gibt.

Die deistische Todeseinstellung des *Übergangs* besitzt eine Zukunftsperspektive, die dadurch getragen wird, dass jeder Mensch. an einer höheren Wirklichkeit partizipiert. Für die alltagsrelevante Übersetzung dieser Einstellung bedarf es insbesondere vernunftorientierter Einsichten, die jedoch die christliche Offenbarung nicht grundsätzlich leugnen, ihr aber nicht den ersten Stellenwert einräumen. Auch der Glaube an die *Seelenunsterblichkeit* besitzt eine deutlich Zukunftsperspektive, die allerdings durch eine Art Selbsttranszendierung erzielt wird, indem auf etwas Unsterbliches im Menschen – die Seele – vertraut wird. Es ist durchaus nachvollziehbar, dass die beiden Einstellungen für Menschen in Suizidkrisen, die sich in einem akuten Selbst-Behauptungskampf befinden, reizvolle und vielleicht sogar hoffnungsvolle Perspektiven für die eigene Identitätsfindung zu bieten haben. Beide unterstreichen die Notwendigkeit der eigenen Selbst-Ständigkeit und die Möglichkeit der eigenen Selbst-Behauptung. Dadurch besteht die Gefahr einer 'gnadenlosen' Bewertung des menschlichen Alltags, da Grenzen und Schwächen des Menschen durch die Schwerpunktsetzung eigener Vernunftbegabung in den Hintergrund gedrängt, Möglichkeiten und Stärken jedoch allzu leicht überbewertet werden können. Nach christlichem Verständnis besitzt nur Gott die 'einfache' Identität mit sich selbst, aufgrund derer er sagen kann: Ich bin der 'Ich-bin-da' (Ex 3,14). Die menschliche Identität ist hingegen auf ein Gegenüber angewiesen, das es dem/der Einzelnen erst ermöglicht, das eigene Selbst zu erfahren und sich somit zu sich selbst verhalten zu können. Menschliche Identität bleibt demnach zeitlebens vorläufig und fehlbar (vgl. Moltmann 1995, 88f; Van Knippenberg 1998, 192-194).

3. Primärprophylaktische Bedeutung der Religionspädagogik

Die bisherigen Ausführungen haben die Annahme bekräftigt, dass die 'meditatio mortis' unter genau zu umreissenden Bedingungen einen wichtigen Beitrag für die Krisenpastoral mit Menschen in Suizidkrisen leisten kann. Welche Schlussfolgerungen können daraus für eine primärprophylaktische Arbeit im Rahmen einer kritischen Alltagspastoral gezogen werden? Welche Bedeutung haben die obigen Untersuchungsergebnisse für eine etwaige Rekultivierung der 'meditatio mortis' beispielsweise in Katechese, Liturgie und Schulunterricht als potentiellen Orten einer pastoralen Primärprophylaxe?

Die Primärprophylaxe, die sich mit der Entwicklung von Lebensressourcen bzw. mit der Verhütung der Entwicklung von suizidalen Tendenzen in der Gesellschaft und beim einzelnen Menschen beschäftigt, ist sowohl auf die primäre und sekundäre Sozialisation im allgemeinen als auch auf die primäre-religiöse und sekundäre-religiöse Sozialisation im besonderen gerichtet. Mit Hilfe der Sozialisation findet der Mensch Zugang zu seiner sozialen Lebenswelt, mit der umzugehen er lernen muss, wenn er in ihr bestehen will. Die primäre Sozialisation, innerhalb der auch ggf. die primär-religiöse Sozialisation stattfindet, zeichnet sich dadurch aus, dass das Kind alles als selbstverständlich internalisiert und sein Wissen auch so in die sekundäre Sozialisation mit einbringt. Vertrauen und selbstverständliche Ordnung bestimmen diese erste Welt des Kindes, denn erst später kann sich der Mensch den Luxus des Zweifels erlauben. Da die Sozialisation aber ein dialektischer Prozess zwischen Anpassung und Selbstdurchsetzung ist, haben die Bezugspersonen die Aufgabe, die Kinder auf der einen Seite darin zu unterstützen, größere Selbständigkeit und Unabhängigkeit zu erlernen, und sie zu befähigen, soziale Bindungen eingehen zu können, ohne dabei auf der anderen Seite die korrigierende und konfrontierende Funktion zu vernachlässigen (vgl. Berger/Luckmann 1987, 148-150; Dörner/Plog 1992, 105f). Die sekundäre Sozialisationsphase, innerhalb der auch ggf. die sekundär-religiöse Sozialisation stattfindet, zeichnet sich dadurch aus, dass ständig neue Eindrücke auf das heranwachsende Kind, den Jugendlichen und den jungen Erwachsenen einwirken. Das Leben in der modernen westlichen Gesellschaft zwingt die darin Aufwachsenden, immer wieder neu zu selektieren, damit sie im Wust der vielfältigen 'Angebote' selbst ein Bild von ihrer Lebenswelt gewinnen können (vgl. Berger 1980, 39-45).

Das Spezifische der religiösen Sozialisation liegt nun in der Vermittlung eines Sinngrundes, der das Fundament aller menschlicher Sinnzuweisungen bildet. „Religion meint die allgemein menschliche Beziehung zum Geheimnis der Transzendenz, die Bindung an einen Sinngrund des Daseins, aus dem der Mensch leben und sterben kann." (Schlette 1966, 12) Religion kann somit als Erfahrung dieses Sinngrundes im Endlichen und damit als Konfrontation des Menschen mit seinen eigenen Grenzen und Möglichkeiten betrachtet werden.

Übertragen auf den Ansatz einer kritischen Alltagspastoral, in der es um eine weitverzweigte alltagsrelevante Eingrenzung des Todes bzw. Entgrenzung des Lebens geht, bedeutet dies, dass pastorales Handeln, will es eine primärprophylaktische Bedeutung besitzen, von dem Bestreben durchdrungen sein muss, Kindern,

Jugendlichen und Erwachsenen eine umfassende Sicht des menschlichen Daseins zu vermitteln, d.h. Alltag und Krise nicht gegeneinander auszuspielen und auszugrenzen, sondern füreinander fruchtbar zu machen, indem der Tod und das Nachdenken über ein Leben nach dem Tod ins alltägliche Leben mit einbezogen werden. Ausgangspunkt einer solch fruchtbaren Auseinandersetzung ist die Auffassung, dass das Leben in seiner Endlichkeit und Nicht-Verfügbarkeit zu verstehen ist, wodurch die eigene Todesgewissheit Einfluss auf das menschliche Handeln und Denken gewinnt. Darüber hinaus werden alle Selbst- und Wirklicheitserfahrungen durch die Verwiesenheit des einzelnen Menschen auf das, den und die Andere bestimmt. Kein Mensch vermag für sich allein und aus sich selbst heraus zu leben. Der Mensch ist nicht seine eigene Sinnbasis. Er besitzt kein unmittelbares Selbstverständnis. Dafür hat er seine Umgebung in Zeit und Raum nötig. Nur in der Beziehung zum Anderen, zu seiner Vergangenheit und zu seinen Zukunftserwartungen kann er eine eigene Identität entwickeln, die es ihm/ihr ermöglicht, sich kontinuierlich zu sich selbst in Zeit und Raum zu verhalten (vgl. Weymann-Weyhe 1991, 182-185; Van Knippenberg 1998, 194). Natürlich sind Menschen gerade in der modernen westlichen Gesellschaft dazu gezwungen, zu wählen und Sinn zuzuweisen, das heißt aber nicht, dass sie dazu in der Lage wären, selbständig Sinn zu begründen. In alledem ist die Chance und die Grenze des Menschen im beginnenden 21. Jahrhundert impliziert. Alles steht und fällt jedoch mit der Akzeptanz der eigenen Todesgewissheit, der menschlichen Grenze. „Das Leben ist ein Paradoxon: Nichts ist vollendbar, weil es sterblich ist. Weil es sterblich ist, deshalb ist es lebensfähig, hat es immer noch nicht begangene Wege vor sich, kann von bisher nicht Erfahrenem und Geschehenem überrascht werden. Deswegen haben Hoffnung nur die Sterblichen, um so mehr, als sie ihre Sterblichkeit in ihr Leben hereingenommen haben." (Weymann-Weyhe 1991, 185) Dies tun zu können, setzt Befähigung und Einübung in eine 'meditatio mortis' voraus, in der die eigenen Einstellungen zum Tod als Spiegelbilder der eigenen Lebenshaltung und Lebensgestaltung verstanden werden. Hier kommt die Religionspädagogik und mit ihr die religiöse Bildung als Befähigung zur Transzendierung vorgegebener Lebensmuster ins Spiel (vgl. Luther 1992, 59). Sie kann mit dazu beitragen, dass Menschen befähigt werden, den menschlichen Alltag umfassender zu betrachten und sich dabei die eigenen Grenzen und Möglichkeiten angesichts der eigenen Todesgewissheit zu vergegenwärtigen.

Auf dem Gebiet der Kinder- und Erwachsenenkatechese, in Kindergärten, Schulen und Akademien, in Rollenspielen, Gesprächsrunden, Seminaren, Predigten, liturgischen Texten liegen primärprophylaktisch Arbeitsfelder, die bisher nur unzureichend als Präventionspastoral bzw. Ressourcequelle für ein selbstorganisiertes Leben im Geist Jesu Christi gesehen werden. Mit Hilfe einer 'meditatio mortis' als strukturellem Bestandteil jedes pastoralen Handelns oder beispielsweise als curricular entwickelter Erwachsenenkatechese kann der Versuch forciert werden, eine Kultur der Unvollkommenheit zu entwickeln, die den Menschen von überproportionalen und damit ungesunden Vollkommenheitsansprüchen und Leistungsbestrebungen befreit. Hier gilt es, die religiöse Sozialisation bzw. den Primärbereich der kritischen Alltagspastoral als Hilfe zur Subjekt- und damit Menschwerdung zu verstehen: Sie muss durchdrungen sein von dem Streben, Menschen aller Farben und Rassen die bejahende Liebe Gottes zu vermitteln, die sich mit keinem Mangel der Welt zufriedengibt – d.h. alles daran setzen will, wo es möglich ist, ihn zu beseitigen –, gleichzeitig aber das alltägliche Leben und das menschliche Dasein mit allen Mangelerscheinungen annimmt.

Eine Religionspädagogik, die sich dieses Aufgabengebietes annehmen möchte, tut gut daran, die Arbeitsfelder der religiösen Erziehung, Glaubensbildung und Lebenshilfe nicht allzu isoliert zu betrachten (vgl. Hofmeier 1995; Blasberg-Kuhnke 1995). Die Vermittlung des Sinngrundes, aus dem es sich leben und sterben lässt, und die Konfrontation des Menschen mit seinen Grenzen und Möglichkeiten sind zwei Seiten *einer* Medaille. Eine 'meditatio mortis' kann das Betrachten-Lernen dieser Medaille ermöglichen und vertiefen, wobei es wichtig ist, dass das Ziel im Sinne der Primärprophylaxe (Ent-grenzung des Lebens bzw. Eingrenzung des Todes) festgelegt, die Zusammenhänge begriffen und die nötigen methodischen Maßnahmen ergriffen werden, um im Rahmen einer kritischen Alltagspastoral mit dazu beizutragen, dass der menschliche Alltag menschlichere Züge erhält, die es jedem und jeder Einzelnen ermöglichen, Licht *und* Schatten des eigenen menschlichen Daseins besser sehen und (ein)schätzen zu lernen.

Literaturverzeichnis

Baumann, Urs/Reuter, Mark/Teuber, Stephan (Hg.) (1996), Seelsorgliche Gesprächsführung. Ein Lernprogramm, Düsseldorf

Berger, Peter L. (1980), Der Zwang zur Häresie. Religion in der pluralistischen Gesellschaft, Frankfurt/M.

Berger, Peter L./Luckmann, Thomas (1987), Die gesellschaftliche Konstruktion der Wirklichkeit. Eine Theorie der Wissenssoziologie, Frankfurt/M.

Blasberg-Kuhnke, Martina (1995), Erwachsenenbildung, in: Ziebertz, Hans-Georg/Simon, Werner (Hg.), Bilanz der Religionspädagogik, Düsseldorf, 434-447

Diekstra, Rene F.W. (1973), Crisis en gedragskeuze. Een theoretische en empirische bijdrage tot het zelfmoordprobleem, Amsterdam

Diekstra, Rene F.W. (1981). Over Suïcide. Zelfdestructie, zelfbehoud en hulpverlening. Leiden

Diekstra, Rene F.W. (1983), Suïcidaliteit en hulpverlening, in: ders. (red.), De zelfgekozen dood. De problematiek en de hulpverlening, Baarn

Dörner, Klaus/Plog, Ursula ([7]1992), Irren ist menschlich. Lehrbuch der Psychiatrie/Psychotherapie, Bonn

Greshake, Gisbert/Lohfink, Gerhard (1975), Naherwartung/Auferstehung/Unsterblichkeit, Freiburg/Br.

Hofmeier, Johann (1995), Religiöse Erziehung im Elementarbereich, in: Ziebertz, Hans-Georg/Simon, Werner (Hg.), Bilanz der Religionspädagogik, Düsseldorf, 383-395

Kehl, Medard (1986), Eschatologie, Würzburg

Kehl, Medard (1994), Seelenwanderung und Reinkarnation, in: Bibel und Kirche 49 (1/1994), 35-41

Kind, Jürgen (1992), Suizidal. Die Psychoökonomie einer Suche, Göttingen

Lang, Bernhard (1994), Das biblische Jenseits in neuer Sicht, in: Bibel und Kirche 49 (1/1994), 2-10

Luther, Henning (1992), Religion und Alltag. Bausteine zu einer Praktischen Theologie des Subjekts, Stuttgart

Moltmann, Jürgen (1995), Das Kommen Gottes. Christliche Eschatologie, Gütersloh

Reiner, Arthur (1974), „Ich sehe keinen Ausweg mehr". Suizid und Suizidverhütung. Konsequenzen für die Seelsorge, München - Mainz

Reiner, Arthur (1990), Seelsorgliche Beratung und Begleitung bei Suizidgefährdung, in: Baumgartner, Konrad/Müller, Wunibald (Hg.), Beraten und Begleiten. Handbuch für das seelsorgliche Gespräch, Freiburg/Br., 321-331

Richter, Horst-Eberhard (1992), Umgang mit Angst, Hamburg

Ricœur, Paul (1996), Das Selbst als ein Anderer, München

Sachau, Rüdiger (1996), Westliche Reinkarnationsvorstellungen, Gütersloh

Scherer-Rath, Michael (2000), Lebenssackgassen. Herausforderung für die pastorale Beratung und Begleitung von Menschen in Lebenskrisen, Münster

Schlette, Heinz Robert (1966), Kirche unterwegs, Olten

Schmidt, Alfred (1994), Das Erbe des englischen Deismus, in: Lutz-Bachmann, Matthias (Hg.), Und dennoch ist von Gott zu reden: Festschrift für Herbert Vorgrimler, Freiburg/Br., 186-206

Tillich, Paul (1987). Systematische Theologie Bd. III, Berlin

Van de Beek, Abraham (1984). Waarom? Over lijden, schuld en God, Nijkerk

Van der Ven, Johannes A. (1990), Entwurf einer empirischen Theologie, Kampen - Weinheim

Van der Ven, Johannes A. (1995), Kontextuelle Ekklesiologie, Düsseldorf

Van der Ven, Johannes A. (1997), Autonom vor Gott? In: Van den Hoogen, Toine/Küng, Hans/Wils, Jean-Pierre (Hg.), Die widerspenstige Religion. Orientierung für eine Kultur der Autonomie?, Kampen, 301-346

Van der Ven, Johannes A./Biemans, Berdine (1994), Religie in fragmenten. Een onderzoek onder studenten, Kampen - Weinheim

Van Knippenberg, Tjeu (1987), Dood en religie. Een studie naar communicatief zelfonderzoek in het pastoraat, Kampen

Van Knippenberg, Tjeu (1998), Tussen naam en identiteit. Ontwerp van een model voor geestelijke begeleiding, Kampen

Weber, Max (^{5}1976), Wirtschaft und Gesellschaft I. Grundriß der verstehenden Soziologie, Tübingen

Weymann-Weyhe, Walter (1991), Leben in der Vergänglichkeit. Über die Sinnfrage, die Erfahrung des Anderen und den Tod, Düsseldorf

Zahrnt, Heinz (^{3}1986), Wie kann Gott das zulassen? Hiob - Der Mensch im Leid, München

Walter Vogel

Religionspädagogik im Internetzeitalter
Selektion im moderierten religiösen Chatroom

„ Was wohl bewegt Menschen dazu, tiefergehende Probleme z. B. des religiösen Bereichs und andere Sinnfragen mutterseelenallein in den Computer zu tippen und [...] quasi vor aller Augen zu erörtern? [...] Ist es wirklich nur technisches Interesse oder spielt hier auch eine Hemmung mit, solche Fragen in direktem Kontakt zu besprechen? " (Backer u.a. 1995, 176)

Vorbemerkungen

Der vorliegende Beitrag behandelt die Frage, warum Menschen im Internet an Diskussionsrunden teilnehmen, dort anonym über ihre Probleme und religiösen Vorstellungen reden und fremden Leuten intime Details aus ihrem Leben erzählen.

- In einem ersten Schritt wird das Projekt der wöchentlichen moderierten religiösen Chats erläutert.
- Zweitens wird der aus der Kommunikations- und Medienwissenschaft kommende Terminus 'Selektion' skizziert und die Forschungsfrage benannt.
- Im Anschluss daran werden einige Hinweise zur verwendeten Untersuchungsmethode 'New Grounded Theory' – im Gegensatz zur klassischen 'Grounded Theory' – gegeben.
- Nachdem der begrenzte Umfang eine genaue Darstellung der Untersuchungsschritte nicht zulässt, werden die zentralen Punkte der ermittelten Theorie in einer Zusammenschau resümierend wiedergegeben.

Das Projekt: Religiöse Themenchats

Seit September 1998 findet an jedem Donnerstag ab 19.00 Uhr eine Live-Diskussion im Internet (Chat) statt, bei der die TeilnehmerInnen anonym einsteigen und mitdiskutieren können (www.netburger.at/thema; www.netburger.at/religionsbuch). Die Themen werden vorgegeben und jeweils von zwei bis drei Personen moderiert. An jedem ersten Donnerstag im Monat gibt es zusätzlich einen Internetgottesdienst, das ist ein WWW-Event, bei dem die UserInnen an-dächtig werden, in sich gehen und mit anderen kommunizieren sollen. Ähnlich wie bei einem 'realen Gottesdienst' ist jeder Internetgottesdienst ein einmaliges Ereignis, und im Gegensatz zu anderen Internetseiten ist es nicht egal, wann die UserInnen die WWW-Seiten aufrufen, sondern wenn sie die ganze Feier miterleben wollen, müssen sie auch um 19.00 Uhr einsteigen. Wer erst um 19.30 Uhr kommt, hat den Großteil der Andacht, die aus meditativen Bildern und Texten, Gebeten, Fürbitten usw. besteht, versäumt und kann nur noch beim abschließenden Chat mitmachen. Alle TeilnehmerInnen lesen, meditieren und beten gleichzeitig die Bilder, Texte und Gebete, und da es keine Heilige Messe und keine Übertragung eines 'realen' Ereignisses ist, bilden sie auf diese Weise eine virtuelle Gemeinschaft im Netz (Vogel 1997, 37–40).

Selektion

Die Arbeit mit Medien erfordert kontinuierliche Entscheidungen, beginnend beim
Abonnement einer Tageszeitung oder bei der Wahl des Internetproviders bis hin
zum Lesen eines Artikels einer Zeitung, während andere überblättert werden,
ebenso beim Auswählen eines Fernsehprogramms oder beim Klicken auf einen
Link in einer WWW-Seite. Solche Entscheidungen auf Seiten der RezipientInnen
sind permanent zu fällen. Die KommunikatorInnen sind ebenso gefordert, aus der
ihnen zur Verfügung stehenden Informationsfülle auszuwählen, welche Inhalte sie
für relevant halten, um sie in einer Fernsehsendung zu präsentieren oder in der
Glosse der Tageszeitung darüber zu berichten, und welche sie weglassen. Derartige
Auswahlentscheidungen werden Selektionsprozesse genannt. Nach Wirth/Schwei-
ger ist Selektion „der Aspekt des Nutzungs- und Rezeptionsprozesses [...], bei dem
vor dem Hintergrund begrenzter Ressourcen die eingehende bzw. aufgenommene
Informationsmenge auf ein erträgliches, nützliches oder angenehmes Maß für die
Weiterverwendung reduziert wird" (dies. 1999, 46). Zwei Aspekte werden also im
Terminus 'Selektion' subsumiert: einerseits die Auswahlvorgänge von JournalistIn-
nen und ProduzentInnen und andererseits jene des massenmedialen Publikums.
„Die Selektionsprozesse des Publikums bilden im üblichen Verständnis der Selek-
tionsforschung den eigentlichen Kern der Forschungstradition" (Eilders 1999, 23).
Auch in der vorliegenden Untersuchung wird der Selektionsbegriff auf den zweiten
Aspekt eingegrenzt.
Die Selektionsforschung für Internetangebote konzentriert sich auf Fragen der Ban-
nerwerbung (Bachofer 1998), der Such- und Link-Vorgänge (Hurtienne/Wandke
1997; Reffert 1998) und des Aufbaues einer WWW-Seite (Molich/Gram 1999).
Eine spezielle Untersuchung, welche Motive zum 'Besuch' einer 'religiösen'
WWW-Seiten führen, fehlt bislang. Diese Fragestellung ist noch gänzlich uner-
forscht. Da theoretische Überlegungen und Spekulationen hier wenig hilfreich sind,
ist eine seriöse empirische Studie notwendig, um zu erheben, warum UserInnen
religiöse Internetangebote annehmen bzw. – im speziellen Fall – warum sie in den
moderierten religiösen Chatroom einsteigen. Die vorliegende Studie untersucht an
Hand eines konkreten religiösen Internetprojekts, welche Selektionsmotive UserInnen haben, wenn sie einmal, öfters oder regelmäßig an einem moderierten religiösen Chat teilnehmen.
Die religionspädagogische Relevanz der fachspezifischen Beschäftigung mit den
neuen Informations- und Kommunikationstechnologien liegt angesichts des steigenden gesellschaftlichen Stellenwertes des Internet auf der Hand. Bevor jedoch
die Möglichkeiten religionspädagogischer Arbeit in einer vernetzten Welt erörtert
werden können, muss ein fokussierter Blick auf die Kommunikationsmöglichkeiten
des Internet erfolgen. Das neue weltumspannende Computernetzwerk darf hinsichtlich seiner religionspädagogischen Bedeutung nicht zu einem Informationsmedium
degradiert werden – wie es bei den bislang spärlichen religionspädagogischen Projekten im Internet und speziell im WWW der Fall ist (Informationsplattformen, bei
denen optional Bauteile fertiger Unterrichtsstunden ebenso leicht und schnell

abrufbar sind wie Bibelübersetzungen, Konzilstexte, Selbstdarstellungen anderer Glaubensgemeinschaften, Publikationslisten religionspädagogischer Veröffentlichungen usw.). Demgegenüber würdigt der hier vertretene 'kommunikativ-vernetzte' Ansatz (Vogel, in Vorbereitung) die Kommunikationsmöglichkeiten des Internet und fordert eine Annäherung zwischen der Schulwirklichkeit des Religionsunterrichts, den weiteren religionspädagogischen Handlungsfeldern und der außer- bzw. postschulischen Lebensrealität. Die computer-mediated communication (CMC) ermöglicht die Überwindung räumlich bedingter Barrieren in Echtzeit oder als asynchrone Kommunikation. Je nach gewählter Applikation bereichern Komponenten wie Anonymität, Textzentriertheit, Informationsübermittlung usw. die Konversation.

Die Alltagskommunikation ist nicht von vornherein das normative Modell, wie Menschen sozial vernünftig miteinander kommunizieren, sondern die CMC steht als völlig neue Kommunikationsform gleichwertig neben den anderen, ohne diese ersetzen zu wollen. Die Analyse eines kommunikativen religionspädagogischen Projekts ist ein erster Schritt der Evaluation religiöser bzw. religionspädagogischer Internetprojekte und damit ein erster Schritt der Einbeziehung dieser neuen und hinsichtlich ihrer sozialisatorischen Bedeutung zunehmend wachsenden Kommunikationsform. Eine solche Analyse ermöglicht die Bildung neuer religionspädagogischer und in weiterer Folge religionsdidaktischer Strategien.

Methode: New Grounded Theory

Grundlage der folgenden Analyse sind die 40 Chatprotokolle des ersten Chatjahres, wobei für Phase 0 (Posten von Flames) auch zwei Protokolle aus dem zweiten Jahr sowie das Protokoll vom ersten Internetgottesdienst im Dezember 1997 hinzugezogen werden.

Die Grounded Theory ist eine von Glaser/Strauss entwickelte Methode, um aus empirischen Daten induktiv eine Theorie zu entwickeln. „Die Theorie entsteht ('emerge') aus der sozialen Realität" (Lamnek 1995, 401). Als Gegenpol zur quantitativen Forschung wird rein induktiv gearbeitet, und zur Ermöglichung einer unvoreingenommenen Untersuchung gibt es für die ForscherInnen weder Hypothesen noch eine der Analyse vorangehende Problemrecherche. Die wechselseitige Beziehung zwischen Datenanalyse und Hypothesenentwicklung ermöglicht die Verankerung der entwickelten Theorie in den Daten selbst (Glaser/Strauss 1993). Der Ansatz der Grounded Theory „zeichnet sich durch seine Bemühung aus, Forschung als kreatives Konstruieren von Theorien zu betreiben, die gleichzeitig fortlaufend an den Daten kontrolliert werden" (Wiedemann 1991, 440). Zwischen dieser aus dem Jahre 1967 (Glaser/Strauss 1967) stammenden älteren Version des Verfahrens und der von Strauss/Corbin entwickelten neueren Variante, die ebenfalls den Titel „Grounded Theory" trägt (dies. 1990), liegen „methodologische Welten" (Prokopf/Ziebertz 1999, 215). Prokopf/Ziebertz sprechen aus diesem Grund von der „New Grounded Theory" (ebd.), und diese ist auch Grundlage der vorliegenden Untersuchung. Strauss/Corbin beschreiben die Grounded Theory als „eine gegenstandsverankerte Theorie, die induktiv aus der Untersuchung des

Phänomens abgeleitet wird, welches sie abbildet. Sie wird durch systematisches Erheben und Analysieren von Daten, die sich auf das untersuchte Phänomen beziehen, entdeckt, ausgearbeitet und vorläufig bestätigt. Folglich stehen Datensammlung, Analyse und die Theorie in einer wechselseitigen Beziehung zueinander. Am Anfang steht nicht die Theorie, die anschließend bewiesen werden soll. Am Anfang steht [...] ein Untersuchungsbereich – was in diesem Bereich relevant ist, wird sich erst im Forschungsprozess herausstellen." (Strauss/Corbin 1996, 7f). „Das Ziel der Grounded Theory ist das Erstellen einer Theorie, die dem untersuchten Gegenstandsbereich gerecht wird und ihn erhellt" (ebd. 9).

Der erste Schritt zur Theorie ist das Auffinden einer entsprechenden *Fragestellung*, die zu Beginn des Forschungsprozesses noch sehr offen und umfassend ist, im Laufe der Arbeit jedoch immer weiter eingegrenzt und konkretisiert wird. Bei der vorliegenden Analyse lautete die erste formulierte Fragestellung 'Wie sehen die moderierten religiösen Chats aus?'. Während der Untersuchung wurde diese Frage immer weiter eingeschränkt und schließlich auf den Aspekt der Selektion eingegrenzt: *'Warum nehmen UserInnen an moderierten religiösen Chats teil? Warum steigen manche Personen öfters in den Chatroom ein, während andere nur einmal für wenige Minuten dabei sind?'*

Strauss/Corbin haben in ihrem Forschungskonzept drei Kodierverfahren entwickelt: das offene, das axiale und das selektive Kodieren. Beim *offenen Kodieren* werden in einem ersten Schritt *Konzepte* entwickelt, das sind einzelnen Ereignissen zugeordnete Beziehungen. Die klassifizierten Konzepte werden *Kategorien* genannt, die zusammengehörende Konzepte gruppieren und deshalb abstrakter sind. Mittels mehrerer Methoden werden nicht nur aus den Daten unmittelbar generierbare Konzepte gesucht, sondern auch theoretisch denkbare Antworten auf die Forschungsfrage, die in weiterer Folge empirisch zu belegen oder wieder zu verwerfen sind.

Bei der vorliegenden Untersuchung werden im Rahmen des offenen Kodierens die Daten hinsichtlich der Forschungsfrage analysiert und sämtliche mögliche Beweggründe – die Konzepte – notiert.

Beispiele: 'Weil er Anfragen an Pfarrer Pucher hat'[1];'Aus Interesse am Thema 'Was mir heilig ist''[2];'Weil er bereits mehrere Personen im Gefängnis besucht hat und darüber reden möchte'[3].

Solche *Konzepte*, also die konkreten Einzelfälle hinsichtlich der Fragestellung, deren es bei dieser Analyse mehrere Hundert gibt, müssen in größere Einheiten, den *Kategorien*, zusammengefasst werden. Die sich aus den drei genannten Konzepten herauskristallisierende Kategorie wird 'Interesse am vorgegebenen Thema' betitelt. Auf diese Weise werden sämtliche Konzepte in 74 Kategorien, der Grundlage für die weitere Untersuchung, eingeteilt.

Eine anfangs zweiteilige und im Laufe der Untersuchung aus vier Komponenten bestehende Phaseneinteilung bringt weitere Systematik in das Untersuchungswirrwarr: Die Selektionsmotive sind – so die Annahme – nicht starr und unveränderbar,

---

[1]   Internetgottesdienst mit Pfarrer Wolfgang Pucher zum Thema 'Armut' am 26. 11. 1999.
[2]   Thema 'Abtreibung' am 8. 4.1999.
[3]   Thema 'Strafvollzug oder Besserungsanstalt' am 10. 12. 1998.

sondern ändern sich bei den UserInnen im Verlauf eines Chats und auch während mehrerer Chats. D. h. das Selektionsmotiv kann nach einer Stunde im Chatroom vom ursprünglichen Beweggrund differieren und kann bei der zehnten Teilnahme wiederum anders sein. Die vorläufige Phasenbenennung vor dem axialen Kodieren:

Phase I: 'Unterhaltung – Information'

Phase II: 'Kommunikation/Bereitschaft, sich persönlich einzubringen'

Phase III: 'Virtuelle Freundschaft'

Phase 0: 'Zufallseinstiege'

Bei den ersten drei Phasen (I – III) wird eine mögliche Veränderung über die Zeit aufgezeigt, Phase 0 ist davon relativ unabhängig (die Zahl 0 zeigt die Divergenz zu den anderen drei Phasen). *Phase I* umfasst sowohl UserInnen, die weniger aus Interesse am Thema, sondern aus Freude am Chatten an einer moderierten religiösen Diskussion teilnehmen, als auch Personen, die Informationsfragen zu den Chats haben. Diskussionsbereitschaft über die gestellte Thematik herrscht in *Phase II* vor: Die TeilnehmerInnen sind bereit, tiefsinnig über das Thema zu reden und zu diskutieren, während sie sich in *Phase III* einer virtuellen Gemeinschaft zugehörig fühlen und diese auch erhalten möchten. Im Gegensatz dazu gibt es noch UserInnen, die zufällig in eine moderierte religiöse Diskussion geraten (*Phase 0*).

Zur Durchführung des *axialen Kodierens* werden für jede Phase die aus den Konzepten des offenen Kodierens sowie die aus der Attribute- und Dimensionenbildung[4] der vorläufigen Hauptkategorien[5] gewonnenen Kategorien dem paradigmatischen Modell von Strauss/Corbin zugeordnet: Die Subkategorien werden „mit Hilfe des sogenannten paradigmatischen Modells mit der jeweils zugehörigen Kategorie in Beziehung gesetzt. [...] In der Grounded Theory verknüpfen wir Subkategorien mit einer Kategorie durch einen Satz von Beziehungen, die auf ursächliche Bedingungen, Phänomen, Kontext, intervenierende Bedingungen, Handlungs- und interaktionale Strategien und Konsequenzen verweisen" (Strauss/Corbin 1996, 78). Die vorläufigen Kategorien werden durch das Stellen von Fragen und das Ziehen von Vergleichen verfeinert, eliminiert oder durch andere ersetzt. Dieser „Prozess des axialen Kodierens mittels dieser Verfahren ist ziemlich komplex [...], weil die Analyse meist simultan vier getrennte analytische Schritte enthält" (ebd. 86):

a) Das hypothetische In-Beziehung-Setzen von Kategorien

b) Verifizieren der Hypothesen an Hand der tatsächlichen Daten

c) Weitere Suche nach Eigenschaften der Kategorien

d) Suche nach Varianten des Phänomens

Bei der Suche nach neuen Kategorien wird sowohl induktiv als auch deduktiv gearbeitet. Die Kategorien und die Aussagen darüber werden an Hand der Daten

---

[4] Die Attribute- und Dimensionenbildung ist ein Vorgang, bei dem den einzelnen Kategorien Eigenschaften zugeordnet werden. Beispiel: Der Kategorie 'Beobachten' können exemplarisch vier Eigenschaften mit jeweils bestimmten dimensionalen Ausprägungen (in Klammer gesetzt) zugeordnet werden: Häufigkeit (oft bis nie), Ausmaß (viel bis wenig), Intensität (hoch bis niedrig) und Dauer (lang bis kurz).

[5] Die Hauptkategorien bezeichnen in jeder Phase das zentrale Phänomen, das alle anderen Kategorien umfasst und von dem alle anderen abgeleitet werden können.

verifiziert, und es entstehen neue Kategorien, die wiederum mit Eigenschaften versehen und überprüft werden. Neue logische Aussagen über das Paradigma, die wiederum mittels der Daten zu verifizieren sind, werden auf diese Weise getroffen, und in Folge entstehen viel gefestigtere und der endgültigen Theorie nähere Kategorien. Exemplarisch wird nachfolgend das paradigmatische Modell der Phase II wiedergegeben:

(1)   Phänomen: Suche nach tiefsinnigen Gesprächen; Personeninteresse; Suche nach Themengesprächen; Beten/Gottesdienst erleben; Problembewältigung; Themeninteresse; Sachinteresse; persönliche Kommunikationsbereitschaft

(2)   Ursache: Problem/Themen-Isolation; Themenbezug

(3)   Kontext und intervenierende Bedingungen: Erfahrung Chatkommunikation; Möglichkeit; Zeit haben

(4)   Handlungs- und Interaktionsstrategien: Häufiges Posten; Themenaussagen; länger Chatten; sich persönlich Einbringen; neue Themenfacetten einbringen

(5)   Konsequenzen: Positive Reaktionen auf Postings; tiefsinnige Themengespräche; Aktion und Reaktion; Religionschat-Postings; besseres Kennenlernen der anderen Personen

Das Verknüpfen der Kategorien durch einen Satz von Beziehungen ist sowohl eine theoretische als auch eine praktische Verifikationsmöglichkeit des vorläufigen paradigmatischen Modells und erleichtert das Nachvollziehen der Untersuchungsschritte. Aus den Tausenden theoretisch möglichen Kategorienzusammenhängen nach der offenen Kodierung werden sukzessive Kategorien ausgeschlossen und neue gebildet, so dass eine starke Eingrenzung erfolgt. Die oben genannten Kategorien müssen so in das Paradigma eingeordnet sein, dass sie logisch zusammenhängen können und von den Daten bestätigt werden. Diese Aussagen beinhalten keine Spezifität, „es sind weitgefasste, allgemeine Aussagen" (Strauss/Corbin 1996, 87).

Beispiele für Phase II:

• Wer zu bestimmten Fragen zu wenig KommunikationspartnerInnen hat *(Ursache)*, entwickelt bei vorhandener Möglichkeit *(Bedingung)* ein Verlangen bzw. persönliche Kommunikationsbereitschaft, darüber zu reden *(Phänomen)*. Durch längeres Chatten *(Strategie)* lernt man die anderen TeilnehmerInnen besser kennen *(Konsequenz)*.

• Themenbezug *(Ursache)* führt zur persönlichen Kommunikationsbereitschaft im Chatroom *(Phänomen)*. Voraussetzung dafür ist eine positive Meinung über bzw. positive Erfahrungen mit dieser Art des Chattens *(Bedingung)*. Durch häufiges Posten *(Strategie)* kommt es zu Aktion und Reaktion *(Konsequenz)*.

Solche Aussagen und das oben beschriebene paradigmatische Modell bilden die Grundlage für das *selektive Kodieren*, bei dem eine Kernkategorie, das für alle UserInnen gültige Phänomen, auszuwählen ist, um diese mit den anderen Kategorien in Beziehung zu setzen. Im Anschluss daran sind für alle Phasen gesondert Hauptkategorien zu suchen. Es gibt also eine Kernkategorie (das zentrale Motiv, von dem alle anderen Kategorien abgeleitet werden können) für alle Phasen und gesondert dazu noch für jede Phase je eine Hauptkategorie (siehe oben).

Die genannten Schritte für die gesamte Untersuchung können hier nur sehr schemenhaft skizziert werden: Aus den Daten sind Antworten auf die gestellte Forschungsfrage zu suchen. Diese werden theoretisch durchdacht und durch neue Lösungsmöglichkeiten ergänzt ('Welche Facetten des Problems könnte ich noch übersehen haben?'). Die neuen Kategorien werden wiederum anhand der Protokolle verifiziert oder falsifiziert. Wenn ein theoretisch denkbarer Aspekt bei den Daten nicht auffindbar ist, muss nach einer Erklärung für dessen Ausbleiben gesucht werden, um die Möglichkeit auszuschließen, Entscheidendes zu übersehen. Auf diese Weise wird abwechselnd induktiv und deduktiv gearbeitet.

Zusammenschau: Selektion im moderierten religiösen Chatroom

Als Kernkategorie und damit als zentrales Selektionskriterium für alle UserInnen definiert sich *'Leute virtuell treffen'*: Niemand sucht einen leeren Chatroom, die Anwesenheit anderer Personen wird erwartet. Die Einschränkung 'virtuell' ist erforderlich, weil nicht Face-to-Face-Kontakte angestrebt werden, sondern CMC im moderierten religiösen Chatroom, d. h. virtuelle Begegnungen, ohne primär 'reale' Zusammenkünfte anzusteuern. Das Gemeinsame aller UserInnen ist weder das Interesse am Computer noch an der Religion, obwohl diese zwei Faktoren bei vielen Personen wichtige Selektionsmotive sind.

Alle Chat-TeilnehmerInnen können einer der vier ermittelten Phasen zugeordnet werden, wobei die Annahme zugrunde liegt, dass sich die Selektionsmotive der TeilnehmerInnen innerhalb eines Chats und bei mehrmaliger Teilnahme im Laufe der Zeit verändern. Die vier Phasen lauten:

Distanziertes Sachinteresse (Phase I)
Sachbezogene persönliche Kommunikationsbereitschaft (Phase II)
Virtuelle Beziehungspflege (Phase III)
Kein Interesse an der Sache und am Thema (Phase 0)

Phase I[6]

Die UserInnen steigen entweder in Phase I oder in Phase 0 erstmals in diesen spezifischen Chatroom ein. *Distanziertes Sachinteresse* ist bei den TeilnehmerInnen in *Phase I* zu beobachten: Sie chatten, um die eigene Neugier zu befriedigen[7], um sich zu unterhalten[8] oder aus Interesse am vorgegebenen Thema[9]. Zumeist sind mehrere dieser drei Motive zentral vorhanden. Die Ursachen für diese Selektionsmotive sind dreiteilig: religiöse Fragen, persönlicher Bezug zum Thema[10] und

---

[6] Für einige der nachfolgend genannten Kategorie werden zur näheren Erläuterung exemplarisch gepostete Turns angeführt.

[7] *„josi: ... patrick, ... warum warst du überhaupt* [sc. beim Chat] *dabei" „patrick: Ich war einfach neugierig ...".*

[8] *„Phenomena* [49 Jahre]: *... auch Omis haben Spaß am chatten."*

[9] *„Walter: Chris: Warst Du vorige Woche schon dabei?" „Chris: Ich war leider noch nicht dabei wäre aber beim letzten Thema gerne dabei gewesen ! Ich finde diese Themen sehr interessant !" „Lilo: das thema ist recht interessant".*

[10] *„David: Ich habe in Graz jemanden im Landesgefangenenhaus besucht", „David: Ich kenne in Graz 2* [sc. Gefängnisse]*"; Chat zum Thema 'Strafvollzug oder Besserung?'.*

Sachunbekannte (durch unterschiedliche Werbeaktivitäten ausgelöste Fragen und Sachreize führen zur Neugier der TeilnehmerInnen - was ist ein Internetgottesdienst und wie läuft er ab? - und damit zum Einstieg in den Chatroom).

Die genannten Motive und Ursachen reichen jedoch noch nicht aus, damit Personen tatsächlich mitchatten, sondern es bedarf noch weiterer Bedingungen. Dazu zählen die Möglichkeit der Teilnahme (technische und persönliche Voraussetzungen der Computernutzung, Möglichkeit an einem ans Internet angeschlossenen Computer zur Chatzeit arbeiten zu können), erfolgreiche Werbung und andere TeilnehmerInnen: Wer allein im Chatroom ist, kann mit niemandem reden.

Persönliche Zurückhaltung ist die bei allen UserInnen beobachtbare Handlungs- und Interaktionsstrategie: Intime Erlebnisse sowie Erfahrungen zum Thema werden nicht mitgeteilt. Diese Reserviertheit zeigt sich beispielsweise durch Fragestellen (es können sowohl persönliche[11], thematische[12], technische[13] oder vom Thema wegführende Fragen[14] sein) oder durch Diskretion (keine Aussagen über die eigene Person). In seltenen Fällen reduziert sich die Strategie auf eine bloße Gesprächsanwesenheit mit wenigen oder keinen Turns.

Die beschriebenen Motive und Rahmenbedingungen führen zu Chat-Gesprächen bei thematischer Distanz: Eine Konversation in Phase I ist viel weniger themenbezogen als ein Diskurs in Phase II oder Phase III. Durch das Fehlen persönlicher Postings[15], durch das Selektionskriterium 'Spaß' und durch die ursächliche Kategorie 'Neugier' wird – ähnlich wie in profanen Chatrooms – wenig Wert auf strikten Themenbezug gelegt. Weitere Konsequenzen der Chats in dieser Phase sind unpersönliche und vielfach essenzlose Plaudereien (Fehlen substanzhafter und intimer Aussage[16]), Wissensgewinn (bezogen auf die Thematik), Sachkenntnis (die UserInnen gewinnen eine Vorstellung über die Chats) und Personenkontakt (Kennenlernen anderer Personen oder Treffen bereits bekannter Leute).

---

[11] „Dill10: ägidius:Woher bist du??"

[12] „murko: ruth: hat er [sc. der Internetgottesdienst] Dir gefallen?"

[13] „Ägidius: Ich habe nichts gehört. Trotz Soundkarte".

[14] „andip: hast du eigentlich auch ICQ".

[15] Vielfach werden in dieser Phase die Möglichkeiten des speziellen Chatrooms ausgetestet („Michael: Ist ja toll Willi, finde das klasse hier, aber beim erstenmal muss ich halt alles mal ausprobieren:)"), und es bedarf einer Eingewöhnungsphase, bis es zu tiefgreifenderen Gesprächen kommt („Walter: AN DIE JUGENDGRUPPE: IHR SOLLT DEN CHAT MODERIEREN, NICHT BLÖDELN!" „Gigi: Also Walter, wer blödelt denn?" „Walter: DRL: Wenn Du nicht darüber reden willst, dann gibt es genug andere Chaträume, wo Du das tun kannst!" „DRL: Danke Walter, für die Info, wir bemühen uns eh, sind aber junge Leute, die mit ihren Gefühlen noch nicht klar kommen!").

[16] Exemplarisch eine Sequenz aus einem Chat über 'Ungewöhnliche Phänomene':„Burner: hi" „Spatzi: Servus Carlo!" „carlo: Yes I believe" „Burner: ciao" „Burner: Spatzi wie geht's" „carlo: Hello Spatzi, i like to chat to you" „Burner: glaubst an ufos" „Walter: Seid Ihr von der Monsbergergasse?" „Spatzi: Gut und dir" „carlo: Nein nicht Monsbergergasse, Monsbergerplanet" „Spatzi: Ja" „Burner: auch gut" „Walter: Aha!!!!! Ok, wollen wir über Euer Projekt sprechen und über das Thema?" „Spatzi: und du" „Burner: hoffe wir können uns bald im all treffen".

Phase II

Die zentrale Kategorie in *Phase II* heißt *sachbezogene persönliche Kommunikationsbereitschaft*. Im Gegensatz zur ersten Chatphase, der primär UserInnen zuzurechnen sind, die erstmals bei einem moderierten religiösen Chat teilnehmen, bedarf es positiver Erfahrungen mit dieser Art der Konversation, um in Phase II zu gelangen. Nach einer Periode des Kennenlernens in Phase I steigen die UserInnen entweder wieder aus oder verändern ihre Art des Chattens und gehen in Phase II über. Weiters ist die verbrachte Zeit im Chatroom ein wichtiger Faktor, ohne den der Wandel an Selektionsmotiven nicht möglich ist. In der Regel sind es zwischen 10 und 30 Chat-Minuten, bevor das Sich-Öffnen von Phase II beginnt.

Durch das Ausnützen der Vorteile der CMC im spezifischen Chatroom wird in Phase II freimütig und interessiert über intime Fragen und Probleme geredet. Gesucht werden Konversationen, die Probleme lösen helfen und Kraft für die chatfreie Zeit geben.[17] (Persönlicher) „Gewinn"[18] bzw. 'bereichernd'[19] sind nur zwei Stichworte, die von den TeilnehmerInnen genannt wurden und diesen Punkt treffend umschreiben. Seichte Plaudereien wie in Phase I sind in Phase II nicht beobachtbar. Vielmehr bringt das Einbringen persönlicher Turns eine Gesprächstiefe mit sich, wie sie in anderen Chatrooms kaum zu beobachten ist.[20] Zur Illustration wird hier ein Beispiel eines Schülers mit Nickname 'Tschik' geschildert. 'Tschik' ist Schüler eines Wiener Gymnasiums. Er hat zusammen mit seinen KlassenkameradInnen im Rahmen des Digitalen Religionsbuches[21] eine Projektarbeit über Tod erstellt. Im Chatroom erzählt er von einem für ihn sehr einschneidenden Erlebnis:

> „Tschik: Ich habe schon einmal eine Leiche gesehen. Diesen Anblick solltet ihr euch ersparen!!!" „Tschik: Walter: Ich habe es gesehen, wie der Mann gestorben ist. Er ist aus dem Fenster im Nachbarhaus gesprungen. 7 Stöcke und ich habe es gesehen!!!" „Walter: Tschik: Wie ist es Dir danach gegangen? Hast Du ihn am Boden liegen gesehen?" „Tschik: Walter: Es ist mir schlecht gegangen. Ja ich habe ihn gesehen. Das ganze Blut. Es war schrecklich!" „Walter: Tschik: wie alt warst Du damals?" „Tschik: Walter: Ich war 12." „Walter: Tschik: klingt schrecklich. Wurdest Du dann auch von der Polizei vernommen? Kanntest Du die Person? Hast Du dann noch weiter zugesehen, wie er gelegen ist und geholt wurde? Wie weit war das entfernt?" „Tschik: Walter: Ich wurde nicht vernommen. Er war einer meiner Freunde und ich habe zugesehen, als die Polizei kam und ihn einfach in den Sarg warf. Das Bumpern habe ich bis in meine Wohnung gehört. (2.Stock)" „Walter: Tschik: Die Leiche holt nicht die Polizei. Aber zumeist werden die Leichen in den Sarg geworfen und recht grob behandelt - muss auch ein schwerer Job sein, Leichen abzuholen" „Tschik: Walter: Die Polizei war auch dort. Aber auch andere Leute. Die haben ihn in den Sarg geworfen!!".

Der Religionslehrer, der mit seiner Klasse – zu der auch Tschik gehört – am Digitalen Religionsbuch mitgearbeitet und gechattet hat, schrieb dem Moderator nach dem Chat in einer E-Mail:

---

[17] „KurtS: Margarete: Ich war müde, aber der Gottesdienst und der Chat haben mich wieder einigermaßen munter gemacht."

[18] „Kurt ... Das meine ich auch. Irgendwie sehe ich diesen Chat immer noch als 100%igen Gewinn ...".

[19] „BC: ... Danke euch allen- das war eine schöne und bereichernde halbe Stunde ...!!"

[20] „Willi [eigentlich Wizzi]: Der erste vernünftige Chat im Netz komme sicher öfter".

[21] http://www.netburger.at/religionsbuch.

„Den SchülerInnen, die daran teilgenommen haben [sc. am Chat], hat es sehr gut gefallen. Mir ist aufgefallen, dass Schüler von Erlebnissen geschrieben haben, die sie so nie in der halbjährigen Beschäftigung mit dem Thema erwähnt haben [sc. Anspielung auf Tschik] Dieses Medium scheint eine Art Anonymität zu vermitteln, oder Atmosphäre zu schaffen, wo das anscheinend leichter gelingt.“

Im Gegensatz zu Phase II ist dieser Wunsch nach tiefsinnigen Gespräche in der ersten Phase noch nicht zu beobachten, denn der Sachverhalt ist noch zu fremd, wie auch die Ernsthaftigkeit der anderen TeilnehmerInnen noch nicht einschätzbar ist. Die Hauptkategorie der Phase II wird in vier Subkategorien aufgegliedert: Interesse am Thema (T), an der Sache (S), an den teilnehmenden Personen (P) und Suche nach und Bereitschaft zu tiefsinnigen und persönlichen Gesprächen (G), wobei T, S und G bei allen UserInnen zu finden sind.

Ursachen für diese Motive sind persönlicher Bezug zum vorgegebenen Thema und Problem/Themen-Isolation: Die UserInnen haben für bestimmte Fragen in ihrem Leben (z. B. religiöse Anliegen) keine bzw. nicht genügend Aussprachemöglichkeiten.[22] Obwohl Kommunikationsarmut der TeilnehmerInnen nicht festgestellt werden kann, besteht das Bedürfnis, mit anderen, insbesondere ihnen fremden Menschen über ihre Probleme und die vorgegebenen Themen zu reden.[23] Isolation meint hier nicht Zurückgezogenheit oder Menschenscheu, sondern – bezogen auf die besprochenen Themen – Beziehungslosigkeit und Beziehungsmangel.

Bedingungen für das Chatten in Phase II sind neben positiven Erfahrungen im Chatroom die Möglichkeit (Computerkenntnisse, Internetzugang usw.) und das Zeit-Haben: Es reicht nicht aus, zur vorgegebenen Zeit mitchatten zu können, sondern eine 'Ruhezeit' wird benötigt, d. h. es dürfen nicht parallel andere Arbeiten zu erledigen sein (am Arbeitsplatz), der Computer mit anderen Personen geteilt werden (in der Schule) oder die UserInnen unter Zeitdruck stehen.

Handlungsstrategien sind häufiges Posten, längere Anwesenheit im Chatroom, persönliche Postings zum vorgegebenen Thema (siehe oben) und das Einbringen neuer Themenfacetten. Die von den Verantwortlichen intendierten tiefsinnigen Gespräche sind Konsequenz und Ergebnis der offenen Themendiskussion. Weiters sind hier ein besseres Kennenlernen der anderen Personen, ein Wechsel zwischen aktivem Posten und positiver Reaktion darauf sowie die typischen Religionschat-Postings (längere Turns, größerer zeitlicher Abstand zwischen den Turns, wenige Flames, persönliche Ansprache usw.; vgl. Vogel 1999, 125–147) anzuführen.

---

[22] *„MMMM [Name geändert]: Ich habe z.B. den Tod meines Vaters nie wirklich aufgearbeitet. Immer verdränge ich es, dass er sich umgebracht hat. Ich wüsste nicht, wie ich die Sache positiv bewältigen könnte.“ „FFFF [Name geändert]: ich glaube, ich könnte es auch nicht“ „MMMM: Und da scheint mir das Verdrängen jedenfalls eine Alternative zu sein.“ „FFFF: was soll ich drauf sagen? ich weiß es selber nicht“ „FFFF: ich verdränge auch allzu viel“ „MMMM: Ich glaube, in so einem Fall können auch Psychologen nicht wirklich raten oder helfen. Aber vielleicht tu ich ihnen Unrecht.“ „FFFF: ich habe keine erfahrung. mich will man auch in eine therapie schicken, aber solange ich selber dem nicht stellen will, hilft alles nichts“.* Die beiden Personen sind sich vor diesem Chat noch nie 'real' begegnet und wohnen in über 200 Kilometer entfernten Städten.

[23] *„Franzl: Ich persönlich liebe es mehr, hier zu chatten in einer mittelgroßen Runde als am Tisch zusammenzusitzen. Hier ist man frei, niemand unterbricht einen ...“.*

Phase III

Auch für den Wechsel von Phase II zu *Phase III* sind positive Erfahrungen im Chatroom eine Voraussetzung. Die TeilnehmerInnen haben im virtuellen Raum andere UserInnen kennengelernt und mit ihnen tiefsinnige Gespräche geführt. Nach mehreren Chats sind aus diesen Treffen Bekanntschaften und Freundschaften geworden. Das *Pflegen dieser virtuellen Beziehungen* ist primäres Ziel der UserInnen in Phase III. Die Relevanz der Themendiskussion ist weiterhin unbestritten, ebenso die Bedeutung und Sinnhaftigkeit der Chats, gleichwohl diese Faktoren in den Hintergrund rücken, da man in erster Linie Bekannte treffen und neue positive Bekanntschaften im Chatroom schließen möchte.

(Sachspezifischer) Kontaktmangel ist die zentrale Ursache für die Teilnahme am Chat in Phase III: Die UserInnen suchen regelmäßige Diskussionsrunden mit Menschen ähnlicher Einstellungen und Probleme. In diesem eingeschränkten und speziellen Bereich sind sie kontaktarm, und die virtuelle Kommunikation bereichert ihr Leben. Darüber hinaus ist bei einem nicht geringen Teil der UserInnen in dieser Phase ein Defizit an 'realen' Bekanntschaften, Freunden und Partnerschaften zu entdecken: Singles im Alter von weit über 40 Jahren, Menschen die nicht mehr auf die Straße gehen, weil sie Angst vor den Mitmenschen haben, TeilnehmerInnen mit wenigen bis gar keinen Freunden usw. Für sie sind die Chats eine Möglichkeit, in ein Naheverhältnis zu anderen Menschen zu gelangen. Der sachspezifische Kontaktmangel, also der Mangel an ähnlichen 'realen' Diskussionsrunden mit 'Gleichgesinnten' ist für alle UserInnen dieser Phase gültig. Die Klammer drückt aus, dass bei einem nicht geringen Teil darüber hinaus auch ein Mangel an 'realen' Kontakten in ihrem Leben zu beobachten ist.[24] Weitere Ursachen für das Mitchatten sind bereits bestehende (virtuelle) Bekanntschaften und das Zugehörigkeitsgefühl zur virtuellen Gemeinschaft.

Zu den Chat-Bedingungen zählen das für das Bestehen einer virtuellen Gemeinschaft notwendige und vordringlich durch das Beibehalten des Nicknames bewirkte Wiedererkannt-Werden sowie die Möglichkeit, in teilweiser Ruhe chatten zu können.

Notwendige Strategien für die Bildung und Aufrechterhaltung der virtueller Gemeinschaft sind aktives Posten, Wiederverwenden des Nicknames und Beziehungen mit den anderen UserInnen über den Chat hinaus (via E-Mail, Telefonanrufe usw.). Die zunehmende Festigung der virtuellen Gemeinschaft verändert auch die Aufrichtigkeit und die Freimütigkeit beim Gespräch. Nachdem es nicht mehr egal ist, was die anderen denken, ängstigen sich die UserInnen, durch die eigenen Vorstellungen und Überzeugungen von den anderen nicht mehr geschätzt zu werden und so den Anschluss an diese Gruppe zu verlieren. Aus diesem Grund steht das Thema nicht immer im Zentrum des Gesprächs, denn die Beziehungspflege ist wichtiger. Als letzte Handlungsstrategie ist der aktive Beziehungsaufbau, der notwendig für die Entstehung einer virtuellen Gemeinschaft ist, zu nennen.

---

[24] Für diese Kategorie werden aus Datenschutzgründen keine Turns zur näheren Erläuterung angeführt.

Phase 0

In *Phase 0* chatten Personen, die *kein Interesse an der Sache und am Thema* haben. Einerseits sind es ZufallseinsteigerInnen, d. h. Personen, die irrtümlich in eine moderierte religiöse Diskussion gelangen.[25] Sie wissen vor dem Einstieg nichts von diesen Chats und haben auch kein Interesse, dabei mitzumachen. In der Regel steigen sie nach kurzer Zeit und wenigen bis keinen geposteten Turns wieder aus, weil sie weder über das Thema, noch über ihr Leben reden wollen. Sie tragen auch nichts zu den von den Verantwortlichen intendierten tiefsinnigen Gespräche bei. Andererseits wechseln – wiederum in seltenen Fällen – unzufriedene UserInnen von Phase I in Phase 0. Entweder reagieren sie wie jene der ersten Kategorie dieser Phase (schneller Ausstieg, kaum Turns usw.) oder sie bleiben im Chatroom und versuchen, die Unterhaltung in Form von Funturns und Flames zu stören. Das Kicken durch die Moderatoren ist die logische Folge dieser Handlung, doch bisher führte dies zu noch ordinäreren, längeren und die Diskussion stark störenden Turns. Zwar dauert diese Phase nur kurze Zeit, aber durch die Vielzahl der Turns werden Themen- und Sachdiskussionen verunmöglicht. Bisher gab es bei zwei von über 60 Chats Flame-Störaktionen, und jedesmal waren überdurchschnittlich viele Personen (rund 100 Personen) gleichzeitig online.

Grundbedingungen für den Chat in Phase 0 sind die (technischen) Möglichkeiten der Teilnahme, die Fähigkeit der UserInnen (d. h. die grundlegenden EDV-Kenntnisse), der Einstieg zur richtigen Zeit und das Finden des besagten Chatrooms.

Grafische Zusammenschau der vier Phasen

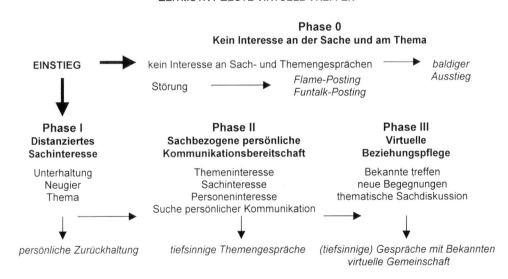

LEITMOTIV: LEUTE VIRTUELL TREFFEN

Phase 0
Kein Interesse an der Sache und am Thema

EINSTIEG → kein Interesse an Sach- und Themengesprächen → baldiger Ausstieg

Störung → Flame-Posting / Funtalk-Posting

Phase I
Distanziertes Sachinteresse

Unterhaltung
Neugier
Thema

persönliche Zurückhaltung

Phase II
Sachbezogene persönliche Kommunikationsbereitschaft

Themeninteresse
Sachinteresse
Personeninteresse
Suche persönlicher Kommunikation

tiefsinnige Themengespräche

Phase III
Virtuelle Beziehungspflege

Bekannte treffen
neue Begegnungen
thematische Sachdiskussion

(tiefsinnige) Gespräche mit Bekannten
virtuelle Gemeinschaft

---

[25] „*Mano: Marianne, hier il n'y avait personne, aujourd'hui nous sommes en plein milieu d'une conversation théologique ...*"

Schlussbemerkungen

Die fertige Theorie, die begrenzt ist „auf Kategorien, deren Eigenschaften und Dimensionen, und auf Aussagen über Beziehungen, die in den gesammelten Daten tatsächlich bestehen" (Strauss/Corbin 1996, 90), gibt Antwort auf die eingangs gestellte Forschungsfrage und ist Abbild der in den Protokollen dokumentierten Realität der Chats. Keine Theorie kann jedoch die Komplexität der Realität widerspiegeln, denn die Wirklichkeit hat zu viele Facetten, um sie vollständig theoretisch abbilden zu können. Die hier nur skizzenhaft dargelegte Theorie ist ein aus zentralen Motiven und Kategorien der innersten drei Ebenen der Bedingungsmatrix (Strauss/Corbin 1996, 132–147)[26] erstellter repräsentativer Ausschnitt der Realität, der auf eine Komplexität von rund 100 Kategorien eingeschränkt wird.[27]

Kleines Glossar der Fachtermini

Chat   Textzentrierte Kommunikationsform im Internet, bei der die TeilnehmerInnen nur einen selbstgewählten Namen angeben müssen um mit den anderen UserInnen in Echtzeit kommunizieren zu können.
CMC   Computervermittelte Kommunikation (computer-mediated communication).
Flame   Beleidigende Wortmeldung (vornehmlich in einer Chatdiskussion).
Funturn   'Seichtes' Chatgespräch, bei dem kein ernsthafter Disput angestrebt wird.
Kicken   Jemanden durch Deaktivierung des Zugangs aus einem Chatroom 'werfen'.
Nickname   Selbstgewählter Name für ein Chatgespräch.
Posten   In bestimmten Internetforen (Chats, Newsgroups usw.) Terminus für die Veröffentlichung einer Nachricht.
Turn   Eine einzelne Wortmeldung in einer Chatdiskussion.

Literatur

Bachofer, Michael (1998), Wie wirkt Werbung im Web? Blickverhalten, Gedächtnisleistung und Imageveränderung beim Kontakt mit Internet-Anzeigen, Hamburg
Backer, Heiner / Sprengel, Dieter K. / Weiß, Rolf (1995), Alles was Modem hat ... Netze für den Glauben, in: Schindler, Wolfgang / Bader, Roland (Hg.), Menschen am Computer. Zur

---

[26] Die Bedingungsmatrix ist ein analytisches Hilfsmittel, welches den Bereich angibt, auf den sich die Forschungarbeit bezieht. Die drei innersten Ebenen der Bedingungsmatrix heißen: 'Kollektiv, Gruppe, Individuum', 'Interaktion', 'Handlung, die zu einem Phänomen gehört'. Nicht berücksichtigt werden globalere Beziehungen im Zusammenhang mit der Forscherfrage, beispielsweise Aussagen wie: 'Ein Grund für die Teilnahme an den Chats ist die erfolgte technische Erschließung unseres Landes sowie ein politisches System, welches so demokratisch ist, dass es den Menschen die Beschäftigung mit den vielfach als hierarchielos bezeichneten Informations- und Kommunikationstechnologien erlaubt.'

[27] Strauss/Corbin 1996, 70, meinen dazu: „Wir müssen [...] nicht stundenlang mit Vergleichen fortfahren"; weiters (88): „Eine Warnung! Der Forscher hat die Aufgabe, ein Gleichgewicht zwischen dem Entwickeln ausreichender Dichte und einer übertriebenen Suche nach Dichte herzustellen [...] Man könnte diesen [sc. axiale Kodierung] analytischen Prozess unbeschränkt fortführen. Die Idee besteht darin, eine Theorie anzustreben, die konzeptuell dicht ist, Spezität besitzt und genug theoretische Variation beinhaltet, um auf viele verschiedene Beispiele eines jeden gegebenen Phänomens anwendbar zu sein."

Theorie und Praxis der Computermedienpädagogik in Jugendarbeit und Erwachsenenbildung, Hamburg-Stuttgart, 173–180

Dabiri, Gloria / Helten, Dörte (1998), Psychologie & Internet. Psychologische Grundlagenstudie zum Phänomen Internet Relay Chat. Qualitative Analyse der Bedeutungsschwerpunkte für die Anwender, Berlin

Eilders, Christiane (1999), Zum Konzept der Selektivität, in: Wirth / Schweiger (Hg.), Selektion im Internet. Empirische Analysen zu einem Schlüsselkonzept, Opladen-Wiesbaden, 13–41

Glaser, Barney G. / Strauss, Anselm L. (1967), The Discovery of Grounded Theory – Strategies for Qualitative Research, New York, dt: Glaser, Barney G. / Strauss, Anselm L. (1998), Grounded Theory. Strategien qualitativer Forschung, Bern u. a.

Glaser, Barney G. / Strauss, Anselm L. (^{3}1993), Die Entdeckung gegenstandsbezogener Theorie: Eine Grundstrategie qualitativer Sozialforschung, in: Hopf, Christel / Weingarten, Elmar (Hg.), Qualitative Sozialforschung, Stuttgart, 91–111

Hurtienne, Jörn / Wandke, Hartmut (1997), Wie effektiv und effizient navigieren Benutzer im World Wide Web? Eine empirische Studie, in: IIG-Berichte (1/1997), 93–104

Lamnek, Siegfried (^{3}1995), Qualitative Sozialforschung, Band 2. Methoden und Techniken, Weinheim

Molich, Rolf/Gram, Christian (1999), Usability Testing, www.dialogdesign.dk/inenglish.html

Prokopf, Andreas / Ziebertz, Hans-Georg (1999), Konversion als Prozeß religiöser Individualisierung, in: PThI 19 (2/1999), 209–244

Reffert, Jürgen (1998), Untersuchungen zum Navigationsverhalten von Erstbenutzern in Hypertexten, unveröffentlichte Diplomarbeit, Berlin

Strauss, Anselm L. / Corbin, Juliet M. (1990), Basics of Qualitative Research. Grounded Theory Procedures and Techniques, San Francisco; dt: Strauss, Anselm L. / Corbin, Juliet M. (1996), Grounded Theory: Grundlagen qualitativer Sozialforschung, Weinheim

Vogel, Walter (1997), Gottesdienste im Cyberspace, in: Österreichisches Religionspädagogisches Forum 7 (1/1997), 37–40

Vogel, Walter (1999), Religiöse Kommunikation im Chatroom, in: Schnider, Andreas (Hg.), Erfahrung mit Puzzle- und Glasperlenspielen im Cyberspace, Graz, 103–147

Vogel, Walter (in Vorbereitung), Religionspädagogik kommunikativ-vernetzt. Möglichkeiten religionspädagogischer Arbeit im Internet.

Wiedemann, Peter (1991), Gegenstandsbezogene Theoriebildung, in: Flick, Uwe u. a. (Hg.), Handbuch Qualitative Sozialforschung. Grundlagen, Konzepte, Methoden und Anwendungen, München, 440–445

Wirth, Werner / Schweiger, Wolfgang (1999), Selektion neu betrachtet: Auswahlentscheidungen im Internet, in: dies. (Hg.), Selektion im Internet. Empirische Analysen zu einem Schlüsselkonzept, Opladen-Wiesbaden, 42–74

Hans-Georg Ziebertz / Andreas Schnider

Religiosiät und Wertorientierung
Empirische Ergebnisse aus einer europäischen Vergleichsstudie

Mit dem Konzilsdekret „Gaudium et spes" hat die römisch-katholische Kirche ihren Abstand zu den gesellschaftlichen Veränderungen seit der Aufklärung in einem wesentlichen Punkt verringert. Das Konzil spricht den sogenannten 'weltlichen Sachbereichen' Autonomie zu. Damit ist gemeint, dass diesen Bereichen eine Rationalität zugestanden wird, die autonom ist und nicht der kirchlichen Lehrverkündigung unterliegt. Das Konzil nennt jedoch zwei Ausnahmen, für die diese Autonomie nicht gilt: Fragen des Glaubens und der Sitte. Damit reklamiert das Konzil für die Kirche Autorität in der Orientierung des praktischen Handelns. Praktisches Handeln ist moralisches Handeln, insofern darin Güterabwägungen, d.h. Entscheidungen für bzw. gegen Werte stattfinden. Solche Entscheidungen unterliegen nach Meinung der Kirche nicht nur der vernünftigen Einsicht, sondern die Vernunft muss sich an den Prinzipien bilden, die sich aus dem christlichen Glauben ergeben. Wer sich also als Christ bezeichnet, handelt auf eine bestimmte Weise. Unter Umständen handeln Christen anders als Nicht-Christen.

Wir wollen die Problematik im Folgenden nicht normativ behandeln und ausführen, wie christliches Handeln in dieser oder jener Praxis beschaffen sein sollte. Uns geht es zunächst darum festzuhalten, dass die Kirche einen direkten Zusammenhang zwischen Glaube und Wertorientierung sieht und dass sie der Wertorientierung einen wichtigen Stellenwert einräumt, indem sie diese von der ‚weltlichen Autonomie' ausschliesst. Religionspädagogisch ist dieser Befund relevant, weil in Schulbüchern, in der christlichen Verkündigung und im öffentlichen Auftreten der Kirche dieser Zusammenhang eine wichtige Rolle spielt. Der Religionsunterricht versteht seinen Beitrag zur Bildung junger Menschen als christliche Orientierung für das Handeln in der Welt, in der Verkündigung werden Prinzipien für das Handeln aus dem Evangelium begründet und die Kirche gestaltet das soziale, kulturelle und politische Leben in der Gesellschaft auf der Grundlage einer christlich geprägten Werthaltung aktiv mit. Dem Aufbau einer gehaltvollen christlichen Werthaltung kommt somit in religiösen Lernprozessen eine große Bedeutung zu.

Unserem Beitrag liegt ein deskriptiv-analytisches Interesse zugrunde. Uns interessiert, ob es den unterstellten Zusammenhang von Glaube und Wertorientierung in der Praxis, d.h. bei Schülerinnen und Schülern, überhaupt gibt. Denn, so könnte man argumentieren, die Kirche hat zwar in den sechziger Jahren des letzten Jahrhunderts die Wunschvorstellung formuliert, dass es einen Zusammenhang zwischen Glaube und Moral gibt bzw. geben soll, aber aufgrund der Modernisierungsprozesse in den vergangenen 35 Jahren sind der Einfluss der Kirche und des Glaubens auf die Ebene des konkreten Handelns geschwunden. Religiöse Milieus, die individuelles und soziales Handeln stützen könnten, sind weitgehend weggefallen.

Die funktionale Ausdifferenzierung der Lebensbereiche und die damit einher gehende religiöse Individualisierung lassen vermuten, dass Fragen der Wertorientierung kaum mehr über die religiöse Einstellung geformt, sondern je individuell 'gelöst' werden.

Unsere Untersuchungsfrage, die weiter unten noch einmal präzisiert wird, lautet: *Welche Wertorientierung treffen wir bei Schülerinnen und Schülern an und gibt es einen Zusammenhang zwischen Wertorientierung und Religiosität?* Die Frage wird durch den Rückgriff auf Daten aus einer empirischen Studie beantwortet. Im ersten Teil unseres Beitrags gehen wir auf die Dynamik der Werte bzw. Wertorientierungen ein. Wir müssen uns zwar auf wenige Anmerkungen beschränken, sie reichen aber aus, unsere Untersuchungsfrage zu präzisieren. Im zweiten und dritten Teil stellen wir den Rahmen der Untersuchung vor und dokumentieren die empirische Analyse der Untersuchungsfrage. Dabei werden wir auf so viel Statistik wie nötig und so wenig wie möglich zurückgreifen. In einem vierten und letzten Teil diskutieren wir die Befunde in einem größeren religionspädagogischen Zusammenhang.

Wir beschäftigen uns in diesem Beitrag nur mit dem Aspekt der Wertorientierung. Die Skala ‚Wertorientierung' gehört zu einem umfangreicheren Fragebogen als Teil einer Studie, die 1998 in den Niederlanden begonnen wurde. Es folgten Felduntersuchungen in Deutschland, Österreich und (inzwischen) England. Der Hauptfokus des Forschungsprojekts liegt auf Fragen der 'religiösen Architektur' im Kontext neuerer Theorien zur religiösen Individualisierung. Wir beschränken uns auf ein Thema, sowohl aufgrund des möglichen Umfangs, aber auch, um an ausgewählten Arbeitsschritten die Vorgehensweise eines quantitativ-empirischen Designs anschaulich zu verdeutlichen, anstatt eine Vielzahl von Ergebnissen zu präsentieren.

1. Werte im Wertewandel

In seinen Ansprachen hat Papst Johannes Paul II. oftmals das Bild von der ‚Kultur des Todes' und der 'Kultur des Lebens' verwendet. Er hat es zum Beispiel auch im Hinblick auf die westliche Kultur benutzt, die er als permissiv erlebt. Eine solche Einstellung des Kulturpessimismus ist in der römisch-katholischen Kirche seit der Aufklärung immer wieder aufgekommen. In der westlichen Gesellschaft entdeckt der Papst eine Neigung zu Materialismus und Hedonismus. 'Werte des Lebens' und eine Hochschätzung der Familie sieht er im Schwinden. Damit fällt das Urteil über den Wertewandel, wie ihn der Papst wahrnimmt, eindeutig negativ aus.

Fragen der Wertorientierung und des Wertewandels haben einen komplexen Gehalt und wir wollen zunächst vertiefen, was damit gemeint ist. Wir tun dies im Rückgriff auf eine Untersuchung von Helmut Klages, die uns helfen kann, Vermutungen für die Analyse unserer eigenen Daten zu entwickeln. Klages entdeckt tatsächlich einen Wertewandel, der zu einer Minderung der Orientierung an 'Pflicht- und Ordnungswerten' und zu einer Aufwertung von 'Selbstentfaltungswerten' geführt habe. Er blickt in seiner Studie bis in die Zeit der Entstehung des Deutschen Reiches 1871 zurück (vgl. ders. 1985; 1988). Gegen die Ansicht, in dieser Zeit könne ein autoritär-konservatives, militärisch-patriotisches und mithin geschlossenes Wertsystem angetroffen werden, entdeckt er eine differenzierte Wertsituation. Sie werde gekennzeichnet von der Beibehaltung traditioneller Wertbestände, von denen sich aber gleichzeitig Teile auflösten und Veränderungen ermöglichten. In dieser Zeit entstehen neue Demokratietheorien, Freiheitsrechte des einzelnen Bürgers werden rechtlich verankert und Prinzipien des Wirtschaftsliberalismus entwickelt und durchgesetzt. Bemerkenswert ist für Klages, dass die Ausdehnung des Wertespektrums in Richtung zunehmender Liberalität nicht einhergeht mit der Auflösung der oben genannten autoritär-patriotischen Werte, sondern dass sie sich parallel zu ihnen entfalten, und zwar vor allem in den Bereichen Wirtschaft, Wissenschaft und Administration. Dies sind die ersten säkularen Bereiche, auf die sich die Milieuwirkung konfessioneller Säulen nicht mehr erstreckt. Die Entfaltung hatte zunächst im städtischen Bereich Erfolg, weil auf dem Land die integrative Kraft der kirchlichen Milieus den Erhalt einer traditionellen Wertordnung sicherstellte.

Klages verfolgt diesen Prozess über die Weimarer Republik und die NS-Zeit bis in die Jahre nach dem Zweiten Weltkrieg. In Deutschland wird man sich der Täuschung bewusst, der man erlegen war, die Welt in 'gut' und 'böse' eingeteilt und einer Führerfigur (bis auf wenige Ausnahmen) blind gefolgt zu sein. Dennoch lässt sich in der direkten Nachkriegszeit eine massive Aufwertung der Pflichtwerte feststellen. Für Klages zeigt sich dies in der Hochschätzung von Ordnung, der im Kontext einer Überlebensorientierung ein primärer Wert zugemessen wurde, und in der persönlichen Mitwirkung an einer neuen Ordnung durch die pflichtbewusste Übernahme entsprechender Rollen. In kollektiver Hinsicht wurde die Vorrangstellung einer ökonomisch-technischen Sachordnung nicht bestritten. Ordnung verkörperte den Überlebenswillen einer zugrunde gerichteten Nation und bedurfte keiner besonderen Rechtfertigung.

Nach der 'kollektiven Not' kam das 'Wirtschaftswunder', der Beginn des Aufschwungs und des scheinbar grenzenlosen Wachstums. Die dem Wachstum implizite Wertladung war nicht mehr Beschränkung um des Überlebens willens, sondern umgekehrt Konsum um des Wachstums willens. Die Plausibilität der Werte 'Maßhalten' und 'Askese' verblasste. Als Gründe für diesen Prozess führt Klages unter anderem die Steigerung des Massenwohlstands, den Ausbau des Sozialstaates und die Ermöglichung der Bildung für breite Massen an. Selbstzwang und Selbstkontrolle waren auf dem Hintergrund der Überlebensfrage nach dem Krieg plausibel. In der Zeit des Aufschwungs dringen andere Orientierungen vor, so die Möglichkeit der Selbstartikulation und Selbstentfaltung. Sie findet ihr Pendant in dem, was in den sechziger und siebziger Jahren als 'sexuelle Revolution' bezeichnet wird. Zum einen, warum sollte sexuelle Askese weiterhin als ein Ideal gelten, wo in allen anderen gesellschaftlichen Bereichen Konsum gefragt war? Warum sollte gerade die Sexualität dem Konsum entzogen werden (vgl. Schmidt 1986)? Zum anderen wurden Reproduktionszwang und Beschänkung der Sexualität auf die Ehe im Horizont einer repressiven Gesellschaft interpretiert, gegenüber deren Ordnungszwang Widerstand aufkam, wie die Studentenrevolte in den sechziger Jahren zeigt (vgl. Schenk 1988, 192ff). Diese Veränderungen betrafen die gesamte

Gesellschaft, aber es war zunächst eine kleine Gruppe, die Jungen und die Studenten, die als Spitze der Bewegung auftraten. Klages meint dazu:

> „Es fand hier - so schien es jedenfalls - ein *Aufstand der Jungen* statt, in dem sich die Rückerinnerung an die 'verurteilungswürdige, durch nichts zu entschuldigende national-sozialistische Vergangenheit' mit einer prononcierten Abkehr von allem 'Konservativen', 'Autoritären' und 'Hierarchisch-Verkrusteten' verband, die sich in eine entschiedene Abwertung von Werten wie Disziplin, Gehorsam, Pflichterfüllung, Treue, Unterordnung, Fleiß, Anpassungsbereitschaft, Fügsamkeit, Bescheidenheit und Enthaltsamkeit fortsetzte. Es war, mit einem Wort, das 'ganze verdammte innere Preußentum', das einer Abwertung verfiel" (Klages 1988, 54).

Die in diesem Zitat genannten Werte bilden das Wertkonzept der *Pflicht- oder Ordnungswerte*, die freilich in den sechziger Jahren nicht völlig zerstört oder ausgelöscht wurden. Sie blieben bestehen, aber standen in Konfrontation zu *Selbstentfaltungswerten*. Selbstentfaltungswerte kommen unter anderem in Orientierungen wie Genuss, Abenteuer, Ausleben emotionaler Bedürfnisse, Ungebundenheit, Eigenständigkeit oder Selbstverwirklichung zum Ausdruck (Klages 1988, 18). Was ist mit diesen beiden Wertgruppen geschehen? Nach Klages vollzog sich die folgende Veränderung: In dem genannten Zeitraum der sechziger und siebziger Jahre verändert sich zum einen die Zustimmung zu den Pflicht- und Ordnungswerten von einem hohen auf ein mittleres Niveau und zum anderen (gleichzeitig) die Zustimmung zu den Selbstentfaltungswerten von einem niedrigen auf ein mittleres Niveau. Diese Entwicklung, die natürlich je nach demographischen, politischen oder sozialen Hintergrundmerkmalen Nuancen erfährt, interpretiert Klages als einen Prozess der *Wertsynthese*. Beide Wertgruppen sind nach wie vor im Bewusstsein der Menschen präsent und zwar im Sinne einer gleichgewichtigen Koexistenz.

Klages erklärt den skizzierten Prozess mit dem Übergang von einem *nomozentrischen* zu einem *autozentrischen* Selbst- und Weltverständnis. Ein *nomozentrisches* Selbst- und Weltbild wird durch das Bewusstsein gekennzeichnet, von der Umwelt nicht nur abhängig zu sein, sondern in deren Schuld zu stehen. In diesem Verständnis ist der Mensch auf die Umwelt angewiesen, weil er niemals in der Lage wäre, aus sich selbst heraus sein Leben zu meistern. Das Selbstwertgefühl speist sich vor allem aus dem Vollzug von Zugehörigkeitsrechten und -pflichten. Ein *autozentrisches* Selbst- und Weltbild gründet auf den Kapazitäten der eigenen Person, auf ihrer individuellen Rationalität und Beurteilungsfähigkeit, auf einem individuellen Nutzwertdenken und dem Bedürfnis nach personaler Verwirklichung. Letzteres kann unter anderem mit Begriffen wie Ungezwungenheit, Unbefangenheit, Unmittelbarkeit, Selbstverwirklichung, Suchen und Ausnutzen von Handlungsspielräumen sowie der Erwartung auf Resonanz präzisiert werden. Das autozentrische Selbst- und Weltbild definiert sich der gesellschaftlichen Umwelt gegenüber als unabhängig oder zumindest unabhängigkeitsberechtigt (Klages 1988, 64f).

Schlagen wir nun die Brücke zu unserem Untersuchungsinteresse. Klages' Überlegungen zeigen einen Wertewandel auf, dessen Richtung aus der historisch-gesellschaftlichen Entwicklung verständlich wird. Nicht alle Werte sind 'überdauernd', sondern sie erfüllen ihre spezifische Funktion in besonderen Situationen und

Zeitumständen. Wir müssen konstatieren, dass in der modernen Welt eine autozentrische Orientierung einer nomozentrischen überlegen ist. In einer Zeit, in der die Zukunft nicht einfach aus der Vergangenheit abgelesen werden kann, sondern ein 'offenes Projekt' ist, wird der Einzelne sehr viel stärker in die Pflicht genommen. Die erhöhte Selbstverantwortung drängt eine Orientierung an überkommenen Standards zurück. Freilich baut sich damit eine gewisse Reserve gegenüber Institutionen auf, die weiterhin auf das praktische Leben Einfluss nehmen wollen. Das bekommt die Kirche zu spüren, weil sie ihren Anspruch auf Wegweisung deutlich benennt. Zudem ist die inhaltliche Botschaft unzweideutig. Der Kirche wird eher eine Nähe zu pflichtorientierten als zu selbstentfaltungsorientierten Werten zugeschrieben. Von ihr werden Werte wie Maßhalten, Askese oder Sorge für die Familie erwartet, nicht aber Genuss, Ausleben der Bedürfnisse oder Unabhängigkeit. Werte der letzten Gruppe bezeichnet Klages als Selbstverwirklichungswerte.

2. Rahmen der Untersuchung

Untersuchungsfrage

Wir können nun unsere eingangs formulierte Untersuchungsfrage präzisieren. Die allgemeine Frage lautete: *Welche Wertorientierung treffen wir bei Schülerinnen und Schülern an und gibt es einen Zusammenhang zwischen Wertorientierung und Religiosität?* Daraus ergeben sich die folgenden Subfragen, die wir im einzelnen nacheinander untersuchen wollen.

1. Wie ist die Wertorientierung der befragten Schülerinnen und Schüler beschaffen?;
2. Gibt es die Zweiteilung in der Wertorientierung, von der Klages spricht, d.h. wie hängen die einzelnen Werte und Wertgruppen zusammen?;
3. Welche Gewichtung von Werten nehmen die Befragten vor?
4. Gibt es Unterschiede in der Wertorientierung, wenn die Gruppe der Befragten nach (a) Ländern und (b) Geschlechtszugehörigkeit unterschieden wird?
5. Bezeichnen sich die befragten Jugendlichen als religiös, unsicher oder nicht-religiös?;
6. Gibt es Unterschiede in der Religiosität, wenn die Gruppe der Befragten nach (a) Ländern und (b) Geschlechtszugehörigkeit unterschieden wird?;
7. Ist unterschiedlichen Formen der Religiosität eine je unterschiedliche Wertorientierung eigen oder nicht?;
8. Wenn sich unterschiedliche Wertorientierungen finden lassen, zeigt sich zwischen den Wertkonzepten religiöser Jugendlicher und Werten, die die Kirche vertritt, ein Zusammenhang?

Stichprobe

Der Analyse liegt eine Stichprobe aus drei Ländern zugrunde: Holland, Österreich und Deutschland (N=1744). Sie wurde in jeweils regionalen Gebieten dieser Länder gezogen (D: Unterfranken; NL: Mittelholland; A: Steiermark). Das Durchschnittsalter der Befragten liegt zwischen 16 und 17 Jahren. Es gibt einen leichten

Überhang von Mädchen (54%) zu Jungen (46%). Die Daten aus England konnten nicht mehr in die Analyse einbezogen werden.

Konzeptueller Rahmen

Der Weg von einer theoretischen Annahme (Hypothese) hin zur ihrer Bestätigung oder Widerlegung verlangt drei Schritte:

- Konzeptualisierung des theoretischen Modells (Konzepte sind Begriffe, die einen theoretischen Hintergrund haben);
- Operationalisierung (Operationalisieren bedeutet, Merkmale (Indikatoren) dieser Begriffe zu benennen);
- Itemformulierung: schließlich sind die Indikatoren in ein empirisches Messinstrument zu überführen. Dazu werden jeweils mehrere Items für jeden Indikator formuliert.

Unser wichtigstes Konzept ist die Wertorientierung der Schülerinnen und Schüler. Wir nennen die empirische Seite dieses Konzepts die 'abhängige Variable'. 'Abhängig' bedeutet, dass wir davon ausgehen, dass sich Unterschiede in der Wertorientierung der Heranwachsenden zeigen, wenn Merkmale berücksichtigt werden, die in der Gruppe der Befragten unterschiedlich ausgeprägt sind. Wie der Beziehungspfeil in der Grafik 1 zeigt, gehen wir davon aus, dass die Wertorientierung abhängig ist von der Religiosität der Befragten. Das Fragezeichen besagt, dass wir nicht sicher sind, ob es tatsächlich eine solche Abhängigkeit gibt. Wir hatten festgestellt, dass aus kirchlicher Binnensicht eine solche Abhängigkeit wünschenswert ist, dass es aber ebenso begründete Zweifel an der empirischen Existenz dieses Wunsches gibt. Unsere Beziehungsvermutung hat somit explorativen Charakter und nicht die Qualität einer 'harten' Hypothese.

Wir nennen die Religiosität 'unabhängige Variable', d.h. wir untersuchen nicht, in welchen Beziehungen und Abhängigkeiten die Religiosität der Befragten steht, sondern wir nehmen sie, wie sie ist. So gilt auch für die Wertorientierung, dass sie Predikator für andere Haltungen und Einstellungen sein kann (also wie eine 'unabhängige Variable' funktionieren könnte), aber das interessiert uns in diesem Untersuchungsschritt nicht. Damit ist gemeint, dass ein konzeptuelles Modell erstens immer hypothetischen Charakter hat und zweitens immer nur einen bestimmten Ausschnitt aus einer unendlichen Zahl von Beziehungen und Einfluss feldern thematisiert und zwar nicht, weil die Begrenzung willkürlich wäre, sondern weil sie gesteuert wird durch eine Problem- und Fragestellung (vgl. Ziebertz 1994; 1999). Vieles ist untersuchbar, aber die Richtung der Analysen wird durch die Untersuchungsfrage vorgegeben.

Schließlich sind noch die 'Hintergrund-Variablen' zu nennen, die zu den beiden genannten Variablen hinzukommen. Hintergrundvariablen sind zum Beispiel demographische oder personbezogene Merkmale wie Nationalität, Stadt/Land, Religion, Alter, Geschlecht usw. In unserer Untersuchung nehmen wir (nur) zwei Hintergrund-Variablen auf: Nationalität (Land) und Geschlecht. Einige Parameter erübrigen sich, weil die Stichprobe in der Altersverteilung und der Stadt-Land-Herkunft homogen ist, so dass nicht erwartet werden kann, dass entsprechende

Items unterschiedliche Einstellungen sichtbar machen würden. Wir wollen aber das Herkunftsland berücksichtigen (Niederlande, Österreich, Deutschland) und das Geschlecht der Befragten. Die Nationalität kann deutlich machen, ob es jenseits der Grenzen Unterschiede sowohl in der Religiosität als auch in der Wertorientierung gibt. Das Geschlecht wird berücksichtigt, um herauszufinden, ob Mädchen und Jungen unterschiedlich sozialisiert sind.

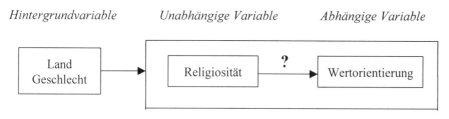

Grafik 1: Konzeptuelles Modell

Konzepte und Operationalisierung

Für die Konzeptualisierung des Hauptkonzepts unserer Untersuchung (die Wertorientierung der Befragten) haben wir uns von den Instrumenten von Klages inspirieren lassen. Wir haben die Wertorientierung wie folgt operationalisiert:

- eine *gesellschafts- und sozialkritische* Dimension, in der Gleichheit und Gerechtigkeit für alle thematisiert wird (SOZ-KRIT);
- eine *sozial-individuelle* Dimension, in der eine persönliche Haltung des Da-Sein-für-andere gefordert wird (SOZ-PERS);
- eine *familiale* Dimension, die den Wert der Familie anspricht und den Wunsch nach Kindern (FAM);
- eine *eudaimonistische* Orientierung, die Items beinhaltet, die das 'stille Glück' im Einklang mit sich selbst und mit der Natur als harmonisches Ganzes zum Ausdruck bringt (EUDAI);
- eine *autonomistische* Dimension, deren Items auf Freiheit und Unabhängigkeit zielen (AUT);
- eine *materialistische* Orientierung mit Items, in denen Werte wie 'viel Geld haben' und 'eine hohe Position erreichen' angesprochen werden (MAT);
- eine *hedonistische* Orientierung, in der „das Leben genießen" und „Sexualität erleben" als Werte erscheinen (HED); sowie
- eine *religiöse* Dimension, in der der Glaube, Gott und Religiosität als Wert genannt werden (REL).

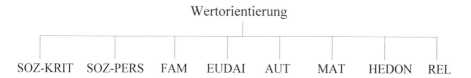

Grafik 2: Operationalisierung der Wertorientierung

Für die Messung der unabhängigen Variable 'Religiosität' stehen im Fragebogen eine Vielzahl von Variablen zur Verfügung. Es kommt der notwendigen Beschränkung in diesem Aufsatz entgegen, dass sich ein Item als Variable von hohem Aussagewert erwiesen hat, nämlich die religiöse Selbstbezeichnung der Befragten. Das heißt, wir ziehen nicht Gottesdienstbesuch, die faktische religiöse Praxis oder andere religiöse Einstellungen heran, um Teilgruppen zu bilden, die wir als 'religiös' oder „nicht-religiös" bezeichnen können, sondern wir tun dies ausschließlich auf der Basis der Selbsttypisierung. Die Schülerinnen und Schüler konnte auf die Frage „Bezeichnest Du Dich selbst als religiös?" antworten: ja, unsicher, nein. Es handelt sich somit um ein einzelnes Item und nicht um eine mehrdimensionale Skala.

3. Empirischer Befund

Die Analyseschritte folgen den Untersuchungsfragen, die wir weiter oben formuliert haben. Die erste Frage lautet: *Wie ist die Wertorientierung der befragten Schülerinnen und Schüler beschaffen?*

Um die allgemeine Struktur der Wertorientierung untersuchen zu können, haben wir alle Items in eine Faktoranalyse eingeführt. Auf diese Weise erhalten wir einen Einblick in die Architektur der Wertorientierung.

Das Verfahren '*Faktoranalyse*' soll kurz erläutert werden. Eine Faktoranalyse wird benutzt, um bei einer größeren Anzahl von Items herauszufinden, ob sich diese bündeln lassen. Man betrachtet nicht jede Aussage einzeln und analysiert die jeweilige Zustimmung oder Ablehnung, sondern untersucht, ob bestimmte Items als Indikatoren für ein- und dieselbe Sache gelten können. Zum Beispiel können die Items 'Kinder haben', 'glückliches Familienleben führen', 'Heiraten' etc. 'auf einen Faktor laden', d.h., diese Items messen etwas, was gewissermaßen allen diesen Items zugrunde liegt. Für dieses 'unbekannte Verbindende' zwischen den Items muss ein Faktorname gesucht werden: In diesem Beispiel bietet sich das Label 'familiale Werte' an. Eine Bedingung an die Items ist, dass sie auf Intervallniveau skaliert sind, d.h., dass nicht nur mit ja oder nein geantwortet werden kann, sondern eine mindestens 5- stufige Antwortmöglichkeit besteht (voll und ganz einverstanden / einverstanden / teils-teils / eher nicht einverstanden / ganz und gar nicht einverstanden). Die Analyse besteht darin, dass für jede(n) Befragte(n) jedes Items mit jedem anderen in Beziehung gesetzt wird und aufgrund der Korrelationen 'Netzwerke' berechnet werden können. Im computerlosen Zeitalter war dieses Verfahren nicht durchführbar. Man denke etwa in dieser Untersuchung, allein bezogen auf die Skala zu den Wertüberzeugungen, was es bedeuten würde, 'per Hand' 24 Items in Beziehung zueinander zu berechnen und das für 1735 Befragte - wiederum im Verhältnis zueinander. Gerade bei der Reduktion von großen Datenmengen ist die Faktoranalyse hilfreich. Es kann nun sein, dass die Faktorstuktur die Dimensionen abbildet, die in der Konzeptualisierung und Operationalisierung entwickelt worden sind, es kann aber auch eine ganz neue Struktur aufscheinen. Die Faktoranalyse bringt daher durchaus Neues hervor und spiegelt nicht einfach eine angenommene theoretische Struktur wider. Die Inhalte, die jeweils hinter gebündelten Items stehen und die mit einem neuen Namen versehen werden, nennt man Faktoren. Items sollen möglichst nur auf einem Faktor 'laden' (sie sollen einen Wert von .50 erreichen; max ist 1.0 möglich). Laden sie auf zwei oder mehr Faktoren und sind die Ladungswerte vergleichbar hoch oder niedrig, muss ein solches Item eliminiert werden, weil es multi-interpretabel ist. Bei einem Ladungs-wert auf dem zugehörigen Faktor von .50 oder mehr kann ein Ladungswert auf anderen Faktoren toleriert werden, wenn diese mindestens .25 niedriger liegt (besser noch mehr). Eine Faktorauflösung kann zu 'orthogonalen' Ergebnissen führen, wenn die gefundenen Faktoren nicht miteinander korrelieren. Meist wird eine 'schiefe' Auflösung mit gewissen Korrelationen zwischen den Faktoren akzeptiert. Als statistisches Kriterium für einen Faktor gilt ein Eigenwert von mehr als 1.0 und eine erklärte Varianz von mehr als 40 Prozent.

In unserer Untersuchung mussten vier Items eliminiert werden, weil sie sich als mehrdeutig erwiesen haben, d.h. sie zeigten Ladungen auf mehreren Faktoren. Das Ergebnis ist eine Itemgruppierung in 6 Faktoren (Ladungen jeweils eines Faktors sind fett dargestellt):

- eine *sozialkritische* Dimension, in der auf die eigene Person hin Gerechtigkeit und Da-Sein für andere gefordert und in gesellschaftlicher Hinsicht Gleichheit und Gerechtigkeit für alle thematisiert wird – es handelt sich um die Integration der theoretisch angenommenen Dimensionen [SOZ-KRIT] und [SOZ-PERS];
- eine *familiale* Dimension, die vom Wert der Familie und vom Wunsch nach Kindern spricht – die Items dieser Dimension entsprechen denen der Operatio-nalisierung in [FAM];
- eine *eudaimonistische* Orientierung, die das 'stille Glück' im Einklang mit sich selbst und der Natur als harmonisches Ganzes zum Ausdruck bringt – in diesem Faktor ist zusätzlich zur Operationalisierung [EUDAI] ein Item aus [HED] ge-rutscht;
- eine *autonomistische* Dimension, deren Items Freiheit und Unabhängigkeit als entscheidende Wertaspekte beinhalten – entsprechend der Operationalisierung [AUT];
- eine *materialistische* Orientierung, die Werte wie 'viel Geld haben' und 'eine hohe Position erreichen' auszeichnet – entsprechend der Operationalisierung [MAT]; und
- eine *religiöse* Dimension mit den Werten 'Glauben haben' und 'Gottvertrauen' – entsprechend der Operationalisierung in [REL].

Die operationalisierte Dimension HEDON ist weggefallen. Die Items luden jeweils auf zwei oder mehreren Faktoren und wurden eliminiert. Wir können festhalten, dass die Wertorientierung der Befragten weitgehend die Struktur hat, wie sie vorab angenommen wurde.

Tab. 1.: Dimensionen der Wertorientierung (rotierte Komponentenmatrix)

	FAKTOR					
	1	**2**	**3**	**4**	**5**	**6**
Menschen helfen, die in Schwierigkeiten sind	**,740**				,178	
Mich einsetzen für eine gerechte Gesellschaft	**,739**	,190		,105	,141	
Immer für andere da sein	**,686**		,261			
Mehr Gleichheit in der Gesellschaft fördern	**,661**				,244	-,110
Gerecht sein	**,659**		,126		,187	-,171
Ein guter Mensch sein	**,658**		,221			
Einen Beitrag für ein menschliches Zusammenleben leisten	**,623**	,195				
Vertrauen in Gott haben	,164	**,871**	,184		,100	
Glauben haben	,161	**,816**			,196	
Wünschen, dass Gott mein Leben begleitet	,109	**,794**	,123			
Heiraten und eine glückliche Ehe führen		,155	**,829**			
Kinder haben	,180		**,799**		,146	
Leben für die Familie	,259	,137	**,756**			
Unabhängig und frei leben				**,886**		
Frei und unabhängig sein				**,875**		
Genießen stiller Momente	,158	,167	,118		**,698**	
Natur genießen	,301				**,691**	
In Harmonie mit mir selbst leben	,120	,108			**,662**	-,115
Viel Geld verdienen	-,162					**,849**
Eine hohe Position in der Gesellschaft einnehmen				,106		**,839**

Extraktionsmethode: Hauptkomponentenanalyse; Varimax nit Kaiser-Normalisierung
Werte unter .10 wurden unterdrückt. Die erklärte Varianz ist 60,4%

Tab. 2: Zusammenhang zwischen Wertgruppen (Korrelationen)

		FAMILIAR	RELIGIÖS	EUDAIMO-NISTISCH	AUTONO-MISTISCH	MATERIA-LISTISCH	SOZIAL
FAMILIAR	Korrelation						
	Signifikanz						
	N						
RELIGIÖS	Korrelation	**,313**					
	Signifikanz	,000					
	N	1742					
EUDAIMONISTISCH	Korrelation	**,226**	**,318**				
	Signifikanz	,000	,000				
	N	1743	1742				
AUTONOMISTISCH	Korrelation	-,080	-,050	,079			
	Signifikanz	,001	,037	,001			
	N	1743	1742	1743			
MATERIALISTISCH	Korrelation	0.70	-,012	-,126	,167		
	Signifikanz	,003	,609	,000	,000		
	N	1743	1742	1743	1743		
SOZIAL	Korrelation	**,379**	**,314**	**,427**	,083	-,138	
	Signifikanz	,000	,000	,000	,001	,000	
	N	1743	1742	1743	1743	1743	

N=Anzahl der Befragten

Die zweite Frage lautet: *Gibt es die Zweiteilung in der Wertorientierung, von der Klages spricht, d.h. wie hängen die einzelnen Werte und Wertgruppen zusammen?* Klages hatte Wertorientierungen nach Pflicht- und Selbstentfaltungswerten unterschieden. Aber er war der Meinung, das zwischen diesen Wertgruppen Synthesen bzw. Koexistenzen hergestellt würden.

Tabelle 2 zeigt, dass zwei Wertgruppen unterschieden werden können. Die erste Gruppe besteht aus Werten, die zur familialen, religiösen, eudaimonistischen und sozialen Dimension gehören. Diese Wertdimensionen korrelieren untereinander. Und sie korrelieren nicht mit der zweiten Wertgruppe, die aus Werten mit einer autonomistischen und materialistischen Orientierung besteht. Klages Modell scheint zuzutreffen, dass wir es erstens mit Werten zu tun haben, die die Sorge für das Gemeinwohl beinhalten, und Werten, die die persönliche Selbstverwirklichung thematisieren.

Nun zur dritten Frage: *Welche Gewichtung von Werten nehmen die Befragten vor?*

In dieser Frage ist die Zustimmung oder Ablehnung der Wertdimensionen durch die Befragten angesprochen. Die Schülerinnen und Schüler konnten auf einer 5-Punkte Skala antworten. Der Wert 5,0 entspricht der höchsten Zustimmung und der Wert 1,0 der stärksten Ablehnung. Die Mitte der Skala liegt bei dem Wert 3,0. Tabelle 3 führt die Zustimmungswerte und die Standardabweichung auf. Am positiven oberen Ende der Skala liegt mit einem Wert von 4,6 der Faktor 'autonomistische Orientierung'. Frei und unabhängig zu sein steht somit ganz oben auf der Wertskala der Befragten. An zweiter Stelle mit einem großen Abstand (4,08) folgt die 'eudaimonistische Orientierung', also mit sich selbst und mit der Natur in Einklang zu leben. Ungefähr auf demselben Niveau sind die soziale, familiale und materialistische Orientierung angesiedelt. Und weit abgeschlagen am unteren Ende befindet sich die religiöse Wertorientierung. Ihr Wert von 3,03 sagt aus, dass die Befragten religiöse Werte weder bejahen, noch dass sie diese ablehnen. Auffällig ist die hohe Standardabweichung. Sie bedeutet, dass es in der Gruppe der Befragten in religiöser Hinsicht große Einstellungsunterschiede gibt. Wir werden die Religiosität später noch eingehender untersuchen.

Tab. 3: Zustimmung zu den Wertdimensionen

	Mittelwert	Standardabweichung	N
FAMILIAR	3,7238	,8970	1743
RELIGIÖS	3,0315	1,2577	1742
EUDAIMONISTISCH	4,0752	,6790	1743
AUTONOMISTISCH	4,6291	,5357	1743
MATERIALISTISCH	3,7398	,8363	1743
SOZIAL	3,8797	,5977	1743

Mittelwert: 1=negativ, 3=Mitte, 5=positiv; N=Anzahl der Befragten

Schließlich zur vierten Frage, in der die Hintergrundvariablen einbezogen werden: *Gibt es Unterschiede in der Wertorientierung, wenn die Gruppe der Befragten nach (a) Ländern und (b) Geschlechtszugehörigkeit unterschieden wird?*

Zunächst zu Unterschieden in den Ländergruppen.

Aus den Daten in Tabelle 4 ist ersichtlich, dass es zum Teil größere Abweichungen zwischen den Ländergruppen gibt. Niederländische, deutsche und österreichische Schüler unterscheiden sich in allen Werten voneinander. Eine Ausnahme ist der Spitzenreiterwert, die materialistische Orientierung. In der Befürwortung materieller Ziele sind sich alle Befragten einig. Auch die Unterschiede bei der autonomistischen Orientierung sind nur gering. Anders bei der familialen Orientierung, darin setzen sich die Österreicher von den beiden anderen Ländern ab; bei den religiösen Werten unterscheiden sich die Niederländer drastisch von den Deutschen und den Österreichern; die eudaimonistische Orientierung ist in den Niederlanden wesentlich weniger beliebt als in den beiden anderen Ländern; und die sozialen Werte liegen in Deutschland vergleichsweise niedrig. Am krassesten sind aber sicherlich die Unterschiede in der Dimension REL, gefolgt von EUDAI.

Tab. 4: Wertorientierung nach Ländern

LAND		FAM	REL	EUDAI	AUT	MAT	SOZ
NL	Mittelwert	3,6355	2,3176	3,8736	4,6724	3,7523	3,9531
	N	551	551	551	551	551	551
	S.D.	,8592	1,0562	,6580	,5002	,8681	,5632
D	Mittelwert	3,6822	3,3098	4,1086	4,5919	3,7593	3,7575
	N	729	729	729	729	729	729
	S.D.	,8898	1,2648	,6685	,5432	,8095	,6128
A	Mittelwert	3,8945	3,4437	4,2624	4,6361	3,6944	3,9848
	N	463	462	463	463	463	463
	S.D.	,9305	1,1020	,6584	,5611	,8394	,5802
insgesamt	Mittelwert	3,7238	3,0315	4,0752	4,6291	3,7398	3,8797
	N	1743	1742	1743	1743	1743	1743
	S.D.	,8970	1,2577	,6790	,5357	,8363	,5977

S.D.=Standardabweichung; N=Anzahl der Befragten

Der zweite Teil der vierten Frage bezieht sich auf die Geschlechtszugehörigkeit: *Gibt es Unterschiede, wenn die Gruppe der Befragten nach Geschlechtszugehörigkeit unterschieden wird?*

Die Antwort ist ein klares Ja. Es klingt wie die Bestätigung eines Klischees: Mädchen sind in ihrer Wertorientierung religiöser, eudaimonistischer und sozialer orientiert – und zwar in signifikantem Maße. Jungen sind hingegen stärker an Autonomie und Freiheit orientiert und – vor allem – an materiellen Werten. Die Differenz zur Materialismus-Dimension fällt zwischen Jungen und Mädchen am stärksten aus.

Tab. 5: Wertorientierung nach Geschlechtszugehörigkeit

	Geschlecht	N	Mittelwert	Standardabweichung
FAM	Mädchen	942	3,7374	,8811
	Jungen	792	3,7138	,9103
REL	Mädchen	941	3,1011	1,2945
	Jungen	792	2,9474	1,2100
EUDAI	Mädchen	942	4,1904	,6127
	Jungen	792	3,9398	,7227
AUT	Mädchen	942	4,5987	,5602
	Jungen	792	4,6635	,5017
MAT	Mädchen	942	3,5536	,8058
	Jungen	792	3,9590	,8142
SOZ	Mädchen	942	4,0063	,5181
	Jungen	792	3,7324	,6437

Mittelwert: 1=negativ, 3=Mitte, 5=positiv; N=Anzahl der Befragten

Wir wechseln nun zur unabhängigen Variablen, der Religiosität der Schülerinnen und Schüler. Die fünfte Frage lautet: *Bezeichnen sich die Jugendlichen als religiös, als nicht-religiös oder sind sie unsicher?*

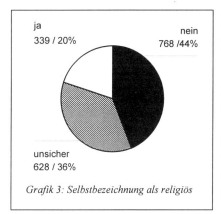

Grafik 3: Selbstbezeichnung als religiös

Die Grafik gibt auf diese Frage eine eindeutige Antwort. 44% der Befragten bezeichnen sich nicht als religiös, 20% antworten auf diese Frage mit „Ja" und 36% mit „unsicher". Wir können an dieser Stelle nicht eingehender auf die Konnotation von 'religiös' im Denken der Schülerinnen und Schüler eingehen. Weitere Analysen haben uns gezeigt, dass die Befragten, die sich selbst als religiös bezeichnen, ein kirchenbezogenes Verständnis von Religiosität haben. Anders verhält es sich bei denen, die unsicher sind, ob sie sich als religiös bezeichnen sollen. In dieser Gruppe sind Schüler, die ein distanziertes Verhältnis zur kirchlich repräsentierten Religion haben. Weil aber in unserem Kulturraum Religion immer noch stark mit dem Christentum der Kirchen identifiziert wird, wie Daiber aufschlussreich gezeigt hat (ders. 1996), zögern diese jungen Leute, von sich zu sagen 'ich bin religiös'. Sie sind nicht anti-religiös eingestellt, sondern haben vielmehr eine deutliche Reserve gegenüber der kirchlichen Form der Religion. Fragen nach dem Sinn des Lebens, nach dem, was nach dem Tod kommt, ob es einen Weltenlenker gibt usw., werden durchaus als wichtige Fragen eingestuft. Wir finden eine solche Einstellung zum Teil auch noch unter den 44%, die sich als nicht religiös bezeichnen. Gleichwohl überwiegt hier die Gruppe der religiös Uninteressierten. Zu dieser Frage ist der Länderbefund wichtig.

Wir wollen auch bezüglich der Religiosität die Hintergrundvariablen einbeziehen. Die sechste Frage lautet: *Gibt es Unterschiede in der Religiosität, wenn die Gruppe der Befragten nach (a) Ländern und (b) Geschlechtszugehörigkeit unterschieden wird?* – zunächst zu den Länderunterschieden (Tab. 6).

Die Differenzierung nach Ländern zeigt erhebliche Unterschiede. Besonders die Daten der niederländischen Jugendlichen fallen ins Auge, aber es gibt auch Unterschiede zwischen den Österreichern und Deutschen. Zunächst zur Gruppe der 'Nicht-Religiösen'. Von den 1735 Antworten entfallen 768 auf diese Gruppe. Sie wird fast zur Hälfte von niederländischen Befragten besetzt (49,1%), das sind 68,8% aller niederländischen Jugendlichen. Im Vergleich finden wir nur ein Drittel der Deutschen (35,9%) und etwas mehr als ein Viertel der Österreicher (28,3%) in dieser Gruppe. Die Gruppe der 'Unsicheren' enthält 628 Antworten. 31,1% der österreichischen und 48,9% aller deutschen Befragten stecken in dieser Gruppe, aber nur 20,1% der niederländischen. Von den 339 Befragten, die sich als religiös bezeichnen, stammt die kleinste Gruppe aus Holland. Nur 8,2% der niederländischen Schülerinnen und Schüler bezeichnet sich als religiös, aus Deutschland sind es 21,9% und aus Österreich 29,3%.

Tab. 6: Bezeichnest Du Dich als religiös? (Kreuztabelle)

			Bezeichnest Du Dich als religiös?			Gesamt
			nein	unsicher	ja	
Land	NL	Anzahl	377	126	45	548
		% der Landesgruppe	68,8%	23,0%	8,2%	100%
		% von 'Bezeichnest Du Dich als religiös'	49,1%	20,1%	13,3%	31,6%
		% der Gesamtzahl	21,7%	7,3%	2,6%	31,6%
	D	Anzahl	261	307	159	727
		% der Landesgruppe	35,9%	42,2%	21,9%	100%
		% von 'Bezeichnest Du Dich als religiös'	34,0%	48,9%	46,9%	41,9%
		% der Gesamtzahl	15,0%	17,7%	9,2%	41,9%
	A	Anzahl	130	195	135	460
		% der Landesgruppe	28,3%	42,4%	29,3%	100%
		% von 'Bezeichnest Du Dich als religiös'	16,9%	31,1%	39,8%	26,5%
		% der Gesamtzahl	7,5%	11,2%	7,8%	26,5%
Gesamt		Anzahl	768	628	339	1735
		% der Landesgruppe	44,3%	36,2%	19,5%	100%
		% von 'Bezeichnest Du Dich als religiös'	100%	100%	100%	100%
		% der Gesamtzahl	44,3%	36,2%	19,5%	100%

Nehmen wir nun noch die Geschlechtszugehörigkeit hinzu. Auch die Überprüfung dieser Hintergrundvariable erweist sich als aufschlussreich. Mädchen und Jungen haben ein signifikant unterschiedliches religiöses Selbstbild.

Tab. 7: Religiosität und Geschlecht

Zunächst fällt auf, dass die Gruppe der Mädchen, die sich als religiös bezeichnet, deutlich größer ist als die Vergleichsgruppe bei den Jungen. Noch auffallender ist jedoch die Struktur der Selbsteinschätzung. Bei den Mädchen haben wir neben der kleinen Gruppe 'Religiöser' zwei fast gleich große Gruppen der 'Nicht-Religiösen' und 'Unsicheren'. Bei den Jungen ist eine Stufenleiter zu erkennen. Mit religiöser Distanz wachsen die Gruppen jeweils beinahe um das doppelte. Der 'Durchlauf' in die Gruppe der 'Nicht-Religiösen' scheint bei den Jungen vorbehaltloser zu geschehen.

Wir kommen nun zur siebten und entscheidenden Frage in unserer Kurzstudie. Unser Hauptinteresse lag in der Erforschung eines möglichen Zusammenhangs zwischen Religiosität und Wertorientierung. Die Untersuchungsfrage lautet: *Repräsentieren die drei Religiositätstypen, wenn sie nachgewiesen werden können, unterschiedliche Wertorientierungen oder nicht?*

Die folgenden Liniendiagramme zeigen auf einen Blick, dass es Zusammenhänge gibt. Wir führen die 'religiösen Werte' nicht mit auf, denn nachweisen zu können, dass die Zustimmung zu Werten wie Glaube, Gottvertrauen usw. mit dem Grad der persönlichen Religiosität steigt, ist wie das 'Einrennen offener Türen'. Die Diagramme zeigen drei aufsteigende und zwei absteigende Linien.

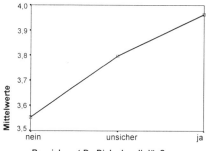

Die Zustimmung zu familialen Werten steigt, wenn sich Befragte als „religiös" bezeichnen (vgl. auch Köcher 1988).

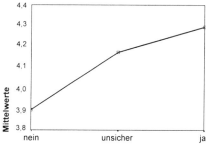

Auch die Befürwortung eudaimonistischer Werte steigt mit dem Grad der persönlichen religiösen Selbstbezeichnung.

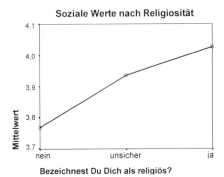

Und schließlich steigt die Befürwortung sozialer Werte mit dem Grad der persönlichen religiösen Selbstbezeichnung. Nach diesen drei aufsteigenden Linien kehrt sich das Bild im Folgenden um.

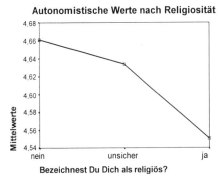

Autonomistische Werte werden mit dem Grad der persönlichen religiösen Selbstbezeichnung schwächer bewertet.

Und auch materialistische Werte werden um so schwächer bewertet, wie sich Befragte selbst als religiös bezeichnen.

Auf die Frage, ob es einen Zusammenhang zwischen Wertorientierung und Religiosität gibt, kann also mit einem eindeutigen „Ja" geantwortet werden. In allen Wertdimensionen unterscheiden sich die Befragten signifikant voneinander, wenn ihre religiöse Selbstbeschreibung berücksichtigt wird. In drei Fällen treffen wir auf signifikante Unterschiede zwischen allen drei Religiositätstypen, und zwar bei den familialen, eudaimonistischen und sozialen Werten. In zwei Fällen unterscheiden sich solche Befragte nicht voneinander, die sich als „nicht-religiös" bzw. „unsicher" bezeichnen, sondern diese beiden Gruppen unterscheiden sich jeweils signifikant von den 'Religiösen'. Das ist der Fall bei den autonomistischen und materialistischen Werten, d.h. in diesen beiden Wertdomänen setzen sich die 'Religiösen' eindeutig von allen anderen ab. Wir sehen in den Grafiken, wie die Unterschiede inhaltlich gewichtet sind. In den drei Fällen (FAM, EUDAI, SOZ) erkennen wir eine nach rechts aufsteigende Linie, d.h. mit zunehmender Religiosität steigt die Zustimmung zu diesen Werten. In den beiden anderen Fällen (MAT, AUT) erkennen wir eine gegenläufige absteigende Linie, d.h. mit zunehmender Religiosität sinkt die Zustimmung zu diesen Werten. Wir können also festhalten, dass es zwischen Religion und Moral (immer noch) eine starke Verbindung gibt. Glaube und Lebensorientierung hängen zusammen, Glaube ist nicht nur spirituell oder mystisch, sondern er hat ganz praktische Auswirkungen in der Wertorientierung der Heranwachsenden.

Wir können an dieser Stelle die achte und letzte Frage anschließen: *Wenn sich unterschiedliche Wertorientierungen finden lassen, zeigt sich eine inhaltliche Nähe zwischen den Wertkonzepten religiöser Jugendlicher und Werten, die der Kirche zugeschrieben werden?*

Wenn wir, wie eingangs angesprochen, die Interaktion der katholischen Kirche mit der modernen Kultur zugrunde legen, können wir in der geringeren Zustimmung religiöser Schülerinnen und Schüler zu autonomistischen und materialistischen Werten durchaus einen Zusammenhang zu kirchlich vertretenen Wertehierarchien entdecken. Umgekehrt ist ihre jeweils höhere Zustimmung zu Werten wie Familie, Kinder, Da-Sein und Einsatz für andere, Gerechtigkeit, Einklang mit der Natur usw. durchaus konform zur kirchlichen Position in Wertfragen. Die moderne Welt scheint jedenfalls noch nicht so säkularisiert, dass Menschen ihre Wertmaßstäbe einzig aus gesellschaftlichen Plausibilitäten entwickeln, sondern der Grad der religiösen Identität hat erhebliche inhaltliche Auswirkungen auf die Lebenseinstellung. Des Weiteren scheint Religiosität nicht nur spirituell privatisiert zu sein, sondern sie enthält durchaus einen Blick für eine Reihe von Dimensionen des Lebens.

4. Diskussion

Wir wollen zum Abschluss die Ebene der Deskription verlassen und von den Befunden aus einige Fragen der Werterziehung in einem breiteren Kontext diskutieren. Welche Werte sind heute noch als Grundlage für unsere Orientierungen und Entscheidungen im Leben miteinander gefragt? Haben wir es mit einem Werteverfall zu tun? Haben wir Anlass für eine pessimistische Aussicht auf die Zukunft, in der Werte keine Rolle mehr spielen? Wir können derartige Befürchtungen jedenfalls nicht untermauern. Prinzipiell bekunden junge Menschen quer durch Europa ein Interesse, ihr Leben an bestimmten Wertvorstellungen zu orientieren. Es wird eindeutig erkannt, dass es kein Leben ohne Werte geben kann.

Werthaltung & Ernstfall

Das Interesse unserer Studie berührt das Spannungsfeld zwischen Werten, konkreten Haltungen und speziellen sozialen Prägungen heutiger junger Menschen. Es ist die konkrete Aufgabe religionspädagogischen Arbeitens, Ausschau zu halten, wie die Schnittstellen - die sogenannten 'Ernstfälle' - zwischen diesen Bereichen aussehen und wie diese als ein wesentliches Feld religiöser Bildung wahrgenommen werden können. Hier liegt gesellschaftliche Relevanz für einen handlungsorientierten Religionsunterricht und eine Religionspädagogik im allgemeinen, die mit jungen Menschen im Gespräch stehen wollen und zugleich einen effektiven Dienst an ihnen und an der Gesellschaft insgesamt leisten wollen. Haltungen stehen eng mit konkreten Handlungen im Verbund. Diakonales Agieren kann passieren und gesellschaftliche Relevanz erlebbar werden.

Diskurs & Handlungsrelevanz

In diesem Zusammenhang muss es einem Unterricht, der Werte darlegt und diskutiert, gelingen, gesellschaftliche Auswirkung zu erreichen, etwa wenn es glückt, konkretes Handeln zu fördern und im konkreten Schul- bzw. Bildungsalltag projektorientiert anzuregen und umzusetzen (zu Akzentuierungen vgl. u.a. Stachel/Mieth 1978; Nipkow 1981; Piaget 1986; Mauermann 1988; Ziebertz 1990). Der diakonale Charakter religionspädagogischen Wirkens liegt letztlich auch darin, die Zusammenhänge zwischen Wertvorstellungen und Handlungsweisen aufzuzeigen. Das bedeutet z.B. in der Folge, dass ein rein kognitiver Unterricht - ob als Religions-, Ethik- oder Philosophieunterricht gekennzeichnet -, der Werte nur diskutiert, ohne sie im Ernstfall des Lebens aufzuspüren und zu erfahren, nicht wirklich Platz im Leben ergreifen kann.

Erkenntnis erwächst aus dem Erleben, das reflektiert zur Erfahrung wird. Denn was sind Werte, wenn nicht die spezielle Handlungsrelevanz genauer betrachtet wird?

Gemeinwohl & Selbstverwirklichung

Es zeigt sich bei den hier Befragten, dass heutige junge Menschen sehr wohl erkennen, dass man selbst nur überleben kann, wenn die anderen im Gemeinwohl ebenfalls leben können. Gerade in einer Zeit, in der Natur und Ökologie sehr hochgeschätzt werden und gesehen wird, dass es um ein ständiges Miteinander und Voneinander geht, scheint diese Einsicht noch mehr zu reifen. Junge Menschen erkennen, dass sie selbst nur im Zueinander als Individuen überleben können. Doch nur soviel Zueinander, wie unbedingt zum eigenen individuellen Überleben notwendig ist. So darf es nicht verwundern, wenn auf den ersten Blick zwei unterschiedliche Wertorientierungen im Duett auftauchen: Sorge um Gemeinwohl und zugleich persönliche Selbstverwirklichung. Denn es scheint doch wohl das eine das andere zu ergänzen und sogar zu bedingen, damit es in dieser Zeit lebbar wird. Um selbst überleben zu können, ist das Leben mit anderen unabdingbar und damit 'conditio sine qua non'.

So steht auch autonomistische Orientierung ganz oben gefolgt von eudaimonistischer Orientierung. Auch dieses Wertepaar ist eng miteinander verzahnt. Die Selbstbestimmung und die Lustorientierung im Leben gehören untrennbar für die hier befragten Jugendlichen zusammen. Hier ist auch all das einzubeziehen, was innerhalb der Jugendszenen unter Erlebnis- und Eventkultur anzusehen ist. Auch das lustvolle auf sich selbst bezogen sein gehört dazu. Inwieweit gelingt es innerhalb pädagogischen Arbeitens, diese beiden in ein konkretes Umfeld einzubetten?

Gebundene & ungebundene Form

Die hier Befragten verstehen „religiös" eng mit christlichen Inhalten konnotiert. Weiter sehen sie das Religiöse stark in kirchliche Formen gepresst - und gerade das lehnen viele ab. Was ungebunden und religiös individuell geprägt und selektiert ist, scheint eher ihren Vorstellungen zu entsprechen. Da aber das Religiöse in Zusammenhang mit kirchlicher Verbundenheit gesehen wird, werden die religiösen Werte als nicht so bedeutsam erachtet. Auch das darf nicht verwundern und muss hinterfragt werden: Wir wissen sehr wohl von Trendforschern wie Matthias Horx, dass 'Religion' der Megatrend schlechthin ist, doch wir müssen diesbezüglich auch akzeptieren, dass kirchlich-institutionelle Religion out ist. Das bedeutet aber auch, dass junge Menschen nach wie vor die Kirchen als Religionsvermittler ansehen und deshalb zu einem großen Teil nur ihnen religiöse Werte zuordnen. So hat die Bedeutungslosigkeit religiöser Werte viel mit dem Bedeutungsverlust der Kirchen zu tun. Es gilt, religionspädagogisch die Spannung zwischen systematisch-institutionell gebundener Religion und ungebundener Religiosität stärker zu beachten und wahrzunehmen. Religionspädagogik hat ihre Grenzen immer schon über das rein Institutionelle und Religiös-Gebundene ausgeweitet: (Religions)Pädagogik als ein Gebiet, das in erster Linie den Menschen in die Mitte seiner Überlegungen stellt und von diesem aus das Religiöse in den Blick nimmt (vgl. Ziebertz 2000).

Land & Leute

In dieser Untersuchung wird auch deutlich, dass es erhebliche Unterschiede zwischen niederländischen, deutschen und österreichischen SchülerInnen gibt. Bei der familialen Orientierung setzen sich die Österreicher deutlich von den anderen ab. Bei den religiösen Werten unterscheiden sich die Niederländer deutlich: 49% aller Befragten bezeichnen sich als nicht religiös. Die höchste Zustimmung der Österreicher ist bei religiösen, eudaimonistischen und familialen Werten auszumachen. Religiös scheinen die Befragten in Österreich noch kirchlicher und traditionsverhafteter zu sein als die Befragten in den anderen Ländern. Der Grad der Teilnahme am konfessionellen Religionsunterricht unterstützt diesen Befund. In der Steiermark, wo die Befragten der österreichischen Teilstichprobe beheimatet sind, nimmt z.B. nur eine kleine Minderheit nicht am konfessionellen Religionsunterricht teil. Das bedeutet, dass die Diskussion um den Ethikunterricht gesellschaftlich kein heißes Eisen ist, wenn auch von liberal-politischer Seite entsprechende Fragen immer wieder aufgeworfen werden. Auch der hohe Wert der Familie wurde in ganz unterschiedlichen Studien und Umfragen in den letzten Jahren erhoben. Gerade in Fragen der Wertigkeit, persönlichen Wichtigkeit und Bedeutsamkeit findet man Werte wie Familie bzw. familiäre Verbundenheit unter den ersten Rängen auf der Prioritätsliste. Familie und Freunde haben heute andere Konnotationen als früher. So ist an die unterschiedlichen Lebensabschnitte und ihre konkreten Lebensgemeinschaften zu denken. Wie sehen heutige familiäre Gemeinschaften aus, welche Werthaltungen sind in diesen möglich und wo eröffnen sich neue, die früher aufgrund anderer Gemeinschaftsstrukturen anderswertig er- und gelebt wurden? Ziehen nicht auch veränderte Lebenskonzeptionen andere religiöse Muster nach sich? Hier liegt weiterer Untersuchungsbedarf

Frage & Impuls

Kirchliche Gemeinschaften müssen frag-würdiger, erfahrungs-bedürftiger und religions-fähiger werden. Gemeint ist damit, noch mehr vom konkreten Menschen mit seinen Wertorientierungen auszugehen. Bei dem Bemühen um die Förderung und Bildung der Wertorientierung ist der Mensch in den Mittelpunkt zu stellen. Menschen sind es, die fragen und sich mit ihren Erfahrungen religiös orientieren. Die Kirche muss fähig werden, bei dieser Orientierungssuche be- und angefragt zu werden und im Blick auf diese konkreten Menschen zu kommunizieren. Nicht eine schrittweise Bindung an die Kirche, sondern der diakonale Dienst der Kirche an der Gesellschaft, die nur als eine wertorientierte Gemeinschaft existieren kann, ist der Punkt. Vielleicht ist das auch ein Weg zu einer erfahrungsorientierten Kirche, der wieder größere Glaubwürdigkeit entgegengebracht wird – in einer Zeit, in der fraglose religiöse Monopole zunehmend wegfallen.

Literatur

Daiber, Karl-Fritz (1996) Religiöse Gruppenbildung als Reaktionsmuster gesellschaftlicher Individualisierungsprozesse. in: Gabriel, Karl (Hg.), Religiöse Individualisierung oder Säkularisierung, Gütersloh, 86-100

Klages, Helmut (²1985), Wertorientierungen im Wandel. Rückblick, Gegenwartsanalyse, Prognosen, Frankfurt/M.

Klages, Helmut (1988), Wertedynamik. Über die Wandelbarkeit des Selbstverständlichen, Zürich

Köcher, Renate (1988), Unterschätzte Funktionen der Familie, in: Aus Politik und Zeitgeschichte, B 13/88, 25.3.1988, 24-33

Mauermann, Lutz (1988), Ethische Grundlagen aktueller angloamerikanischer Erziehungskonzepte; in: Günzler, Claus u.a. (Hg.), Ethik und Erziehung, Stuttgart u.a. 141-170

Nipkow, Karl Ernst (1981), Moralerziehung, Gütersloh

Piaget, Jean (1986), Die moralische Entwicklung von Jugendlichen in primitiven und „modernen" Gesellschaften; in: Bertram, Hans (Hg.), Gesellschaftlicher Zwang und moralische Autonomie, Frankfurt/M., 118-124

Schenk, Herrad (²1988), Freie Liebe - Wilde Ehe. Über die allmähliche Auflösung der Ehe durch die Liebe, München

Schmidt, Gunther (1986), DAS GROSSE DER DIE DAS. Über das Sexuelle, Herbstein

Stachel, Günter/Mieth, Dietmar (1978), Ethisch Handeln Lernen, Zürich

Ziebertz, Hans-Georg (1990), Moralerziehung im Wertpluralismus, Weinheim-Kampen

Ziebertz, Hans-Georg (1994), Religionspädagogik als empirische Wissenschaft, Weinheim

Ziebertz, Hans-Georg (1999), Was sollte in der Religionspädagogik besonders erforscht werden?, in: RpB 42/1999, 115-130

Ziebertz, Hans-Georg (2000), Im Mittelpunkt der Mensch? Subjektorientierung der Religionspädagogik (im Druck)

Autorenverzeichnis

Bucher, Anton A. (geb. 1960), Dr. theol. habil., PD phil.; Professor für Religionspädagogik an der Katholisch-Theologischen Fakultät der Universität Salzburg; Forschungsschwerpunkte: (1) Empirische Erforschung des Religionsunterrichts (2) Kindheitsforschung, speziell Wohlbefinden der Kinder (3) Religiöse Entwicklung (4) Empirische Evaluation von Ethikunterricht in Österreich; email: anton.bucher@sbg.ac.at

Güth, Ralph (geb. 1966), Lehramtsstudium Sekundarstufe II/I in Katholischer Theologie und Germanistik; wissenschaftlicher Mitarbeiter am Fachbereich 1 der Universität-Gesamthochschule Essen; Forschungsschwerpunkte: (1) Methodologie qualitativ-empirischer Forschung (2) Religionssoziologie (3) Religiöse Sozialisation (4) Studierenden- und Evaluationsforschung; email: rgueth@aol.com

Jäggle, Martin (geb. 1948), Dr. theol.; Professor für Religionspädagogik an der Religionspädagogischen Akademie der Erzdiözese Wien und Lehrbeauftragter an der Katholisch-Theologischen Fakultät der Universität Wien; Forschungsschwerpunkte: (1) Interkulturelles und interreligiöses Lernen (2) Religion im Raum der Schule einer pluralen Gesellschaft (3) Ethikunterricht; email: martin.jaeggle@schule.at

Mendl, Hans (geb. 1960), Dr. theol., I. und II. Staatsexamen für ein Lehramt an Gymnasien (Katholische Religion und Deutsch); Professor für Religionspädagogik und Didaktik des Religionsunterrichts an der Katholisch-Theologischen Fakultät der Universität Passau; Forschungsschwerpunkte: (1) Religiöse Lernprozesse (empirische Unterrichtsforschung) (2) Religion in der Lebensgeschichte (3) Methodische Fragen religiösen Lernens (neue Unterrichtsformen) (4) Vorbilder in der religiösen und ethischen Erziehung; email: mendl@uni-passau.de

Porzelt, Burkard (geb. 1962), Dr. theol., Dipl.-Päd.; Wissenschaftlicher Assistent am Seminar für Religionspädagogik des Fachbereichs Katholische Theologie der Universität Mainz und nebenberuflicher Religionslehrer; Forschungsschwerpunkte: (1) Methodologie qualitativ-empirischer Religionspädagogik (2) Religionspädagogische Jugendforschung (3) Hermeneutik religiösen Lehrens und Lernens (4) Bibeldidaktik; email: porzelt@mail.uni-mainz.de

Prokopf, Andreas (geb. 1970), Dipl.-Theol., Erstes Staatsexamen Katholische Religion / Erziehungswissenschaften (NRW); wissenschaftlicher Mitarbeiter am Lehrstuhl für Religionspädagogik an der Universität Würzburg gefördert über das DFG – Projekt „Korrelation von christlich religiöser Tradition und individueller religiöser Semantik" sowie nebenberuflicher Religionslehrer; Forschungsschwerpunkte: (1) Methodologie qualitativ-empirischer Religionspädagogik (2) Religion in der Moderne (3) ‚Abduktion' als hermeneutische Herausforderung; email: a.prokopf@mail.uni-wuerzburg.de

Ritzer Georg (geb. 1970), Dr. theol.; Pastoralassistent an der Katholischen Hoch-schulgemeinde in Salzburg und nebenberuflicher Religionslehrer; Forschungs-schwerpunkte: (1) Empirische Forschung (2) Religionspsychologie (3) Religiöse Entwicklung (4) Taufmotive; email: georg.ritzer@salzburg.co.at

Scherer-Rath, Michael (geb. 1962), Dipl.-Theol.; Universitätsdozent für pastorale Studien und Supervisor (LVSB) an der Theologischen Fakultät der Katholischen Universität Nijmegen; Forschungsschwerpunkte: (1) Pastorale Beratung und Beglei-tung (2) Lebenskrise (3) Todeseinstellungen (4) Erfahrung von Tragik und Schuld; email: m.scherer-rath@theo.kun.nl

Schnider, Andreas (geb. 1959), Univ.-Doz. Mag. Dr. theol., Lehramt in Religion; Abteilungsleiter am Religionspädagogischen Institut der Diözese Graz-Seckau, Universitätsdozent am Institut für Katechetik und Religionspädagogik an der Uni-versität Wien sowie Verleger; Forschungsschwerpunkte: (1) Empirische Projekte (2) Neue Medien & Pädagogik (3) Marketing & Theologie (4) One to One Educa-tion und Wissensmanagement; email: schnider@netburger.at

Ven, Johannes A. van der (geb. 1940), Dr. Dr. h.c.; Professor für Pastoraltheologie und Leiter des Nijmegener Institutes für Studien in der empirischen Theologie (NISET); Forschungsschwerpunkte: (1) Gottesglaube in einer säkularisierten und multikulturellen Gesellschaft (2) Individuelle religiöse und moralische Identität in verschiedenen kulturellen Settings (3) Religiöse und moralische Identität in ekkle-sialen und in edukationalen Settings; email: j.vdven@theo.kun.nl

Vogel, Walter (geb. 1967), Dr. theol., Mag. theol.; Universitätsassistent am Institut für Katechetik und Religionspädagogik der Karl-Franzens-Universität Graz, neben-beruflicher Religionslehrer sowie EDV-Trainer; Forschungsschwerpunkte: (1) Neue Medien und Religionspädagogik (2) Fachdidaktik des Religionsunterrichts inklusive fächerübergreifender Möglichkeiten (3) Spielen im Religionsunterricht; email: walter.vogel@kfunigraz.ac.at

Ziebertz, Hans-Georg (geb. 1956), Dr. theol. Dr. rer.soc.; Professor für Religions-pädagogik und Didaktik des Religionsunterrichts an der Katholisch-Theologischen Fakultät der Universität Würzburg; Forschungsschwerpunkt: Leitung des For-schungsprogramms „Religiöse Erziehung im Kontext der Pluralität" (www.uni-wuerzburg.de/religionspaedagogik); email: kath.rp@mail.uni-wuerzburg.de

Empirische Theologie

herausgegeben von
Prof. Dr. Dr. h. c. Johannes A. van der Ven
(Katholische Universität Nijmegen),
Prof. Dr. Dr. Hans-Georg Ziebertz
(Universität Würzburg)
und Prof. Dr. Anton A. Bucher
(Universität Salzburg)

Johannes A. van der Ven
Das moralische Selbst: Gestaltung und Bildung
Aus dem Niederländischen übertragen von Thomas Quartier
Moralische Sorgen bezüglich der westlichen Gesellschaft sind ausführlich geäußert worden, sowohl von Experten als auch von "normalen Menschen". Sie beziehen sich auf wesentliche Fragen, wie z. B. die folgenden: Was ist gut? Was ist gerecht? Was ist weise? Was ist zweckmäßig? Es ist nicht das Ziel dieses Buches, zu einer Diagnose zu kommen, was der westlichen Gesellschaft genau fehlt. Vielmehr wird versucht, die weit verbreitete moralische Sorge innerhalb des Westens in die Frage nach einer moralischen Gestaltung und Bildung zu übersetzen. Johannes A. van der Ven interpretiert diese Art moralischer Fragen vom Standpunkt verschiedener Prozesse aus: denen der Entwicklung, des Lernens und des Lehrens, wie sie sich in der Familie, der Schule, in Vereinen und im kirchlichen Umfeld vollziehen. Weiterhin beschreibt, analysiert und evaluiert er diese Prozesse so sorgfältig wie möglich.
Im Verlauf seiner Studie kommt Van der Ven zu einem fundamentalen Verständnis der Prozesse moralischer Entwicklung und der Strukturen der Gestaltung und Bildung, die dabei behilflich sind, sie in Gang zu bringen und zu fördern. Er unterscheidet zwischen zwei Modi informeller moralischer Bildung (Disziplin und Sozialisierung) und fünf Modi formeller Bildung (Übertragung, Entwicklung, Erhellung, Ausprägung der Emotionen und Gestaltung des Charakters). Der gemeinsame Nenner aller sieben Modi ist die "moralische Kommunikation", die als ein fortlaufender Prozeß des moralischen Austauschs und Verständnisses auf der Suche nach der Wahrheit definiert wird. Diese Suche führt schließlich zu einer Gestaltung und Bildung des moralischen Selbst.
Bd. 1, 1999, 440 S., 59,80 DM, br., ISBN 3-8258-4169-3

Ulrike Popp-Baier (Hrsg.)
Religiöses Wissen und alltägliches Handeln – Assimilationen, Transformationen, Paradoxien
In unserer "globalen" Kultur, die durch vielfältige Prozesse der Globalisierung und zugleich Lokalisierung konstituiert wird, verdanken sich die kulturellen Differenzen im Hinblick auf religiösen und spirituellen Orientierungen. Vermutlich ist die vielfach diagnostizierte Wiederkehr des Religiösen bereits dem Umstand zuzuschreiben, daß das Religiöse nun in größerer Vielfalt im Alltag präsent ist. Die in diesem Band versammelten religionspsychologischen und religionssoziologischen Studien einer Amsterdamer Gruppe von ReligionsforscherInnen widmen sich den religiösen Dimensionen einer "glokalen" Kultur. An der Leitfrage nach dem Verhältnis zwischen religiösem Wissen und alltäglichem Handeln orientiert, beschäftigen sie sich u. a. mit den Lebens- und Handlungsorientierungen junger Muslimfrauen in der multikulturellen Gesellschaft, dem Zusammenhang zwischen "Spiritualität" und "Körperregime" im New Age oder den spezifischen modernen Orientierungsleistungen christlich-fundamentalistischer Glaubensüberzeugungen.
Bd. 2, 1999, 176 S., 39,80 DM, br., ISBN 3-8258-4179-0

Michael Scherer-Rath
Lebenssackgassen
Herausforderung für die pastorale Beratung und Begleitung von Menschen in Lebenskrisen
Was geschieht mit Menschen, die sich in einer Lebenskrise befinden? Erfahren sie die eigene Krise als einen Neuanfang oder erleben sie sie als Sackgasse, aus der es kein Entrinnen gibt? Die vorliegende empirisch-theologische Studie beschäftigt sich mit der Lebenskrise als Lebenssackgasse und fragt insbesondere nach der Bedeutung von Grenzerfahrungen als Ausgangspunkt für eine Krisenpastoral. Konkret geht es in dieser Studie um die Frage, ob Tragik, Schuld und Tod in der Suizidkrise eine Rolle spielen und ob sie für pastorale Gespräche mit Menschen, die sich in einer Suizidkrise befinden, eine Bedeutung besitzen.
Die Ergebnisse zeigen, daß die Grenzerfahrungen von Tragik, Schuld und Tod für die befragten Personen ein bekanntes Phänomen darstellen. Dabei fällt auf, daß sie Tragik als ein soziales Problem erfahren, Schuld eher im individuellen Bereich erleben und Tod als ein religiöses Thema problematisieren. Für die pastorale Begleitung von Menschen in Suizidkrisen haben Tragik, Schuld und Tod aber nur dann eine direkte Bedeutung, wenn sie von den Befragten bewußt religiös erfahren werden. Unabhängig von diesen drei Grenzerfahrungen besteht aber ein sehr deutliches

LIT Verlag Münster – Hamburg – London
Bestellungen über:
Grevener Str. 179 48159 Münster
Tel.: 0251 – 23 50 91 – Fax: 0251 – 23 19 72
e-Mail: lit@lit-verlag.de – http://www.lit-verlag.de
Preise: unv. PE

Bedürfnis nach einem pastoralen Angebot, das wiederum abhängig gemacht wird von Form und Zielrichtung. So ist für die Mehrzahl der Befragten besonders wichtig, daß das Gesprächsangebot eine hermeneutisch-kommunikative Ausrichtung besitzt: der Seelsorger/die Seelsorgerin soll auf das hören, was die betreffende Person selbst zu sagen hat, und zwar unabhängig von der religiösen Ladung des Gesprächsthemas.
Bd. 3, Herbst 2000, 248 S., 34,80 DM, br.,
ISBN 3-8258-4170-7

Boris Kalbheim
Sinngebung der Natur und ökologisches Handeln
Eine empirisch theologische Untersuchung zu Motiven umweltschützenden Handelns bei Kirchenmitgliedern und Nichtkirchenmitgliedern
Die Verschmutzung der Umwelt ist kein Schicksal, sondern Konsequenz menschlicher Handlungen. Kritiker behaupten, daß das Weltverständnis des Christentums die Umweltverschmutzung verursacht habe. In der vorliegenden Studie wird diese Kritik empirisch untersucht: Welchen Einfluß hat die Mitgliedschaft in einer christlichen Kirche auf die Gründe, umweltschützend zu handeln? Am Beispiel des Handelns im Verkehr wird umweltschützendes Verhalten quantifiziert und die Motive dafür rekonstruiert. Damit wird ein theo logischer Beitrag zur Lösung der Umweltverschmutzung geleistet.
Bd. 4, 2000, 192 S., 39,80 DM, br., ISBN 3-8258-4719-5

Hans-Georg Ziebertz; Werner Simon
Bilanz der Religionspädagogik
In der "Bilanz" reflektieren 27 namhafte Religionspädagogen ihre Disziplin und stellen in vier Teilen die wichtigsten Inhalte vor. Teil 1 beschäftigt sich mit theologischen und humanwissenschaftlichen Grundlagen der Religionspädagogik und beleuchtet die wissenschaftstheoretische Basis des Fachs. Teil 2 beleuchtet zentrale Kontexte religionspädagogischer Theoriebildung, u. a. Ökumene, Feminismus und Befreiungstheologie. Teil 3 bearbeitet ausgewählte didaktische Schwerpunkte und Teil 4 widmet sich den Handlungspraxen zeitgenössischer Religionspädagogik. Der Band gibt einen fundierten Einblick in die Disziplin und eignet sich als Studien- und Lehrbuch.
Bd. 5, 2. veränd. Aufl. Herbst 2000, 488 S., 59,80 DM, br., ISBN 3-8258-4929-5

Norbert Ammermann
Religiosität und Kontingenzbewältigung
Empirische und konstrukttheoretische

Umsetzungen für Religionspädagogik und Seelsorge
Bd. 6, Herbst 2000, 424 S., 79,80 DM, br.,
ISBN 3-8258-4822-1

Hans-Georg Ziebertz et al.
Religious Individualisation and christian religious Semantics
Bd. 8, Herbst 2000, 168 S., 34,80 DM, br.,
ISBN 3-8258-4960-0

Religion – Geschichte – Gesellschaft
Fundamentaltheologische Studien
herausgegeben von
Johann Baptist Metz (Münster / Wien),
Johann Reikerstorfer (Wien)
und Jürgen Werbick (Münster)

Johann Baptist Metz; Johann Reikerstorfer; Jürgen Werbick
Gottesrede
Wie ist nach der Botschaft vom "Tod Gottes" nicht nur erneut von Religion, sondern von Gott, vom Gott der biblischen Tradition zu reden? Welche Sprache hat die Theologie für "Gott in dieser Zeit", die von Katastrophen wie der von Auschwitz gezeichnet ist? Solchen "fundamentalen" Fragen der christlichen Gottesrede stellen sich die drei Herausgeber der Reihe in diesem Band: *Johann Baptist Metz,* der die "schwachen" Kategorien der Gottesrede in der "Zeit der Gotteskrise" entfaltet ("Im Eingedenken fremden Leids. Zu einer Basiskategorie christlicher Gottesrede"), *Johann Reikerstorfer,* dem es vor allem um eine Auseinandersetzung mit Letztbegründungsabsichten in der Theologie/Religionsphilosophie geht, ("Leiddurchkreuzt – Zum Logos christlicher Gottesrede") und *Jürgen Werbick,* der anhand der Problematik des Bittgebets die heutige "Schwierigkeit, ja zu sagen" untersucht ("Was das Beten der Theologie zu denken gibt").
Bd. 1, 2. Aufl. Herbst 2000, 104 S., 19,80 DM, br.,
ISBN 3-8258-2470-5

Jürgen Manemann
"Weil es nicht nur Geschichte ist"
Die Begründung der Notwendigkeit einer fragmentarischen Historiographie des Nationalsozialismus aus politisch-theologischer Sicht
Der Blick auf die Katastrophe Auschwitz verweist die Theologie *radikal* auf Geschichte und Gesellschaft. Aber nicht nur die Theologie ist durch Auschwitz systematisch herausgefordert und gezwungen, ihre Denkvoraussetzungen kritisch zu

LIT Verlag Münster – Hamburg – London
Bestellungen über:
Grevener Str. 179 48159 Münster
Tel.: 0251 – 23 50 91 – Fax: 0251 – 23 19 72
e-Mail: lit@lit-verlag.de – http://www.lit-verlag.de
Preise: unv. PE

überprüfen. Auch die Geschichtswissenschaft muß sich der genannten Herausforderung stellen, denn auch ihr geht es um eine Kultur der Erinnerung, die wider die Apologetik und Relativierung das Recht der Opfer und die Schuld der Täter feststellen und festhalten will. Das Nachdenken über diese Erinnerungskultur und der Streit über sie verbinden die historische und die theologische Vernunft. Diese produktive und konfliktreiche Spannung drängt einen interdisziplinären Vergleich und Austausch geradezu auf. Die vorliegende Arbeit verknüpft die historische Erinnerung mit einem sich dem theologischen Denken verdankenden Eingedenken und entwirft von dort aus einen Umgang mit dem Nationalsozialismus, der der intellektuellen Komplizenschaft mit den Tätern entgeht.

Bd. 2, 1995, 320 S., 58,80 DM, gb., ISBN 3-8258-2345-8

José A. Zamora
Krise – Kritik – Erinnerung
Ein politisch-theologischer Versuch über das Denken Adornos im Horizont der Krise der Moderne
José A. Zamora nimmt in seiner großangelegten Untersuchung Habermas' Vorschlag eines Rückgangs hinter die *Dialektik der Aufklärung* auf, jedoch mit gegenläufiger Intention: Er untersucht Adornos Frühwerk in der Absicht, die Genesis eines 'anamnetischen Denkens' nachzuzeichnen, das Adorno in der Auseinandersetzung mit der Krise der kulturellen Moderne und der historischen Erfahrung in den 30er Jahren formuliert hat und eine 'Halbierung der Rationalität' dokumentiert und kritisiert, auf die man sich heute weiterhin besinnen muß. Adornos 'konstellative Methode' versagt sich Theorie-Lösungen und verweilt bei den Aporien der Moderne, um das in ihr Unsichtbar-Gewordene, das vergangene Leid und das Andere des Bestehenden, sichtbar zu machen. Denn es ist die zunehmende Amnesie, die das Projekt der Moderne in eine 'Sackgasse' geführt hat.

Bd. 3, 1995, 512 S., 78,80 DM, gb., ISBN 3-8258-2389-X

Martha Zechmeister
Gottes-Nacht
Erich Przywaras Weg negativer Theologie
Gegenüber einer Auslegung des Werks Przywaras (1889–1972) als niveauvolle, aber im Grunde überholte Erneuerung scholastischer Ontologie ist die These der Arbeit, daß sich in ihm die Züge einer Gott-Rede enthüllen, die der Radikalität heutiger "Gotteskrise" zu entsprechen vermag: In erlittener Nicht-Identität, in den geschichtlichen Katastrophen, im Sich-Wundreiben an der Andersheit des konkret anderen mitmenschlichen Subjekts beginnt die Selbstbezogenheit und Selbst-

genügsamkeit des Gott-Suchers aufzubrechen für den "Ganz-Anderen", für den je größeren Gott. Damit gibt sich aber auch der Zentralbegriff der Theologie Erich Przywaras, die analogia entis, gegen jedes Mißverständnis als Gott und Mensch zusammenzwingende Formel als das Wort, das einerseits das verzweifelte Ringen Przywaras um eine lebbare Einheit in einer auseinanderberstenden Moderne und andererseits den Widerstand gegen eine Vereinnahmung Gottes vom Menschen her bezeichnet: analogia entis als Einweisung in die negative Theologie.
"In einer Zeit, in der – wie zum Beispiel im französischen und deutschen Sprachraum – die Negative Theologie und ihre Traditionen neue Aufmerksamkeit gewinnen, ist eine Arbeit über Erich Przywara, die ihn als einen der Höhepunkte dieser Tradition liest ("Gottes-Nacht"), von eminenter Bedeutung." (J. B. Metz)

Bd. 4, 2. Aufl. Herbst 2000, 344 S., 49,80 DM, br., ISBN 3-8258-3105-1

Gabriele Grunden
Fremde Freiheit
Jüdische Stimmen als Herausforderung an den Logos christlicher Theologie
Die Verurteilung des Antijudaismus gehört mittlerweile zum guten Ton christlicher Theologie. Doch damit ist noch lange nicht ein christliches Selbstverständnis erreicht, das von antijüdischen Zügen frei wäre. Die vorliegende Studie geht hier einen wichtigen Schritt weiter: Sie faßt nicht nur den aktuellen Stand jüdischer Jesusforschung zusammen, sondern erhellt auch das theologische und religiöse Selbstverständnis maßgeblicher jüdischer Philosophen der Gegenwart (Cohen, Rosenzweig, Lévinas). So werden Konturen einer "Exilshermeneutik" sichtbar, die je aktuell die angemessene Treue zur Tradition sucht. Sie belegen, daß christliche Behauptungen einer notwendigen Überbietung des Judentums der Grundlage entbehren: Stattdessen stellt die Autorin die Strukturanalogie zwischen der Bindung an die Thora und dem Bekenntnis zu Christus heraus. Bei der Bewährung dieser These in Auseinandersetzung mit heutigen Ansätzen christlicher Theologie (Metz, Pröpper) weiß sich die Autorin dem Auftrag Adornos verpflichtet, "den besseren Zustand zu denken, in dem man ohne Angst verschieden sein kann".

Bd. 5, 1996, 276 S., 58,80 DM, gb., ISBN 3-8258-2572-8

Ottmar John
"... und dieser Feind hat zu siegen nicht aufgehört" (W. Benjamin)
Die Bedeutung Walter Benjamins für eine Theologie nach Auschwitz

LIT Verlag Münster – Hamburg – London
Bestellungen über:
Grevener Str. 179 48159 Münster
Tel.: 0251 – 23 50 91 – Fax: 0251 – 23 19 72
e-Mail: lit@lit-verlag.de – http://www.lit-verlag.de
Preise: unv. PE

Bd. 6, Herbst 2000, 480 S., 58,80 DM, br.,
ISBN 3-8258-2705-4

Hans-Gerd Janßen
Dem Leiden widerstehen
Aufsätze zur Grundlage einer praktischen
Theodizee
Die Theodizeefrage, also die Frage nach der
Wirklichkeit Gottes angesichts der Erfahrung ab-
grundtiefen Leidens, ist zur Kernfrage einer heute
möglichen Rede von Gott, von Erlösung und Heil
geworden. Die unterschiedlichen Antwortversu-
che – von den klassischen Theodizeesystemen
bis hin zur Theologie des "leidenden Gottes" –
überzeugen nicht. Auf diese Unmöglichkeit einer
theoretisch formulierbaren Antwort reflektiert die
"praktische Theodizee". Sie fragt danach, wie
Menschen in ihrem Handeln den Herausforderungen dieser Frage, also den Herausforderungen
durch Gott und durch das Leiden, standhalten
können – ohne den Aporien in purem Aktionis-
mus auszuweichen. Die Theorie solcher Praxis
weiß um die Grenzen menschlichen Handelns, das
gleichwohl der Ort ist, von dem her eine mögliche Rede von Gott angesichts des Leidens sich
begründen läßt.
Bd. 7, 1996, 112 S., 24,80 DM, br., ISBN 3-8258-3012-8

Dieter Henrich; Johann Baptist Metz;
Bernd Jochen Hilberath;
R. J. Zwi Werblowsky
**Die Gottrede von Juden und Christen
unter den Herausforderungen der
säkularen Welt**
Symposion des Gesprächskreises "Juden und
Christen" beim Zentralkomitee der deutschen
Katholiken am 22./23. November 1995 in der
Katholischen Akademie Berlin
Angesichts der konfliktträchtigen Auslegungs-
geschichte der gemeinsamen Hebräischen Bibel
durch Juden und Christen, die noch ihre Wir-
kung im Nachhall des säkular-nationalistischen
Judenhasses gefunden hat, standen beim Berliner
Symposion vor allem folgende Fragen im Raum:
Lesen Juden und Christen wirklich dieselbe Bibel?
Gestattet das Verbot, sich von Gott – aber auch
vom Menschen und vom Sinn der Geschichte –
ein Bild zu machen, überhaupt eine theologisch-
philosophische Rede über Gott? Aber wie ist ohne
sie im Ernst eine Rede zu Gott, im persönlichen
Gebet und in der Liturgie verantwortbar? Verstär-
ken nicht zusätzlich der wissenschaftliche Diskurs
seit der Aufklärung sowie die Konfrontation mit
den Weltreligionen die Notwendigkeit einer intel-
lektuell redlichen Vergewisserung, was Gottrede in
Wahrheit meine? Wie ist mit dem Paradox umzugehen, daß Juden und Christen so wenig darüber
sagen können, wer Gott ist, wohl aber so klar und
eindeutig, was sein Wille sei: das unabdingbare
Gebot der Liebe? Von welchen existentiellen Erfahrungen in den Tiefenschichten des säkularen
Menschen und unserer gottvergessenen Zeit kann
die Gottrede so ihren Ausgang nehmen, daß sie
über den "Zirkel der Eingeweihten" hinaus ver-
stehbar und wirksam wird?
Bd. 8, 1997, 104 S., 24,80 DM, br., ISBN 3-8258-3192-2

Ulrich Engel
Umgrenzte Leere
Zur Praxis einer politisch-theologischen
Ästhetik im Anschluß an Peter Weiss' Ro-
mantrilogie "Die Ästhetik des Widerstands"
In kritische Auseinandersetzung mit Hans Urs von
Balthasar und gestützt durch eine Relecture der
einschlägigen philosophischen Theoriekonstrukte
Walter Benjamins und Theodor W. Adornos optiert
die Untersuchung zu Peter Weiss' Romantrilo-
gie "Die Ästhetik des Widerstands" eindringlich
für eine praktisch verfaßte Ästhetikfigur, die in
ihrem Kern als negative Theorie zu denken ist.
Vor diesem Hintergrund entfaltet die vorliegende
Studie eine Ansatz theologischer Ästhetik als eine
materialistisch fundierte Theorie widerständig-
hoffenden Handelns. Als Wahrnehmungslehre
schärft sie den Blick für die Katastrophen der
Geschichte und die unabgegoltenen Leiden der
Opfer, zugleich aber auch für das messianische
Kommen des abwesenden Gottes. Beharrlich wei-
gert sie sich, das eschatologisch noch Ausstehende
vorschnell zu affirmieren: In ihrer ästhetischen
wie auch in ihrer theologischen Gestalt ist sie
"umgrenzte Leere".
Bd. 9, 1998, 472 S., 79,80 DM, gb., ISBN 3-8258-3444-1

Reinhold Boschki; Dagmar Mensink (Hrsg.)
Kultur allein ist nicht genug
Das Werk von Elie Wiesel – Herausforde-
rung für Religion und Gesellschaft
"Wir müssen uns darüber im klaren sein, daß es
möglich ist, eine Kultur … in ein Instrument der
Unmenschlichkeit zu verwandeln. Deshalb bin
ich überzeugt: Kultur allein ist nicht genug." sagt
Elie Wiesel – Auschwitz-Überlebender, jüdischer
Schriftsteller und Friedensnobelpreisträger. Er
weiß, daß nur gelebte Mitmenschlichkeit den Aus-
bruch von Haß und Menschenverachtung inmitten
einer modernen Gesellschaft verhindern kann.
Es setzt dabei auf die verändernde Kraft des Er-
zählens. Sein Buch *Nacht* und seine Erzählungen
und Romane aus der Welt der Bibel, des Talmud
und des Schtetl sind durchdrungen von bohrenden
Fragen: Was ist der Mensch, daß er tötet um des
Tötens willen? Wo war Gott in Auschwitz?
Dieses Buch lotet die Bedeutung von Wiesels
Zeugnis für Wissenschaft, Religion und gesell-

LIT Verlag Münster – Hamburg – London
Bestellungen über:
Grevener Str. 179 48159 Münster
Tel.: 0251 – 23 50 91 – Fax: 0251 – 23 19 72
e-Mail: lit@lit-verlag.de – http://www.lit-verlag.de
Preise: unv. PE

schaftliche Praxis aus. Unter den Beiträgen von SchülerInnen und Freunden sind erstmals auch maßgebliche amerikanische Stimmen in deutscher Sprache zugänglich. Ein Vortrag von Elie Wiesel und eine ausführliche Bibliographie ergänzen die kenntnisreichen Studien zum Werk des Autors, der am 30. September 1998 siebzig Jahre alt wurde. Mit Beiträgen von: Irving Abrahamson, Alan L. Berger, Joel Berger, Ruth Bergida, Reinhold Boschki, Gundula van den Berg, Micha Brumlik, Harry James Cargas, Alice L. Eckardt, A. Roy Eckardt, Anat Feinberg, Albert H. Friedlander, Martha Hauptman, Joseph A. Kanofsky, Volkhard Knigge, Karl-Josef Kuschel, Lawrence L. Langer, Verena Lenzen, Dagmar Mensink, Johann Baptist Metz, Christoph Münz, Nehemia Polen, Rolf Rendtorff, John K. Roth, Alan Rosen, Janet Schenk McCord, Werner Schneider, Dorothee Sölle, Jean-François Thomas und Elie Wiesel.
Bd. 10, 1998, 432 S., 69,80 DM, br., ISBN 3-8258-3576-6

Johann Reikerstorfer (Hrsg.)
Vom Wagnis der Nichtidentität
Johann Baptist Metz zu Ehren
Die Autoren dieser "Festgabe" möchten J. B. Metz anläßlich seines 70. Geburtstags ein Stück seiner Geschichte, die sich vor allem mit Wien, dem philosophischen Institut der Universität und dem Institut für Fundamentaltheologie verbindet, in Erinnerung rufen und als eine produktive Begegnung dokumentieren. Als Leitmotiv dient ihnen die Interpretation der neuen Politischen Theologie als "negative Theologie", um sie unter dieser Hinsicht im heutigen theologischen Grundlagendiskurs als Angebot für eine kommunikative Gottesrede zu erfragen, die sich der "Nichtidentität" aussetzt und verpflichtet weiß. J.Reikerstorfer zeigt, daß in der denkgeschichtlichen Entwicklung dieses Konzepts die kritisch-produktive Kraft der Negativität zuletzt mit der Frage nach der "Zeit", ihrer Eigenart und dem darin gelegenen Sinn von "Alterität" ihre volle Schärfe gewinnt und entfaltet. In Auseinandersetzung mit dem Karsamstagsmotiv bei H. U. v. Balthasar und E. Przywara erörtert M. Zechmeister die Metzsche "Leidenserinnerung" als Basis für eine "Theologie des Gottvermissens". Die Universalität dieser Gottesrede sucht P. Zeillinger gegenüber der Kritik an universalistischen Ansprüchen über die "schwachen Kategorien" der Erinnerung und der Anerkennung der Anderen in ihrem Anderssein zu entwickeln, während B. Taubald den Einbruch des Nichtidentischen in die neue Politische Theologie im Spiegel ihres Erinnerungsbegriffs aufspürt und die Erinnerung selbst in ihrer Intention als leidempfindliche Vergegenwärtigung des "Unsagbaren" interpretiert. Schließlich bringt W. Klaghofer literarische Motive bei F. Werfel in eine Nähe zu J. B. Metz, indem er

die messianische Hoffnung auf das Ende der Zeiten als Widerstand gegen das menschliche Unrecht politischer Gewalt- und Unterdrückungsgeschichten ins Blickfeld rückt.
Bd. 11, 1998, 184 S., 34,80 DM, br., ISBN 3-8258-3767-x

Jürgen Manemann;
Johann Baptist Metz (Hrsg.)
Christologie nach Auschwitz
Stellungnahmen im Anschluß an Thesen von Tiemo Rainer Peters
Der vorliegende Band präsentiert zehn Thesen zur "Christologie nach Auschwitz" von *Tiemo Rainer Peters* und versammelt dazu Stellungnahmen, zustimmende, weiterführende, kritisch rückfragende Kurzkommentare. Beteiligt sind Schüler und Freunde, Sympathisanten und auch kritische Begleiter einer Politischen Theologie, für die die Katastrophe von Auschwitz zur inneren Situation der christlichen Gottesrede gehört, so daß ihr Rückzug auf eine situationsblinde Heilsmetaphysik oder auf einen menschenleeren Geschichtsidealismus angesichts dieser Katastrophe verwehrt ist.
Beiträger sind:
Reinhold Boschki, Friedrich-Wilhelm Marquardt, Edna Brocke, Reyes Mate, Ulrich Engel, Johann Baptist Metz, Paulus Engelhardt, Jürgen Moltmann, Hans-Gerd Janßen, Otto Hermann Pesch, Ottmar John, Birte Petersen, Maureen Junker-Kenny, Thomas Pröpper, Bertil Langenohl, Johann Reikerstorfer, Jürgen Manemann, Jürgen Werbick.
Bd. 12, 1998, 176 S., 29,90 DM, br., ISBN 3-8258-3979-6

Karl Rahner Akademie (Hrsg.)
Geschichte denken
Mit Beiträgen von H. M. Baumgartner, K. Flasch, J. Maier, J. B. Metz, A. Schmidt, H. Schnädelbach und H. Schweppenhäuser
Das Nachdenken über Geschichte hat mit der Publikation von Francis Fukuyama "Das Ende der Geschichte" kein Ende gefunden, wohl eher einen neuen Impuls bekommen. Zweifellos: Philosophie, die beansprucht, einen objektiven Sinn der Geschichte aufzeigen zu können, ist nicht ohne Grund in Verruf geraten. Aber sollte man deshalb gleich für den "Abschied von der Geschichtsphilosophie"(O. Marquard) plädieren? Wer sich in der Wirklichkeit, so wie sie geworden ist, nicht bloß einrichten will, der wird auf geschichtsphilosophische Erkenntnis nicht verzichten wollen, der wird auch nach dem propagierten "Ende der Geschichte" weiterhin "Geschichte denken".
Bd. 13, 1999, 128 S., 29,80 DM, br., ISBN 3-8258-4176-6

LIT Verlag Münster – Hamburg – London
Bestellungen über:
Grevener Str. 179 48159 Münster
Tel.: 0251 – 23 50 91 – Fax: 0251 – 23 19 72
e-Mail: lit@lit-verlag.de – http://www.lit-verlag.de
Preise: unv. PE

Johann Reikerstorfer (Hrsg.)
Zum gesellschaftlichen Schicksal der Theologie
Ein Wiener Symposium zu Ehren von Johann Baptist Metz (November 1998). Mit Beiträgen von E. Jüngel, J. B. Metz u. a.
Tiefgreifende Wandlungen im gesellschaftlichen Bewußtsein sind mittlerweile auch zu neuen Herausforderungen der theologischen Fakultäten geworden. Die religiös pluralistische Situation, die schwindende Akzeptanz unserer Kirchen mit ihren Konkordaten, der wachsende Integrationsprozeß der europäischen Länder, die keine Universitätstheologie nach deutschsprachigem Modell kennen, nicht zuletzt aber auch Entwicklungen im modernen Wissenschaftsverständnis machen grundsätzlich Überlegungen zum Status des universitären Theologiebetriebs unausweichlich.
Der vorliegende Band dokumentiert ein "Wiener Symposion zum gesellschaftlichen Schicksal der Theologie", das die Katholisch-Theologische Fakultät der Universität Wien anläßlich des 70. Geburtstags von Johann Baptist Metz am 27./28. November 1998 veranstaltete. Der offene interdisziplinäre Disput vereint ein breites Spektrum an Perspektiven und Kompetenzen und versucht Chancen und Verpflichtungen in der modernen Wissenschaftswelt im Blick auf eine gesellschaftlich angefragte und herausgeforderte Theologie zu erkunden. Leitende Gesichtspunkte des Kolloquiums stammen aus den Bereichen der Gesellschafts- und Universitätspolitik, des Staatskirchenrechts, sowie der Philosophie und der systematischen Theologie. Hierfür schärfte die Politische Theologie von J. B. Metz nicht nur die Aufmerksamkeit für entsprechende Problemstellungen, sie war im Rahmen des Symposions auch vielfach "Motor" und immer wieder gesuchter "Ansprechpartner" in den Beiträgen und Stellungnahmen.
Mit Beiträgen von H. J. Vogel u. E. Busek (Politik), L. Nagl (Philosophie), E. Jüngel u. U. Körtner (ev. Theologie), P. M. Zulehner u. J. Reikerstorfer (kath. Theologie), R. Potz (Staatskirchenrecht), G. Luf (Rechtsphilosophie) und Weihbischof H. Krätzl, sowie Auszügen aus der Diskussion mit J. B. Metz.
Bd. 14, 1999, 176 S., 39,80 DM, br., ISBN 3-8258-4175-8

Ulrich Willers
Nietzsches Jesus
Bd. 15, Herbst 2000, 128 S., 29,80 DM, br., ISBN 3-8258-4925-2

Barbara Nichtweiß; Peter Reifenberg (Hrsg.)
Vom Ende der Zeit – Geschichtstheologie und Eschatologie bei Erik Peterson
Symposium Mainz 2000. Mit Beiträgen von Klaus Berger, Ferdinand Hahn, Karl Lehmann, Eduard Lohse, Hans Maier u. a.
Bd. 16, Herbst 2000, 272 S., 49,80 DM, gb., ISBN 3-8258-4926-0

Maureen Junker-Kenny (ed.)
Memory, Narrativity, Self and the Challenge to Think God
The Reception within Theology of the Recent Work of Paul Ricoeur
Bd. 17, Herbst 2000, ca. 200 S., ca. 39,80 DM, pb., ISBN 3-8258-4930-9

Jahrbuch Politische Theologie

herausgegeben von Torsten Habbel, Hans-Gerd Janßen, Ottmar John, Jürgen Manemann, Michael J. Rainer Claus Urban, Bernd Wacker und José A. Zamora

Jürgen Manemann (Hrsg.)
Befristete Zeit
In Band 3 wird der Zeitindex der Theologie diskursorisch herausgearbeitet: "Wer christlich zu denken glaubt und dies ohne Frist zu denken glaubt, ist schwachsinnig." (J. Taubes). Zeit als Frist denken – das ist der Theologie aufgegeben. Eine apokalyptisch angeschärfte Gottesrede verweigert sich der bloßen Faktizität, indem sie ihren Herrschaftscharakter zu enthüllen und einen Horizont aufzubrechen versucht, von dem aus Geschichte in ihrer Herrschafts- und Unterwerfungsstruktur entlarvt und in ihrer subjekthaft erfahrenen Leidens- und Hoffnungsstruktur erkennbar wird. Ein solcher Entwurf provoziert eine kontroverse Diskussion im Zeitalter der Beschleunigungen und der Zeitvergessenheit. Zu dieser Diskussion im Konzert mit anderen Disziplinen (Soziologie, Philosophie, Politologie, Ästhetik u. a.) herauszufordern, ist die Aufgabe des 3. Bandes.
Bd. 3, 1999, 280 S., 39,80 DM, br., ISBN 3-8258-3957-5

LIT Verlag Münster – Hamburg – London
Bestellungen über:
Grevener Str. 179 48159 Münster
Tel.: 0251 – 23 50 91 – Fax: 0251 – 23 19 72
e-Mail: lit@lit-verlag.de – http://www.lit-verlag.de
Preise: unv. PE